拜德雅
Paideia

中欧大温泉

一部政治、艺术与疗愈的历史

[美] 大卫·克雷·拉奇 著

任逸飞 译

上海社会科学院出版社
SHANGHAI ACADEMY OF SOCIAL SCIENCES PRESS

目 录

导　论　5

第一章　温泉与温泉文化　17

　　古代西方　17

　　衰落与复兴　37

　　壮游　51

第二章　巴登 – 巴登："欧洲的夏都"　59

　　成为巴登 – 巴登　60

　　请下注：贝纳杰时代　70

　　奥古斯特·格兰维尔的巴登 – 巴登　79

　　"犹太人问题"　90

　　到那儿去　93

　　1848—1849 年革命　96

第三章　水中的缪斯　103

　　喷泉边的两巨头：歌德与贝多芬　104

　　写作、挥霍、泡澡：浪漫主义时代的作家在巴登 – 巴登　123

　　音乐之声　131

第四章 鲁列滕堡 155

心灵（和肠子）的烦恼：尼古莱·果戈里在巴登-巴登 156

伊凡·屠格涅夫通往西方的道路 160

屠格涅夫与托尔斯泰 165

欧斯河谷的三角恋 170

费奥多尔·陀思妥耶夫斯基在德国温泉 179

巴登-巴登的最后决裂 195

与德意志挥手作别 199

第五章 漫步道上的政治 205

水中阵线 206

德国（诸）问题 213

水上五球：俾斯麦的联盟体系 232

维姬、威利、尼基、伯蒂和弗朗茨·约瑟夫 238

第六章 现代化及其不满 255

革新 256

医疗化："这不再只是水的事儿了！" 268

犹太人场所 278

和马克（思）/吐温泡澡 287

第七章 伊甸园的困境 303

战争中的大温泉 303

德国温泉小镇与魏玛共和国 322

残存的奥地利 335

消极面对柏林：20世纪20—30年代的卡尔斯巴德与马里昂巴德 346

第八章　褐色之泉：第三帝国时期的大温泉　359

纳粹与温泉　359

"德国的名片"　366

"一个民族，一个德国，一个领袖"　380

终曲：1939年的巴登海姆　394

战争时期　395

第九章　新的开始　413

战后　413

复苏　420

尾　声　今日大温泉　437

致　谢　453

献给土生土长的马里昂巴德之子——汉斯·鲁道夫·瓦吉特

成千上万的人生活里没有爱,却无人能离开水生活。

——W. H. 奥登

Fons Levit Inalidos
Animum Qui Vertit Ad Artem
Emendat Mores
Excolit Ingenium

(浴此气泡之泉者
足消百病
亦得以陶冶风雅
化民成俗。)

——巴特洪堡,伊丽莎白泉铭文

雷诺上尉:是什么风儿把您吹到卡萨布兰卡来的?
里克:为了我的健康。我是因为水来卡萨布兰卡的。
雷诺上尉:水?什么水?我们在沙漠里头。
里克:我被误导了。

——电影《卡萨布兰卡》

a. 丹麦　　　　　　b. 比利时　　　　　　c. 卢森堡
d. 列支敦士登　　　e. 斯洛文尼亚　　　　f. 克罗地亚
g. 匈牙利　　　　　h. 斯洛伐克

（本书插图系原书插附地图）

导 论

最近几年"SPA"(温泉水疗)[1]这个词已变得无处不在,几乎同"可持续发展"一样无从回避。于是乎,出现所谓"可持续温泉"(Sustainable Spas)也就见怪不怪了——在类似印度本地治里(Pondicherry)[2]沙丘回声村(Dune Echo Village)这样的地方,你可以得到深层肌肉按摩和结肠灌洗的服务,同时还能够拯救地球。不过,当谈到我们这个时代的温泉现象,这类"绿色"保健度假村仅是浮在水面的现象。2007年于纽约华尔道夫酒店(Waldorf-Astoria Hotel)召开的"全球温泉峰会"(Global Spa Summit)显示,国际温泉产业在前一年净赚400亿美元。如今,仅在美国就有一万多家温泉浴场,这一数字还不包括那些提供"温泉水疗"服务的美容院、机场的"快捷温泉"(Xpres Spa),还有不计其数摆在后院里被称为"温泉"——在我看来可谓十足厚脸皮——的热水浴缸。国际温泉协会(International Spa Association)十分高兴地报告说,温泉正日益取代高尔夫度假村成为企业休闲活动的首选。"高尔夫并不能让人放松,"佳能的一位销售总监说,"它具有很强的竞争性,会带来更多的压力。"反之,温泉"却提供了一个在轻松氛围中联谊和交谈的好机会"。

---

[1] 许多人以为"spa"一词出自比利时最重要的温泉小镇斯帕,斯帕这一地名是于14世纪被采用的,可能源自拉丁语"Salus per Aqua"(以水得健康),而在罗马帝国时代有时会采用其缩写形式。不过这个词也可能是从瓦隆语中"喷泉"一词"espa"派生而来的。无论怎么说,在十六七世纪,比利时斯帕作为水疗庇护所广为人知,这个词也似乎因此被更加广泛地运用在了任何为健康朝圣者服务的矿泉建筑群上。——原注

[2] 本地治里,印度南部联邦属地名称,也是其中一个地区的名称。本地治里联邦属地由四个分散在印度沿海、相互不连的前法属印度地区组成,包括孟加拉湾沿岸的本地治里、卡来卡和雅南以及印度洋沿岸的马埃,其中以本地治里地区面积最大。由于历史上曾为法国殖民地,本地治里深受法国文化影响。(编者按:本书脚注,如无特殊说明,均为译注)

如今，过度劳累的商务人士以及各种健康爱好者对温泉趋之若鹜，他们的喜好也不尽相同，从标准的热温泉浴，到浸泡在"啤酒浴"中（捷克、斯洛伐克），接受指压按摩（shiatsu）（泰国），在满是香草味的干草上打滚（瑞士采尔马特[1]），用海盐和爪哇香料擦洗身体（维也纳），边听《绿袖子》音乐边享受包裹着亚麻布的热石头按摩（加州圣巴巴拉），在注入了锂的池子中一坐数小时（德州马尔法基安蒂温泉），忍受巴西男人们会做的那种全身蜜蜡"美容脱毛"理疗（伦敦），或是任由你的脸被巨型非洲蜗牛的黏液覆盖（俄罗斯）。假使你只是单纯喜欢"足不出户"的疗养体验，我十分推荐费伊·韦尔登（Fay Weldon）的小说《温泉》（The Spa，2007年），书中描述了一个有壕沟环绕的英国北方乡村度假村，它只接待最高端的成功女性，她们会花上一大笔钱在那里接受为期几天的肉毒杆菌注射、香薰理疗，并献上"乔叟式"的团体感言。

尽管今日全球范围内形形色色的温泉图景表现出勃勃生机，但是实际上，它只不过是一种日趋盛行且重要的自然疗养文化的微弱回响罢了，此种基于"疗愈之水"的文化自前罗马时期至第一次世界大战在欧洲蓬勃发展，其漫长的尾声则一直延续到我们自己的时代。

当然，除了疗愈之水，总归还有其他形式的自然保健疗法，包括草药疗法与所谓的空气疗法，其依靠干燥沙漠或高山的空气（人们假定这种空气具有医疗效用）来治疗肺结核这类呼吸系统疾病，例如：在托马斯·曼（Thomas Mann）的小说《魔山》（The Magic Mountain，1924年）[2]中，小说人物汉斯·卡斯托普（Hans Castorp）进行了长达7年的"治疗"；20世纪80年代的结核患者霍利迪医生（Doc Holliday）的真实案例，他从亚特兰大搬迁至美

---

[1] 采尔马特，位于瑞士阿尔卑斯山群峰之中，是世界著名的无汽车污染的山间旅游胜地。
[2] 《魔山》，诺贝尔文学奖得主托马斯·曼的代表作，被誉为德国现代小说的里程碑。小说以一个疗养院为中心，描绘了第一次世界大战前夕欧洲风云变幻的社会现实。

国西南部,为延续自己(作为一名枪手和牙医)的寿命而苦苦挣扎。(最近的研究显示,高海拔的空气疗法事实上可能对耐药的结核病菌是有效的,因为气压降低能够抑制结核分枝杆菌的存活和繁殖能力。)

但在本书的叙述中,我们的关注焦点是温泉而非干燥的空气,我们将在书中漫步于水疗法与浴疗学(即有关具有治疗效用的沐浴"科学")的复杂世界。

温泉的故事颇为重要——尤其是在医疗史或个人保健史方面。我们或许会以为水疗处于医疗前沿的那个时代早就过去了,可事实并非如此。直到最近,工业社会的传统内科医学尚无法提供什么别的能媲美水疗的好处的替代选项。在许多情况下,疗愈之水缓解症状的效果与其他用于治疗关节炎、呼吸系统、消化系统乃至神经系统疾病的药物疗效是相同的(假使不是更有效的话)。人们曾这样评价17世纪的医学:"几乎所有人都是死于治病,而非疾病本身。"之后,19世纪晚期的欧洲医院会用带电的床驱除体内的绦虫,举这个例子是想表明,现代科技并不必然是一种福音。的确,对于像癌症或动脉阻塞这样的大病,水疗可能是个鸡肋般的存在——远没有其所宣扬的那么好。但即便是处在身患致命疾病的水深火热之中,在过去(现在也一样),人们仍认为温泉治疗的安慰剂效用是可圈可点的——至少在疗愈之水的作用下,治疗(一般来说)不会比疾病本身更加痛苦。

此外,在常规医疗日益工业化的时代,医学上的"慢食"(slow food)也有其可取之处:不急不忙、亲力亲为、较少技术介入的护理,身体在这个过程中更像是一个需要被照料的花园,而非一台有待维修的机器。这种护理曾经在中世纪的济贫院实行过,譬如巴黎的主宫医院(Hôtel Dieu),而更为持久的例子则是欧洲的各处大温泉。

不管疗效究竟如何，除了各种附属的娱乐项目，吸引人们一季又一季、一代又一代地回到温泉疗养地的，是他们对温泉水的疗愈功效的真心信仰。在这一点上，温泉水就如同卢尔德（Lourdes）[1]的圣泉——或许在某些情形下，还有点像塞缪尔·约翰逊（Samuel Johnson）对再婚的定义："这是希望对经验的胜利。"

人们能够——也确实已经——从各种角度讨论在温泉疗养地接受治疗的现象。在本书中，我选择将重点放在中欧的温泉小镇（Kurorte）上，更具体地说，放在其中少数几个能够被恰当地冠以"大"（grand）字称号的传奇地点。

为何要选择这一路径呢？为什么是中欧的豪华度假胜地呢？的确，从古至今，世界其他地方都有在历史上十分重要的温泉：人们首先会想到英格兰的巴斯（Bath）、莫尔文（Malvern）[2]和切尔滕纳姆（Cheltenham）[3]；法国的维希（Vichy）[4]、埃维昂（Evian）[5]和艾克斯莱班（Aix-les-Bains）[6]；当然，还有比利时的斯帕（Spa）[7]。美国纽约州则有雅致的萨拉托加斯普林斯（Saratoga Springs）[8]度假地；位于密歇根巴特克里克（Battle Creek）、由健康饮食大师约翰·哈维·凯洛格（John Harvey Kellogg）经营的著名

---

[1] 卢尔德，位于法国南部、接近西班牙边界的波河沿岸城市。传说当地的圣水可治疗疑难杂症，卢尔德也因此成为天主教最大的朝圣地，每年有近500万人前去取用圣水。

[2] 莫尔文，位于英国伍斯特郡的温泉小镇。

[3] 切尔滕纳姆，位于英国格洛斯特郡的自治市镇，拥有大型的温泉疗养区。

[4] 维希，位于法国阿列省的水疗城镇和度假城市。

[5] 埃维昂，全称埃维昂莱班，位于法国东部上萨瓦省的著名旅游胜地，与瑞士洛桑隔日内瓦湖相望，境内自然风光秀丽，尤以"依云"矿泉水久负盛名。

[6] 艾克斯莱班，位于法国奥弗涅－罗纳－阿尔卑斯大区萨瓦省的温泉城镇，气候宜人，拥有大片原生态花园绿林，有"鲜花小镇"的称号，是法国最重要的温泉旅游城市之一。

[7] 斯帕，位于比利时列日省东部阿登地区的温泉小镇。

[8] 萨拉托加斯普林斯，位于纽约州的温泉城市，以拥有多种天然矿泉闻名，当地出产的矿泉水深受美国上流阶层推崇，有"美国泉城"之誉。

疗养院[1]；以及我自己最喜欢的温泉浴场，蒙大拿州拥有百年历史的奇科温泉（Chico Hot Springs），那里还有块标识牌，要求客人禁止在池子里撒尿。

然而，正是在中欧，历经整个19世纪，水疗文化在其精细度、全球范围内的影响力和内部的多样性上均臻于顶峰。当巴斯、艾克斯莱班和斯帕走向衰落时，中欧的大温泉疗养地——诸如巴登-巴登（Baden-Baden）、威斯巴登（Wiesbaden）、巴特埃姆斯（Bad Ems）、巴特洪堡（Bad Homburg）、巴德加施泰因（Bad Gastein）、维也纳巴登（Baden-bei-Wien）、巴德伊舍（Bad Ischl）、卡尔斯巴德（Karlsbad）和马里昂巴德（Marienbad）[2]——都享受着不同程度的繁荣，而这一繁荣将一直延续至20世纪20年代。此外，中欧温泉小镇在第二次世界大战后的时代中的不同命运，以及几乎所有这些地方在当代所经历的某种程度的复苏，都使它们成为值得欧洲当代社会与文化史的学生们研究的课题。

更具体地说，这些大温泉的历史能够教给我们什么呢？首先，它告诉了我们不断变化的关于身体和身体需求的理论；保健与个人卫生方面的潮流；不断演变的对于主流生活方式与身心健康之间的关系的看法；宫廷礼节和精巧的城市礼仪在乡间休养地的应用；社会各阶层间，尤其是日趋没落的贵族与雄心勃勃的中产阶层之间的关系；千变万化的娱乐活动以及那些时刻让健康朝圣者保持快乐的新手段；旅行的方式，从一开始的坐马车、到坐火车，再到最后乘上令人难以置信的汽车；最终——也许不那么有魅力，但同样迷人

---

[1] 凯洛格的巴特克里克疗养院在20世纪初拥有极大的知名度和影响力，那里实行严格的低脂饮食，以全谷物、富含纤维的食物和坚果为主。疗养院的另一个必要疗程是经常性的灌肠（通常是用酸奶）。而在使用水疗和电疗方面，凯洛格的这一机构与欧洲的主要温泉地相似，但它在饮食方面的"疯狂"实在超出了大多数欧洲人能够容忍的范围。凯洛格实行的全面禁酒在欧洲也同样不太受欢迎，在欧洲，啤酒和葡萄酒被认为是必不可少的食品。T. 科拉盖杉·博伊尔（T. Coraghessan Boyle）的漫画小说《窈窕疯人院》（*The Road to Wellville*，1993年）对这处巴特克里克的"疯"养院进行了辛辣的讽刺。——原注

[2] 这些地名中的"bad"一词即指浴场、浴池。

的是——大温泉的文化史揭示了财富、名望与细微的怨恨、偏见和无尽的阴谋之间的缠绕交织。

与大温泉的繁盛时期不同的是，如今这些日渐式微的欧洲"老妇人"不得不与世界各地（尤其是亚洲）更加光鲜时髦的地方争夺客源。（毫不奇怪，中国正在全球温泉版图中强势崛起，如今中国的水上度假胜地与泰国和印度尼西亚最为豪华的那些地方已经不相上下。）尽管如此，中欧的温泉小镇依然是成千上万（像我一样的）人的首选目的地，在享受泡澡、按摩和强力灌肠之余，他们还想要一些古老的历史陪伴左右。

处于本书叙述中心的这些中欧著名温泉绝非寻常事物，即便在其本土也是如此。仅在19世纪的德国就有超过300个登记在册的温泉小镇，但它们中的绝大多数都是些不起眼的小地方，没有豪华酒店、宏伟的浴场、高档餐厅和金光闪闪的赌场。它们会提供德式早餐，而非英式或法式早餐，其客人主要是周边地带的中产和中下阶层的家庭，他们是来这里疗养而不是玩的。总体说来，不会有任何一位君主，也不会有任何一位小说家出现在这种地方。这类地方若是出现在我的讨论之中，也不过是为了提供一些可以与大温泉疗养地相互比较的点。

对我来说，大温泉的独特之处在于它们能够吸引来自不同社会、政治和文化背景的顾客。这些人通常来自异国他乡，他们去那些地方不仅是为了疗养——甚至有时根本就并不以此为目的。在其全盛时期，大温泉绝非一个仅与健康相关的地方，它相当于现今世界的高尔夫和网球度假村、会展中心、商务度假地、政治峰会会场、时装秀、主题公园与隐秘的性乐园——大温泉将它们全数合而为一。人们，尤其是富人们去大温泉几乎是出于社会与文化上的考量，而不是为了治疗痛风或关节炎。许多不安分的丈夫前往疗养胜地，为的是摆脱他们的妻子。（歌德曾告诉他的朋友爱克曼，他每次去卡尔斯巴德都必须"找点儿性冒险"，否则就会"无聊得死掉"。）而另一方面，一些男女会到温泉寻找配偶，因为在温泉小镇的各种吸引力中，尤为重要的一个因素是这些地方为囊中羞涩的贵族和满怀抱负的中产阶层提供了婚姻市场。

此外，在文化领域，除了向客人提供丰富的音乐和戏剧节目，大温泉还是真正创造文化的地方。这些中欧的温泉吸引了当时最伟大的诗人、小说家、剧作家和作曲家，催生了无数艺术、文学和音乐作品。对于研究温泉的历史学家来说，幸运的是，在这些"文化温室"中诞生的部分文学作品正是以它们为背景的，因此这些文学作品也提供了大量有关水疗的社会习俗风尚和道德的知识。今天造访巴登-巴登、威斯巴登、卡尔斯巴德或马里昂巴德的游客都知道，带上一本屠格涅夫、托尔斯泰、马克·吐温、陀思妥耶夫斯基、福楼拜或歌德的书，会大大增加游览体验的丰富度。

我适时地将这些艺术家以及其他许多著名艺术家的故事纳入此次大温泉的历史之旅。巴登-巴登——本书第二章的重点——被誉为"欧洲的夏都"，其部分原因便在于它是一个世界级的文化圣地，吸引了像尼科洛·帕格尼尼（Nicolo Paganini）、弗朗茨·李斯特（Franz Liszt）、乔治·桑（George Sand）和维克多·雨果这般人物。但巴登-巴登并不是唯一一处有文学、音乐、戏剧和（不那么知名的）绘画缪斯加持的温泉浴场——以及金光闪闪的赌场，卡尔斯巴德和稍后发展起来的马里昂巴德都是歌德夏天常去的地方——这位诗人有时在那里工作，但更多的则是玩耍，进行那些对他的心智平衡与艺术气质颇为必要的云雨嬉戏。

正是在卡尔斯巴德，歌德遇到了同为文化巨人的路德维希·凡·贝多芬（他也经常去泡温泉）。这位伟大的作曲家从未能在他光顾的任何一处大温泉找到疗愈他最感迫切的痛苦的方法，不过贝多芬确实在那里找到了一种启发他音乐灵感的环境。他有许多同伴，一大批杰出的艺术家——仅列举几例，有弗里德里克·肖邦（Frédéric Chopin）、理查德·瓦格纳（Richard Wagner）、艾克托尔·柏辽兹（Hector

Berlioz)、约翰内斯·勃拉姆斯（Johannes Brahms）、古斯塔夫·马勒（Gustav Mahler）、阿尔弗雷德·德·缪塞（Alfred de Musset）、钱拉·德·奈瓦尔（Gérard de Nerval）——都在中欧大温泉创作出了他们最好的一部分作品。

虽然歌德与贝多芬不是赌场博彩的爱好者，但是在大温泉，赌博是吸引常客，包括那些文艺界客人的主要因素。对俄国文学巨子费奥多尔·陀思妥耶夫斯基和列夫·托尔斯泰而言，这是毋庸置疑的，他们在德国各处的温泉疗养地与"轮盘赌女士"（Madame Roulette）均发生了灾难性的关系。然而，他们的同胞伊凡·屠格涅夫却能在巴登-巴登安居数年之久，却没在赌桌上损失一个子儿。相反，屠格涅夫爱上了一个同样停留在巴登-巴登的法国女人——之后又爱上了这座迷人的温泉小镇本身，对他而言，那里体现了西方的高度文明与进步精神，而这恰恰是他的祖国最为匮乏的。记录俄国文学人物在德国温泉地的广泛而不同的经历，也能为我们认识19世纪俄国文化中的"西化派"与"斯拉夫派"的重大分歧提供一些浅显的启示。

这趟旅途中的另一道岔路涉及政治——更具体地说，高层政治与外交。就像今天的政治领导人们聚集在一起讨论全球贫困问题时，会选择达沃斯而非太子港（Port-au-Prince）一样，19世纪的欧洲权贵们聚集在中欧那些主要的温泉疗养场所，解决——有时则是激化——他们时下的紧迫问题。如同这些温泉地区的文化成就一样，我们亦可以循着这些大温泉城镇的漫步道徐徐了解国际政治活动与高层外交实践。

本书的叙述关注中欧主要温泉疗养地的演变，它们不仅是疗养中心，也是政治、社会和文化冲突的角斗场。是故，一幅比人们从豪华温泉的历史中所期待见到的远为黑暗的图景被呈现了出来。温泉小镇当然把自己标榜为远离现实世界纷纷扰扰的避风港，许多客人也的确到那里寻求逃避与喜乐，然而，他们并没能找到一个毫无冲突的所在；相反，他们往往见到的是一个由于空间逼仄，种种矛盾反而显得更加紧张、尖锐的地方。正如温泉往往无法兑现其有关身体治疗的承诺一样，它们在动荡的汪洋大海中奉上一处祥和岛屿的许诺，往往也被证明是虚幻不实的。

近代中欧温泉传奇的幽暗面之一，与犹太人在这个狭小但闪亮的大温泉舞台上扮演的角色息息相关。他们在其中并不总是受害者和罪犯，其所处的位置也并非边缘。尤其是在水疗的全盛期，犹太人在温泉生活的方方面面都起着重要作用——他们是医生、酒店与餐厅老板、普通居民，抑或是客人。他们对于"世纪末"（fin de siècle）大温泉的"医学化"与现代化至关重要。犹太富人在中欧的顶级温泉享受着特权，而全然不顾反犹主义正在当地愈发得势。然而，这样的情况无法再持续下去，就像恶性的多普勒效应，新时代的刺耳喧嚣——长靴击打着街道，响起了种族主义的口号——冲进了温泉小镇，这些喧嚣虽然到得有些晚了，但同样响亮。很快，那些曾经以"世界主义"夸耀自己的地方便开始标榜起自己实现了"无犹"。

假使本书的时间下限停在第一次世界大战，或许我对中欧大温泉的生活的叙述会显得更加积极乐观，并且第一次世界大战的确是绝大多数有关这些地方的叙述终止的时间点。然而，这些大温泉城镇在20世纪的衰败和某种程度的复兴的历史，恰如水疗胜地在19世纪鼎盛时期的历史一样重要且有趣。被骤然卷入"全面战争"、颠覆帝国的革命、经济崩溃、意识形态对立以及常规医疗急剧变革的旋涡之中的大温泉提供了另外一番视角——一个多面的万花筒，透过它可以一瞥我们这个时代瞬息万变的图景与叙事。

我决定驶过通常的下船点，继续这场大温泉之旅，并在那些并不十分引人入胜和具有启发性的路边景点停上更长的一段时间，这也是令这段旅程显得更加个人化的诸多方式之一。

大多数有关欧洲温泉胜地的报道都不免透出一股怀旧之情——对那个已然逝去的极尽奢华与优雅的世界的赞颂，那个世界连同支撑着温泉的庞大帝国和贵族社会一起成了第一次世界大战的牺牲品。本书显然不想落此俗套。不过，我决心接下这一项目也反映出我自己难以抗拒那些过往的宏伟酒店（譬如伊斯坦布尔的佩拉宫酒店）、历史悠久的火车（欧洲的东方快车、美国的圣达菲列车，后者还有自己的发廊）、大型远洋邮轮（特别是皇家邮轮公司的"卡罗尼亚"号，该船只提供头等舱），以及大温泉所营造出的斑驳褪色的奢华气韵。从我学术生涯起步之时，我便考虑过要写一本关于历史悠久的中欧温泉小镇的书，但我很高兴能将这项任务推迟到我足够年老的时候——在我已过古稀之年时。保罗·索鲁（Paul Theroux）曾说："只有随着年龄的增长，你才能获得评估衰朽的天赋。"大温泉的历史当然远不止于体面的衰朽，但逐渐走向颓败确实是这个故事的一部分——也是我现在能够真正认同的一部分。

促使我选择这一主题的还有另一个因素，一个历史学家们经常忽视或低估的因素、一个我自己在年轻时也不太重视的因素：为进行这项研究，公费研究者能否负担得起——甚至要求进入——一个舒心的研究场所呢？我可以毫不犹豫地说，在这方面，相较于科布伦茨的德国联邦档案馆，巴登-巴登的弗里德里希浴场简直是质的飞越。这些年来，我曾在联邦档案馆花了大量时间搞研究（并尽量不吸入太多灰尘）。

在最终决定开始我的温泉研究计划，并将重点放在中欧的大温泉城镇后，我还得决定在这一类别之中应该包括哪些具体的地点，以及对每个地点的重视程度应有多少。诚然，这些决定有些武断，别的历史学家在研究历史上的欧洲温泉现象时，其研究范围会遍及整个大陆——也包括英国。而即便是专注于中欧温泉小镇的研究，也可能会选择与我选择的并不相同的温泉，或者那些研究会囊括布达佩斯的大浴场，特别是作为韦斯·安德森（Wes Anderson）电影《布达佩斯大饭店》（*Grand Budapest Hotel*，2014年）原型的吉尔勒特酒店（Hotel Gellért）的豪华温泉池。但我想把范围局限在（历史上）

讲德语的中欧地区的温泉。最终，我确定了一份少而精的名单，每一处地点都允许我进行一些细致的调查（虽然也不必要求面面俱到），其范围的广度足够呈现温泉小镇在历史和风格上的多样性。

这是一段个人化的历史，不仅因为本书对特定地点和主题有着独到的选择，还在于它内含的——如果没有更贴切的词形容的话——亲昵感（intimacy）。历史学家通常试图与他们的研究对象保持客观的距离，以避免任何（明显的）观点和个人经验的掺入。对于加深历史认识和保持明晰的评判而言，这种与研究对象的隔绝显然是有必要的。在这一项目中，虽然我在大部分时候都会遵守保持距离的规范，但有时也会毫不犹豫地使些小性子，讲点自己的故事。本书的"尾声"就几乎既是一段历史，也是一篇游记。

最后，在风格与呈现方式上，我会遵从自己的步调。我对非正式散文的偏爱以及对学术行话的厌恶将贯彻始终。书中也没有任何宏大的理论，用约翰·塞尔（John Searle）评价雅克·德里达（Jacques Derrida）的话来说，理论"搞臭了废话的名声"。

就像我说的，我头一次萌生研究温泉的念头是在许多年前，忽然就冒出了这么个想法——还能在哪儿呢？当然是在一处大温泉。我当时在乘飞机离开法兰克福前，碰巧有一整天时间可以打发，于是我决定到附近的巴特洪堡走走，有位朋友曾经盛赞过那里。我被这个地方的优雅与闲适迷住了。当我喝着金汤力，坐在华丽的凯撒威廉浴场时，我对自己说："傻小子，你为什么不写一本书，给你一个经常来这儿的借口呢？"总之，瞧，这便是那本书了。

第一章

温泉与温泉文化

1799 年,一位名叫尼古拉·卡拉姆津(Nikolai Karamsin)的俄国绅士在中西欧"壮游"(Grand Tour)途中停在瑞士巴登(Baden)泡澡,他遵循了一个古老传统:在一处知名的矿泉胜地稍作停留,疗愈一下身上的疾病,与入浴同伴们搞搞社交,并享受一些生动有趣的文娱表演。

虽说卡拉姆津参加的这番"神圣仪式"历史悠久,能够追溯到古希腊古罗马时代,但在经历了数个世纪的、由于文化风俗乃至"健康"观念的磕磕绊绊的变动之后,到卡拉姆津的时代,这一仪式才刚刚重焕生机。曾经有好几次,古代先人修建的完善的大型水疗设施似乎已几近消失,再也无法重现。然而,正是在希腊罗马时代至 18 世纪晚期的"壮游"全盛期这段漫长的时间里,现代温泉文化的所有要素几乎都集合在了一起。在我们从容步入近代中欧的温泉景观之前,来一场纵览这 2000 年时光的专属旅程——其实更像是一趟轻松的走马观花——还是颇为必要的。

古代西方

挑选古希腊罗马时代的"代表性液体"是件颇费踌躇的事情,我们中许多人可能会选择葡萄酒,但我们弄错了:水才是推动西方古典文明发展的流质。

这并没什么不同寻常的地方:在所有的早期文明中,水都是生命之源（对我们自己而言也是一样，我们正愈发沮丧地意识到这一点）。显然，在古代世界每个地方的人都要喝水，尽管那时的水常常是劣质、不安全的。但水还被广泛运用于宗教、医疗、卫生和美容等领域。我可以举些例子来阐明该现象。

艾赛尼派（Essenes）是个与"死海古卷"（Dead Sea Scrolls）有关的古老犹太教派，他们每天清晨用冷水沐浴，以净化身体和灵魂。任何想要进入圣殿的犹太人也同样被要求进行一次沐浴仪式，犹太妇女在经期或分娩之后要在石块砌成的净礼池室（mikveh chambers）沐浴，洁净自己，在这之后才能与丈夫恢复房事。众所周知，大卫王初次见到美貌的拔示巴（Bathsheba）是她早晨在父亲的花园中洗浴的时候。

在大壶节（Purna Kumbh Mela）这一可追溯至2 000多年前的印度教仪式举行时，大批朝圣者每隔12年——至今依然如此——聚集于恒河与亚穆纳河的交汇处，在圣水之中沐浴，洗清他们的罪孽。（尽管这些朝圣者也经常因此染上各式各样的传染病，有时甚至被淹死，但这些都无碍于大壶节成为全世界最大规模的人类集聚活动，最近一次活动的参与人数超过8 000万人。）

如同恒河，尼罗河据说也有神奇的力量——不仅能为流经的干旱土地带来生机，还能够愈合伤口，治疗疾病，使不孕的妇女恢复生育能力。托勒密二世（Ptolemy II）在女儿出嫁时赠予她尼罗河水，保佑其多子多福。在克利奥帕特拉时代的埃及，宫廷会向公共浴场发放许可证，并收取高额费用。这些浴场的首要功能是卫生——尽管浴场会为顾客安排一个清洗工，但清洗工也可能是非常恶毒和危险的。埃及的浴场侍者经常袭击顾客，还抢走他们的衣服。一名顾客称，他的洗浴侍者直接倒了罐开水在他身上，"我的肚子和左边大腿直到膝盖都被烫伤了，几乎性命堪虞"。

在与埃及同样肮脏、危险的古代斯基泰（Scythia），游牧民与被希腊人称为"亚马逊女战士"（Amazons）的妇女会用冷水洗头，但他们更喜欢在类似蒸汗屋的小房间里搓洗身体。按照希罗多德的说法，斯基泰人会抓一把大麻种子扔在由毛毡覆盖的帐篷中的炽热石头上，由此产生的强力蒸汽既能去掉身上的脏东西，又能令入浴者"高兴地大喊"。

然而在所有古代文明中，是希腊人——之后的罗马人更是如此——最为充分地发挥了水及水浴的治疗效用，他们不但将其打造为通往清洁、美丽或丰产之路，亦将其视为迈向更好的身体状态甚至获得心灵提升的路径。他们发展出了极具特色的有关水如何以及为何能够疗愈身心的原始科学理论。随着时间推移，这些西方的古典文明开始在精致的设施中实践水疗之道，当我们从譬如巴登－巴登那豪华的弗里德里希浴场的躺椅上回望过去，我们可以将这种活动视为现代水疗文化的鼻祖。

对于希腊人来说，在开阔水域或浴盆之中沐浴能改变气质的观念在荷马的宏伟史诗里可谓表现得淋漓尽致。在《奥德赛》中，奥德修斯于女巫喀尔刻（Circe）为其特制的浴盆内缓解旅途的疼痛。在旅途另一站，当他造访阿尔基努斯国王（Alcinous）的宫殿时，王后阿瑞忒（Arete）下令为贵宾准备洗澡水。这里的浴缸是一个豪华温暖的浴缸，一只架在熊熊烈火上的铜缸。年轻的奥德修斯在沐浴中重生，"看上去俨然如神明而非凡人"。同样，奥德修斯的儿子忒勒马科斯（Telemachus）也在涅斯托尔国王（Nestor）最年幼的女儿波吕卡斯特（Polycaste）亲自侍奉他沐浴抹油之后，从浴室中走出，看上去"仪表如年轻的神明般英俊"。

在《伊利亚特》中，轮到赫克托尔体验水的变化之力了——虽不是在浴缸内。他于克桑托斯河（River Xanthus）的圣水中沐浴，治疗身上的战伤。还有赫克托尔的死敌阿喀琉斯：他母亲试图把他浸泡在斯提克斯河（River Styx）中，使其长生不死，却因为抓着他的脚后跟把事情给搞砸了。

就荷马的传奇英雄们来说，沐浴似乎主要带来的是身体上的变化,而对于公元前3世纪伟大的希腊数学家阿基米德而言,在浴缸中泡一泡还有助于揭示新知。故事是这样的,阿基米德在洗澡时拍打水花,由此发现了如何确定不规则形状物体体积的方法。"我找到了!"(Eureka!)据说他这样喊叫道,然后一丝不挂地跑到街上,大声宣告这一好消息。

对于萌芽期的温泉文化发展至关重要的是,古希腊人开始用泡澡维持日常健康,有影响力的医学家相信多种形式的水疗是应对各类疾病的最佳方法。被称为"医学之父"的希波克拉底对当时已然蓬勃发展的水疗文化进行了认真研究。一方面,他倡导人们经常交替进行冷热水浴,与他的许多同行一样,希波克拉底相信这种做法可使身体内的"体液"达至适度平衡。此外,他给发烧的病人开出洗冷水浴的方子,他还认为热水浴能够通过软化腹部肌肉来促进消化。

另一方面,希波克拉底显然对逐渐兴起的饮用药物矿泉的做法持保留态度。在其开创性著作《论空气、水和环境》(*De aere, aquis et locis*)中,他认为,所有那些含铁、银、铜和硫等成分的"硬而咸"的矿泉水都是极难消化的,很可能引发严重的便秘。希波克拉底的治疗法说明了在温泉文化诞生之初,在医生之间便存在着这种或那种水疗方法孰优孰劣的争论。

盖伦(Galen)——希腊最后一位伟大的医学家——也许是他那个时代最杰出的水疗倡导者。这位伟大的治疗者根据需要治疗的疾病门类,在部分与全身洗浴、热水与冷水浴疗法之间进行了区别处理。有趣的是,盖伦还鼓励人们在洗浴时吸食鸦片,这两种疗法的结合对他而言可谓一剂神奇的"灵丹妙药",对"头痛、眩晕、耳聋、癫痫、中风、视力减弱、支气管炎、哮喘、咳嗽、吐血、腹绞痛、黄疸、脾硬化、肾结石、尿路不适、发烧、水肿、麻风病、月经问题、抑郁症乃至其他所有的流行病"都有效。

一如古希腊日常生活中方方面面的事物，接受医疗——包括各种水疗——也被包裹在宗教与神圣仪式当中。尽管后来半世俗化了，但宗教崇拜始终是随着时代演进的温泉文化的一个重要面向。

有宗教崇拜的地方自然就有男女神灵。在古希腊世界，主掌医药之神是阿斯克勒庇俄斯（Asclepius，公元前5世纪），阿波罗与科洛尼斯（Coronis）之子。阿斯克勒庇俄斯有5个可爱的女儿充当他的助手：许革亚（Hygeia），负责清洁与卫生；伊阿索（Iaso），康复领域的专家；埃格勒（Aglaea），美貌、饰品和护发女神；阿克索（Aceso），药膏、油膏、草药与抗衰老乳霜的行家；还有帕那刻亚（Panacea），万能的治疗女神，因而也是整个温泉活动的守护神。

毫不奇怪，在这些天才的加持下，阿斯克勒庇俄斯崇拜——其成员由祭司和医生组成——迅速在古希腊全境传播开来。[1]很快，需要接受货真价实的医疗照护或只是想做个美容化妆的病人，只需要前往最近的"阿斯克勒庇俄斯中心"（Asclepius center）即可，那里会有一尊手持蛇杖的医药之神雕像，极易辨认。

为什么是蛇呢？因为在治疗过程中会用到活蛇，它们之中有些有毒，有些无毒。实际上，在一处典型的阿斯克勒庇俄斯疗所里，除了满是祭司和医生，也爬满了蛇，这可谓一种强力（有时也致命）的组合。更令人兴奋的是，在诸如埃皮达鲁斯（Epidaurus）一类的阿斯克勒庇俄斯疗所会供应鸦片。恰如一位专家所写的那样："阿斯克勒庇俄斯的医疗祭司会给那些到埃皮达鲁斯寻求治疗的人服食鸦片，病人沉沉地睡在神庙的圣殿里，祭司为他们带来康复的美梦。"

由于阿斯克勒庇俄斯的治疗有时比疾病本身更加糟糕，于是治疗中心有了自己专属的墓地。墓地总是布置在外围的地方，如此病人便无须为这些治疗不成功的例子感到过度不安。（在这方面，现

---

[1] 古代罗马阿斯克勒庇俄斯崇拜最突出的代表是公元前3世纪台伯河的一座岛屿上的神庙，自那时起，该岛就成了一处治疗中心。如今它是法特贝内弗拉特里医院（Fatebenefratelli Hospital）的所在地，该医院由圣约翰医院骑士团管理。——原注

代的温泉小镇也借鉴了古人的做法。) [1]

　　古代的温泉文化还在另一个方面开辟了现代温泉文化的先河：将对各种疗法之功效的判断与暗示的力量深深交织在一起，因为你想感受到有好转，而医生告诉你好转了，于是一种感觉变好了的安慰剂效果由此产生。譬如，在阿斯克勒庇俄斯崇拜中，祭司会利用当地神谕降下的启示和征兆指导治疗的每个阶段，祭司还会告诉病人，什么时候他们可以中断日常的沐浴和放血疗法，直接回家。或许，就像亚历山大大帝曾就自己的出身问题（据传他的母亲曾与一条蛇交媾，但他更钟意将宙斯视为祖先）咨询一处有名的神谕时那样，治疗者会通过贿赂神谕解说人来得到他们想要的结果。

　　毫无疑问，大多数病人都乐得早点离开医疗中心，但一定有那么些早期的"孟乔森"（Munchausen）[2]式人物，他们实际上很享受那种往往十分艰苦的治疗仪式，更别提唾手可得的麻醉药物了。若不是孟乔森综合征或毒品，那一定是有什么东西让作家埃利乌斯·阿里斯蒂德斯（Aelius Aristides）在帕加马（Pergamum）的药神殿（至今仍是一处水疗场所）待了足足13年。

　　在完成治疗后，早期的温泉顾客也同现代的顾客一样，会被期待着尽可能掏空自己的钱袋子。需支付的费用取决于病人财富的多寡，富有的治疗者通常会赠送漂亮的礼物来装点这些场所，有时他们还会为像露天剧场一类的大型建筑增添装饰，比如埃皮达鲁斯那座规模巨大、运用了颇为先进的声学原理的圆形剧场。

　　很快，剧场、餐厅与游戏室便成了阿斯克勒庇俄斯医疗中心乃至体操场（gymnasia）的标配，体操场这样的精心建造的运动场所

---

[1] 在我看来，英国的莫尔文有着历史上最令人悲伤的温泉小镇墓地：达尔文的大女儿安妮的墓。年仅10岁的她于1851年死于肺结核，死前她曾在詹姆斯·格利医生的照管下经历了颇为艰苦的治疗，格利医生也曾为达尔文治疗过。安妮的死让达尔文悲痛欲绝，他再也不愿回到莫尔文，但他并未对水疗丧失信心：他只是把自己的习惯带去了其他英国温泉。——原注

[2] 孟乔森综合征，又称孟乔森氏症候群，是一种通过描述、幻想疾病症状，假装患病乃至主动自残或伤害他人，以博取同情的心理疾病。

是供富有的年轻人进行体育锻炼的地方。锻炼之余，他们会紧接着喝点儿饮料、吃点儿点心、掷上一轮骰子或羊拐骨，最后不免还要来一场兼具清洁和疗愈功用的洗浴。体操场附属的浴池通常是冷水池——人们认为泡冷水比泡热水更加健康，也更体现男子气概，后来的某些罗马人（更别说维多利亚时代的寄宿学校校长了）也认同这一信念。

在体操场上，男子们通常都裸体竞技，恰如他们在古代奥林匹克运动会上一样。油腻而汗流浃背的摔跤比赛往往演变成油腻而汗流浃背的性爱。除了激情四射地幽会，他们也会在体操场饶有兴味地讨论最新的戏剧作品或著名哲学家的演讲——尽管哲学家们自己不便来凑热闹。

很多希腊城邦（至少在阿提卡）也以独立于体操场的公共浴池而自豪。所有这些公共设施均实行严格的卫生制度，除了洗浴，其服务还包括使用香味精油大力推拿，以及用一种被称为"刮身板"（strigil）的有边刃的青铜器具刮擦身体。专业的"洗浴员"或入浴者带来的奴隶会提供上述服务。（浴场侍者经常会机智地把从著名奥林匹克运动员身上刮下来的泥状物质装进小瓶子里，当成面霜卖给运动员的女性粉丝。）

不像体操场，许多公共浴室都有加热浴缸，年轻的雅典人很快便习惯了这般奢侈。至于他们的对手斯巴达人，他们对任何形式的洗浴，不管热水冷水，都不屑一顾。虽然他们发明了一种原始的蒸汽浴，还会把新生的婴儿泡在葡萄酒里，但斯巴达人依然坚定地要保留他们那代表男子气概的污垢和恶臭。（公元前424年，斯巴达人发觉自己被禁止参与奥林匹克运动会，一如既往，这是因为他们忍不住打破旨在使运动会免于无休止的相互残杀的"神圣休战"。不过，斯巴达人令人作呕的卫生习惯也很可能是赶走他们的又一原因。）

在古希腊，水与酒是联系在一起的（字面意义上如此），因为人们在饮用葡萄酒之前会加水稀释酒。在体操场和公共浴池，希腊男人们在浴缸里泡澡时也热衷于饮用葡萄酒，而且是大量葡萄酒。虽说在澡堂里喝得酩酊大醉不太妥当，但装正经的清醒节制更遭人蔑视。坚持只喝水而不饮酒的男人被认为会散发有毒气味，当那两个臭名昭著的"喝水男"安莫罗斯（Anchmolus）和莫斯霍斯（Moschus）进入公共浴室，所有其他人都跑了出来。

如果说希腊人在许多方面暗暗引领了现代的温泉水疗实践，那么公元前2世纪—公元5世纪末西罗马帝国覆灭的时间里，罗马人则可谓大张旗鼓地把水疗文化推向了它在古代世界的巅峰。事实上，罗马帝国的温泉世界的发达程度令人惊叹，直到19世纪中欧的大温泉胜地的名望与影响力发展至巅峰时，它们才足以在辉煌程度上与前者匹敌。

与希腊人一样，罗马人具有治疗效用的洗浴文化包括人工的加热水池和天然的冷热矿泉。虽然从技术上来说，后者无疑会被视为更接近于19、20世纪的欧洲大温泉疗养胜地的事物，但整体而言，古罗马的洗浴文化最终都滋养了现代的温泉水疗。

被称为"公共浴场"（thermae）的人工加热的公共浴池与矿泉浴场——最为豪华的矿泉浴场被唤作"温泉"（aquae）——在古罗马文明中发挥了绝对的核心作用。虽然最为宏伟的公共浴场都建在"永恒之城"内，但大部分的温泉都取决于大自然的奇思妙想，在都城之外的地区蓬勃发展。最初还是在城市附近，而后来的温泉更是如雨后春笋般遍及不断扩张的帝国全境。正如玛丽·比尔德（Mary Beard）在她有关庞贝历史的书中所言："罗马人所到之处必有浴场相随。"[1]

无论就洗浴仪式而言，还是就设施和建筑风格而言，建在都城的公共大浴场都具有至关重要的意义。与恶名昭彰的角斗竞技一样，

---

[1] 译文参见玛丽·比尔德：《庞贝：一座罗马城市的生与死》，熊宸、王晨译，民主与建设出版社，2019年版。译文有所改动。

这些庞大的公共事业都是因诸多罗马皇帝向其臣民慷慨解囊才得以存续下去的。不过，作为"面包与马戏"式慈善和大众文化的连接点，浴场要比斗兽场中的残杀正面得多了。一如那座大角斗场，超大型的公共浴场建筑群也为历代宏伟建筑提供了重要蓝图，譬如卡拉卡拉浴场（Baths of Caracalla）不但启发了后来众多的温泉建筑，也赋予20世纪美国的交通枢纽以灵感，譬如老宾夕法尼亚车站和纽约的中央车站。

在罗马城内，第一座大型公共浴场由马库斯·阿古利巴（Marcus Agrippa）（公元前64—前12）所建，他是一位政治家、将军，也是未来的奥古斯都——屋大维——的亲密战友，该建筑群建于公元前25年前后，它的出现令共和国时代那些需要收取些许费用的早期公共浴场以及那些别墅和宫殿内更加豪华的私人"浴室"都相形见绌。在公元前33年的官方统计中，罗马城中收费的公共浴场数量是170座，但大约175年后，老普林尼撰写他那部划时代的巨著《自然史》（Natural History）时，该数字已飙升至1 000座，《自然史》中亦收录了大量有关疗愈泉水的知识。零星散布在这一不断壮大的帝国各处的近100处大型温泉也在普林尼时代被记录了下来。

由于大多数商业洗浴设施都相当简陋，它们通常不过是额外备有一两个黏糊糊的浴盆的妓院，因而这第一个大型市政慈善项目一定令对前者感到厌倦不堪的罗马人印象深刻。不过阿古利巴浴场设立起来的奢华与清洁标杆很快就为尼禄、提图斯、图密善、图拉真、卡拉卡拉和戴克里先等皇帝建设的更加宏伟的建筑所超越。（顺带提一句，图拉真浴场在修建地基时回收利用了尼禄从未完工的"黄金屋"的墙壁与拱顶。）

如今，卡拉卡拉浴场是最著名的古罗马浴场，因为游客和考古学家很方便就可以进入其宽广的废墟。当然，如今那令人浮想联翩的废墟已见不到任何入浴者了，但人们依然能发现妓女和骗子在四周鬼鬼祟祟地徘徊，就如古时候一样。[1] 引人注意的是，墨索里尼的法西斯政权曾希望将卡拉卡拉浴场遗址作为1944年罗马奥运会摔跤比赛的场地——唉，很遗憾，这些比赛由于同一时间世界各地正上演的另外一场并不有趣的"竞赛"而被迫取消了。近年来，卡拉卡拉遗址为大型的露天歌剧提供了完美场所，那里上演的最知名的剧目是威尔第（Verdi）的《阿伊达》（Aida），剧里到处是马匹、战车、骆驼和成群结队的努比亚人。至于规模更大的戴克里先浴场，如今，位于其巨型遗迹上的是米开朗基罗的天使与殉教者圣母大殿（Santa Maria degli Angeli e dei Martiri）和罗马国家博物馆，而具有高度教育意义的浴场博物馆（Museo della Terme）则颇为妥洽地坐落在附近。

虽然罗马的大型公共浴场在规模与豪华程度上有所不同，但它们都具备一些基本特征，这些特征构成了罗马都城和帝国其他城市的洗浴文化的组成部分。在这些庞大建筑群的中心是浴场的主体建筑，包括更衣室（apodyteria）、一处热度温和的拱形暖水浴室（tepidarium）、一处冷水浴室（frigidarium），以及非常舒适的高温浴室（caldarium）。太阳可以直接照入高温浴室的圆形大厅，整个浴室由阳光与地板下的循环蒸汽提供热量。环绕在这些主要设施周围的是一些较小的房间，在那里，受欢迎的客人可以在巨大的青铜泳盆内进行私人洗浴，泳盆正下方有一个烧木柴的火炕（hypocaust），如此便可保持最佳水温。对于那些意志力强的人，还有温度极高的热气浴室（sudatoria），类似于我们今天的蒸汗屋或土耳其浴室，他们可以在那里好好发发汗。

紧邻洗浴设施的是受希腊人启发而建的健身房或体操场，在那里，赤身裸体、浑身汗淋淋的洗浴者们可以进行各式各样的剧烈运

---

[1] 许多年前，我自己也成了卡拉卡拉浴场一个著名骗局的上当受骗者。一个自称杰尼亚（Ermeneglio Zegna）销售代表的家伙在浴场外和我搭讪，给我讲了一个悲伤的故事，说他汽油用光了，需要点儿钱去参加一个重要会议。收了我折合美元约30元的里拉，作为交换，他给了我一件"正品"杰尼亚夹克衫，实际这件衣服最多只值我给的钱的一半。——原注

动,挥洒更多汗水。与希腊相仿,但规模却要大得多的一个方面是,顾客们可以享受浴场内部的餐厅、酒馆、游戏室、按摩房、理发与脱毛店、图书馆、博物馆,以及配备有最新草药、药剂、软膏与麻醉品的医疗服务。(在罗马浴场,鸦片制剂也像在希腊那样得到广泛使用——它们满足医疗与娱乐的双重用途,就如今天一样。)

与那些共和国时代的小型商业浴室不同(更遑论希腊的体操场了),罗马帝国时代的大型公共浴场并非从井里或蓄水池中抽取用水,而是利用巨型引水渠引水,这些引水渠本身便是古代工程的伟大奇迹。专门的技艺与公民的热忱结合在一起,使得整个系统运转不辍,这成了罗马帝国独一无二的特质,而能够参与这一宏大的文化也构成了"罗马人"身份的重要内容。

但我们在讨论的是哪一类"罗马人"呢?首先要说的是,公共浴场(以及温泉)的顾客群体,要比其客群普遍是富人且仅是男性的希腊体操场更加多样化,因为罗马的大型公共浴场是免费的,即便是穷人也都能进去。奴隶也同样受到接纳——一般是作为主人的侍者,但令人惊讶的是,有时他们也确实作为客人。与希腊不同,女性很快就获得了进入浴场的权利。在几个世纪里,浴场里甚至都有男女混浴,这或许是史无前例的"性自由"的又一标志,这种"性自由"被最近的古典学者们解读为罗马妇女享有的特权。这些光顾浴场的女性自然包括妓女,但那些"体面的"已婚或未婚女性也频繁出入浴场。从豆蔻少女到上了岁数的老妪,女人们的年纪各不相同。无论老幼、已婚未婚,混浴中的女性无疑会与她们的异性同伴玩乐,也许还有同性之间的嬉戏,恰如庞贝一处公共浴场更衣室墙上的壁画清楚揭示的那幅"充满活力的性交场景"(语出玛丽·比尔德)。

如同希腊人——再一次,他们之间的相同点还有更多——罗马人也将喝葡萄酒与泡澡结合在一起。这在庞贝是确凿无疑的,该地是罗马葡萄酒的主要产地之一。庞贝人狂饮成性,他们不仅用洗浴来排解之前的狂食滥饮,又以此为之后更多的寻欢作乐做准备。根据一位同时代的观察者所言，在一番彻底的预热后，庞贝的入浴者"一丝不挂，还在周身赤裸、大口喘气之时，便抓住一只罐子［……］然后，他仿佛要展现他们的力量似的，将罐中琼浆一饮而尽［……］酒旋即被他们吐了出来，然后他们又开始喝另一罐。这样的动作他们要重复上两三次，好似他们就是为浪费酒而生的，仿佛葡萄酒只有经由人体才能够被处理掉"。

最后，当一个人准备离开这个世界的时候，罗马浴场又成了了结一切的好地方。曾统治过达尔马提亚（Dalmatia）的罗马将军、贵族马塞利努斯（Marcellinus）（卒于公元 468 年），在禁食几天之后，躺在一处非常热的公共浴池里。在弥留之际，他向朋友们喋喋不休地絮叨着他正享受的奢侈逸乐。

毫不奇怪，这样的"澡堂历险"并不符合每个人的胃口，而且罗马的整个公共洗浴文化，尤其是公开的男女混浴受到了越来越多的批评。古典学传统观点认为，哈德良——这位名声在外的"扫兴之人"——于公元 117—138 年的某个时刻禁止了男女混浴。不过，最新的研究利用了此前未被留意的基督教徒的资料，表明在一些地方男女混浴一直持续到 5 世纪初。

虽然一些浴场在后哈德良时代完全禁止了女性入场，但还是有许多别的浴场单独为女性增设了设施。拥有男女分区的洗浴设施的建筑群通常会将两个分区安排得足够近，以便它们能共用昂贵的火炕——可能也是为了方便他们偷偷摸摸来回走动。那些希望对男女都开放但又不具备男女分区设施的浴场则规定男女在不同时段洗浴，这样便符合哈德良的法令。在这些地方，通常的规定似乎是女人在早上洗澡，男人在下午洗澡。但正如许多古典学术问题那样，谁在罗马浴场里面干了什么？什么时间？与谁在一起？现存的有关这些问题的文献证据就像热水里的一块肥皂那样了无踪迹。

由于客群的多样性，罗马公共浴场一直被视为伟大的"社会校平器"，某位学者曾将它们描述为"（罗马）社会等级制中的臭氧层空洞"。这或许是有些道理的,裸体无疑将所有洗浴者都简化成了公约数,但这谈不上有多美妙,穷人的身体看起来往往还比那些脑满肠肥的富人要好一些,后者在餐桌上的自我约束一般只能与频繁催吐画等号。虽然如此,但这种阶层校平不应当被夸大,社会差异依然十分明显,有钱的客人带着奴隶随从出现在公共浴场,只要他们愿意,还可以选择更昂贵的私人洗浴设施,富人也有能力自备高级洗浴用具,这样他们便无须与平民共用刮身板了。如同现代的健身房,从地板直通天花板的落地镜往往是里面最重要的装置,罗马大浴场中的自我关注的气氛似乎一点都不和谐平等。以这类场所为背景的故事往往充斥着对这些事情的敏锐洞察:相互竞争的炫耀打扮、嫉妒,以及对入浴同伴驼背、兔唇、甲状腺肥大、拇囊炎、足内翻和其他不幸病痛的刻薄取笑。诗人马提亚尔(Martial)曾写过一篇发人深省的作品,说的是一个洗澡客嘲笑另一个人有疝气,直到发现他自己也长了一个恶性的出血脓包。

可想而知,任何像公共浴场这样快乐而豪华的场所都必然会招致那些自封更古老、遵循更严格道德风尚的卫道士们的反对乃至厌恶。那些力图保存不绝如线的"共和"之火的人自然可以划入这一类。他们一向把公共浴场视为从堕落的希腊——这个文明里压根就没有"乱伦"一词——输入的芬芳舶来品。而对塞涅加这样的老"愤青"来说,美好生活就是苦行僧生活的同义词,大浴场的存在不过是昭示罗马帝国偏离共和国高尚之道的程度的又一表征罢了。塞涅加断言,出汗不应当通过泡热水澡,而应由辛勤的工作来实现,一如在大西庇阿(Scipio Africanus)的光辉岁月时一般。塞涅加还说,在大西庇阿的时代,罗马士兵也许会因为不怎么洗澡而散发难闻的气味,但这种所谓的"难闻"气味实际上是"军营、农庄与英雄主义"的男子气概。他总结道,自从有了整洁的洗浴设施,男人"实际上比以前更污浊了"。

虽说塞涅加对浴场的批评主要基于崇高的道德考量,但也受到了个人怨恨的驱使，而即便是我们之中比较放荡不羁的人也会对此表以同情：

> 我住在某些浴场附近，想象一下那里各式各样的声音吧，简直让我恨透了自己有听觉这件事。当那些肌肉男在健身和举吊锤时，不管他们是在真锻炼还是假锻炼，我都能听到他们的哼叫［……］最后，再想象一下那个脱毛者尖厉刺耳的叫声，他毫不收敛，除非是在拔别人腋毛的时候，他改让他的客人大呼小叫。

老普林尼同样也对帝国豪华浴场所代表的堕落德行作出了评论。他指出，老法布里奇乌斯（Fabricus）（一位朴素的共和国时期的人物，曾于公元前3世纪后期执政）一定会被所有"这些赤裸裸的奢侈场面［……］以及男女共浴"而感到震惊。在另一篇文章中，普林尼表示，他很想知道加图（Cato）时代作风朴质的罗马领袖们会怎样看待这所谓的"沸水浴"——男人们与不知廉耻地将阴部（pectines）公然裸露在外的女人们一同嬉闹。

需要补充的是，此类奢侈淫逸的浴场不但不会改善健康，反而会毒害身心。对于这个观点，即便是那些公共浴场的拥趸们自己也都表现出一定程度的认同。一块公元1世纪的罗马墓碑上镌刻着一句斯多葛式的讽刺语："葡萄酒、性爱与洗浴毁了我们的身体，可它们——葡萄酒、性爱与洗浴——构成了生命的真谛。"

昔日共和国的朴素捍卫者们认为，假洁净的帝国公共浴场培育了一种由无耻荡妇和吵嚷的肌肉男组成的堕落文化，而在起初不成气候但后来愈发有影响力的基督教批评者看来，罗马式的洗浴——尤其是男女混浴——简直是对上帝的大不敬。亚历山大的克莱门（Clement of Alexandria，150—215年）是明确记载混浴的早期基督徒之一，也是最早从基督教出发对混浴进行谴责的人。他直言不讳地表示，在上帝眼中，"为享乐而洗浴"是不被允许的。自然，克莱门对洗浴的信念也同样适用于性爱，在他看来，性爱也必须仅以繁衍后代为目的。尽管克莱门主张男女平等（这对于一名早期基督徒来说颇不寻常，细想来，这在后来的许多基督徒当中也极不寻常），但他却把其目睹的罗马洗浴文化中日益滋长的放荡完全归咎于女性，说她们竟然已放肆到"在洗澡时，一边吃饭一边喝得烂醉"的地步。似乎是对自己的这个话题来了兴致，克莱门又开始猛烈抨击那些在男奴面前脱光衣服，并允许后者"放手大胆抚摸"自己的女人。

还有什么多余的话好说吗？事实证明，还真有很多，但我也无须在这里翔实记录基督徒对不洁的洗浴场所不断增长的讨伐声浪了，这种声讨一直持续到罗马灭亡，甚至更久。

如果说罗马的大型公共浴场的洗浴仪式兼具治疗与卫生的双重功用，那么取自天然矿泉的温泉水自然与更雄心勃勃的药效诉求联系在一起。正因如此，温泉的存在更易于捍卫。可另一方面，疗愈的许诺也会引发相应的过度之举，譬如长时间泡澡或饮用大量矿泉水。在谴责了那些整日泡在浴池中的人之后，老普林尼开始接着痛斥那些吹嘘自己喝了海量矿泉水的人。"我曾见到某些因为喝水而浑身肿胀的人，因为无法排出体内的大量水分，他们的戒指都陷到皮肤里去了。"

经过多年发展，罗马不断扩充的温泉名录与相伴而生的水疗疗法逐渐壮大成了体量惊人的水疗产业——已远远超出了满足真实或想象的身体疾患的需要。一些温泉离都城很近，譬如毗邻罗马的库提莱温泉（Aquae Cutilae）便以其异常寒冷的泉水而闻名，塞尔苏斯（Celsus）[1]（2世纪的一位哲学家，也是一位早期基督教的反对者）与普林尼都鼓吹该温泉对治疗胃病有功效。据普林尼的说法，坐落

---

[1] 塞尔苏斯，又译作凯尔苏斯，古罗马医学家，编纂有著名的百科全书，现仅存关于医学的八卷，被称为《医术》。

第一章
温泉与温泉文化

于罗马与蒂沃利（Tivoli）之间的阿布莱温泉（Aquae Albulae）是疗愈各类伤口的去处，尽管奥古斯都曾因风湿病去过那里。实际上，也正是因为这最后一种病症，阿布莱温泉此后改名为"喷硫泉"（la Solfatara），这一名称一直沿用至今。

意大利最知名——或者说最声名狼藉——的水疗胜地无疑是位于那不勒斯湾北岸的巴亚（Baiae）。巴亚令人惊叹的美景是其主要吸引力之一——一如"位置，位置，还是位置"将会成为之后许多大温泉有人气的一大重要因素。而更重要的是——这里同样预示了未来，巴亚之所以能成为古罗马人青睐的水疗场所，是因为那里有一系列同水疗无甚关系的表演杂耍。但在把注意力转到其他吸引物——就像罗马人他们自己很快会做的那样——之前，我必须指出，巴亚的疗养效果得到了往常那些怀疑者的高度称赞：塞尔苏斯喜出望外地谈及"在巴亚桃金娘树林之中"的含硫发汗浴；斯特拉波（Strabo）说，即便是最挑剔的疗养客，巴亚的温泉也能满足他们的要求；而健谈的普林尼宣告道："没有任何地方的泉水能比巴亚湾更丰盈，或是能提供更多样的放松消遣活动。"

人们不禁要怀疑，这些权威人士是否已然丧失了理智。尽管治愈重病或仅仅缓释疼痛的愿景无疑促使许多优秀的罗马人长途跋涉来到巴亚，但真正吸引人们——特别是那些富人——定期到此地居住，并且把这个地方打造成帝国最炙手可热的度假胜地，到处是富人所需的奢华别墅与其他舒适设施的，是这里花天酒地的场面，其颓废程度连提比略、卡拉卡拉和尼禄都印象深刻。（毫无疑问，如果当代的"伟哥之王"西尔维奥·贝卢斯科尼［Silvio Berlusconi］[1]生活在那个时代的话也一定会现身巴亚，在他"性爱派对"的版本中，与那些年轻姑娘们一起纵情摇摆。）每到夏天旺季，

---

[1] 西尔维奥·贝卢斯科尼（1936—2023），意大利政治家、知名企业家，中右翼的意大利力量党创始人，1994年、2001年、2005年、2008年四度当选意大利总理，是第二次世界大战后意大利任职时间最长的总理。贝卢斯科尼执政期间因其出格言行、性丑闻和腐败指控而备受争议。

醉醺醺的狂欢者们会从一处游泳派对晃荡至另一处，而从不费心穿衣服。

就像都城的大型公共浴场一样，巴亚自然也有其批评者。道貌岸然的学者瓦罗（Varro）愤怒地说，在这个据称是用来治疗的地方，"未婚女性成了公共财产，老男人表现得像小伙子，而大批的年轻男孩儿举止却犹如少女"。作为一种额外的刺激，也可以说作为一种致命的吸引力，巴亚还奉上了被彻底活埋在浮石之下这一令人兴奋的可能性，因为维苏威火山就耸立在这一地区上方，随时都可能喷发——当然，它的确在公元79年喷发了，令许多轻率妄行皆戛然而止。

正如我先前提到的，罗马人为其所征服的蛮族世界的每一处地方都带去了他们的洗浴文化——就像2 000多年后，在海外服役的美国军人家庭都会携带一些皮奥里亚（Peoria）[1]的小物件一般。有关罗马人的这种"他们所到之处"的说法应当完全从字面上理解，在极短的时间内，罗马军团在他们辽阔帝国的每个角落修建——或更常见的情况是新建——热浴设施。其中一些偏远的据点将成为此后欧洲温泉世界家喻户晓的名字：艾克斯（Aix）、维希、亚琛（Aachen）、巴登（瑞士德语区）、巴登-巴登（德国）、威斯巴登（德国）以及巴斯（英国）。

古代的巴斯虽然不属于本书的讨论核心即中欧温泉文化，但也值得一说，因其作为典型的罗马时代的温泉尤为引人瞩目（它如今被部分挖掘出来的遗址也是如此）。这些现存的遗迹以及在那里发现的众多文物为我们提供了一些上佳的线索，以了解在这个罗马母国孕育的极边之地，生活究竟是怎样的。值得一提的是，早在恺撒

---

[1] 皮奥里亚，位于美国伊利诺伊州皮奥里亚县伊利诺伊河畔，是伊利诺伊沿岸最大的城市，也是皮奥里亚县的县治所在，因1854年林肯首次在此发表反对奴隶制的"皮奥里亚演说"而闻名。文中所称的"皮奥里亚物件"或指1943年美国政府出台的"皮奥里亚人员康复计划"（Peoria Plan for Human Rehabilitation），该计划旨在为"第二次世界大战"退伍老兵重返正常生活提供必要的药物和医疗支持，皮奥里亚当地建有"物理医学和康复研究所"，是专门为美国老兵提供康复治疗的医学机构。

统领下的罗马军团于公元前 55—前 54 年侵入不列颠南部之前，这处此后将成为罗马最西边温泉的热泉系统便已为当地人所长期使用了。（顺带一提，恺撒自己从未去过巴斯温泉，但他在穿越高卢的行军途中十分热衷于泡温泉，他那句著名的格言完全可以改写为："我来，我见，我泡澡。"1894 年，巴斯市在罗马浴场的废墟旁为这位伟大的水文化"帝国主义者"竖了一尊雕像，这实在是再合适不过了。）谈到前罗马时期的巴斯，我们从考古证据中可知，在大约 7 000 年前，旧石器时代的猎人们便在享用那里的温泉了，他们无疑会在追捕一只踪迹不定的大麋鹿后，在热水里懒洋洋地消磨时光。据称凯尔特人也时常造访这些温泉，因为他们认为此处是其主女神苏利斯（Sulis）的圣地。

巴斯首次被记载为有益健康的温泉可以追溯到一个令人愉悦的传说，这则传说很可能是 12 世纪的威尔士教士蒙茅斯的杰弗里（Geoffrey of Monmouth）编造出来的。根据这则传说故事，一位名叫布拉杜德（Bladud）的凯尔特王子因为感染了麻风病被其父放逐，到巴斯附近养猪。不幸的是，布拉杜德的猪也相继染上了这种可怕的疾病（王子必定很孤独），于是布拉杜德似乎连猪倌都要当不成了。可是有一天，他注意到他的猪在几处热矿泉里打个滚，之后它们麻风病症状便消失了。于是王子自己也跳进了温泉中，奇迹般地痊愈了。他迅即返回家乡，接管了父亲的王国，并在毗邻疗愈之泉的地方建立新都，他称这里为"凯尔巴登"（Caer Baden）。（可以想到，这则引人入胜的布拉杜德的故事最终将被 18 世纪的理性主义历史学家们指斥为"谬论"，而本地的支持者也倾向于把重心放在罗马人身上，认为他们才是巴斯真正的奠基人。）

无论是在医疗还是宗教意义上，凯尔巴登的泉水对于凯尔特部落来说始终是至关重要的。部落之人相信，只有在具备统治力的女神苏利斯得到贡品（通常以硬币的形式）的抚慰后，温泉水才能发挥其疗愈之力。由于对当地的宗教习俗颇感忌讳，罗马人在凯尔巴登鲁伊祭司，但是他们却保留了女神苏利斯，并将她与自己的女神密涅瓦（Minerva）糅合在一起，创造出一位具有双重职能的神祇"苏利斯-密涅瓦"。公元 60 年，在镇压了"亚马逊"战士女王布迪卡（Boudicca）领导的血腥起义之后，罗马人在泉水旁建造了一座献给苏利斯-密涅瓦的新神庙，并将自己的要塞城镇命名为"苏利斯温泉"（Aquae Sulis）。

在苏利斯温泉的神庙边逐渐形成的浴场设施成了罗马帝国西部最为精致的浴场之一。就像罗马本土的温泉一般，它包含一个庞大的冷热组合浴池，覆盖了木质屋顶，并以铺有地砖的走道相连。三处不同的泉水经由一套复杂的铅铜管道系统得以引入浴池。一套同样复杂的烟道和烟囱设备则能让燃烧木材的火炕中升腾的热气在治疗房的地下流动循环。起初，男女入浴者（女士大多数都是当地人）可以一同下水，但哈德良皇帝取缔混浴的禁令似乎也给这一乐事泼了冷水。但与诸多后哈德良时代的罗马温泉规定男女在不同时间分开洗浴的做法不同，苏利斯温泉明智地为女性建造了附加的洗浴场地，这样男女便可以同时洗浴了（或许他们还能像过去那样找着一起入浴的方法）。

如同驻扎在帝国其他地方的罗马人一样，留在苏利斯温泉的罗马公民与他们的随行者们并非仅仅是为了缓解疼痛或寻求可能的社交才到那里去的：他们也会为自己遭遇的冒犯或伤害前往那里寻求温泉女神的补偿。愤愤不平的疗养者可以让常驻神庙的抄写员写一封献给苏利斯-密涅瓦的信，详细说明他们遭受的冒犯，点明冒犯者的名字，并给出适当的惩罚建议，譬如瞎眼、阳痿或砍头。这些写在锡蜡上的信会连同献给女神的祭品一并丢入那里的某潭池水。这一帝国浴场建筑群衰败缓慢，许多写满诅咒的锡纸片有幸得以保存，并且在始于 18 世纪的草率挖掘中躲过一劫，于是我们有了一扇窥探这一著名罗马时代温泉的社会生活之窗。在诸多颇具启迪性的史实中，最值得一提的一点是，我们得悉古人对于他们在荣誉或财产方面遭到的侵犯是不会坐视不管的：偷了一位女士的鞋，受害人提出的相应惩罚可能是死刑；怀疑一个男人是娘娘腔，那被阉割亦是得其所哉。

在离罗马故乡更近的地方——也是更接近于本书的"故乡"，在温暖的欧斯河谷（Oos Valley）有一处小小的定居点，位于大河莱茵河以东几英里的地方，公元74—75年，罗马军团士兵发现了这里，称之为"温泉"（Aquae）。毫无疑问，罗马士兵之所以能顺便发现它，是因为更早时候的人们就使用过这些温泉了，但我们没有确凿的证据能证明这一点。由于这处田园牧歌般的小谷地对于侵入的罗马人来说没有任何战略意义，因此一定是那些美妙的热泉水才促使他们在那里建起一座木制堡垒。很快，他们又用一座更加精致、包覆着大理石的行政建筑以及对任何一处罗马温泉来说都必不可少的封闭式泳池、蒸汽房、健身设施以及康养娱乐点取代了先前的堡垒。显然，当地泉水之所以值得如此大费周章地开采，不仅是因为其温度极高（高达67摄氏度，是截至当时所发现的最热温泉），还因为其中富含多种有益健康的矿物质，包括钠、氯、氟、锂、钙和钾。此外，此处的泉水异乎寻常地充沛，每天能涌出约80万升。

不出所料，"温泉"成了非常受在该地区开展行动的军团士兵欢迎的一处休整娱乐地点。士兵们相信，他们的病痛在这里得到了真正有效的治疗，或至少让他们在与蛮人无休止战斗的中途有了愉快的喘息时间，军团士兵们将他们敬爱的男女神祇雕像捐献给该建筑群，便是这一切最好的证明。有时，整个军事单位会集中资源捐建一座巨型纪念碑。士兵的家属、行政官员，以及随着时间推移聚拢在任何罗马军事据点周边的各类商贩也会使用浴场，他们同样为"温泉"的荣耀做了贡献。

在皇帝图拉真（98—117年在位）治下，"温泉"在当地的地位已极为显著，成为西起莱茵河、东抵黑森林的一块相当大的行政区域的首府。在接下来的一个世纪里，当地浴场继续以适度的步调发展，由于日常使用颇为频繁，它新增添了设施，并且得到了稳定的维护，到 3 世纪时还进行了大修。在古"温泉"遗址中发现的一块献给皇帝卡拉卡拉（211—217 年在位）的铭牌表明，皇帝可能亲自参与了修建工作；实际上，卡拉卡拉在 213 年与阿勒曼尼（Alemanni）部落作战时造访的洗浴建筑群就是"温泉"。可惜，同样是这群阿勒曼尼人于 260 年突破了罗马边墙（Limes）(保卫罗马疆土的坚强防线)，征服了"温泉"并迫使罗马人永久退出了该地区，也终结了这个后来成为巴登－巴登的地方的第一次温泉水疗的繁荣。

衰落与复兴

在罗马帝国的温泉世界中，"温泉"成了罗马帝国漫长的衰落和覆亡期的早期受害者之一。很快，罗马帝国内其余数百个水疗场所也将遭遇同样的命运。早在六七世纪，那些不久前还为各地罗马人提供助益的豪华温泉就变成了覆满植物的废墟——皮拉内西（Piranesi）[1]的蚀刻画在不断生成。

但说实话，很多罗马的温泉与公共浴场在沦为如画的废墟之前便已开始从内部腐烂衰败起来。就像罗马统治下的奥林匹克运动会，浴场变得愈发肮脏、劣质。卫生条件不佳的泳池有如巨大的培养皿——传染病的完美孵化器。罗马士兵乐于将浴场当成固定的幽会场所，这令事态愈发严峻，他们会在浴场将身上的"热门"性病——尤其是可怕的"罗马痘"（Pox Romano），即淋病——"慷慨无私"地传染给当地妇女。在一些罗马浴场的批评者看来，温泉水的高温本身就是问题所在，他们将帝国衰落的部分原因归咎于洗热水澡对男性睾丸的不良影响。

虽说人们不应当再使用"黑暗时代"（Dark Ages）这个术语，但自公元 476 年西罗马帝国正式崩溃后的三四个世纪里，整个欧洲

---

[1] 皮拉内西（1720—1778），意大利雕刻家和建筑师，以蚀刻和雕刻现代罗马以及古代遗迹而闻名。

的公共洗浴文化都极其黯淡。随着那些帝国洗浴建筑群日益衰落，大规模的公共洗浴活动也开始急剧减少，但未曾完全消失——这与其他那些被虔诚的基督徒反对的古典娱乐活动不同，例如奥林匹克运动会在经历多年的衰败后，于公元391年被皇帝狄奥多西彻底禁止了，而在此事发生的78年前，君士坦丁大帝就皈依了基督教，并且颁布法令要求在帝国全境容纳该宗教。

罗马的温泉与浴场，一如奥林匹克运动会，被罗马新的基督教统治者视为异教徒堕落的残迹，无可否认，这成了它们迅速衰落的一大主要原因。圣杰罗姆（St. Jerome，347—420年）是位影响深远的神学家和翻译家，年轻时与自由奔放的罗马女孩间的风流韵事让他对异性产生了持久的疑虑，由于罗马浴场对女性具有所谓的"加热"效能，他开始对浴场持批判态度，在他看来，女人天生就够火热了。杰罗姆认为，洗浴助长了滥交行为，因为它使女性的血液变暖，还会让女士们更加注意自己的身体魅力，而这种魅力的唯一目的是诱骗行为不谨的男人。按照他的观点，一位恭良的基督教女性必须"赶紧毁掉她与生俱来的美貌"，而不是发挥它。

不过，基督徒反感的并非所有古代事物，在西罗马帝国一路劫掠的哥特部落对某些古典制度颇为欣赏，但浴场却不在其列。假使这些哥特人真打算洗澡，他们也会到河流或湖泊中去。蛮人不仅砸毁了漂亮的浴缸和浴池，也破坏了那些供给水源的大型引水渠。

但使得古罗马洗浴和水疗文化衰落的终极主因还不能归咎于蛮人或基督徒的所作所为：衰落是随着使这一切成为可能的、复杂的、基础设施的萎缩自然而然发生的。社会的相对稳定与政治上的中央集权、良好的道路、充裕的国库与私家金库、宽容的道德风俗，最为重要的，还有精妙的工程技术，这些一同维持着浴场和古代温泉的运转。当这些东西都被弃之如敝屣时，罗马水文化也就在劫难逃了。

可即便是在最黑暗的日子里，也并非所有豪华的洗浴活动都归于澌灭。讽刺的是，正当罗马大型的公共洗浴建筑群"沦于草野"之时，富有的宗教领袖却仍在富丽堂皇的私人浴室内玩乐嬉戏。拉文那的维克多主教可不是个反对奢侈者——至少就他自己而言如此——他用令人眼花缭乱的马赛克和大理石装饰主教宅邸的浴室，而更令人印象深刻的则是梵蒂冈的一处"秘密"浴室，名为"比别纳暖房"（Stufetta del Bibbiena），它因红衣主教比别纳（Bibbiena）得名。1516年，这位文艺复兴时期的神职人员委托拉斐尔仿效新近自罗马废墟中挖掘出的色情壁画来装饰他位于教皇住所的浴室。这位红衣主教与其后的众多教皇便可以一边在热水浴缸中泡澡，一边凝视《萨蒂利孔》（Satyricon）的静物画，画面中绘有裸体的宁芙与萨提尔，最引人注目的无疑是老潘神（Pan）本尊，画中可见他阴茎高高勃起，从灌木丛中一跃而出。

尽管没那么华丽，但一直以来，许多修道院均为它们收容的人保留了大量洗浴设施。修道院中的洗浴并不是为了身体愉悦，更不是为了性欲之乐——或至少它如此宣称。无论如何，我们可以肯定地讲，对于中世纪早期的绝大多数基督徒而言，洁净之于圣洁同样重要，对于上帝的替身与虔诚的仆人来说，情况也恰是如此。

与此同时，回到罗马，上帝的头号"腹语师"正用一种与比别纳红衣主教截然相反的方式对待这座城市的洗浴文化遗产。教皇西克斯图斯五世（Sixtus V）是所有反宗教改革的教皇中最为强硬的一位，他对异教遗迹可谓恨之入骨，以至于在摧毁它们的过程里，他会感到特别快乐，同时也会经受巨大的痛苦。他破坏的废墟包括戴克里先浴场，为了摧毁它，教皇花费了5 339多斯库银币。正是在戴克里先浴场冷水浴室的位置，米开朗基罗建造了天使与殉教者圣母大殿。而在大约300年后，恰恰是在这座恢宏的教堂，教皇庇护九世（Pius Ⅸ）（他以所谓的《邪说汇编》而闻名，也是最后一位兼具神权与世俗权力的教皇）举办了"天主教艺术罗马博览会"（1868年12月—1870年7月），该展览旨在记录天主教对异教信仰的胜利，以及庇护九世个人对新兴的意大利国家、政治自由主义和现代文化兼容并包的特质的强烈反对，在他眼中，这些东西令人回想起戴克里先的堕落。

我们可以妥洽地将失落的古典荣光的重生归因于意大利文艺复兴，但在为享乐与健康而进行公共洗浴这件事上，这种复兴（或者说部分的复兴）起步甚早，可以上溯至中世纪盛期。因而，儒勒·米什莱（Jules Michelet）有关中世纪的那番广为人知的妙语——"没洗澡的一千年"（mille années sans un bain）——诙谐胜于准确。温泉水疗的历史中又一桩极具讽刺意味的事情是，罗马时代的公共浴场与随之而兴的水疗文化在某种程度上都是被同一群人拯救的，那便是激进的基督教徒，而曾经正是他们促使浴场被摧毁。具体地说，十字军——他们打算把伊斯兰逐出圣地——自他们拙劣可笑的远征中带回了一些好东西，其中便有土耳其澡堂（hamam）。随着此种来自近东的舶来品在中西欧逐渐成了"刚需"，它自身也经历了一番源自早期罗马的风俗的改造。除了土耳其与阿拉伯人躺在过热的房间内的长椅上的那种习惯，欧洲人还新增了蹲在浴缸里，将大壶热水倒在脑袋上的做法：这可谓淋浴的早期版本。一如罗马温泉，中世纪的澡堂内也摆着满满一桌草药、软膏和药水——更别提那些装着饥肠辘辘水蛭以及用来控制放血的小吸盘的瓶瓶罐罐了。久而久之，中世纪的洗浴和水疗文化开始变得高度组织化，浴场侍者和洗浴医生都需要接受专门训练；在许多城镇，洗浴领域的专业人士会组建自己的行会，要想成为一名洗浴大师，你就得在洗浴护理上展现能得到公认的大师手法。

有鉴于维持中世纪澡堂是件颇为艰巨的工作——商户与家庭都没有自来水，更别提加热的水了——使用这些设施的费用就很高了。这意味着经常光顾城市商业浴场的群体主要是资产阶级。不过在德意志地区，劳动者的薪水中会定期补充一笔额外的洗浴费，名为"洗澡钱"（Badegeld），这使下层劳动者时不时洗个澡成为可能。顺带一提,"洗澡钱"可以被视为20世纪下半叶(包含在大多数联邦德国工人都能享受的一揽子慈善医疗保险中的)带薪温泉疗养的鼻祖。

而对于洗浴和水疗的全方位复兴显得尤为重要的一个因素是,中世纪的大商人们热衷于翻新一些长期荒废的罗马温泉建筑群,使之重新开放。以苏利斯温泉为例,它从未彻底消亡,这种翻新很早就开始了,7世纪晚期,撒克逊人不仅对浴场进行了一些改进,还添建了一座修道院,因而也延续了这一场所兼顾身体与灵魂的传统。撒克逊人也替这个地方起了个新名字"Hat Bathu"[1],这座城镇的现代名称即由此而来。[2]

而比利时的斯帕则不得不等上更长时间才会迎来它在中世纪的焕然一新,这发生在1326年,一位来自列日(Liège)的铁器商人在当地发现了一些含铁矿物质的泉水。瑞士巴登以及与其同名的德国巴登,它们在罗马时代的洗浴场所也没有完全废弃,二者都在12世纪经历了某种程度的复兴,这也为其此后的盛名打下了基础。

与此同时,在意大利,温水浴又开始慢慢流行起来。(在那个国家,中世纪晚期的浴场通常被称作"stufato"——"乱炖",妓院的俚语。)14世纪中叶的一位水疗权威詹蒂莱·迪·福利尼奥(Gentile di Foligno)坚决主张冷水浴非常不健康。虽然如此,在短命的佛罗伦萨"神权共和国"时期,狂热的清教徒萨伏那洛拉(Savonarola)依然一如既往地只支持冷水浴。同一时间,萨伏那洛拉在罗马的顶头上司们则下令彻底禁止公共洗浴,但这对遏制梅毒传播并没什么效力。[3]

特别是在德国,于公开场合裸露身体从来不是什么严重问题(现在也不是),德意志民族(Volk),无论男性还是女性,经常一起

---

[1] 意思是热浴。

[2] 此处指巴斯(Bath)。

[3] 教会的这一举动令人想起20世纪80年代旧金山卫生当局为阻止艾滋病在同性恋浴室传播所做的努力。尽管法院的一纸命令只是禁止在浴场内租用私人房间,但很多浴室还是决定直接关张了事。——原注

进行清洁和疗愈洗浴，也许除了头部，对身体其余部分都不加任何遮盖。在16世纪巴登的一处穷人浴室（Armenbad），直至当地拥有巨大影响力的耶稣会士介入并加以禁绝，混浴都是允许的。还应当明确指出，德国人并不需要等到十字军东征，便复兴了公共清洁与疗愈之水文化的诸多形式；早先他们自俄国人那里引入了热蒸汽浴，而俄国人自己在过去也无须罗马人便知晓了热蒸汽浴的存在。973年，一位阿拉伯外交官在萨克森与波西米亚惊喜地享受到了清爽提神的桑拿浴，这可谓卡尔斯巴德与马里昂巴德的早期先驱。而在艾克斯拉沙佩勒（Aix-la-Chapelle，亚琛），查理曼大帝与数百名男女友人在复兴后的罗马浴场一同洗浴，另一些男女共进发汗浴（Schwitzbad）的证据则可在胡斯时代《萨克森法典》（Sachsenspiegel）中的一批微缩版画中见到。

如同往常一样，公开裸浴也不乏批评者。其中最著名的一位是意大利文艺复兴学者、藏书家波吉奥·布拉乔利尼（Poggio Bracciolini），他颇为重要的成就便是在德国一处穷困的本笃会修道院发现了卢克莱修的古诗《物性论》（On the Nature of Things）。而对我们的目标而言更为重要的是，波吉奥留下了一份他于1495年造访（瑞士）巴登的中世纪浴场的详细记录。波吉奥并不是个守旧的清教徒，但在巴登目睹的一切仍令他感到震惊。分隔浴场男女分区的是一道格子状的栅栏，丝毫妨碍不了两性之间互送秋波、一起喝酒，甚至彼此触摸。

虽然波吉奥自己本可以来一场药浴调理，但他实在鼓不起勇气在巴登泡澡。终究，一方面，如同他所写的那样："在我看，让一个来自意大利，又不懂他们语言的男人去和一群女人坐在水里，着实荒谬可笑，完全无话可说。"但另一方面，作为一个货真价实的文艺复兴意大利人，波吉奥在巴登的洗浴仪式里也感受到了某种自异教时代的罗马传来的有益回响。他不禁注意到，一些女性"美貌且出身名门，举止仪态皆宛若女神"。这些尤物张开双臂在水面上漂浮,"直到你开始以为她们是长着翅膀的维纳斯"。她们中最漂亮的美女会开玩笑似的要求在上面盯着她们的男人丢硬币下来,而这些男人就包括波吉奥自己,他也欣然照办了。我们的意大利学者也对这些瑞士条顿人享受着的美好的古典乐趣印象深刻——嬉戏打闹、抓来抓去、互相抚摸、畅快痛饮,却没有任何争吵与咒骂,这是种自然的、感官式的生活方式,波吉奥认为在他自己的国土上,很遗憾,这种生活方式已然消失了:

> 我们惧怕未来的灾祸,陷入一种持久的痛苦焦虑之中,由于害怕变得不幸,我们总是渴求着财富,永远不给我们的灵魂与身体以片刻安宁,但那些知足于过小日子的人,却把每天都活成了盛宴。

可真是奇怪极了!享乐主义的价值观正在阿尔卑斯山以北盛行,而其中最活跃地践行此价值观的人莫过于北边那些模仿波吉奥罗马祖先的人了。

实际上,假使波吉奥肯费心仔细观察下他的故土,他就会发现虽说不是裸浴,或许也不像这些原始的条顿人般放荡不羁,但依然有许多人在公开场合戏水,一些古老的罗马温泉,譬如蒂沃利(Tivoli)庄严的阿布莱温泉(Aquae Albulae)和那不勒斯附近的波佐利(Pozzuoli)热泉,尽管残破不堪,但都重新得到了使用。

意大利文艺复兴对水疗的最大贡献是复兴了古代有关疗愈泉水的知识,并对相关学说进行了长足的改进,这方面的主要人物之一是瑞士的博学者巴拉赛尔苏斯(Paracelsus),他与古代人一样相信人的健康取决于人与自然的和谐。他将水中的各类矿物质吹嘘成功效强劲的药物,并将温泉水视为治疗甲状腺肿大等疾病的完美解药。(如今在巴德加施泰因就有一座献给这位举足轻重的自然理疗师的雕像,他曾在这处有名的温泉逗留过一段时日。)

令巴拉赛尔苏斯的许多同人,尤其是著名的意大利医生安德烈亚·巴奇(Andrea Bacci)感到困惑的是,以水为基础的保健行为和药用洗浴作为一个整体现象,已经失去了其在古代曾拥有过的任何"科学"支撑,如今它几乎完全为一群门外汉所操持。巴奇竭力争辩说,浴疗学(balneology)是一门理性的学科,只有受过训练的医生才能理解。"今天有多少(人),"他悲哀地发问,"是按照医生的忠告而非外行人的建议去洗浴的?"巴奇与他的同事们推崇一套严格的养生法则,认为所有有关洗浴的体验——该去哪些地方,该用哪种疗法,该吃些什么,喝些什么——都应在医学专家的密切监督之下进行。可是,尽管直到今天,这种理想化的、完美可控的水疗环境仍然为温泉医生们所推崇,但在很大程度上依旧是空想。

在十六七世纪,不仅经常有许多客人光顾这些"复兴的"水疗场所,在那里做着他们自己的事情,而且这些地方本身通常也远无法实现当时浴疗学家预想的保健和治疗效果。

通过伟大的法国哲学家、散文家蒙田留下的记录,我们可以对16世纪晚期盛行于欧陆的温泉水疗体验有一番了解。1580—1581年,蒙田进行了一次漫长的旅行,这场旅行的部分动因是一种强烈的愿望,即想要摆脱折磨他多年、令他非常痛苦的肾结石。如今我们能够用超声波和药物来清理肾结石,可在蒙田的时代,乃至此后的300多年里,水疗几乎是解除这一痛苦的唯一方法——当然,这根本不是真正的解决办法。

为了寻找帮助他排出结石的水,蒙田先后去过瑞士、意大利和他自己的国家。必须指出的是,虽然蒙田的探寻是严肃的,但他却并不是一个认真或尽责的病人;他是个玩世不恭之人,就像许多他的同时代疗养客那样,其特立独行的举止激起了同时期浴疗学家的愤怒。蒙田对他遇到的温泉医生没留下什么好印象,他们中的每个人都坚持认为只有自己那套独特的综合治疗才有效。"在20次会诊中,"这位法国人轻蔑地谈道,"没有任何两个医生的意见是一致的,每个医生都在咒骂他人,指责别人在搞谋杀。"

蒙田在普隆比埃莱班(Plombières-les-Bains)展现了自己的不羁意志,这是他第一处医疗站,按照"服用一剂效果好,服用多剂效果更好"的理论,他连喝了九杯有泻剂作用的矿泉水,而非处方上说的一两杯。不过后来,这种有意过量的策略又发生了令人费解的颠转,他只每隔一天泡一次澡,而不是按照医生建议的一天泡2—3次,而在意大利的卢卡(Lucca)浴场,他又在同一天内既洗浴又饮用疗愈矿泉而非按照要求隔天进行。此外,他还拒绝随身携带病人用来装尿、准确记录尿液量的特制瓶子。"真是个愚蠢的玩意儿,"他嗤之以鼻道,"还要记录我尿了点什么。"在意大利的维泰伯(Viterbo),蒙田压根儿就不进行水疗了,他被之前一位病人的涂鸦吓到了,那些涂鸦愤怒地诅咒了那位把他送到这个没用的地方的医生。

在此期间,虽说蒙田不屑于记录自己的尿液,可比起那些惯常的旅游景点,他似乎对自己的排泄物更为关心。我们从他的旅行日记中了解到,在巴登的某个星期二,他饮用的水让他"拉了三次",两天之后,饮用下的另一剂矿泉产生了令人印象深刻的效果——"无论前面还是后面都排出了东西"。再然后——这一定非常令人满意也非常令人痛苦——他告诉我们,他排出了一块结石,"大小长度有如松子一般,不过一头粗得像豆角"。除了像这般放松的时刻,蒙田的病情却并未因他进行的矿泉浴和清肠催泻而有所改善。事实上,他的结石不仅没能裂解,他还患上了严重的牙痛、头痛和眼病——所有这些毛病他都归咎于水。"我打一开始就觉得这些浴室不舒服。"他简洁明了地告诉我们。

即使蒙田前往英国的巴斯泡澡也不会有更好的结果,如果要说有什么不同的话,那就是在16世纪晚期以至此后的许多年里,巴斯的疗养场所都远不及欧陆的那么诱人,这便是那个时代的很多英国人宁愿出国也不愿在家门口水疗的原因所在。罗马时代巴斯那曾经清澈碧绿的温泉水,由于缺乏定期清理,变成了浑浊的棕色。女王伊丽莎白一世于 1597 年造访巴斯，打算疗养一番，但很快就被那里污浊的气味熏跑了。在大约 70 年后的 1668 年，塞缪尔·佩皮斯（Samuel Pepys）[1]前往巴斯泡澡，尽管他觉得这座城镇已经够惬意了，但当他与几名同伴一起鼓足勇气冲进拥挤不堪的巴斯浴池时，他却踌躇不前了。"只有我觉得与这么多身体在同一片水里泡着很难谈得上干净。"他在日记里腼腆地记道。这处著名浴池里的水也热得令人很不舒服，至少对他来说是这样："奇怪的是，水是那样热，虽说这已是最温和的浴池了，可在一些地方，温泉烫到双脚都无法忍受。不过惊奇得很，一年四季都栖身于这片水域的当地男男女女早就烫得半熟，俨然如'浴场生物'。"

我们从其他资料中了解到，这些年在巴斯泡澡消磨时光的人不仅数量众多，还往往携带着可怕的疾病：浑身遍布的脓疮、鼓胀的腹股沟淋巴结，还有红肿的疖子。然而，由于那个时代对身体丑陋的容忍度颇高（更别提也没有治疗的方法），带病的身体，甚而是王室成员的带病的身体纷纷去往巴斯。1663 年，重夺王位的查理二世带着妻子布拉干萨的凯瑟琳（Catherine Braganza）到巴斯治疗不孕症，可凯瑟琳不光没能怀上孕，还差点死于皮肤中毒，早知如此，她还不如在腐臭的泰晤士河里洗个澡。

整整一个世纪之后，当巴斯成为声名远扬的洗浴中心时，那里的温泉池仍旧以其不洁而臭名远播，托比亚斯·斯摩莱特（Tobias Smollett）的密友汉弗莱·克林克（Humphry Clinker）认为，除了疯子，没人能忍受长时间泡在巴斯那些主要温泉的"恶臭与污秽"之中，即便这些水对治疗"糖尿病、腹泻和盗汗"可能有"些许效用"。

然而，在斯帕，卫生状况就要好得多——到 17 世纪，这处偏僻的小镇就建立起医疗仙境的名声了，以至于来自欧洲各地的养生朝圣者都不辞辛劳地前往那里。1619 年，一个名叫皮埃尔·贝热龙（Pierre

---

[1] 塞缪尔·佩皮斯（1633—1703），英国作家、政治家，曾出任英国皇家海军部长和皇家学会会长，所著《佩皮斯日记》是有关 17 世纪英国最为丰富的生活文献。

Bergeron）的法国人坚称，从斯帕温泉中涌出的灵丹妙药可以"化痰；清除肝、脾和消化道的阻塞；消除所有炎症；安抚并强健胃和神经；祛除湿气以及致病的体液——胆汁质、黏液质和抑郁质；也是促泻利尿的良药"。仿佛上述的这些还不够，神奇的斯帕之水还可以"止住、激发和消除黏膜炎，干燥湿热的大脑，治疗瘫痪、神经衰弱，以及肌肉萎缩和抽搐；对感冒、偏头痛、中风、眼炎、呕吐、梗阻、血色素沉积、水肿、肝炎与肾炎、变色病、寄生虫、尿潴留、结石、尿砂、溃疡和麻风病等疾病均有裨益，最后，它还能使女性多产"。

即使有斯帕泉水这样强大的灵丹妙药，一个人也无法指望一夜之间就恢复如常。可能需要用上几周或几个月的时间，某种（真实的抑或想象的）改善的迹象才会显现，而在这段漫长时间里，养生朝圣者需要一些消遣或娱乐来打发长久而艰苦的日子。早在17世纪，那些主要的温泉地便通过大量的社交活动来满足这一需求——后来的大温泉也试图仿效可令人分心的社交活动，并在其中加入了各自的特色。17世纪的记录者皮埃尔·贝热龙对斯帕的娱乐活动与对它的泉水有着同等的热情，不过他也看见了某些娱乐活动荒唐的一面，他注意到在斯帕泡澡的女士和先生们需要一种可能有助于"驱走一切忧虑、焦躁和悲愁"的社交机制，他补充说：

> 紧接着的便是各式各样的游戏和娱乐、音乐会、舞蹈、芭蕾舞、宴会、拳击赛、谈情说爱、小夜曲、哲学讨论、散步以及滑稽表演；美丽、迷人而优雅的女士们身着各式服装，华丽得有如宁芙和仙女；骑士的浪漫英勇，西班牙士兵式的大摇大摆、吹牛摆阔；各式装束和奇装异服、如此多民族的杂乱语言、当地人的胡言乱语、有韵律的诗节；一些人的诙谐与欢笑，另一些人的愚蠢与糊涂，这些人的谦恭与矜持，那些人的坦率与幼稚，女士间的和谐、吵闹与分歧，还有成百上千种他们乐于在斯帕培育的禀赋与技艺。

在其对 17 世纪早期斯帕的描述中，贝热龙狡黠地暗示，许多朝圣者"是假借着水疗的名义"到那里去的。就一些人而言，去疗养主要是逃避现实、在没有配偶的情况下享受美好时光的借口。正如贝热龙指出的那样，这么做的缺点是，当一位先生离开斯帕，他的肝脏或许变好了，但他可能又会新染上一两种花柳病，即便是那些并不希望通过温泉水"变得多产"的女士大抵也同样如此。

几乎就在皮埃尔·贝热龙对斯帕的景象评头论足的同一时间，一位名叫托马斯·科里亚特（Thomas Coryat）的英国旅行家在一次环欧洲的长途跋涉中造访了（瑞士）巴登。科里亚特在旅行期间写了一本细致入微的日记，虽然那本日记在拼写和措辞上都很老套，但却充满了对欧陆的怪异放荡行为的偏见，这种态度在如今一些英国的铁杆"疑欧派"中依然十分盛行。至于造访巴登，科里亚特并不是为了治疗哮喘或肾结石等身体疾病，他只不过是好奇这处度假胜地里究竟是怎么回事，自 14 世纪以来，这里的温泉一直吸引着富有的客群。来自巴斯的科里亚特并不反对公共洗浴，可恰如在他之前的波吉奥·布拉乔利尼，他对这里洗浴者裸露部分身体的行为（这个时候，无论男女都会在腰部以下穿上遮挡的衣物，但腰部以上则完全没有）倍感震惊，而更令他震惊的是，不存在婚姻关系的男女都能一起沐浴：

> 我还注意到他们中间有一件奇怪的事情，我对此相当震惊。男男女女赤裸上身一起沐浴：其中有些女士已成人妻（如同我被告知的那样），而一些男士是单身汉，一些是已婚男性，可他们又不是那些身为人妇的女人的丈夫。

因伦常道德而感到激愤的科里亚特接着报告说，这些爱嬉戏的女人浴者的丈夫往往就"穿着衣服站在浴池旁边，看着他们的妻子不仅和别的男人亲切交谈，还愉快地打情骂俏"。难道这些丈夫没意识到，虽然他们的妻子在去浴场前"肚子还是只'小羊羔'的样子，而等她回到自己身边，（根据我有时听说过的一桩趣闻轶事）之前的'小羊羔'很可能在几分钟里就长成有角的公羊了"。科里亚特本人是个单身汉，但他向我们保证，如果他和妻子身处这样的地方，"我真的绝不会同意让她与一个单身汉或有妇之夫在同一浴池洗浴，因为如果她长得很漂亮，有一张迷人的脸庞，那她估计会害死我"。然而最终让科里亚特和其他人对巴登感到深恶痛绝的是那里的性放纵氛围——而正是这种氛围使得日耳曼浴场不但在说德语的人群中流行开来，也在欧洲人中间普遍流行开来。

如果说比利时的斯帕和瑞士的巴登在十七八世纪确实享有"度假目的地"的地位，那么这些地方正越来越受到新兴的中欧温泉小镇的冲击。

这些城镇中第一个享有国际声誉的是波西米亚的卡尔斯巴德，位于布拉格以西130千米处。历史学家西蒙·温德尔（Simon Winder）认为："波西米亚对欧洲的两大贡献都与对水的熟练操控有关——无论是啤酒还是温泉。"诚哉斯言，可在卡尔斯巴德的例子中，恰恰是热温泉水，而非混合了啤酒花和酵母的溪水为它建立了早期的声誉。

与国家一样，自命不凡的温泉小镇也需要神话来支撑它们的"血统"；卡尔斯巴德也不例外。根据一则颇有价值的传说，那里的温泉是1347年哈布斯堡的查理（或卡尔）四世在打猎时偶然发现的，他的猎犬掉入一潭热温泉池，然后查理四世也兴高采烈地跟了进去（虽说他的狗都被严重烫伤了）。这个故事尽管是虚构的，但查理的确在温泉周边建起了一个社区（卡尔斯巴德因之得名），而事实表明，那里的水确实足够热，以至于中世纪晚期和文艺复兴时期的养生朝圣者每天通常要花上10个小时泡澡。卡尔斯巴德的疗养客最初只是用温泉水沐浴，直到1520年，当地的一位医生才提出，这里的水既适宜浸泡也适宜饮用,上述说法令他的同僚们大感震惊。

如同变老一样,卡尔斯巴德的"饮水疗法"(Trinkkur)同样不适合娘娘腔们。在这处著名的温泉,养生疗程要求在治疗的首日饮用剂量多达18杯的矿泉水,听话的病人会不断增加每日剂量,直至将40杯矿泉水灌进他那大声抗议的肠胃。为了记录进度,防止误算,医生会要求疗养客们带上一只类似算盘的装置,名为"饮水钟"(Trinkuhr)。一位名叫蒂林(Tilling)的英国温泉医生在18世纪造访了卡尔斯巴德,他在一份公开发表的报告中表示,他在两个小时内喝了50杯矿泉水,结果这对身体有益。150年后,另一位英国医生在回顾该英雄事迹时,不无挖苦地评价道:"(蒂林医生)竟然能喝这么多,能这么频繁地喝,并且他还表示在喝矿泉水这件事上,自己还能表现更好,这激起了每一位聪明读者的好奇。还应当补充一句,假使医生自己也是大量饮用矿泉水的拥趸,那么他无疑应该给病人开出完成起来极少有人会不反感、不感到痛苦的处方。"(到19世纪初,卡尔斯巴德的医生们已将每日的饮水量削减到12或15杯,至20世纪90年代,他们再度将处方量减少至每日仅4杯——后代人的毅力竟沦落至此。)

早期的卡尔斯巴德病人不但要喝下大量的水,还被禁止消费啤酒、糖或黄油作为代偿,理由是这些东西会加重他们的疾病。被列为毒物的生水果也是禁止食用的,据卡尔斯巴德一个流传甚广的传说,一位冲动的英国人"倚仗其种族的胆魄",在喝了一杯碳酸矿泉水后,吃了两颗樱桃,结果当场毙命。

自17世纪早期开始,无论来访的病人是用玻璃杯"喝"水,还是以坐浴(Sitzbad)的形式进行体外浸泡,卡尔斯巴德都吸引到了哈布斯堡帝国乃至整个欧洲的权贵。俄国沙皇彼得一世于1711年到访卡尔斯巴德,饱受精神衰竭、抑郁症和便秘困扰的彼得希望这里著名的泉水能净化他的身体,也希望周遭亲切友好的氛围能振奋他的精神。然而,他在卡尔斯巴德写给妻子的信可以表明,他对那里的环境不太有兴致:"这个地方是如此欢乐,以至于你可以将其称为光荣地牢,它处在如此高耸的山脉之间,以至于人们几乎见不着太阳。最糟糕的是,这里都没有好啤酒。"但卡尔斯巴德的水一定达到了预期的效果,因为不久之后,彼得便感到其肠胃"剧烈地排空了",毫无疑问,他排便的"剧烈"性在一定程度上拜他听错了医嘱所赐,他把每个钟头喝 3 杯矿泉水理解成了喝 3 罐。无论如何,彼得在卡尔斯巴德(以及后来在巴登-巴登)的经历促使他在自己的家乡也开展了一项宏大的澡堂(banya)建设工程,当被问及他的国家是否还需要引进西方的医生时,彼得答道:"不,不,对俄国人来说,有澡堂就够了。"

壮游

当彼得大帝尚在卡尔斯巴德沐浴之时,大批不太知名的人物也在西欧和(有时是)中欧主要的温泉小镇驻足,将其作为自己欧陆"壮游"(Grand Tour)途中令人愉快的插曲。从事此类"壮游"的人士来自不同的国家——俄国人、波兰人、美国人、巴西人,但在这个"旅行者"依然与上流阶级和高品位联系在一起——而不像今天这样意味着一无所知的庸人——的时代,却是英国人成了最常见也最勇敢的"壮游者"。典型的"壮游"(其全盛期自 17 世纪末一直持续至法国大革命)对有幸参与的特权人士来说成了一场富有教育意义的仪式。(不过,并非所有人都是"特权人士":身无分文但知识渊博、被称为"私人教师"的年轻人们可以通过为壮游者当教师或秘书,得到免费前往欧陆旅行的机会。)

对于英国人来说,"壮游"的主要目的是通过让年轻的乡绅接触欧陆伟大的艺术和建筑杰作、上流社会的风尚和拉丁系的语言,抚平他们身上一些粗糙毛躁的棱角。然而,就像 20 世纪的美国大学生会在海外度过的大三学年一样,相较于享受一段愉快的时光,学习的经历往往要靠边站了。假使有什么不同的话,那就是乔治王时代[1]的英国年轻贵族要比20世纪中后期大学兄弟会的美国男孩儿们放荡不羁多了,他们的"壮游"有时成了极度哗众取宠的酩酊大醉的展示场。我仅举三个例子:1787年的一个晚上,10个年轻的英国小伙子把一家米兰的旅馆(albergo)彻底捣毁了,人们发现,他们在当天喝了36大瓶勃艮第红酒、波尔多红酒和香槟。1786年,在维也纳,一辆小型出租马车与另一辆载有3名喝得烂醉的英国"尊贵绅士"的马车相撞,其中一名英国年轻人扑向出租马车车夫,把他的牙齿都打掉了。1827年,当"壮游"的鼎盛时期已然过去时,一群醉醺醺的英国年轻人堵住了巴黎一座教堂的入口,咒骂并殴打了一些只是想参加子夜弥撒的当地穷人。自然,除了酗酒,嫖妓也是免不了的。为了能在前往庞贝的教育之旅中保持良好的精神状态,一位英国"老爷"通常都会在那不勒斯数不清的妓院中挑上一家休养一番。因而,除了随身携带的满箱欧陆文化,英国的壮游者们也经常带着严重的淋病回家。

这便是温泉"进场"的背景。克里斯托弗·希伯特(Christopher Hibbert)在有关"壮游"的经典研究中指出:"壮游者的行程在很大程度上取决于他想要品尝的水、他意欲造访的温泉,以及他打算呈递介绍信的小国君主。"希伯特在这里未充分强调的是,温泉水疗的体验作为一种修复调理活动是绝对必要的,这是一个强制休息站,疲惫的旅客可以在这里尝试恢复他们受损的身体,希望在全身心投入放荡的生活前自己能够充满电。唉,有鉴于18世纪疗养之道的内容也仅是聊胜于无,这种中途的停留往往也不会像人们所期待的那般能有助于休息或缓解痛苦。不过,温泉的客人们(大体)不再把他们摄入的液体限定在酒精上,而他们每在热水浴池中坐上一个钟头,(基本)也就意味着他们在这一个

---

[1] 乔治王时代,指英王乔治一世至乔治四世在位时间(1714—1830)。

钟头内没有私通乱伦。

虽说艰苦的生活的确使一些旅行者在其"壮游"中付出了代价，但无论是否前往温泉，许多人还是保持着健康的体魄，都能充分利用他们在国外的时间。对于历史学家爱德华·吉本而言，"壮游"成了他接受严格古典教育的一次精彩高潮，为他写作罗马帝国衰亡的伟大著作奠定了基础；对于未来的首位莱斯特公爵托马斯·柯克（Thomas Coke），在意大利对帕拉第奥建筑的研究启发了他在诺福克建造的一座新帕拉第奥风格的大楼，也启发了他创作的一系列杰出的古典雕塑；对于艺术家威廉·肯特（William Kent）来说，对欧陆著名花园的近距离观察，使他得以在回国后建造起自己的精美园地，并对世界各地的景观设计产生巨大影响。此外，关于壮游者的温泉之旅，还应当特别指出的是，至少其中有一些是挺健康的，卡莱尔伯爵（Earl of Carlisle）这样描述1768年夏天他在斯帕的日常生活："我6点起床，早餐时间骑趟马，晚饭时间打场板球，晚上跳舞直到11点，跳到我几乎爬不上床为止。这才是适合你的生活。"

法国东南部的艾克斯莱班是另一个备受喜爱的"壮游"休息站，而这里的疗养方案更加专注于泉水——其理由颇为充分。自17世纪初，法王亨利四世（Henri Ⅳ）任命自己的医生担任浴场与矿泉负责人以来，法国便特别重视水疗文化。在随后的几个世纪里，一个组织有序的国家温泉产业与声势浩大的旅游业游说集团协调合作，保证了水疗产业持续得到政府最高层的大力支持。艾克斯从这种政府支持中获益良多，它在18世纪比其竞争对手维希更加时髦。顺带一提，在法国大革命期间，这处温泉（以及比利时的斯帕和德国的巴登-巴登）为逃离巴黎断头台的贵族们提供了广受欢迎的避风港。和斯帕一样，艾克斯也宣称它能治疗几乎所有已知的男性（及女性）病痛："各类神经疾患，如痉挛、中风、麻痹、颤抖、痛风、坐骨神经痛、肌肉萎缩、红肿、肠痛、胃痛、脾痛、顽固性头疼、眩晕、肾病、宫寒、停经或月经不调、不孕、流产以及各种疮痂。"艾克斯温泉宣称能治疗不孕不育,这为其引来了颇多女性客人,还包括外国女士,但那里的医生会小心地警告说,女士们不可采取过于激进的治疗手段,因为"女性的体质相对虚弱,其身体机能太容易被激活,在她们的天性中,神经质占据着主导地位"。

不管是否神经紧张,女性都是"壮游"场面的重要组成部分——尽管她们"体质虚弱",但在长途跋涉途中她们也如男性一样喜欢水疗。实际上,英国女性有时会在没有男性陪伴的情况下独自前往欧陆进行与健康相关的短途游。正如布莱恩·多兰(Brian Dolan)在他对"壮游"中的英国女性的研究所示,这么做是因为"在启蒙时代的英国,出于健康目的出国旅行是能让女性逃离家庭环境的极少数正当理由之一,这类自由的吸引力是如此之大,以至于很多不需要健康女神服务之人也会前往健康神庙寻求庇佑"。

如果英国的壮游者们追求的只是有益健康的水和美好时光的话,那么他们完全可以待在家里:英国有着丰富的本土温泉,而在"壮游"的全盛时期18世纪,英国最大的温泉——巴斯——虽说水质并不卫生,却也在蓬勃发展。的确,在这一时期,乔治王时代的巴斯无疑是世界上最时髦也最具影响力的温泉了。

但巴斯之所以能够成为18世纪英国的时尚中心,很大程度上要归功于一个人——理查德·"波"·纳什(Richard "Beau" Nash)。他曾是一名皇家卫队的军官,后来成了一个不起眼的律师、小偷和赌徒(我们知道,这些职业有着许多共同点),纳什于1702年自伦敦搬到了巴斯,试图能找到一款有利可图的纸牌游戏。甚至在20世纪后期富丽堂皇的赌场终于落地成真之前,巴斯便已为访客们提供大量赌博机会了。身为老练的纸牌高手,纳什相信只要和巴斯那些易上当的游客和乡巴佬一起玩点儿游戏,自己的钱袋很快就能续满(由于在漂亮衣服和风流女人上的开销不断增加,他的钱袋早就被掏空了)。

出乎他自己还有从前相识之人的意料,纳什最终选择留在巴斯,并成了这座城市的典礼司仪。他利用这个既无薪水也无名望的职位,参照自己的孔雀形象重塑了当时那座破败的小镇。纳什上任后立即着手清理街道上的垃圾、乞丐和过于咄咄逼人的妓女,通过禁止绅士在公开场合佩剑和女士不当着装,改善了社会生活。他又从伦敦引进了著名的音乐家和演员,提升了当地的文化氛围。纳什还开办了一家治疗风湿病的医院,并于1706年在一处温泉上增建了一座雅致的新建筑,在那里,疗养客们可以与"举止得体的同伴"见面,喝上几杯富含矿物质的泉水,他称这个场所为"饮水大厅"(Pump Room)。

在接下来的大约一个世纪里,上流人士与社会名人不断驾临每日都演奏着室内音乐会的巴斯饮水大厅,那里几乎成了高端时尚和优雅的代名词。当1724年,丹尼尔·笛福(Daniel Defoe)到访巴斯时,他形容这座小镇"仿佛是健全人而非病人的度假地",彼时盘桓在他脑际的定然是饮水大厅。多年来,饮水大厅以"造谣学院"(school for scandal)(理查德·谢里丹[Richard Sheridan]的名言)这一稍显不雅的形象呈现在世人面前,在这所富丽堂皇的"学院"里,成群的大人物会愉快地度过一两个学期。在"学院"的全盛时期已近尾声的19世纪初,身为严肃卫道士的年轻美国科学家本杰明·西利曼(Benjamin Silliman)经过巴斯时,可想而知他有多么愤慨。"巴斯,"他写道,"或许是整个王国里最放荡的地方。许多真正的伤病者的确来求助此法,可到目前为止,更多的人属于那种在流行的轻浮中消磨生命之人,他们既没有道德目标,也没有智性的尊严。"

除了嬉闹的饮水大厅,18世纪的巴斯也当之无愧地因其帕拉第奥风格的建筑而名扬四海,其中一些建筑成了意大利以外最具代表性的帕拉第奥风格建筑的典范。1716年,一位名叫约翰·伍德(John

Wood)的年轻建筑师来到巴斯,吸引他的并非当地蓬勃兴旺的社会景象,而是这一地区沉积的苍白石灰岩,它被伍德视为建造宏伟建筑的完美材料——的确,他可以用这些材料,按照意大利人安德里亚·帕拉第奥(Andrea Palladio)[1]的风格,建造一座宏大的新古典主义城市。伍德完美地实现了这一愿望,他把一个相当肮脏的省城改造为一座轻盈的乔治王时代城镇,那里坐落着一批全世界最受推崇的帕拉第奥式建筑。除了女王广场(Queen's Square)周围那一系列庄严的房屋和商业建筑,他还设计了"皇家风湿疾病矿泉医院"(Royal Mineral Water Hospital)。伍德也是圆形广场(King's Circus)的设计者,但他未能在有生之年目睹其完工。这是一座优雅的呈弯曲状的三层联排房屋,结合使用了多利克式、爱奥尼亚式和科林斯式的柱头式样。这座宏伟的建筑最终在伍德之子——小约翰·伍德——的手中完成,他随后又将自己的杰作皇家新月楼(Royal Crescent)增添到了巴斯的新帕拉第奥地貌之中。当伍德父子在巴斯打上他们的印记,巴斯的建筑之美已与它的泉水一样引人瞩目。

整个18世纪,几乎英国社会的所有人,包括欧陆的众多达官显贵,都会经抵巴斯。艺术家和作家也被这座小镇所吸引,其中一些人,譬如托马斯·庚斯博罗(Thomas Gainsborough)、托马斯·卡莱尔(Thomas Carlyle)和沃尔特·萨维奇·兰多(Walter Savage Landor)都曾在当地住过一段时间。

而最终与巴斯关系最为紧密的作家是简·奥斯汀(可事实上她在巴斯只生活了一小段时间,而且乐得赶紧离开那儿:对于那些去巴斯"追寻简·奥斯汀脚步"的当代文化游客们而言,也许最精准的仿效其女偶像的方式便是跟着她快速离开镇子)。

在1797年和1799年于巴斯度过愉快的假期后,奥斯汀一家于

---

[1] 安德里亚·帕拉第奥(1508—1580),意大利建筑师,著有《建筑四书》(*I quattro libri dell'architettura*),其设计依据古希腊罗马传统,讲求对称和严谨的建筑比例,该建筑类型被称为帕拉第奥式或帕拉第奥风格建筑。英国在18世纪乔治王时代曾掀起过一场兴建帕拉第奥风格建筑的热潮,巴斯是其中最具代表性的城市之一。

1800年搬到了那里,当时简25岁。这次搬家是她父母的决定,而非简的决定,这或许是因为奥斯汀牧师夫妇不但希望能改善自己不稳定的健康状态,也盼望着为他们尚未结婚的女儿觅得一个如意郎君。除了其他的便利条件,巴斯当时还是全英首屈一指的婚姻市场。正如人们所想的那样,思想独立的简一点都不想嫁给父母挑选的配偶,她对可能要在巴斯抛头露面举行婚礼的前景倍感恼怒,这似乎也影响了她对定居这座城市的反应。在搬家后不久的一封信中,她将巴斯描绘成"到处都是蒸汽、阴影、烟雾与混乱"的地方。

虽然奥斯汀很快便从最初的迷失中缓了过来,并逐渐对巴斯的社交仪式、求偶游戏以及饮水大厅中的调情予以敏锐的观察,但她总是对这个强加给她的地方怀着一定程度的怨恨,而且就在她定居的8年间,人们可以明显感觉到巴斯已开始从时尚的顶峰跌落。奥斯汀对巴斯的大部分偏见在她选定以巴斯(或部分以其)为背景的两部小说中表现得最为明显:《诺桑觉寺》(*Northanger Abbey*)和《劝导》(*Persuasion*)。前一部小说描写了18世纪90年代一个正在巴斯度假的天真烂漫的年轻女孩凯瑟琳·莫兰(Catherine Morland),而在《劝导》中,厌世的安妮·艾略特(Anne Elliot)感觉自己被囚禁在了巴斯,在这个有如安妮自己一般盛期不再的小镇,她被托付给一个很早便独身的老处女。到奥斯汀最终离开这座美丽的(如今还以一座"简·奥斯汀故居"来纪念她的)温泉小镇之时,她已然极度讨厌这个地方,以至于余生都未再回到此地。假使她想要泡温泉,她会去切尔滕纳姆。

不过当奥斯汀需要调理身体或度假时,她越来越频繁地去往英国海边(莱姆里吉斯[Lyme Regis]是她的最爱),而不是去往内陆的温泉,她并不是唯一选择这么做的人。实际上,巴斯在19世纪走向衰落的原因之一便是布莱顿(Brighton)及韦茅斯(Weymouth)等海滨浴场的兴起,相比传统的温泉,这些地方能提供更加活力充沛的"疗养"和度假体验。新建成的大西部铁路线(Great Western

Railway）也推动了英国人前往海滨的浪潮，这条铁路对于促进英国滨海度假胜地的观光的作用就如此后美国的密尔沃基和圣保罗铁路（Milwaukee and St. Paul Railroad）对黄石公园旅游的助力一样。

过去曾有人这样评价"芝加哥小熊"队（Chicago Cubs）："任何一支球队都会有糟糕的世纪。"在某种程度上，英国的巴斯可以被视作温泉世界的"芝加哥小熊"队：它在 18 世纪经历过一段非常美好的时光，却在 19 世纪迎来极度糟糕的百年。

而对于欧陆的温泉，尤其是德国的温泉而言，情况则完全不同，尽管这一切不是立即发生的。除了下萨克森的巴特皮尔蒙特（Bad Pyrmont）以及知名度更低一些的巴登侯国的巴登，德国温泉在壮游者们的旅行计划中并不太受青睐。因为在 18 世纪，穿越这一地区的旅行十分昂贵，沿途的旅馆通常也很简陋，据称"欧洲最凶残的匪徒"在当地道路上横行，并且人们很可能得说德语，而这种语言很少有外国人会说，抑或想说。不过，德意志地区相对缺乏世界级温泉的情况很快就要发生变化了，这一变化首先始于欧斯河（River Oos）畔的一处小小的定居点，罗马人曾称其为"温泉"（Aquae），征服此地的日耳曼人则称其为"巴登"（Baden），而最终整个世界都将知晓它的名字——巴登-巴登（"这是个如此棒的地方，你必须把它的名字说上两次"）。

第二章

巴登－巴登："欧洲的夏都"

17世纪早期的英国旅行家托马斯·科里亚特给我们留下了他对瑞士巴登色彩斑斓却也失之偏颇的印象，在其欧陆之行途中，他也曾在德国巴登短暂停留。但显然，他没有在那里泡澡，关于那个地方，他无甚可说，只是抱怨为了找到它费了很大的劲。如果他确实曾在那边待过，那么他也很可能找不到什么乐子。诚然，德国巴登确实在中世纪晚期逐渐恢复了其作为水疗场所的身份，从邻近的斯特拉斯堡来的访客也开始定期去那边泡澡。但彼时当地的主要产业仍是养猪，而不是疗养，空气里到处弥漫着令人作呕的猪屎味。晚至科里亚特的时代，小镇只有4个能正常使用的温泉浴场（比罗马时代的12个还减少了），就连仅存的几个也处境寒酸。假使采纳另一位同时代记录者的意见，那么当地的旅馆也同样不值一提："饭菜普通，酒差得很，衣食方面几乎无一不缺，客房管理也不到位，服务糟糕。"

在接下来的200年里，德国巴登一直相对默默无闻，在十七八世纪的"壮游"路线上，它也处于边缘地位。潘侯卡尔·弗里德里希（Karl Friedrich）对小镇的悲惨状况倍感绝望，1774年，他自一位随从手中得到一份有关该地的报告，读毕实在高兴不起来。这份评估严肃地谈到了巴登洗浴场所的"落后和不洁"；作为回应，潘侯成立了一个新的洗浴委员会，旨令其重振小镇的疗养中心地位。为了寻找完成这项任务的思路，委员会会长到下萨克森的巴特皮尔蒙特进行了一次考察。这似乎是个明智之举，因为在18世纪的大部分时间里，皮尔蒙特都是德国最好的水疗度假地,可谓是匹敌英国巴斯和比利时斯帕的德国小镇。一如上述这些地方,皮尔蒙特也吸引了不少王公贵族和小诸侯,同时也成了重要的知识中心,它是德国启蒙运动（Aufklärung）的真正温床。然而具有讽刺意味的是,当这位藩侯的人马抵达皮尔蒙特、寻找温泉管理的"启蒙之道"时,这处地方已经开始失去它的光彩——逐渐走向衰落,并最终被其余几处更加时新的德国温泉所取代,其中就包括那个想要成为下一个皮尔蒙特的巴登侯国脏兮兮的小村子。无论如何,在 18 世纪 70 年代看来,卡尔·弗里德里希所设想的巴登改造计划希望渺茫,因为这位藩侯缺乏足够的财力来为他的温泉小镇干点什么。他能做的只有分发一些微薄的赏赐,给那些特别卖力清洗浴池、不让猪屎掉到岸边的浴场侍者几个小钱儿。

不过重要的是,这种状况将很快得到改变,而且变化发生得如此之快,以至于在短短几十年内,巴登就不太想重复皮尔蒙特的路子或赶上瑞士巴登了,它想要做的是把自己同那个瑞士的度假地区分开来,以免因为混淆的名称遭人误认,失掉自身光彩。于是乎,德国巴登将自己重新打造为"巴登－巴登",使其实力与声望都达到其他巴登的两倍。巴登－巴登（我现在开始便这样称呼它了,虽然其正式更名直到 1932 年才完成）的崛起推动了整个德意志地区温泉地位的跃升——这一发展反过来又为 19 世纪德国在政治上跃升的更宏大故事贡献了自己的小小作用。仿佛是要为自身的崛起加配一顶世界最顶级温泉小镇的冠冕。德国的这座"双巴登"还将自信地获得另一个新称号"欧洲的夏都"。

成为巴登－巴登

显而易见,巴登－巴登最初能发展为温泉疗养"目的地",要归功于其自身田园风光之外的政治和社会发展——实际上,要归功于德意志地区以外的事件。正如近代德国在很大程度上也要归功于法国（无论是法国的成就还是它的缺点）一样，假使没有这个"大国"（la grande nation），巴登-巴登也不会成就今天的样子。

法国给巴登-巴登送上的第一份大礼是1789—1799年的法国大革命，这场巨变不但撕裂了法国自身的社会政治结构，也连带波及了邻国。随着革命的发展（或倒退）——从相对温和的立宪开端，到最终大肆挞伐、全面推翻旧制度（Ancien Régime），作为旧秩序主要代表的贵族与高阶神职人员日益面临着要么接受"革命正义"（意即断头台），要么出走法国的选择。毫不奇怪，那些能够选择的人往往都会选择后一种，虽说逃亡也并不总是那么容易。选择一处安全的避风港取决于许多因素，但最重要的两个是较近的距离和舒适感。

巴登-巴登距离阿尔萨斯边境大约只有一天路程，很容易就满足第一个条件；至18世纪晚期，它至少在满足第二个条件方面也有了初步的尝试。小镇已经有了标志性建筑，一幢可用于开办舞会和其他娱乐活动的木制"长廊屋"（Promenadenhaus），这座建筑坐落在从村中流出的欧斯小河的对岸，一条长长的小路将它与镇子连通起来，路两旁种有壮观的橡树和栗树（这条路被称为"栗子路"，之后则成了里奇滕塔勒大道）。这条迷人的林荫道成了温泉小镇的又一个标志性景点，它非常适合日常健身和傍晚散步（passeggio）。"长廊屋"与"栗子路"的修建表明城市的支持者们已经意识到，一处"现代的"温泉疗养地不能只有疗愈泉水，还必须提供有益健康的运动和一展风采的机会。同样能说明问题的一点是侯国政府也参与了巴登-巴登的改进工作，尽管藩侯本人依旧囊中羞涩，但他还是设法凑足了协助工程推进的资金。除了资助建设工程，藩侯卡尔·弗里德里希还任命了一位曾经的注册医师担任温泉总监。几年之后，为了解决资金问题，藩侯开始向所有温泉访客征税，相关收入用于改进基础设施。像这样的政府介入对整个19世纪德国温泉产业的崛起都发挥了关键作用，助力了其兴旺发达，反观与之竞争的英国温泉，譬如巴斯,由于坚持私营模式,则走向了严重衰败。

巴登-巴登的政治庇护人藩侯卡尔·弗里德里希与其继任者们会很高兴地迎接每年夏季为寻求更好的疗养体验蜂拥而至的英国客人(众所周知,英国没有夏季)。但藩侯对他的法国客人们也异常殷勤,借着血缘和品位,他的家族与法国贵族有着很深的联系。这也成了吸引法国贵族来巴登-巴登的关键因素,并且彼时断头台绞刑架已开始在他们的国土遍地开花。

无论此地对为逃离断头台的法国贵族有多大吸引力,这些成问题的流亡者也并没打算在他们的新"家"待太久。他们认为革命的怒潮很快就会消散。如若不然,激进的雅各宾党人会被本国的反革命分子与邻近的列强联手解决掉,这些列强对新秩序的恐惧与憎恨并不亚于流亡者。然而革命并没有很快寿终正寝;相反,在应对国内的反革命与外部侵略的威胁过程中,它重获动力,并且变得愈加激进。对于流亡者们来说,短期内回到法国的希望很快破灭了。

需要在国外长期居留,而从国内带出来的钱又变少了,面临此等前景,抵达巴登-巴登的法国贵族别无选择,只得开始尝试做一些之前几乎从未做过的事:用他们拥有的手艺和智慧来养活自己。对一些人来说,这番考验意味着贫穷,而另一些人则展现出惊人的谋生能力。大多数情况下,在巴登-巴登,通往偿清债款(有时甚至是富裕)的道路往往要利用贵族们已掌握的资源:对奢侈品的知识和敏锐感觉。困处巴登-巴登的法国贵族在较短的时间内便建立起高级珠宝加工线,生产精美的香水和肥皂,蒸馏令人陶醉的美酒。大有助益的是,对于巴登-巴登这样雄心勃勃的水疗度假地来说,这类高端产品的需求恰巧非常旺盛。如今,这座小镇又可以在它的"打卡"清单上增加一些花哨的法国奢侈品了——而这些迷人的商品最终将成为任何一座一流温泉小镇都不可或缺的东西。

流亡的贵族们刚在巴登-巴登落定脚跟,便遭遇了家乡来的不速之客——入侵的革命军。法国于1792年6月对奥地利开战,在经历了初期战事的失利后，不但驱逐了侵略者，而且自当年晚些时候开始，还派出讨伐军踏足他国领土，其中就包括德意志各公国。尽管自称解放的代理人，辎重里装着"自由、平等、博爱"，可法军士兵还是干了入侵军队往往会干的所有事情：他们在驻地欺压当地百姓；四处抢劫；不分青红皂白地强奸；杀害平民。正如一名法国中尉承认的那样，被害者唯一的罪行只是"没能立即舍弃或许是他们身上仅有的一点儿钱财"。

正当众多城镇遭到法国人入侵时，巴登-巴登却逃脱了这般命运，尽管藩侯向来是与奥地利同呼吸共命运的。1790—1796年，小镇主要问题是疗养客人数量持续下滑——从1790年的554人降至1796年可怜的52人。1796年7月4日，莫罗（Moreau）军团的先头部队进抵巴登-巴登时，当地百姓（和流亡者们）担心极了。恐慌笼罩着这个迄今为止一片祥和的小镇，不过，很快，这种恐慌便被证明是毫无根据的。在允许士兵于城郊进行了一番劫掠后，莫罗将军便住进了当地一家名叫萨尔曼的小旅馆，并命令手下要严守规矩。原来，这位将军已经在与卡尔·弗里德里希的代表就停战和转变效忠对象的事宜进行谈判了。显然，谈判过程少不了丰盛的晚餐和频繁的浴场之行，结果皆大欢喜，巴登-巴登躲过了大肆劫掠。同样意味深长的是，巴登-巴登最宏大的建筑——新宫（Neue Schloss）——被匆忙改建成了两军士兵的伤兵病院。在接下来的一个半世纪里，包括浴室在内的许多德国温泉小镇的主要建筑都不得不经常收容重伤士兵，而不是痛风或饱受其他不适症状的平民。

法国革命者的扩张主义不但没有改变巴登-巴登的原貌，还极大推动了这座城市向著名温泉疗养地发展。1797年12月—1798年4月，一场重要的外交会议在附近的拉施塔特（Rastaat）召开，会议目的是为莱茵河左岸那些被法国占去土地的德意志诸侯制定赔偿方案。拉施塔特会议在外交方面并未取得多大成就，可外交官们却未尝忘怀巴登-巴登的吸引力，他们经常在谈判桌上那些无果而终的会晤结束之后回到那边调理身心。外交官们不仅痴迷于温泉水,还醉心于这里的赌桌和诱人的自然环境——茂密的森林、蜿蜒的溪流、瀑布、神秘的洞穴、怪异的岩石以及轻缓绵延的山丘,与时下风靡的浪漫主义景观美学可谓完美合拍。

当地的《拉施塔特会报》(Rastaater Congressblatt)花大篇幅报道了巴登-巴登的自然风光,这份报纸是会议期间由当地一位支持者阿洛伊斯·施赖伯(Aloys Schreiber)发行的,他也出版了巴登-巴登第一本综合旅游指南。在这本书里,施赖伯夸赞了当地所有值得"到此一游"的美景与名胜,还有那些可以为游客"各种日常远足和漫步提供愉快目标"的风光。

在前往巴登-巴登的拉施塔特与会者中就有第一执政官拿破仑·波拿巴,他在 1796 年成功突袭意大利后掌控了法国军事作战的指挥权。不过拿破仑到访巴登-巴登的时间十分短暂,虽然他嗜好长时间洗热水澡(他洗热水澡的部分原因是为了缓解痔疮的痛苦),但他显然并没有在那里泡澡。但拿破仑决定驾临巴登-巴登,此举愈发增添了小镇的光彩。很快,大批名人(其中很多是法国人)涌入巴登-巴登。与拿破仑不同,他们最终在那里待了很长时间,享用了镇上的所有设施,包括一家新开的妓院,那里的大部分妓女都是从法国来的。

巴登-巴登与法国的联系还因一些恰逢其时的联姻而得到了进一步强化。1806 年,为了将巴登公国(彼时巴登刚从侯国升格为大公国)牢牢掌控在自己手中,当时的法兰西皇帝拿破仑为他的养女斯蒂芬妮·博阿尔内(Stéphanie de Beauharnais)与巴登的卡尔·弗里德里希之孙卡尔·路易(Karl Louis)安排了一场亲事。此外,拿破仑还将卡尔·弗里德里希自侯爵提升为大公,并让他在新成立的"莱茵联邦"(Confederation of the Rhine)中扮演重要角色,这一联邦由 16 个德意志卫星国组成,它们环绕着巴黎在一条不稳定的轨道上运转。斯蒂芬妮与巴登王储卡尔·路易的结合并不比法国与其新归附的德意志附庸国间的结合更加幸福——这对夫妇在大多数时间里都分居两地——但这对于巴登-巴登来说却大有裨益,因为风骚美丽的斯蒂芬妮一到夏天便频频现身温泉小镇,她在那里建造了一座迷人的小宫殿,并把巴登-巴登称为她"理想的休息处"(buen retiro)。

斯蒂芬妮与卡尔·路易至少一起育有3个女儿(和一个夭折的儿子),她们也都为助力巴登-巴登成长为"王家浴场"而缔结"战略婚姻"。斯蒂芬妮的大女儿路易丝·艾米丽公主(Princess Luise Amelie)成功"钓"到了瓦萨的古斯塔夫亲王(Prince Gustav of Vasa)——一条尚不算太大的鱼;二女儿约瑟芬·弗里德里克·路易丝公主(Princess Josephine Friederike Luise)嫁给了普鲁士王朝天主教分支的后裔霍亨索伦-锡格马林根的卡尔·安东亲王(Prince Karl Anton),这算是更引人瞩目的收获;小女儿玛丽·艾米丽·伊丽莎白·卡洛琳公主(Princess Marie Amelie Elisabeth Karoline)则"逮"到了第十一代汉密尔顿公爵威廉·亚历山大·安东尼·阿奇博尔德·道格拉斯-汉密尔顿(William Alexander Anthony Archibald Douglas-Hamilton, 11th Duke of Hamilton)。所有这些都意味着,除了与法国建立起牢固的联系,巴登大公国——自然也就是巴登-巴登——同样与普鲁士和英国建立起了王朝纽带。

而由于卡尔·弗里德里希两个姐妹的王室联姻,瑞典和巴伐利亚也卷了进来:一对是弗里德里克与瑞典国王古斯塔夫四世(Gustav IV of Sweden),另一对是卡洛琳与巴伐利亚国王马克西米利安·约瑟夫一世(King Maximilian Joseph I of Bavaria)。此外,普鲁士国王弗里德里希·威廉四世(King Friedrich Wilhelm IV)的王后伊丽莎白·卢多维卡(Queen Elisabeth Ludovika)也时常会出于保健原因前往巴登-巴登,这都进一步使该处温泉在全欧王族中得到了"王室认可"(hoffähig)。

如果这一切还不够,那还有与俄国皇室的联系。早在1793年,卡尔·弗里德里希的另一个妹妹路易丝便嫁给了俄国皇储亚历山大，后者在1801年成为沙皇。对巴登-巴登而言，这层与俄国的关系最终将证明比与法国的关系更为重要，因为此后，不光是皇室成员与贵族，还有一代又一代的俄国人都将这处小小的德国温泉小镇当成了某种"第二乡间别墅"般的存在。

当然，俄国成了拿破仑1812年那场时运不济的东征的目标。事后看来，拿破仑从莫斯科灾难性撤退成了拿破仑及其帝国走向覆灭的开始，尽管真正的终结要等到1815年的滑铁卢才来临。

为了收拾这个"科西嘉暴发户"留下的烂摊子而召开的漫长会议——维也纳会议对未来的欧洲与世界都产生了巨大影响。不过我们在这里最感兴趣的是会议对于巴登-巴登疗养地的影响，这种影响甚至比大概7年前在拉施塔特召开的那场规模较小的会议更为重大。位处巴黎与维也纳之间的巴登-巴登对往返于法国和奥地利之间的外交官来说是个完美的中转站。外交官们会在温泉停留，进行一些非正式的磋商，在维也纳乏味的争吵之后休整一下，以便为此后更多的争吵做好准备。在品味完巴登-巴登的欢愉之后，这群权势人物中的许多人会定期回访温泉，同时也向他们的亲朋好友大肆宣传这个地方，而他们的亲朋好友大多数也都是贵族。这意味着巴登-巴登，尽管最终也将与其他中欧大温泉一道经历"民主化"，但在19世纪早期，那里却是个名副其实的贵族老巢。至于巴登大公国，作为一个支持过拿破仑的国家，它在维也纳会议的商谈中处境出奇的好。因与巴登有联姻关系，沙皇亚历山大一世亲自出面干预，保全了该国。

不过，假使巴登-巴登没有大幅度改善自身的设施，也就是说，假使它没有进行新一轮的市政建设，那么它无法如此受到追捧，从德国和中欧的竞争对手中脱颖而出。此番新改造的部分工程是由私营企业主进行的，但其大头——就像从前一样——有赖卡尔·弗里德里希大公及其继任者卡尔·路易的慷慨解囊。一旦涉及巴登-巴登的洗浴文化及其配套设施，这些小君主的表现就像极了现代恺撒。

1804年，卡尔·弗里德里希责成他的宫廷建筑总监弗里德里希·魏布雷讷（Friedrich Weinbrenner）——一位极具影响力的营造大师，曾在意大利接受训练——新建一座工艺博物馆（Museum Politechnikum）来存放罗马时代温泉遗迹中出土的文物。由于新博物馆坐落在一处主要的温泉上方，建筑的西翼设有一个饮水间（Trinkraum），而东翼则包含一座历史悠久、可自小镇的主要泉源引入泉水的温泉房（Quellenhaus）。1819年，为取代原先一处破旧荒废的浴场建筑群，魏布雷讷又设计了一座更加精致、拥有多利安柱廊的"饮泉宫"（Trinkhalle），愈加强化了小镇的新古典主义风格的外观。尽管在建筑设计上有着历史主义的色彩，但全新的饮泉宫拥有最先进的设备，水泵、管道和水龙头都是时新样式。此外，这处场所不但提供优质的老式天然矿泉水，还有人工打入碳酸气体的"卡尔斯巴德水"，这是一款由名为科尔罗伊特（Kölreuter）的波西米亚温泉医生首创、即将大红大紫的混合饮品。

同样出于当时的时代精神，魏布雷讷于1824年将一处新近世俗化的宗教建筑——宏伟的耶稣会学院（Jesuitenkolleg）——改造成了时髦的"疗养与交际厅"（Kur- und Conversationshaus）（以下简称为"交际厅"），里面容纳有舞厅、阅览室、会客室、赌场和提供全方位服务的餐厅。那些发誓舍弃个人财产的耶稣会士曾经祷告、上日课和灌输教义的地方，如今却成了富有的疗养客跳华尔兹、大快朵颐、把酒言欢以及阅读他们最喜爱的文学作品——通常就出自同为温泉客人的浪漫主义作家之手——的地方。

与英国的巴斯和比利时的斯帕不同，德国的巴登没有自己独立的剧院，但这一局面在1805—1806年改观了，巴登市议会决定新建一座剧院，"以增添娱乐并提升（巴登-巴登的）地位"。剧院最初的预算是1 500基尔德，这在当时已是一笔不小的数目，而因成本超支，最终的建筑造价竟飙升到7 534基尔德，确实堪称巨额花销了。

由于高昂的建筑费用导致城镇财政紧张,市政官员们觉得有必要向卡尔·弗里德里希大公要求每年 50 金弗罗林的补助,以便维持新剧院的运转。对于这笔补助,卡尔·弗里德里希一口应承了下来——不过由于他自己的钱袋子也因首府卡尔斯鲁厄雄心勃勃的建设项目而吃紧,他坚持这笔钱只能从小镇博彩业的税收中划拨。

正当卡尔·弗里德里希与他的楼宇建造者们致力将巴登-巴登"提升"为温泉疗养地的后起之秀时,两个来自图宾根的平民则开始设法弥补小镇在酒店基础设施上的严重不足——小镇缺乏一家大型的一流国际酒店(像萨尔曼、赫希、松内这些现有的旅店根本就不够格)。知名的图宾根出版商约翰·弗里德里希·科塔(Johann Friedrich Cotta)和他的商业伙伴约翰·路德维希·克鲁勃(Johann Ludwig Klüber)明白,若没有一个能接待挑剔的外国游客的地方,巴登-巴登便无法成为它所期望的一流旅游胜地。他们买下了另一栋新近世俗化的建筑——原先的嘉布遣会修道院(Kapuzinerkloster),并斥巨资将其改造为豪华酒店。理所当然,他们请来无处不在的魏布雷讷进行设计。魏布雷讷巧妙地在保留部分旧结构的同时将这些空间改造为具有全新用途的空间:过去的祷告室成了酒店的"舞会、音乐与交际中心",前端的唱诗席被改造成了舞台,而后方的唱诗席则成了赌博室和桌球室。魏布雷讷通过安装 18 根雄伟的多利安柱,将过去的中堂和耳室改造成了一个巨大的十字形餐厅。(至于这一巨型餐厅中供应的食物——大家都明白的——以我们的标准而言可谓丰盛又扎实:在科塔的餐厅吃饭是绝不会减肥的。)

当酒店于 1809 年完工时,科塔的巴蒂希尔酒店(Badischer Hof)拥有 50 间客房以及一处有毗邻花园的浴室,浴室配有 30 个抛光石制成的浴缸,甚至还有一处供马匹使用的热水池。然而,虽说巴登-巴登这座全新的大酒店此时或许已经准备好迎接来宾,但是酒店的所有者科塔与克鲁勃却并未准备好成为成功的酒店营业者:他们不知道自己在干什么,把事情弄得一团糟。直到 1830 年,两位约翰卖掉了他们的股份,巴蒂希尔酒店才发挥出其潜力。(这家酒店至今依然在营业,但它已远不是城中最大的酒店了。)

至19世纪中叶,巴蒂希尔酒店达到其全盛期时,其他的酒店与旅游场所也在城镇周边如雨后春笋般涌现。该现象的出现理由充分:小镇的游客数量正稳步攀升。巴登－巴登在1800年只能吸引到391名客人,而到了1812年,尽管欧洲尚处在战争中,游客数已增至2 500人。在拿破仑战争结束5年后的1820年,5 100名游客到访小镇,其中2/3是外国人;1825年,游客总数增至7 500人。5年之后,尽管(始终是巴登－巴登的重要客源地的)巴黎再度爆发了一场新革命,但小镇的客流量依然达到了10 300人;而又用了5年时间,这一数字变为15 500人。巴登－巴登愈发受欢迎,主要在于满意的客人们口口相传——在巴登发生之事一定不会只停留在巴登,而且马力全开的宣传机器也发挥了作用。以下便是科塔发行的报纸——巴登－巴登的《名流早报》(*Morning Paper for Sophisticated Classes*)在1830年7月对这座温泉小镇的揄扬之词:

> 这里的洗浴季自5月开始,到10月结束。但在每年造访巴登－巴登的8 000—10 000名陌生人中,只有不到2 000人会真正使用浴池。许多人来这里不过是为了放松或寻找新消遣,并把他们在城市中的一切便利和欢乐都与闲适的旅居结合在一起。于是,在这处度假胜地,人们过去只能发现不起眼的民居,里面配着朴实无华的中产阶层家具,但在大约20年内,这便完全改观了,配备华丽的家具和便利设施的雅致的房屋,派对场地,精彩绝伦的晚会、音乐会和舞会,堪与巴黎比肩的餐厅以及其他一个接一个出现的新事物。在过去孤独的散步者或是和睦的人群行走的地方,人们如今能看到豪华的马车和马匹,装饰精美的四轮马车,优雅的男女骑手,有些跨在名贵坐骑上,有些则骑着驴,这些驴是特供小孩和胆小的女士们骑的。同样,这

也是当地社会变化的一个表征：妇女儿童的人数往往超过男性，这使得此处的温泉生活更加丰富多彩、引人入胜，也让小镇本身愈加具备大城市的特点，倏地一下便（在夏天）发展壮大起来，又在6个月后消失无踪。

请下注：贝纳杰时代

在科塔的报纸提到的"新消遣"中，有一件东西要比其他任何附属的景致都更有助于巴登－巴登转变为"大温泉"——赌博。事情也理当如此。毕竟，赌博向来是罗马洗浴文化中不可分割的一部分，也曾推动过巴斯与斯帕等著名水疗小镇的发展。似乎在公共洗浴中已然形成了某种仪式——需要上佳的食物、上佳的美酒、上佳的性爱，接着再好好赌上一圈。当然，赌博，就像酒和性（更不用提高级料理了）一样，是会上瘾的，会成为一个有着潜在阴暗面的恶习。多年以来，赌博成为大温泉生活中一个极具争议性的问题。

至于巴登－巴登，这座终有一日会与蒙特卡洛争夺"欧洲顶级赌场"殊荣的度假城市，其与赌博邂逅的早期经历并不怎么走运。19世纪初，包括萨尔曼、松内和松恩广场在内的一些当地旅店已在为客人提供私人赌博室了。为获取这种特权，旅店需向市政府交纳少量税款。在19世纪的头10年里，一个名叫保罗·舍维利（Paul Chevilly）的法国人为原来的"长廊屋"取得了一张博彩特许状。1809年，当巴登大公国决定发放第二张博彩特许状给修缮一新的耶稣会学院时，一些小镇居民表示强烈抗议：他们坚持认为，赌博有损公德。

但无论是否道德，第二张博彩特许状还是通过了，因为它得到了当地温泉总监冯·斯特恩海因博士（Dr. von Sternhayn）的支持，事实上，他自己在新交际厅的赌桌和其他消遣项目中都投入了资金。更重要的是，由于仅靠财政已不足以再支撑巴登－巴登成长为欧洲温泉世界的顶级竞争者所需要的各项改进,卡尔·弗里德里希大公开始把赌博当成俗谚所云的"下金蛋的鹅"。毕竟,每一张新的博彩特许状都意味着高额的预付款外加收益费——这些收益会在公国和市政当局间进行分配。过不了多久,那些赌博之鹅产下的"蛋"将被证明确乎是足金的。正如1820年《早报》滔滔不绝报道的那样:"(市政)设施修缮的经费不虞匮乏,因为在最高层官员的指示下,赌博营业者上交的数额相当可观的费用都被划拨给这类用途。"

上述赞誉之辞使得大公国有了充分理由将事情推进到下一阶段:决定重点兴建拥有独家——且极为昂贵的——特许经营权的大型公共赌场(Spielbänke)。先前提到的1809年的特许状发放启动了这一计划。尽管最初的想法只是发放一张大的特许状,但当两个雄心勃勃的法国绅士(均为前上校)申请该项特许权时,市议会在得到邦政府批准后,决定发放两份特许状。于是,在1809年,一位名叫佩耶(Payer)的法国人便以700路易的价格取得了交际厅中的赌博特许经营权,而他的同胞L.切维(L. Cheville)则以相同的费用获得了在长廊屋中开设轮盘赌的权利。

然而很快,这些场所的数量被证明是远远不够的。于是在魏布雷讷1824年新落成的"交际厅"中也增设了一处大型赌场,这座赌场被交给另一个法国特许经营者安托万·沙伯特(Antoine Chabert)管理,他每年要上交27 000基尔德的费用,以获取从人数不断攀升的玩家手中继续捞取财富的权利。沙伯特的华丽赌场有着别致的红色方格天花板和水晶吊灯,比在它之前的任何赌场都要壮观许多。沙伯特本人也同样是个显眼的人物,他是斯特拉斯堡人,在拿破仑战争期间,作为偷奸耍滑的军需供应商,他赚得盆满钵满(体形也如此)。他会把金粉撒在自己的络腮胡上,其粗鲁无礼甚至令其他暴发户都印象深刻。如果说他乍听起来像个巴尔扎克式的人物,那也不无道理:因为沙伯特正是巴尔扎克小说《高老头》(Père Goriot)中同名主人公的原型之一。不过与高老头不同,沙伯特接下来通过投资巴黎皇家宫殿（Palais Royal）[1]的赌场赚了更多的钱，皇家宫殿可谓城市罪恶的巢穴，在那里你可以得到任何你想要的快乐。

在重新定居巴登-巴登之后，沙伯特在提升当地赌博环境的同时，还引入了一种在傍晚时分饮用咖啡的新奇举动——这种做法堪称明智，因为它增强了客人们在赌桌上熬过漫漫长夜的能力。最后，沙伯特还做出了另一精明之举，邀请诸如小提琴家尼科洛·帕格尼尼那样令人炫目的音乐大师来赌场演奏。在赌场客人们不在赌桌边的时候，这些音乐大师会尽心尽力让客人感到开心愉快，他们由此成了20世纪闪闪发光的拉斯维加斯艺人的先驱，是他们那个时代的韦恩·牛顿（Wayne Newton）和埃尔维斯·普雷斯利（Elvis Presley）。

在这群为巴登-巴登增色的艺术家当中，有些人自己便是赌徒。我还会在后文谈到更多有关作家和音乐家在巴登-巴登乃至其他中欧大温泉赌博的经历。不过，此时此刻，我将援引德国诗人约翰·彼得·赫贝尔（Johann Peter Hebel）的一段恰如其分的观察（他是头几个在巴登-巴登泡澡——以及赌博——的作家，而在赌博方面，赫贝尔也值得注意，因为他经常能赢，而这颇为罕见）：

> 在巴登，我又玩了5天的大游戏，不光在赌桌上玩，还在银行里玩，在银行的我是如此快乐，因为在这5天里，我不但能不花一分钱，还能到处炫耀。例如，当我给帮佣小费时，我会说："我不是个伯爵，这并非你们的过错，但你们也不该为此而受苦。"再没什么比有着巨大反差的经历更令人愉快了，到了晚上，我就在那些伯爵和男爵的马车夫和男仆们中间度过，我同他们一起吃过午饭。

---

[1] 皇家宫殿，原为法国首相黎塞留的宅邸，后被献予路易十三，在奥尔良家族手中成为巴黎繁华的商业中心。

1830年7月,法国又经历了一场革命(这已然成了某种惯例)。"七月革命"对法国人而言意味着路易·菲利普国王(King Louis Philippe)[1]领导下的新政权的到来。而对巴登-巴登来说,这场变局则意味着其博彩历史的一个崭新篇章——"贝纳杰时代"——到来了。

1838年,雅克·贝纳杰(Jacques Bénazet)接替沙伯特成为巴登-巴登的首席博彩经理人,他在这座德国温泉小镇的辉煌事业在很大程度上要归功于路易·菲利普国王,这个以资产阶级审美和会计思维而闻名(也遭到嘲笑)的君王认为赌博是浪费和不劳而获之举,即使它给法兰西国家创造了大额税收。在国王的催促下,1837年12月,法国众议院在数十位名流输得精光之后,关停了法国各地的博彩赌场。贝纳杰曾是巴黎博彩业的主管,又是当地两家主要博彩俱乐部的股东,他预见到路易·菲利普的禁令会是法国的损失、德国的收益:他迅速把目光转向巴登-巴登,他很清楚沙伯特在交际厅的租约就快到期了,而后者又意识到自己并没有足够的财力与贝纳杰争夺巴登的博彩特许权,且他依旧持有的其他德国温泉的特许状(主要是在威斯巴登和巴特埃姆斯)足以确保他不至于穷困潦倒,于是也顺水推舟,主动放弃了交际厅的租赁权。贝纳杰开出足有当年沙伯特的出价两倍有余的价格(4万基尔德对1.9万基尔德),不费吹灰之力便让新任统治者利奥波德大公相信,他就是管理巴登-巴登赌桌的最佳人选。

贝纳杰于1838年初抵达巴登-巴登,他带去的不仅有雄厚的财力,还有其非凡的个性以及与其财富相匹配(或似乎相匹配)的家系血统。在60岁出头的时候,贝纳杰看上去依然很年轻,他用"中国水"给浓密的头发染色,不留传统的络腮胡,而是留八字

---

[1] 路易·菲利普(1773—1850),1830—1848年在位,1830年"七月革命"后上台,在位期间采取中间路线,拥护君主立宪体制,扶助法国工业化起步,但其国内政策过于维护上层大资产阶级利益,漠视民间疾苦,引发人民愤恨,最终于1848年"二月革命"中被推翻,后流亡英国,于1850年病逝。

胡，并在下唇留着一小撮丑陋的、我们如今称作"灵魂补丁"（soul patch）的髭须。出身于比利牛斯山一个小村庄的贫穷、不识字的散工家庭，贝纳杰成功地成长为一名律师，更重要的是，他成了波尔多一个富有船东的女婿。他用妻子的钱搬到了巴黎，并在新开的证券交易所赚到了第一桶金，从那里开始，他又进军博彩业，染指其他利润丰厚的生意，譬如管理妓院和收买政客。他还同样积极地修改自己的履历，为的是使其对利奥波德大公[1]及其属下官员更具吸引力。抵达巴登不久，贝纳杰即宣称自己是格拉纳达最后一位摩尔人国王的后裔，当这一血统似乎并不能激起什么水花时，他又从布鲁塞尔的一家"纹章研究会"搞到了一份血统证明，说他出身于一个来自图卢兹的古老而高贵的法国家族。总而言之，巴登－巴登的新赌王雅克·贝纳杰，相比于安托万·沙伯特，更像巴尔扎克《人间喜剧》（La Comédie Humaine）的真正的孩子。

接下来的十年里，贝纳杰不仅使巴登－巴登的赌场实现了现代化，还着手翻新、升级了整座城镇。这么做肯定是必要的，尽管在19世纪初巴登－巴登已经历了许多改进提升，但当贝纳杰来到这里的时候，对于一个来自巴黎的人来说，此地还相当土气。全镇只有564栋房子，14 500人，其中九分之一还是家庭帮佣。当地有21处肉店和香肠生产商，证明了这座小镇对猪的持久热爱。贝纳杰首先转向他的主营业务——赌博，他意识到沙伯特在19世纪20年代为交际厅打造的法兰西第一帝国美学已然过时，贝纳杰自巴黎请来著名的剧院画家——皮埃尔－吕克－夏尔·西塞里（Pierre-Luc-Charles Ciceri），将赌场空间重新装饰成剧院布景般的新巴洛克风格。之后，凭借其赌博帝国的利润，贝纳杰出资建造了第二座"饮泉宫"、一座宏伟的地区行政大楼和一条支线铁路。有赖贝纳杰的慷慨解囊，城市建成了更好的马路和最新式的下水道系统，这些都是普通却至

---

[1] 利奥波德一世（1790—1852），1830—1852年在位，巴登大公，卡尔·弗里德里希与第二任妻子路易丝·卡罗琳的长子，在位期间曾一度倾向进步势力，但在1848年革命中借助普鲁士的力量残酷镇压革命者。

关紧要的改善提升措施。而在重要性不相上下的吸引游客这方面，法国人着力将小镇过去的小型乐队打造成一支真正的管弦乐团，能够演奏理查德·瓦格纳和艾克托尔·柏辽兹的高水准作品（最终，后一位音乐大师将亲自执棒该乐团）。

柏辽兹——自然和贝纳杰一样——是个法国人，也喜欢法国玩意儿——语言、食物、装饰品、服装、化妆品，等等，这些在巴登－巴登一直很流行的事物如今已是无处不在，以至于在那里的游客会想象自己正身处法国小镇（ville）——尽管是异常高档的那种小镇。每当疗养季开始的时候，都会有一小群女帽商、时装设计师、修脚师、美发师、调香师和束胸制造商从巴黎赶来开店。自1842年开始，一位名叫让－弗朗索瓦·乌兹（Jean-François Utz）的巴黎画家连续数个夏天来到镇上，用新式的银版照相法为名流显贵照相。

为确保他的同胞和其他欧洲人都知道莱茵地区这个小巧别致的所在，贝纳杰还发动了一场公众宣传运动，邀请著名外国记者前来采访。文人墨客们被主办方带至巴登－巴登，接受盛大款待——然后，就像获得丰厚补助的旅行作家经常做的那样，他们撰写文章，交口称赞一处据说是偶然发现的地方，记者尤金·吉诺（Eugéne Guinot）的一句话后来成了巴登－巴登的招牌口号："欧洲只有两个首都——冬天在巴黎，夏天在巴登－巴登。"将巴登－巴登的首都地位限定在夏季，贝纳杰已心满意足，他自己会在巴黎度过冬天。

在贝纳杰时代曾造访过巴登－巴登的居民中有一个著名，或可以说臭名昭著的人物——萝拉·蒙特斯（Lola Montez）。她可谓是所有"妓女"（grandes horizontales）中最放浪的那个，她因为与巴伐利亚国王路德维希一世[1]的那段动荡不定的关系而闻名于世，那段关系因过于惊世骇俗，直接导致了国王于1848年退位。根据宫廷

---

[1] 路德维希一世（1786—1868），1825—1848年在位，巴伐利亚国王，狂热的古典艺术爱好者，在位期间延揽众多艺术家和建筑家至慕尼黑，兴建路德维希大道与慕尼黑王宫。他还鼓励工业发展，建造了德国历史上第一条铁路。1848年，因与萝拉·蒙特斯的绯闻被迫退位，由长子马克西米利安二世继位，1868年病逝于法国尼斯。

八卦,这个"萝拉"原名伊莱扎·吉尔伯特(Eliza Gilbert),出生于爱尔兰,她在一个晴朗的午后闯入国王书房,解开上衣,向国王证明他所欣赏的衣物之下的傲人双峰"完全是大自然的杰作",从而虏获了国王的心(还有钱包)。然而萝拉对路德维希的征服是在一长串类似的"征服"之后才实现的,可谓一场令人眼花缭乱的攀爬欧洲社会和文化阶梯的旅程——而这里提到的"阶梯"更像是一叠叠双层床。

萝拉的"同寝伴侣"中有大仲马、著名记者亚历山大·迪雅里耶(Alexandre Dujarier)、音乐家弗朗兹·李斯特;还有名垂千古的哈里·富来徐(Harry Flashman)[1](虽然这只是小说家乔治·麦克唐纳·弗莱泽[George MacDonald Fraser]那灵巧的大脑的观点)。萝拉第一次到访巴登-巴登是在她和李斯特交往期间,1845年8月,她与她的音乐家情人前往波恩参加贝多芬音乐节,在波恩,她因为在一次私人晚宴的场合于桌子上大跳裸舞而引起了巨大关注。萝拉感到波恩实在无聊透顶,于是和李斯特一起沿着莱茵河又窜到了巴登-巴登,她听说过很多关于那里的事情。巴登-巴登确实比波恩更有活力,尽管这里的门槛也并不高。在身患黄疸的李斯特接受水疗的时候,萝拉便经常光顾赌桌,与其说她是去赌的,毋宁说是去勾引男人的。

我们并不知道萝拉在这方面是否走运,我们只知道她彻底震惊了巴登-巴登,一如她之前在柏林、华沙和波恩——以及不久之后的慕尼黑——那样。想在巴登-巴登掀起波澜是需要一番功夫的,但萝拉证明了自己接受得了这番考验。一天晚上,在轮盘赌桌边,她漫不经心地把一条腿搭在站在她身旁的男人肩头,以展示她舞者般敏捷的身手。这一举动不仅分散了赌徒们的注意力,也吸引了赌

---

[1]哈里·富来徐,托马斯·休斯半自传小说《汤姆求学记》中的虚构人物,后来在乔治·弗莱泽笔下得到了进一步完善。哈里·富来徐被描述为一名维多利亚时期的英国骑兵军官,集恶棍、骗子、小偷、懦夫于一体,爱慕虚荣、贪生怕死,与许多女人发生过性关系,是十分著名的"反英雄"角色。

场的庄家。不久之后，在交际厅的大堂里，为了给一位仰慕者留下深刻印象，她将自己的裙子撩到胯部。随之而来的女士们的强烈抗议将她赶出了小镇。（此时，李斯特已然厌倦了萝拉的出格行为：趁她在酒店房间打盹的时候，他一走了之。临行前，他留了笔钱给业主，以便支付家具费用。因为他相信，假使她发现他不在了，一定会把家具都砸得粉碎。）被赶出巴登-巴登后，萝拉回到巴黎住了一段时间，之后又突击了慕尼黑和那位无助的路德维希。

同年10月，一位迥然不同的外宾造访了巴登-巴登：威廉·格莱斯顿（William Gladstone）[1]，未来的英国首相。格莱斯顿的执念之一便是拯救"堕落的女人"——有点类似萝拉·蒙特斯那样的女人——并使其皈依基督教（顺带一提，萝拉最终确实摆脱了放荡的生活方式，并且皈依了基督教，但那是在她变得过于年老色衰、丧失了吸引力，以至于已无法从事自己最喜欢的行当之后）。实际上，格莱斯顿冒险前往巴登-巴登正是为了拯救一个堕落的女人，这个女人就是他的妹妹海伦，她并非沉沦于卖春，而是沉溺于吸毒和酗酒。海伦先是在巴特埃姆斯进行治疗，而后转到了巴登-巴登，因为人尽皆知，那边的一些医生开鸦片酊处方很大方，而这正是她挑选的镇痛药。根据威廉写给母亲的一封痛苦的信中提到的情况，海伦每天要吸食150滴鸦片酊，长此以往，此等剂量足以致命。"她的身体中了太多的毒，而因为用了那种可怕的药物，她精神上被毒害得更严重。"威廉报告说。[2]

有一回，当海伦被身材结实的看护员按住，任由几十只水蛭在她颤抖的身体上叮咬时，身为兄长的威廉就站在一边。另一个糟糕的时刻是，海伦把自己反锁在房间里，喝下整整一瓶古龙水。格

---

[1] 威廉·格莱斯顿（1809—1898），英国自由党政治家，四度出任英国首相（1868—1874、1880—1885、1886、1892—1894），其政见与保守党领袖迪斯雷利针锋相对，强调自由贸易和机会均等，赢得了小资产阶级和工人阶级上层人士的支持，被誉为"人民的威廉"。

[2] 格莱斯顿的妹妹滥用鸦片酊的经历似乎并没有阻碍他自己在议会上使用这种药物，为了增强自己的修辞能力，他习惯性地在下院演说前，在咖啡中滴上几滴。——原注

莱斯顿虽然连续几天哀求海伦，但还是没能说服她一起返回伦敦。几个月后，她终于自己回来了，因为父亲扬言要剥夺她的继承权。至于威廉，在巴登－巴登期间，他一心只想着妹妹，即便想去泡澡赌博，也没时间（考虑到他那么正经，他肯定也不会做这些事情），他会把这种事留给其憎恶的对手本杰明·迪斯雷利（Benjamin Disraeli）[1]。迪斯雷利是个激情四溢、脾气暴躁的赌徒，之后他会是斯帕的常客。

贝纳杰的巴登－巴登对于格莱斯顿这类人来说或许太过下流，而对于蒙特斯来说可能还不够下流，但邦国和地方官员都无疑对这位伟大的法国人给他们小镇带来的好处表示感激。不过，随着时间的推移，贝纳杰的雄心壮志——更不用提他过分的自负——开始引人怨言了。他计划在欧斯河谷建造自卡拉卡拉以来最大的温泉浴场，这个计划对当地人来说实在是浮夸过头了，卡尔斯鲁厄方面否决了该计划。而那些贝纳杰认为是被自己收买和豢养的市政官员也令人震惊地否决了他在一些规模较小的温泉周边修建精巧洗浴设施的计划，纵使这些小温泉的所有权为他所有。恼羞成怒的贝纳杰越来越多地待在巴黎，到1848年他去世的时候，他已彻底地与"他的"小镇划清了界限，以至于当地媒体几乎都没有关注到他身故的消息。他被如期安葬在当地一处公墓，但在9年之后，依照其家人的愿望，且在目前的"邻居"（无论是死是活）也都没表示反对的情况下，贝纳杰的遗体被挖出，转葬至巴黎的蒙马特公墓（Cimitère Montmartre）。如今，他安息在海因里希·海涅（Heinrich Heine）、艾克托尔·柏辽兹和雅克·奥芬巴赫（Jacques Offenbach）的墓旁，而他们曾经也都是巴登－巴登的宾客或表演嘉宾。

雅克·贝纳杰的死并没有使巴登－巴登的贝纳杰时代完全终结，因为他的一个儿子爱德华（Édouard）会在1848年继承他父亲未到

---

[1] 本杰明·迪斯雷利（1804—1881），英国保守党政治家、作家，格莱斯顿政坛对家，两度出任英国首相（1868、1874—1880），他在保守党现代化过程中发挥了举足轻重的作用，在首相任期内大力推行对外侵略和殖民扩张政策，推动了英国殖民帝国的建立。

期的赌场租约。我稍后会介绍更多有关爱德华和巴登－巴登博彩业的后续发展。但就目前而言，雅克·贝纳杰的去世为我们提供了一个绝佳的、对19世纪30年代和40年代的这座温泉小镇进行一番盘点的机会。

奥古斯特·格兰维尔的巴登－巴登

至19世纪40年代末，曾因反对博彩业扩张而发生骚乱的巴登－巴登似乎已然适应了豪华赌场的存在与旅游业的扩张，镇上仅存的几家养猪户都丢掉了他们的猪，把注意力转向了游客（游客的优势在于他们通常和猪一样胖，却又远不如猪聪明）。在有利可图的夏季，很多屋主会把自己的住处搬到楼上，腾出楼下的空间租给游客。对于一座新建成的旅游小镇（如今也同样如此）来说稀松平常的是，许多曾经可能会成为工匠、体力劳动者或农民的年轻人转而投身酒店或餐厅的工作，或转而开设里面满是黑森林布谷鸟钟或其他俗套小摆件的纪念品商店。而在这个水疗小镇里，相当一部分常住人口在浴场中干着不同的工种：清洁工、侍者、管理员、理疗师、护士和医生。

我们能够很好地了解19世纪30年代中期巴登－巴登的情形，要拜英国内科医生A. B. 格兰维尔的记录所赐，他留下了对当地极其全面且丰富多彩的描绘。他在那个时代尽职尽责地参观了所有主要的中欧温泉，并由此写出了他的杰作《德国的温泉》（*The Spas of Germany*，1837年）。

实际上，奥古斯特·博奇·格兰维尔（Augustus Bozzi Granville）本人就是个多姿多彩的人物，他于1783年出生于米兰，为躲避拿破仑时代的兵役而学医。在希腊、土耳其、西班牙和葡萄牙行医之后，格兰维尔加入了英国海军。在这一过程里，他很像令人敬畏的约瑟夫·康拉德（Joseph Conrad），把自己的英语修炼得足够好，可以用这门语言进行流畅而丰富的写作。最终，他定居伦敦，交替着写关于预防霍乱和"麝香"（Sumbul）——一种"对神经紊乱、胃痉挛、歇斯底里症、四肢瘫痪和癫痫有强大功效的全新亚洲药物"——的书，他对一具古埃及木乃伊进行了首次（有记录的）医学解剖。在该时期的一幅格兰维尔的肖像画中，一位英俊的年轻人抱着一块人类头骨。

格兰维尔研究中欧温泉，与他写关于霍乱和"麝香"的书出于相同的原因：纠正他的英国同胞们、外行人士和医生"可悲的无知与偏见"。在他看来，一个令人不快的事实在于，当时的英国人并没有充分认识到矿泉水的疗愈功效，特别是当泉水水源位于德国这样的域外之地的时候。这主要是那些无知的英国医生的错，在论及德国矿泉的天赐荣耀时，他们实施了"沉默的阴谋"："毫无疑问，上天赐福于受到疾病折磨的人，给予他们矿泉水的健康之力，尤其是德国的矿泉，而一直以来这个国家的人民对它们懵然不知的时间却比其他任何国家都长。"格兰维尔气愤地说道。英国医生在他们的病人身上延续这种无知，部分是为了掩盖他们自己的无知，部分则要归咎于"（英国）医学界对矿泉水治疗疾病的功效持有的一种奇怪的怀疑"，这种怀疑达到了如此极端的程度，以至于他们对将病人尽速送往德国疗愈病体的每个建议都嗤之以鼻。当只有德国的温泉疗养地——譬如巴登-巴登——能起效时，一个英国医生可能最多也只会向病人建议本地温泉——像坦布里奇韦尔斯（Tunbridge Wells）[1]或巴斯。

至于那些更好的德国温泉聘用的医生的能力，格兰维尔的赞美之词几乎就像德国自己的宣传那般热情洋溢。"我不会替在最近去的几处温泉遇到的每个医生说好话，但我要说的是，他们中的大多数人［……］无论是在英国还是在其他地方，都很难找到一个比他们更有学识或受过更好教育的医生阶层了。"

---

[1] 坦布里奇韦尔斯，位于英格兰肯特郡的城镇，邻近东萨塞克斯郡边界，是乔治王时代一处著名的疗养地和旅游胜地。

巴登－巴登是格兰维尔在中欧实地考察的第一个温泉疗养地，那里有不少学识渊博的医生，其中一位便是克莱默医生（Dr. Kramer），格兰维尔曾恳切地采访过他，还有一位名叫赫顿（Hutton）的英国人，他只在夏季住在那里。至于这些温泉医生的病人，格兰维尔起初还疑惑他们能藏在哪里，因为走在美丽的乡村街道上，他只见到了那些看起来十足健康的人。他的结论是，就像在他之前的人乃至未来几十年里更多的人会做的那样，"大多数去（巴登－巴登）的人除了追求健康，还有其他目的"。当然，正是这些"其他目的"让巴登－巴登成了"欧洲夏都"。

不过，镇上肯定有些生病的人，为了找到他们并了解他们的治疗方案，格兰维尔没有去当地的医院（当时巴登－巴登还没有医院），而是去了各大酒店，这些酒店都设有通往主要泉水的私家通道，他希望能在那里找到"真正的病号，正是他们增添了巴登的声望"。

格兰维尔的确找到了那些神出鬼没的病人，也确实了解到很多有关他们水疗所"用"的温泉水的品质、他们经历的各种治疗流程以及监督这些治疗的医生的信息。他对巴登－巴登的疗法及其复杂基础设施的记录成了有关这个蓬勃发展的中欧疗养地的医疗方面的信息宝库。

到格兰维尔的时代，巴登－巴登的泉源（Quellen）总量恢复到了 12 个——令人高兴的是，与罗马时代的客人曾经能享受到的 12 处泉水持平了，尽管现代人要到 18 世纪晚期才能再次享受这 12 处泉水。而一如既往，这些泉水中最重要也最丰盈的名叫"源头之泉"（Ursprung），它以每 24 小时 765 万立方英寸的速度自城镇上方石英悬崖的裂缝之中流泻而出。除了储量丰富，"源头之泉"还非常热：依据格兰维尔直接在水源处进行的测量，水温高达 153 又 1/3 华氏度[1]。温泉水接着回流至地下，然后又在之前所述的工艺博物馆再度冒出，到那时，它已流失了半度的热量。

---

[1] 约合 67.4 摄氏度。

其中一部分水会立即流入博物馆门廊内的一个自古罗马浴场发掘出的碎片装饰的大喷泉。只要手边有只杯子，任何人都能免费喝到这个喷泉里的水，但人们不免会问：谁会想这么干呢？除了超级烫，这水还臭得要命。其臭味并非像大多数人认为的那样来自硫黄，而是来自一种名叫"澡泥"（Badeschleim）的难闻物质——这是一种生长在所有热矿泉水塘中的"动植物有机残留物"，但在有些温泉里会比在其他温泉里更多一些。在"源头之泉"中，这类黏稠物质实在太多了，假使将水静置几秒钟，每一杯水的底部都会出现一层黑色沉积物，就像红酒的沉淀一般，但远没有其可口。尽管如此，正如格兰维尔所指出的那样，人们排着队、面不改色一杯接着一杯饮用"源头之泉"。

"源头之泉"的另一支则流入了博物馆门廊左侧的一个大水池，镇上的居民会从这个热气腾腾的池子里汲水回家，用于各类家庭用途，"包括每一次的烹饪"。不过，"源头之泉"的大部分水并没有被留在工艺博物馆；它们通过地下管道流向了那些买下了在私人浴室中使用这些珍贵液体的权利的高级酒店。

当水到达酒店时，（谢天谢地）它的温度又降了两度，但依旧天然地含有"澡泥"以及别的那些令其显得与众不同的成分（根据本地支持者的说法，它在治疗"风湿、痛风和血管阻塞"上有着近乎神奇的功效）。这些有益健康的成分包括盐、硫酸盐、盐酸盐、碳酸钙、氧化镁、铁和碳酸气。

在由"源头之泉"供应水源的数家酒店中，格兰维尔最喜欢津林格之心酒店（Coeur de Zöhringer），这家新开业的酒店能提供"病人想要的所有奢侈之物"。津林格之心酒店内的洗浴设施与其他酒店一样，都由一名主治医师和市政警察进行密切监督。早在20多年前，巴登-巴登的疗养总监即出台并严格执行了一套繁复的规章制度，用以规定经营业主、侍者和洗浴者自身的行为。关于洗澡费的规定也是如此，尽管费用会因为酒店的品质不同而有所不同（在津林格之心酒店,一次普通的洗浴收费在 24 克鲁泽,一次冲洗的收费在 36 克鲁泽——格兰维尔认为对于如此高级的地方,收这点钱是"适度的")。

考虑到巴登-巴登泉水温度高,医生建议想要疗养的患者每天只洗一次澡。正如格兰维尔语带羞怯地指出的那样:"洗一次巴登的热水澡便令人兴奋,一天洗两次就产生危险的刺激了。"实际上,滥用当地泉水有时造成的后果不只是刺激那么简单。就在格兰维尔的时代,有名富商显然因为洗浴过度,在一个风和日丽的晚上被发现死在了自己的浴缸里。同一时期,还有一名女子因为连续洗了 3 次热水澡,她的手臂和腿都丧失了功能。除此之外,对于另一些病人而言——肝脏肿大或心脏虚弱者——"假如他们还关心自己的安危,就必须(彻底)避免在巴登洗热水澡。"

不过,当地的温泉医生表示,对于体质健康的病人,或是那些甘愿冒肢体丧失功能或死亡等不良副作用的风险的疗养客来说,巴登-巴登的水是再好不过了。克莱默建议,获得泡温泉好处的最佳时间是在进食之前而非进食之后,这能避免引发那些令人讨厌的副作用。"我很难说有多少人因为忽视了这个简短的劝告而遭受痛苦。"医生说道。最后,关于当地的泉水,克莱默警告人们,高温和强劲的化学物质使其并不适合没有患病的正常人沐浴。"那些没有生病只是想泡个澡的人,最好别把'源头之泉'当儿戏。"

格兰维尔从他与克莱默医生的频繁交谈中了解到了很多有关巴登-巴登水疗的注意事项,克莱默医生不但是当时小镇上最杰出的医生,还是巴登大公的私人顾问(conseilleur privé)。除此之外,克莱默还撰写了大量关于水疗法以及温泉医生适用的最佳实操技术的文章。相应地,他也曾受一大批知名的水疗倡导者的影响,包括赫尔曼·布尔哈夫(Herman Boerhaave,1668—1738)[1]、塞缪尔-

---

[1] 赫尔曼·布尔哈夫,荷兰医生、化学家和植物学家,继承希波克拉底的临床观察理念,改变了医学传统的教学方式,创建了莱顿大学临床教学的现代体系,是现代临床医学教学的奠基人。

奥古斯特·提索（Samuel-Auguste Tissot，1728—1797），以及文森特·普瑞斯尼兹（Vincent Priessnitz，1799—1851）[1]。

布尔哈夫是位著名的荷兰医生，曾指导过彼得大帝、林奈和伏尔泰，通常被视为现代学院型医院（academic hospital）的创始人。通过布尔哈夫，克莱默（以及格兰维尔）认识到，与其将皮肤看成人体肌肉和内脏的保护屏障，不如将其视为使矿泉水中的微量化学物质得以有效透过的筛子。水是一种有效的溶媒，可以打开阻塞的毛孔，富含矿物质的温泉水一旦能够进入人体，便可自由发挥其所有的神奇功效，对布尔哈夫而言，这就包括痛风的治疗——他一生都断断续续饱受痛风折磨。

另一位博学多才的瑞士著名医生提索因大力提倡冷水浴而在浴疗学界声誉鹊起，他认为冷水浴不但可以治疗包括偏头痛在内的大多数疾病，还可以改掉手淫等恶习（他一口咬定手淫会导致失明）。

最后，我们要提到文森特·普瑞斯尼兹，一位来自波西米亚的自学成才的治疗师，19世纪最重要的浴疗学倡导者。普瑞斯尼兹一生的大部分时间都致力于推广被后世称作"自然疗法"的东西——一种将有益的水、健康的食物、优良的空气和认真的锻炼结合在一起的疗法，它比常规医疗更为有效。这场"自然疗法"运动在普瑞斯尼兹去世后日渐引发争议，可即便在其有生之年，这位自学成才者亦不得不为其"自然疗法"辩护，回击那些受过大学训练的医生说他是江湖郎中的指责。关于水疗法，普瑞斯尼兹开创的数项实践成了19世纪诸多温泉场所的主要活动（包括莫尔文［Melvern］，虽说在那里，格利医生对小安妮·达尔文的治疗被证明是毫无效果的；而在后来的约翰·哈维·凯洛格［John Harvey Kellogg］位于密歇根州巴克特里的著名疗养院中，情况也是如此）。普瑞斯尼兹制定的水疗方法除了通常的冷热水浴，还包括用湿布包裹、热敷身体部位，

---

[1] 文森特·普瑞斯尼兹，水疗法的创始人，他认为健康是身体的自然状态，疾病意味着身体企图将致病物质排出体外，水疗可以帮助疾病好转并加快毒素排出。

用热毛巾大力按摩以及蒸汽浴。早睡、早起、充满活力的散步和简单的饮食与生活则会巩固上述措施的效用。大体而言，这种疗法颇为有效，普瑞斯尼兹也因此获得了"大自然的医生"的称号。

通过从普瑞斯尼兹和其他人那里习得的知识，再加上从他自己与巴登－巴登那些担忧自己健康的人的长久相处中获得的见解，克莱默使其病人据他的期望去完成治疗的每一步骤。他们的日常活动不仅包括定期洗浴，还有湿布包裹、按摩、桑拿、长时间的散步以及每天五顿严格监控的饮食。

在克莱默的时代，巴登－巴登的浴场和桑拿房一般不允许裸体，这一点不像很久以前的时代，也不似后来的20世纪。到20世纪，男女裸体混浴不仅普遍，甚至在该镇著名的弗里德里希浴场成了强制性规定。

至于长距离散步，这项活动已然成为所有中欧主要温泉养生法则的一部分，实际上，它也成了日益流行的身体活动崇拜的一个重要方面，这种崇拜视锻炼为身心健康必不可少之物。尽管在今天的我们看来这是不言自明的，但真正意义上的锻炼直到18世纪晚期才流行起来，而彼时大多数为了健身而开始散步的人还不会游泳。温泉推广传播了健康散步的理念，使迈开自己的脚而非仅仅依赖胯下的坐骑成为风尚。在当时类似巴登－巴登这样的大温泉，甚至连女士们都受到鼓励出门散步，为便于锻炼，人们还建议她们"着便装"——穿上能让她们活动腿的衣服。巴登－巴登还与它的竞争对手一道推广了集体散步的活动，这不但使远足变得更加有趣，还能鼓励落后的人跟上大部队，这是一种军队在很久以前就发现了的活动。

即使对那些行动迟缓的人来说，克莱默的巴登－巴登水疗方案中的散步部分也一定比饮食方面的要求更具吸引力。普瑞斯尼兹提倡、克莱默等人遵循的所谓"普通食物"（plain food）绝不是人们在巴蒂希尔酒店的科塔餐厅中能找到的那种丰盛至极、美味可口的佳肴。依据格兰维尔为巴登－巴登及其他中欧温泉的疗养客列出的一份有关饮料和食物的"宜忌清单"来看，在饮料方面，病人可以合规地享用大麦汤（但啤酒不行）、肉汤（但潘趣酒不行）、可可（但茶不行）；在食物方面，可食用芦笋、绿色蔬菜、鱼类、燕麦片，不可食用凤尾鱼、鹅、（动物）脂肪、洋葱。（以我们的眼光看来）颇为奇怪的是，红肉，只要不是腌渍、烟熏过的或太过油腻的，都是"强烈建议食用"的。毫无疑问，很多疗养客坚持遵从克莱默和他的同人开出的沉闷食谱，但更多人一定会抓住机会尽可能偷溜到科塔餐厅去。

不可否认的是，19 世纪中叶的巴登－巴登美食家的吃食并非初代的艾丽丝·沃特斯（Alice Waters）[1]烹饪的菜肴。换句话说，菜品在很大程度上是"本地和时令性"食物，就此而言，并没有太多选择。而随着时间推移，温泉疗养地的食物会变得越来越好，直至最终在从旧式到新式烹饪（nouvelle cuisine）的划时代变革中发挥了一小部分作用。

尽管没有得到那些令人敬畏的导师的认同，但克莱默极其喜欢一种疗法——泥浴。泥浴已有上千年的历史了，但直到 19 世纪早期，它才成为温泉医生医药箱中一件值得信赖的工具，据半信半疑的格兰维尔医生的说法，在当时所有的德国温泉都掀起了一股泥浴疗法的"狂热"。我们并不清楚为什么克莱默如此重视泥浴，但这也许是因为一旦病人被塞入犹如棺材的泥浴盆，医生就可以把他或她完全交给一个级别较低的侍者打理了。[2]

格兰维尔医生顺道拜访克莱默医生的时候，克莱默已经在巴登－巴登行医 20 多年了。有趣的是，这 20 多年的时光也教育了这位温泉医生，虽说他"亲爱的泉水"（chère source）着实很棒，但它也

---

[1] 艾丽丝·沃特斯，美国著名厨师、作家，国际慢食协会副主席，曾发起"从农场到餐桌"运动，引领了美国的健康烹饪潮。

[2] 几年前，我在纳帕山谷洗泥浴时，一位护理员对我真是"关怀备至"，他最喜欢把一团滚烫的散发着恶臭的黏稠物往我私处抹，导致那里至今仍有伤疤。——原注

中欧大温泉

并非其最初想的那种灵丹妙药。他向格兰维尔承认，有时他对自己的治疗结果感到"失望"，觉得有些病人其实干脆待在家里反而会更好些。

毫无疑问，克莱默只有面对格兰维尔这样的密友才会如此吐露对自己工作效用的怀疑；而显然，他的顶头上司或巴登－巴登的推销员是不会接受他的这种说法的，因为他们的宣传从未就温泉的"疗愈之水"有过任何警示性的说明——更不用说提到它有可能导致四肢瘫痪或死亡等副作用了。无论如何，巴登－巴登的吸引力并不全然在于它的美妙泉水，一个疗养客确实可以待在家中治疗这样或那样的疾病，但只有亲身造访这处黑森林的世外桃源，他或她才能真正体验到"欧洲夏都"的乐趣。

巴登－巴登在19世纪30年代和40年代发生了多方面的、相当艰巨的转变。正如格兰维尔挑剔地指出的那样（他附和了更早时代对欧洲温泉生活的批评），在这座小城市里，夜晚"犹如白昼，病人们一到晚上往往就毁损了他们在白天通过饮用和浸泡矿泉获得的好处"。用当时一位不那么挑剔的公关人员的话说，巴登－巴登的沐浴季"可以用一句简短的法语来形容：'总之这是个节日'（C'est toujours jour de fête）"。

人们可以在公共漫步道上最显眼的地方看到每天的"节日"，这条有柱廊的木板路，按照格兰维尔轻蔑的评价，其阴凉的地方"为成千上万游手好闲之人聚集在一起提供了100个借口，每天24小时当中，他们只会花一小时在那个伟大的目标——健康——上；而在剩下的时间里，足有2/3的时间都用在了享乐和无所事事的消磨上"。即便不是大多数，也有相当多的客人的确是为了娱乐而非健康来巴登－巴登的，而在此过程中，每一季他们通常都会花掉200万弗罗林的钱（在这里，人们可以用弗罗林、克鲁泽、法郎或基尔德付款），小镇的官员意识到了这一点，于是想尽一切办法要保持这一弗罗林现金流的涌动。

当然，显而易见，先前讨论的博彩特许权便是一种把傻子和他们的弗罗林"分开"的好手段。格兰维尔在他有关巴登－巴登的报告中，没有过多谈论这一问题，他只是"深感悲痛地"观察到那里的赌博圈子里有"英国人的女儿，她们挤在赌桌周围，用手里零碎的小钱（petite pièces）下注"，她们竟能让自己就这样"被一群粗鲁的赌棍推来挤去，其人格也就像她们可输的钱一样扫地殆尽了"。

自然并不是所有巴登－巴登的游客都会愚蠢或贪婪到去赌博，对于这些人来说，必须有大量别的娱乐项目。温泉小镇的阅览室便提供了一种相对无害的娱乐形式，特别是对于那些在正午蜂拥而来的女士而言，与其说她们是来读书的，不如说是来八卦"最新的丑闻、决斗，还有前一天的奇妙冒险"的。

购物为女士们提供了另一种相对轻松的娱乐方式——确实轻松无负担，除了她们的皮夹子。在格兰维尔的时代，巴登－巴登有许多"时尚商铺"（merchandes de mode）和"精品店"（boutiquiers），供应那些因法国大革命而被困在镇上的贵族流亡者而生产出的奢侈品。然而，正如格兰维尔下意识注意到的那样，这些商店似乎"只面向英国人"，商店的店名可能是法语，甚至店主也都是法国人，但店里的商品描述通常都是用英文写的，以免使那些占据顾客大半的英国女士感到困扰。

在他对巴登－巴登商店的观察中，格兰维尔无意中触及了一个更大的问题：英国观光客大批涌入欧陆，英语旋即逐渐取代法语成为最流行的沟通语言。在19世纪30年代，这种英语取代法语的现象尚未全面发生——多年以来，法语一直是众多温泉客人，特别是贵族客人的首选语言。然而对这一"伟大的语言"（grande langue）而言，至19世纪中叶，在巴登较好的商店中，墙壁上已满是英文写就的解释说明文字。

在巴登－巴登，每一名游客，无论男女，无论是认真的疗养客或只是个想寻欢作乐的游客，一天中最重要的时光便是在公共漫步道上散步的时光。根据格兰维尔的说法，社会阶层较低的客人倾向在下午早些时候散步，而那些"独家看点"要一直等到傍晚5点才会出现在木板路上，之后他们便前往沙伯特交际厅出类拔萃的餐厅享用晚餐（diner prié）或套餐（table-d'hôte）。

这间餐厅特意安装了落地镜，一如凡尔赛宫镜厅的镜子一般——非常适合端详邻座之人照在镜中的面容，或者说，更适合用餐者端详端详自己。在参加沙伯特餐厅的一场高级晚宴时，格兰维尔对200多名大嚼菲力牛排的女士感到既入迷又反感，拜伦勋爵不是提醒过我们，千万别看漂亮女人吃东西吗？但这里有太多佳人，"她们看上去就像是展示外在，沉浸于庸俗不堪的表演"。这些女士（和男士）们的谈话往往也是庸俗不堪的，她们的评论"如果是以事实为根据的"，那只能表明"这处温泉地的许多临时住客的道德品质一定很低，淫乱似乎在一定程度上都是能得到容忍的，其程度可谓仅次于欧洲大城市"。

如同欧洲的那些大城市一样，小小的巴登-巴登在夏季也见证了各式各样的舞会和盛大派对。华丽舞会（sumptuous balls）是所有大温泉沐浴季的高潮，因为这属于经常光临浴场的那些贵族的"生活方式"（la mode de vie）。正如一位法国历史学家在最近一项有关欧洲贵族温泉洗浴的研究所示："盛大舞会无疑是最受享受温泉的贵族们欢迎的聚会形式。"在巴登-巴登，最盛大的舞会于交际厅举办，而规模较小、更私密的舞会则在私人别墅或大酒店租用的大厅中进行。

我们那固执的调研员格兰维尔参与过一场在交际厅举办的盛装舞会（bal paré），它将"巴登所有上流社会的人物都聚集在了同一片镀金屋檐之下，共处几个钟头"。舞会的音乐由两个团体提供：来自拉施塔特驻军的军乐队和巴登的常驻管弦乐团。出席者绝非都是贵族，但每个人都必须打扮得像个贵族，因为门口一个穿制服的男仆有权拒绝任何"穿着人们眼中的不体面服装"的人进场。唉，但是格兰维尔以其特有的轻蔑对此表示嗤之以鼻，这种对"外表"的过分关注意味着"除了欧洲每个国家都有的顶级贵族（sommités aristocratiques）"，人们还会碰上"来自同样国家的流氓和无赖，其数量还不少"。至于参加舞会的女士，斯蒂芬妮公爵夫人（Dowager Duchess Stéphanie）和她的女儿玛丽公主（Princess Marie）的驾临表明，并非"最纯洁的女性方能参与其中"。此外，"盛装"这个词似乎也用错了，因为大多数女士穿的都是小礼服。在巴别塔般令人晕头转向的多种语言中，"人们能够察觉出人群中英国人居于绝对多数"，然而这些英国人就像其他国家的国民一样，当他们无法用自己的语言清楚地表述意思时，便会诉诸蹩脚的法语。几个小时之后，很多女士都不雅地出了一身汗，而男士们呢，即便是他们中最坚韧的"轻骑兵"，看上去也像被彻底打翻在地一般。然而，他们的舞会却还要持续到深夜凌晨，以至于一些狂欢者"已然精疲力竭"。

除了赌博和舞会，巴登-巴登还提供戏剧表演作为消遣，此后，这处温泉小镇成了一个重要的戏剧中心（对于管弦乐和歌剧而言，也同样如此），但在格兰维尔到访当地的时候，那里的本地剧院还相当落后，从这位持怀疑态度的英国访客的眼光看来，大多数表演看上去都很"滑稽"，而大多数表演者的能力也很"平庸"。不过，偶尔也会有明星出现，譬如德国演员威廉·孔斯特（Wilhelm Kunst），他为"巴登的庸众们"表演了一场"五幕莎士比亚经典悲剧：《丹麦的哈姆雷特王子》"，这出戏是用德文写的，是当地一个名叫施罗德的无名小卒写出的呆板之作，并非出于施勒格尔（Schlegel）的优秀译笔。不过，翻译或许并不重要：虽然巴登-巴登位于德语区，但大多数游客只会讲少数几个德语短句，而"生存还是毁灭，这是一个问题"（Sein oder nicht sein—das ist die Frage）大概是不在其中的。

"犹太人问题"

格兰维尔在描绘19世纪30年代的巴登-巴登时完全忽略了一

个问题,那便是德国人后来所称的"犹太人问题"。由于犹太人将会在所有主要的中欧温泉疗养地——尤其是在19世纪下半叶的时候——扮演重要角色,因而在这里研究一下他们在德国大温泉崛起之初的地位是颇为合适的。

实际上,在19世纪早期的巴登-巴登乃至整个德意志地区,某种"犹太人问题"已然十分显著,因为法国大革命也大声疾呼解放德国犹太人。然而与法国不同的是,在德意志各邦,新秩序并未带来任何彻底的解放,即便巴登大公国推行了进步的举措,但这些措施本身也谈不上完全的平等。在巴登国内,给予犹太人完全的定居权和公民权(Niederlassung und Bürgerrecht)的权力掌握在市政当局手中,可当局中没有任何一个愿意给予犹太人与非犹太人同等的权利。

1808年,巴登的新宪法拒绝给予犹太人完全的公民权的理由是,这些人还没有达到"基督徒表现出的教育程度和就业准备水平"。(这是个完美的"第二十二条军规"[1]的逻辑,由于始终拒绝承认犹太人在受教育和就业上拥有平等机会,他们在获得完全公民权一事上"做好准备"就会无限期推迟。)尽管如此,许多德国犹太人却为新秩序感到欣欣鼓舞,一些人甚至把拿破仑看成现世的弥赛亚——这足以证明他们在中世纪和近代早期的处境有多么糟糕。

到了1812年,拿破仑在莫斯科撤退的那一年,巴登-巴登的犹太人口已经足够多,以至于诗人赫贝尔将"犹太人"列入了城镇周边的主要群体。犹太人无疑会出现在所谓的"穷人浴场"(Armenbad),这是一处古老的由藩侯赠予的机构,专门为"穷人、受伤的退伍老兵和犹太人"服务。在更早一些的时候,18世纪晚期,小镇的温泉之一——鹰泉(Quelle zum Greifvogel),在当地用语中已被重新命

---

[1] "第二十二条军规"出自美国作家约瑟夫·海勒创作的同名长篇小说,小说讲述了第二次世界大战时期驻扎在地中海一座岛屿的美国空军飞行大队遇到的一系列事件。根据小说中的"第二十二条军规",只有疯子才能获准免于飞行,但申请必须由本人提出。可是你一旦提出申请,恰好证明你是一个正常人,因此还是在劫难逃。

名为"犹太泉"（Judenquelle）。一名市政官员解释说，之所以这么称呼它，"是因为温泉中含有（流）向供犹太人使用的澡堂的水"。这里提到的犹太澡堂毫无疑问坐落在赫希酒店（Gasthaus Hirsch），这座建筑至今依然存在，虽然已多次扩建（也不再主要为犹太人服务了）。

赫希酒店表明了不仅有犹太居民的存在，还有犹太游客的存在。那些有钱住在赫希酒店的到访的犹太人很可能会去城里唯一非法国人开设的赌场赌博：奥本海默赌场（Spielbank Oppenheimer），它以一位来自柏林的犹太银行家的名字命名。至1816年，到访巴登－巴登的犹太人数量迅速增长，以至于巴登的洗浴管理局批准开设第二家犹太旅馆，这家旅馆被命名为"罗斯"（Zum Roβ），它一直经营到1837年（或许在这之后更久）。类似赫希酒店和罗斯旅馆这样的住宿地很受欢迎，因为它们是唯一会向虔诚的犹太教徒提供洁食的地方。另一方面，更加世俗化的犹太人，尤其是犹太富人往往无视他们宗教的饮食限制，只要能够进入，他们就会入住顶级的"基督教徒"酒店。总体来说，他们似乎能够进去，因为在当时的"欧洲夏都"，资本通常比种族更有发言权，至少在以旅游为导向的商业领域确实如此。唉，在未来的道路上，即便是这种自私自利的"宽容"也并不总能随叫随到了。

对上述奥本海默先生的博彩特许状我们几乎一无所知（甚至连这位特许经营者的名字也不甚清楚），但我们有更多关于另一位犹太企业家的信息，他在19世纪上半叶的巴登－巴登的生活中发挥了重要作用，他叫大卫·拉斐尔·马克思（David Raphael Marx）。马克思先生（与卡尔·马克思没什么关系）是一名卡尔斯鲁厄的书商和印刷商。1816年，他在交际厅开办了一个阅读协会，其中包括一家书店和一间借阅图书馆。为了证明读书在那个时代的重要性，巴登内政部每年从赌博的收入中拨出1 000基尔德补贴给马克思。作为回报，马克思不仅建起了一个具备相当藏书量的图书馆，还收藏了大量报纸杂志。自然,马克思是用法语来为他的机构做宣传的。

读书协会成了巴登-巴登来自五湖四海的客人,尤其是女性客人的一个中心聚会点。据当地报纸的报道,在 19 世纪中叶,人们可以在那里见到"俄国人、中国人、法国人、英国人、秘鲁人、奥地利人、丹麦人、西班牙人、美国人、犹太人、阿拉伯人和波斯人"。后来,连维多利亚女王也出现在了马克思的机构里,她在 1872 年 4 月 1 日的日记中写道:"我步行至 D. 马克思的商店,那里有各式各样的漂亮东西,我买上了几件。"至于马克思先生本人,他于 1848 年 3 月 21 日改信了路德宗,也由此获得了完全的公民权。

到那儿去

在 19 世纪上半叶,大多数前往巴登-巴登的外国游客——取决于他们来自何方————都发现,到那儿去的旅程需要付出一些真正的努力。这个地方略显偏僻,靠近可通航的莱茵河,却又不完全在航线沿线。直至 19 世纪 40 年代中期,进入小镇唯一的途径仍是公路。在那个时代,有四条主要路线:一条自法国,途经斯特拉斯堡;一条自莱茵河下游途经利奥波德港(Leopoldshaffen);另一条自德国北部,途经卡尔斯鲁厄;还有一条则从西边穿过斯图加特。我们的英国客人格兰维尔从鹿特丹乘坐大汽船,经莱茵河上游抵达比伯拉赫(Biberach),在那里换乘了一艘开往利奥波德港的小轮船,再登上前往卡尔斯鲁厄的长途班车,最终再乘坐公共马车才抵达了巴登-巴登。他没有说这趟旅程花了多长时间,但光是在欧陆的部分就必定要花上数天之久。

格兰维尔明确表示,他只是 19 世纪 30 年代到访过这处温泉小镇的众多英国人之一。实际上,他成了更宏大的事件的一部分:冲击欧陆的第一波大众旅游热潮。在后拿破仑时代,大多数英国人似乎都为了娱乐消遣而旅行。正如安东尼·特罗洛普(Anthony Trollope)敏锐地指出的那样,英国是当时唯一足够富裕的国家,拥有庞大的能到国外探险的中产阶层——专业人士,甚至商人。

在19世纪20年代和30年代,很多前往欧陆的英国旅行者都会选择莱茵河上游作为目的地。就像威廉·萨克雷(William Thackeray)在令人愉快的小说《莱茵河的齐克贝里家》(The Kickleburys on the Rhine)中所写的那样,这一旅行者群体与其他群体一样多元化,他们所属的社会阶层各异,"从在这里休假的大使,到来这里玩上两周的学徒"。如同巴登-巴登自身一般,在浪漫主义时代,莱茵河上游河谷的吸引力很大程度上与笼罩在这一地区的神秘光环与感官热望有关:所有那些摇摇欲坠的悬崖顶端的城堡、爬满葡萄藤的山峦、童话般的村庄,当然,还有罗蕾莱(Lorelei)[1]——这是个经常出没于河边的悬崖的金发女孩,据说她的美貌与诱人的歌声导致许多水手触礁而亡。对乘坐汽船的旅行者而言,在罗蕾莱脚下的旋涡中穿行,总免不了让自己壮胆唱歌或痛饮山腹间清泉的机会,这意味着前去巴登-巴登的游客已然在事前就对温泉的魅力有了初次绝妙体验了。

到19世纪40年代中期,往返巴登-巴登的旅程经历了巨大的变化——这是一场更为广泛的变革的一部分,它不仅影响了旅行,更影响了所有观察、思考和体验时间的方式。这一翻天覆地的变化便是铁路时代的到来,用最具洞察力的历史学家之一——沃尔夫冈·希弗尔布施(Wolfgang Schivelbusch)——的话来说,铁路时代创造了"与(所有)过去经验形式的革命性断裂"。自从有了铁路旅行,人们便可以用一种全新的方式来体验空间的关系(至少在陆地上)——而这并非靠动物的能力,而是靠强大的机器的能力。与天然的畜力相比,蒸汽火车头(iron horse)所能达到的成就着实令人惊叹:英国早期火车的平均时速是20—30英里,大概是公共马车速度的3倍。从火车窗口望出去,地上的物体似乎都疾驰而过,一

---

[1] 罗蕾莱,德国民间神话中的女妖,据传其常坐在莱茵河中一块名为"Lorelei"的礁石上,用销魂的歌声引诱水手,致其迷乱,投身入水。

如诗人海因里希·海涅所言，这实际上"杀死了空间"（不幸的是，动物也同样被杀死了，这些可怜的生物往往在那些奇怪的铁轨上停留太久）。海涅注意到，如今从巴黎到奥尔良甚至鲁昂只需要四个半钟头。他又插话说，想象一下，当通往比利时和德国的新铁路线建成之时又会发生什么！

这种变革很快到来了。德国第一条蒸汽铁路于1835年开通，覆盖了从纽伦堡和菲尔特（Fürth）[1]之间的较短距离。到19世纪40年代初，不断发展的德国铁路网与法国铁路网实现连通，1844年，巴登邦营铁路在莱茵河谷的铁路线上临近巴登－巴登的欧斯开设了一个小车站。前往巴登－巴登的乘客可以在此换乘马车，踏上抵达温泉小镇前的最后一段短途旅程。仅仅一年之后，另一条分支铁路又增加了进来，同时，小镇中心新建了一座车站。至此，巴登－巴登已完全可通过铁路与外部世界相连了。到1860年，随着拿破仑三世修建了巴黎至斯特拉斯堡的铁路，巴登－巴登的支持者可以吹嘘说，从巴黎到他们的小镇只需要12个小时。参与铁路旅行的人将比早先乘坐公共马车的人群更为多元，后者尽管也包含一定比例的资产阶级冒险家，但仍以上流社会的人物为主，巴登－巴登从未成为普通人的世外桃源，但铁路却极大扩展了其顾客范围，且令其变得更加民主化。

如果说乘火车旅行前往巴登-巴登比昔日的驿站旅行更加快捷、方便，甚至也更加民主，那么火车旅行也并不全然是毫无压力且舒适的。相反，火车那种消解时间的速度可能会让很多旅行者感到迷失方向，它如同子弹一样穿过高高的桥梁，钻入黑暗的隧道，这样的感觉也难称愉快。这种惊人的速度所引发的一个特别令人不安的联想是，要是出现什么差错，很可能会发生恐怖的残杀。"真的宛如飞翔，"1829年，一位勇敢的先驱者在搭乘乔治·史蒂芬逊（George Stephenson）的蒸汽机车于英国"首秀"途中说道，"而且你都不

---

[1] 菲尔特，位于德国巴伐利亚州北部的城镇，与纽伦堡构成"双子城"。

可能放下那种只要发生一丁点意外就会立马死掉的念头。"即使一个人能避免灾难性的死亡,也大有可能患上"铁道脊柱"(railway spine)——一种类似纤维肌痛症的毛病,通常在下车后会持续很长时间,除了背痛,一些前往巴登-巴登的早期铁路旅客无疑还要忍受压力和焦虑,不过对他们而言幸运的是,"神经紊乱"正是他们所期待的"疗养"能解决的毛病之一。

1848—1849 年革命

在巴登-巴登的铁路革命到来三年之后,一场更为传统的政治革命席卷了这座小镇:1848—1849 年革命,这又是一份来自法国的礼物。这场动荡——实际上是一场波及欧洲大部分地区的剧变浪潮——始于 1848 年 2 月的法国,当时,抠门的路易·菲利普终于耗尽了人民对他的好感,这位被废黜的国王回到了早先的流亡地英国,按理说他就本该一直待在那边。与此同时,就像 1789—1799 年以及 1830 年的法国革命一样,这场革命几乎立即就蔓延到了德国。

由于地处法国边境,巴登大公国成了头几个卷入自巴黎外溢的革命狂热的德意志邦国。激动人心的法国思想在巴登可谓硕果累累,长久以来,那里的各类自由主义、激进民族主义,甚至社会主义分子都因为大公国未能实现第一次法国大革命在该地区点燃的进步诉求而备感沮丧。与其他德意志邦国一样,许多反映这些诉求的组织与沙龙在巴登的土地上遍地开花,包括数量众多的"体育俱乐部"(Turnvereine)与"射击俱乐部"(Schützenvereine)。正如历史学家詹姆斯·希恩(James Sheehan)指出的:"在德国的历史上,除了第一次世界大战爆发后的几个月,没有任何一个时期像这样充满了自发的社会行动与戏剧性的政治可能。"与法国关系密切的巴登-巴登小镇共享了这一充满希望的时刻,加入了坚决要求新闻自由、陪审团审判、人民武装和召开全德国国民议会的行列之中。

在卡尔斯鲁厄,感受到革命怒火的利奥波德大公迅速屈服,这位统治者总是比他的大多数同侪更进步，他机敏地穿上代表革命的红黑金三色服装，或许比起其他作出类似举动的德意志领袖，他并没有那么痛苦。但另一方面，利奥波德并不是个民主主义者，那些担心他在政治光谱上的灵活变化只是某种策略的人很快将被证明是正确的。然而在此时此刻，呈现出来的全是团结、手足情谊和博爱。在大公的主持下，市民们于酒店举行了一场盛大的宴会，欢庆新时代的到来。一群由兴高采烈的民主主义者组成的代表团向利奥波德呈递了一封正式的感谢信，为他对革命的拥护表示谢意。

然而这种团结的精神——如同大公的善意一般——很快就昙花一现。旧制度反对者们的理想之差异始终是巨大的，而一旦这群新人尝到了实际权力的滋味，上述差异便愈发凸显出来。在这段重要的日子里，温和的自由主义者与激进的民主主义者之间出现了最为关键的分歧；前者本质上是群君主立宪分子，而后者则想要推动建立以美国为蓝本的民主共和国（而美国自身在民主方面的缺陷却常常为这些德国的空想家唯恐避之不及）。两位火爆的巴登激进分子——弗里德里希·黑克尔（Friedrich Hecker）[1]与古斯塔夫·冯·斯特鲁威（Gustav von Struve）[2]（他在1847年去掉了名字里那个令人尴尬的"冯"）领导了巴登的民主运动。在从法兰克福的国民议会预备会离席以抗议集会众人的怯懦后，黑克尔与斯特鲁威试图将巴登与德国西南部打造为跨越地区分隔的"真正革命"的温床。他们动员了数千名狂热的反叛军，宣布成立共和国。

利奥波德大公很聪明地意识到自己已不受欢迎，旋即逃往瑞士。他在那里向临近的黑森（Hesse）寻求帮助，而黑森对此可谓求之不得。

---

[1] 弗里德里希·黑克尔（1811—1873），德国政治活动家，巴登共和派领导人。1847年与斯特鲁威共同提出激进共和主义的《奥芬堡纲领》。1848年参加法兰克福议会，倡导统一德意志。同年4月参与发动巴登共和起义，因响应人数不多，起义旋遭镇压。后移民至美国，在南北战争期间加入北方联邦军，成为上校军官，1873年病逝于密苏里州圣路易斯。

[2] 古斯塔夫·斯特鲁威（1805—1870），德国法学家、政治活动家，巴登共和派领导人。1848年4月，与黑克尔共同发动了第一次巴登起义，同年9月，又独立领导了第二次巴登起义，起义失败后被捕入狱。

巴登的反叛军尽管英勇作战，但很快便被黑森军队与忠于利奥波德的巴登军队击溃，到了 1848 年 4 月末，黑克尔与斯特鲁威的共和国之梦彻底破灭了。当年晚些时候，黑克尔被驱逐出境，斯特鲁威则被关入大牢。[1]

在一片混乱之中，矗立于巴登－巴登中心广场上的利奥波德大公铜像却未受牵连，实际上，这座雕像一直稳稳地立在那里，直到第二次世界大战时成了希特勒政府那无法满足的制造武器的金属需求的牺牲品。

展望这一丑陋未来，我应当指出，1848—1849 年的动荡在一个重要方面成了之后即将发生之事的先兆。随着民族主义的高涨，1848 年的德意志地区出现了新一轮反犹主义和反犹太人的暴力浪潮，这种暴力在巴登公国尤为明显。在这些暴力背后——尤以巴登北部的农村地区最为严重——是一种对犹太人根深蒂固的仇恨，认为他们是掠夺农民经济的"中间商"；或植根于一种古老的宗教偏执观念，该观念把犹太人描绘成"杀害我们的救主耶稣基督的凶手"。在相对进步的巴登，另一个动机则出于许多天性保守的普通民众的恐惧，他们担心革命最终可能会实现犹太人的全面解放。在来自下层的大规模反犹民粹主义的压力之下，新组建的自由主义的邦议会不再强制要求类似巴登－巴登和弗莱堡（Freiburg）等地方政府授予犹太人完全的公民权。

与此同时，在法兰克福举行的国民议会则希望能建立一个统一、立宪的德国，可由于改革者们对于想要建设什么样的国家以及国家的规模到底如何等问题存在内部分歧，议会走向四分五裂。1849 年春，一直坚持在圣保罗教堂召开的这一冗杂的议会终于慢慢散场了，

---

[1] 1849 年出狱后，斯特鲁威与黑克尔一样开始流亡，而他的流亡地是美国。在美国，他继续为改革而战。作为一名废奴主义者和林肯的支持者，斯特鲁威是美国内战中为北方联邦而战的众多德国"48 年人"之一。然而他依旧心系德国，1863 年普鲁士向他发出特赦令后，他回到了祖国，在那儿他又找到了一份新的事业——激进的素食主义。1870 年，他在奥地利维也纳去世，享年 64 岁。——原注

保守派与温和派自行离开，受挫的激进派则有待普鲁士国王弗里德里希·威廉四世的"临门一脚"。这位国王早前拒绝了法兰克福议会提出的由其出面领导新的宪政德国的建议，说他无法接受一顶"来自贫民窟的王冠"。

1849 年 5 月，弗里德里希·威廉四世派出一支普鲁士军队开赴巴登，果断而血腥地镇压了愤怒的激进分子发起的新一轮起义，后者绝望地想要重启德国革命。镇压完这一次最后的反抗实际上也就终结了德国这场生气勃勃却又缺陷重重、旨在凭借（大致的）自由主义理想自下而上建立新国家的运动。四分之一个世纪后，当德国真正成为一个统一的国家时，这种统一却将是靠着"铁与血"、自上而下强加于德国的，而由此缔造的国家究其实质也全非自由主义的。

但是，我们可能要问，这一切对于巴登 - 巴登作为国际水疗与赌博胜地的命运意味着什么呢？革命总是令人害怕的，1848—1849 年的革命虽然最终流产，但也实实在在吓跑了潜在的游客。几个月来，浴场和赌场的顾客人数明显下滑，相比于洗浴，赌博遭受的打击来得更大，因为德国的激进分子，就像其他很多地方的政治激进分子一样，在涉及那些伤害普通人的"社会恶习"时，往往极尽批判之能事。巴登新政府中的激进派呼吁取缔赌博，在法兰克福，该呼声似乎早就被听到了，因为即将成立的国民议会庄严宣告要关闭德国境内的所有赌场。虽然法兰克福议会的法令通常都是有名无实的——法兰克福奶奶手里少了根棍子——但一群义务警员还是打着"德意志国家"的旗号游行到法兰克福附近的巴特洪堡，把那里的赌场给关了。

即使在 1848—1849 年革命失败，保守派重新上台之后，赌博还是处在岌岌可危的状态中，因为领导复辟的普鲁士最高当局对于赌博也持保留态度。1849 年 5 月，在杀死或驱赶走最后一批巴登激进分子后，普鲁士军队的一支分遣队沿着栗子路安营扎寨，并强征巴登 - 巴登的民宅宿营，此后，巴登大公国很快便成了普鲁士的一个附庸国家。

此等情况下，爱德华·贝纳杰，这位新进取得交际厅博彩特许状，进而成为巴登-巴登博彩业新掌门的人，出于对自己未来营生的担心而做出了一番戏剧性的举动。1849年5月，他下令在自己控制的赌场实施禁赌，并且整个交际厅将不再对游客开放。贝纳杰并不真打算长期实施这一严厉禁令：此举的目的是做给所有当权者看，假使没了赌博这一"命脉"，小镇将会成为什么样子。当地的要人迅即领悟了这一点，由于害怕在即将到来的夏季遭受损失，他们恳请贝纳杰重新开放交际厅。且至少在一段时间内，他们也不再试图束缚贝纳杰的作风。

不过，在某些方面，贝纳杰的作风确实收敛了不少，因为在1849年之后，早先只在巴登-巴登零星出现的普鲁士王室成员开始将这座小镇视为他们最喜爱的避暑胜地之一，威廉王子——未来的普鲁士国王和德意志皇帝——曾在1849年率领普鲁士军队于巴登"恢复秩序"，他很喜欢巴登-巴登，而且成为多年来频繁重访当地的霍亨索伦家族成员之一。"我来你这边的时候还身为敌人，但下一次，我会以朋友的身份来见你。"据报道，威廉在1849年离开小镇时曾说过这样的话。唉，当他兑现承诺、重访巴登的时候，已是带着妻子奥古斯塔一块儿了，奥古斯塔是个讨厌赌博、拒绝跨入交际厅一步的古板女人。贝纳杰担心奥古斯塔可能会说服她丈夫立马叫停巴登的赌博活动——这一担心并非杞人忧天，因为威廉当上德皇之后，确实决定在全帝国实施禁赌。而在此期间，尽管威廉尚未试图切断巴登-巴登的命脉，但这位普鲁士王储在频繁造访小镇期间也显示出他绝非派对动物。他躲开那些寻欢作乐的国际化场面，更乐意同驻扎在拉施塔特附近的士兵为伍。对贝纳杰的世界构成更大威胁的还有王储随从中的老兵，他们鄙视"欧洲夏都"所代表的一切。譬如，威廉的副官克拉夫特·冯·霍恩洛厄-英格尔芬恩亲王（Prince Kraft von Hohenlohe-Ingelfingen）就想让人们知道，对他而言，走在漫步大道上的那些光鲜亮丽的散步者不过是"巴黎社会的渣滓"。

贝纳杰明白自己必须小心谨慎，否则太阳就将在巴登-巴登漫长的夏日永远坠落。

巴登-巴登的夏日骄阳还尚未永远地落下——根据最新报道，在这个季节，它依旧每天都在升起——但更为黑暗的时代肯定将会到来。所以，让我们读着英国外交官贺拉斯·兰博德爵士（Sir Horace Rumbold）描述的一段引人怀旧的场景，离开这座小镇吧，兰博德详细记述了1856年他在漫步大道上的见闻：

> 各式各样的人，有的挤在木板路上，有的围坐在有乐队演奏的亭子周围，有的在梅勒里奥珠宝店里闲逛，有的在树下桌边谈情闲聊，每一种类型、阶层和国家都有其代表。在那里，我们能看到欧洲社会各方面的完美缩影：德国的王族，法国的艺术与文学，巴黎的时尚与脆弱，从伦敦、维也纳和圣彼得堡来的贵妇们与来自柏林与布雷达区最美丽的妖姬们肩挨肩坐着，冷漠的赌场庄家和狂热而颓丧的赌徒并排而立，来自英国的骗子和法兰克福的犹太股票经纪人相互争锋，身材颀长的巴登龙骑兵与贝内德克步兵中强壮的克罗地亚人以及普鲁士兵团中孩子气的新兵蛋子混在一起，在这色彩缤纷的地方，有零星的引人惊叹的帽子、红色马甲和黑森林农民镶着银扣的长外套，还有更多妇女们戴的奇妙的蝴蝶头巾。空气中充满了欢笑、女子的尖叫，还有十几种不同语言组成的1 000多句话碰撞的声响，不时地，科涅曼完美无瑕的小型乐队奏出美妙的和声，使一切都安静了下来。四周的氛围弥漫着烟草的烟雾，抑或，当一些美丽的女子从流动的人群中滑过时，人们可以闻到更细微、更令人快意的香水味。耀眼的灯光粗暴地照在衣着不同、装饰各异的各色人物身上，也不时漠然地照在红润的脸颊或甜美的少女脸庞或贝壳般的粉嫩耳朵上闪耀着的钻石饰品上，或只为衬托一片色彩鲜艳的、凸显标致的五官。这是一个华而不实、令

人眼花缭乱，但却又令人莫名陶醉的场景——所有地上的极乐，它坐落在如此可爱的环境之中，当柔和的月光从老城堡的废墟中悄然降下，为高大的树木洒上银光，把它们的影子投射在安静的草坪和远方的小径上，一个人只能沉醉于它独特的美，一定只有会将一切事物道德化的粗人或老学究，才不会完全沦陷在它的魔力之中。

第三章

水中的缪斯

要解释地点在艺术作品创作中起到的作用从来不是一件易事，但有时，创作背景或许和源自艺术家的灵感一样有影响力，无论这些艺术家是在世还是已故的。在接下来的篇章中，我将追索中欧温泉在一些我精挑细选的作家和音乐家的生活和工作中发挥的重要性。画家自然也会花时间泡温泉，但在他们的领域，温泉疗养地能够生成的具有恒久价值的作品比较少；而且除了建筑师和园林设计师，视觉艺术家对于温泉本身或其同时代人对温泉的观感也没有产生太大的影响。

对于18世纪末、19世纪的作家和音乐家而言，大温泉疗养地的功能近似于"世纪末"维也纳的华丽咖啡馆，维也纳的咖啡馆——引述最近的一项学术研究——"一方面是奇观、消费和性放纵的场所，另一方面则是孕育新的政治、社会和创造性思想的（孵化器）"。坦率地说，温泉也是如此。每年夏天聚集在温泉疗养地的作家和音乐家并不把他们做的事称为"搞社交"，但用这个词来形容他们的活动再合适不过了。当然，他们同样也干别的事，有些人真泡了澡，有些人则陷入了（往往是灾难性的）恋爱，有些人玩起了轮盘赌（后果同样是灾难性的），有些人似乎只是呆坐在那儿，目不转睛盯着墙壁。但是，许多人一边工作（worked）一边搞社交（networked）的这一事实对19世纪欧洲的文化生活来说意义非凡。

喷泉边的两巨头：歌德与贝多芬

对德国最负盛名的文学家歌德而言，大温泉的首选地在波西米亚，主要是卡尔斯巴德、特普利采（Teplitz）和马里昂巴德。出于习惯，歌德于1785—1823年造访上述地方不下20次，停留的时间通常为15—19周。

不过到1814年，歌德想要打破常规，到威斯巴登走一趟，他从朋友那儿听到了一些有关这个地方的正面消息。1810年，这处位于法兰克福地区的温泉增设了新的疗养大楼（Kurhaus）和赌场，那里还有迷人的风景。据说威斯巴登的顾客也特别有教养。但那边的开销还算便宜吗？这位节省的诗人小心翼翼地问起一位见多识广的熟人："您能给我寄一份有关威斯巴登的简况，并估算一下一个人带上一名仆人在那里住4—6周要花多少钱吗？"这位朋友知晓歌德有雄厚的财力却又有吝啬癖，自信地回复道："完全可行！"于是，歌德在当年夏天便前往威斯巴登"朝圣"了，但他却被所有东西的价格所震惊。"在这里，人们很快就会明白硬币是圆的（意即要滚上好几圈）！"他反馈道。实际上，虽然诗人不可能知道，在他到达威斯巴登的时候，当地物价还算相对便宜，因为它尚未成为世界级的疗养胜地以及巴登-巴登真正的竞争对手。

至于巴登-巴登，这座大温泉几乎就快得到把歌德列入自己的知名访客名单的机会了。1816年，巴蒂希尔酒店的共同所有人约阿希姆·科塔（Joachim Cotta）邀请这位伟人前来访问，因为科塔提出会免费招待诗人，而且这次邀请也得到歌德的赞助人——萨克森-魏玛的卡尔·奥古斯特公爵（Duke Carl August of Saxe-Weimar）——的支持，歌德最终也就同意了。科塔为这次即将到来的访问准备了最好的套房。可是，就在前往巴登-巴登途中，歌德的马车的一只车轮子掉了，结果翻了车。诗人为此倍感恐惧，他认为这是天意示警，说明他本就不该前往巴登-巴登，于是他很快回到了魏玛——也恢复了夏天前往波西米亚温泉疗养的旧习。

起初，歌德在波西米亚疗养时仅造访卡尔斯巴德，这是该地区最古老、最大、最有名的温泉。但他并没有急到那里去，直到1785年夏天，他才首度造访该地，总共停留了45天。彼时歌德36岁，鉴于当时中欧男性的平均寿命只有38岁，他已经不算年轻了。

考虑到歌德的兴趣、性格和健康状况，他前往卡尔斯巴德是非常合理的。这位作家是个极度善于交际之人，对艺术、自然科学和政治都很感兴趣，他又受常见的痛风和严重的胃病所困扰。而且，也许最为重要的是，他拥有非常活跃、几乎永不满足的性欲。因此，歌德前去卡尔斯巴德改善身体健康，与其他名人交际，研究植物和地质学，写点东西，再享受一两次刺激的性爱——不一定照此顺序——也就不足为奇了。在其第一趟旅程中，他至少实现了其中一些目标，这也有助于解释为什么他会把温泉旅行称为他生命中的重要部分。

在跟随歌德首次前往卡尔斯巴德旅行之前，让我们简要看下这座他选择用自己的现身给予其荣耀的波西米亚大温泉。至18世纪晚期，卡尔斯巴德已明白无误地确立了自己在中欧温泉疗养地中的一流地位。这座小镇在1759年曾遭遇了一场可怕的火灾，但很快就恢复了过来，过去易燃的半木结构房屋被坚固的多层石头建筑所取代。火灾之后，先前制约城镇发展的城墙也不再重建，这使城镇得以向腹地延伸扩展。通过向游客征税，卡尔斯巴德获得了修建一座华丽的新剧院以及翻新其他一些地方所需的资金。至于它的客人，卡尔斯巴德在1711—1712年沙皇彼得大帝的历史性访问后，继续"收割着王冠"（所幸王冠还连在脑袋上）。1721年，哈布斯堡皇帝查理六世（Charles Ⅵ）的妻子伊丽莎白·克里斯汀皇后（Empress Elizabeth Christine）带着大批随从来到疗养地，随行的还有她四岁的女儿玛丽亚·特蕾莎（Maria Theresa），她将会成为奥地利最杰出的君主之一。[1]

11年后,玛丽亚·特蕾莎与父亲查理一起重返卡尔斯巴德,父亲沉酒于当地的浴场,尽情享受。查理是如此喜爱卡尔斯巴德,以至于在之后的夏季,他经常选择在有着舒适温泉的行宫别墅中管理他庞大的帝国。卡尔斯巴德无疑是舒适的,但它也是个正经的治疗中心,特别是在1775年大卫·比彻医生(Dr. David Becher)到来后。这位令人敬畏的医生、化学家亲自分析了该地区的矿泉水,并制定了一套严格的治疗方案:每天两小时的热水浴,并在各式矿泉喷泉周围走上几圈,疗养客们通常会在喷泉处喝下20—30杯高盐分液体。(卡尔斯巴德泉水的含盐量非常高,以至于比彻医生能够通过蒸馏提取大量的盐,并拿到市面上单独销售。)

当歌德动身前往卡尔斯巴德时,他可能还不知道伟大的比彻医生,但比彻医生对这位德国作家或许早有耳闻。11年前,歌德凭借小说《少年维特的烦恼》(*The Sorrows of Young Werther*)迅即跻身文坛名流,这部小说是个有关不可能的浪漫与自杀的故事,在德国各地还引发了一波受相思病困扰的年轻男子模仿小说主角自杀的热潮。在《少年维特的烦恼》获得成功一年之后,歌德选择在魏玛公国定居,在其余生中,他将以常驻艺术家与政治家的身份与该公国保持密切联系。卡尔·奥古斯特公爵授予了他贵族头衔,由此他得以进入每年夏天都聚集于卡尔斯巴德的上流圈子。

1785年7月4日,歌德的马车刚驶进卡尔斯巴德的集市广场,在附近一座塔楼上等候多时的号手便吹响了欢迎的号角。这是一种为贵宾预备的问候方式,然而,当被恭维者要为这一特权支付不菲的小费时,这番"被吹送进来"(依照歌德的说法)的荣耀就显得

---

[1] 实现这一点的门槛并不太高。由于数代人都是近亲繁殖,哈布斯堡的家族树,就像许多欧洲王朝一样,充斥着残缺的枝干和畸形的果实。一个著名例子是皇帝斐迪南一世(1835—1848年在位),他出生时即患有脑积水,还经常癫痫发作。虽然他从未被宣布丧失行为能力,但却完全靠一个摄政会议来执掌政务。斐迪南因为讲出一句连贯的句子"我是皇帝,我想吃饺子"而出名,为了找乐子,他会把自己肥硕的屁股塞进废纸篓,然后在地上滚来滚去。——原注

有些打折扣了。接着便是给马车车夫和海关人员更多的小费，外加给搬运工的大笔报酬，这些搬运工把歌德巨大的行李箱搬至他接下来一个半月的家——威塞·哈森酒店（Der Weiße Hasen Hotel）。办理完入住登记并签署"疗养名单"（Kurliste）（一项必要程序，可以让其他重要的客人知道像他们这般人中还有谁也在小镇上）之后，歌德本分地缴纳了最近出台的疗养税，所有游客，无分贵贱，都需支付这笔税。然后，酒店的一个侍应又从歌德那里骗走了一笔钱，他换回了一盒手写的拜访卡，这些卡片是客人们提前寄给他们打算拜访的其他客人的。如此一来，刚抵达小镇还没几分钟，歌德的钱袋子便"大出血"，其速度或许会让任何真正的放血疗法都相形见绌。

这份有歌德签名的疗养名单上还包括许多诗人想要与之社交的魏玛公国的朋友；名单上还有一位与他关系较近的女性友人，名叫夏洛特·冯·施泰因（Charlotte von Stein），诗人希望和她有更密切的交往（冯·施泰因夫人比他大七岁且是八个孩子的母亲这一事实似乎在他眼里并不构成不利条件，她既聪明又漂亮，而且无论如何，歌德并不抗拒"成熟的"女性伴侣）。恰好，丈夫和孩子都不在身边的冯·施泰因夫人就住在隔壁的三枝玫瑰宾馆。

歌德马上就带着施泰因夫人一起投身卡尔斯巴德的社交场合，他带她去波西米亚人大厅（Böhmischer Saal）和萨克森人大厅（Sächsischer Saal）跳舞。就像他的痛风不能阻碍他跳舞一样，他的慢性胃痛也并不能阻挡他定期前往当地餐馆就餐。在餐馆里，他会和约会对象一起享用巨量的波西米亚菜肴，并配上当地啤酒和进口的法国红酒。

作为一个强悍的社交动物，歌德几乎很难把注意力集中在施泰因身上。他发现自己正身处一个令人陶醉的国际化环境之中，在返回魏玛前，他充分利用了这一特殊环境。他热切地与亚当·恰尔托雷斯基亲王（Prince Adam Czartoryski，一位颇具声望的将军和作家）随行人员中的一群波兰达官显贵套近乎，还在富有的德国伯爵莫里茨·布吕尔（Moritz Brühl）的圈子里混了个脸熟——尽管对歌德来说，吸引他的并不是莫里茨，而是伯爵的妻子蒂娜（Tina）。把施泰因晾在一边，歌德又开始迷恋起令人目眩神迷的蒂娜来，蒂娜虽然不及施泰因聪慧，却比她小十岁，而且"身材丰满"（Holz vor der Hütte）。而当施泰因突然中断疗养返回魏玛时，诗人自身的才华也并没有妨碍他感到诧异和受伤。不久之后，布吕尔夫妇也离开了，歌德在余下的时间里只得和伊莎贝拉·卢博米尔斯卡公主（Princess Isabella Lubomirska）待在一块儿，这位公主是恰尔托雷斯基亲王年老的姐姐。歌德忽然又想念起施泰因来，他自怜地给她写信说："你离开后，这儿的一切都变得如此空虚，沉沦在对你的遐想中，我曾好多次踏上三枝玫瑰宾馆前的台阶。除此之外，我只能苦撑下去，每天喝（我分配到的）水，隔天洗澡。"

那么工作呢？歌德往后会找到一定的方法，使他能在温泉之旅中完成一些重要作品，然而他早期在卡尔斯巴德的停留却总是以美好的期望开篇、乏善可陈的成绩收场：给他的朋友写了几首小诗，草草收拾了下他正在创作的小说《威廉·麦斯特》（Wilhelm Meister）。事实上，正如他后来所承认的那样，温泉之旅让他陷入了"难以言喻的懒惰"。

但另一方面，歌德在卡尔斯巴德的生活确实对他产生了有益影响，就像他所坚称的："泉水真的很有益，一直同人们待在一起对我也有好处。（在这里）人们能够清除许多因过度孤独而积累在身的斑斑锈渍。"在致卡尔·奥古斯特的信中，他这样写道："从花岗岩（岩层）到整个宇宙，再到女人，一切的一切都令我在这儿的生活愉快有趣。"返家之后，他感觉"思想更自由了"，预备重新投入认真的阅读和写作。总而言之："我肯定会继续去卡尔斯巴德的，多亏了这些水源，我的状态才达到了一个全新的水平。"

歌德的确在第二年夏天重返卡尔斯巴德，但在这次行程中，他似乎把大部分时间都花在了为其漫长的（且影响深远的）意大利旅居做准备上,一离开温泉小镇,他就踏上了这段旅居行程。直至1795年,卡尔斯巴德才再度成为他的旅途目的地,此时距他第一次愉快的到访已过去10年了。这趟旅行主要是拜一种新疾病——肾结石(这勾起了我们对蒙田的回忆)——所赐。在这趟为期36天的温泉之旅期间,歌德入住了另一间旅馆"绿鹦鹉"(Zum Grünen Papagei)。经过一番艰苦的交涉,他把费用压至每周7基尔德。"我们像犹太人般讨价还价。"他自豪地报告道。

就像他第一次到访温泉时的情况一样,歌德身体上的毛病并没有阻碍他在那里搞社交,尤其是经过中间几年的历练,他在社交生活方面变得愈加老练。就像扩建后的当地剧院如今不但提供莫扎特的歌剧,还上演更多亲民的节目,歌德也同样更有经验了,他如今在魏玛有了未婚妻,名叫克里斯蒂安娜·福尔皮乌斯(Christiane Vulpius),他是在魏玛遇到她的。在歌德的余生中,福尔皮乌斯一直是其稳定的伴侣,还为他生了一个儿子,并最终在1806年成了他的妻子(可惜10年之后她便去世了)。克里斯蒂安娜拥有一颗世俗的包容心和良好的幽默感,她半开玩笑地给情人的阴茎起了个绰号叫"俊俏的大脚板先生"(Herr Schönfuss)——也许是因为它游荡的地方着实太多了。虽说歌德倾向于把在温泉结识的暧昧对象仅仅视为"抛媚眼者",但这些女性本身都有着令人生畏的智慧,歌德对她们的兴趣似乎不仅在于其肉体,还在于其头脑。

不可否认,诗人对女性这个整体是尊重的,但在他对这些女士色眯眯的目光中,这种尊重似乎表现得不够明显。一位名叫弗里德里克·布伦(Friederike Brun)的30多岁已婚妇女进入了他的视野,歌德的眼睛极其执着地在她成熟的五官上扫视,布伦起初对这种关注颇为反感:"他的眼神一开始让我很痛苦,那是一种对人类价值完全丧失信念了的评估观察员的眼神[……]是只想着在自己的美人画廊中增添更多肖像的眼神,是把世界当成一场大型偷窥表演的眼神。"不过,在设法和布伦度过一段美好时光后,歌德证明了自己的意图是高尚的,当他(和她)的疗养结束时,她便这样写道:"我每天都去拜访他,从不错过和他在一起的机会。"

至于他1795年在卡尔斯巴德停留期间的"疗养"部分,歌德又再次成了一位本分的病人。他会请教医生,每天喝分配给他的盐水,并洗温泉浴。尽管上述治疗方案并没能使他摆脱结石,但他相信在温泉疗养地的这种医学治疗与社会文化刺激的结合对他大有裨益。由于对自己得到的疗愈实在太过满意,对于自己又一次没能在卡尔斯巴德停留期间写出任何严肃作品,歌德也没有太过纠结。"我压根就没工作过,"他在写给朋友的信中这么说,"分心的事情占据了我所有的时间。"但他在这段"甜蜜的无所事事"中也发现了一个甚至可以说超出"甜蜜"的闪光点:"虽说被人群的压力分散了心神,我无法专心投入我带来的任何工作,但正是这种社交能力令我对世界及其中的人有了新的认识。"因此,歌德会把卡尔斯巴德推荐给他的朋友和同行弗里德里希·席勒:"一个人或许走上一百英里远也见不着这么多(有趣的)人,而且是在一个距离如此之近的(像卡尔斯巴德这样的)地方。"

卡尔斯巴德固然有魅力,但歌德直至1806年才再度现身,在这趟旅行中,他的治疗日程依旧令他无精打采,他也没能进行多产的工作,不过这同时也提高了他对严谨的游戏和"小小情事"的渴望,在他看来,"只有这样,他才能忍受疗养之行——否则真会无聊至死"。他在写给克里斯蒂安娜的信中吹嘘说他的日程安排简直就是艰苦、健康生活的典范:"一个人在五点钟起床,不管天气如何,都到饮水喷泉去喝水,爬山,更衣,接待客人,再到社交界探个险。一个人不必惧怕雨、惧怕冷、惧怕风,抑或惧怕穿堂风,全身的感觉都很好。"那年的"社交界"尤称高朋满座,登记在册的疗养客人有542位。

此时,拿破仑的军队就在不远处扫荡着德国中部的城镇,歌德自己的魏玛也在其中,然而这一事实也并没有影响到卡尔斯巴德的狂欢气氛。歌德写信给他的旧情人夏洛特·冯·施泰因，提到新一茬波兰、俄国、普鲁士和奥地利的贵族美人，她们在各种盛大的舞会和晚宴上"炫目无比"，这些女士中最可爱的一位，歌德在日记里给她起了个代号，叫"潘朵拉"。直至他疗养的最后一天（7月31日），她才与诗人见面，他能做的最多不过和潘朵拉一起散一个小时左右的步，而潘朵拉能做的最多不过对着他唠叨个没完。然而"潘朵拉"这个代号取得实在有先见之明，因为这位女士正是19岁的艾米丽·冯·莱维措（Amalie von Levetzow），而她的"潘朵拉魔盒"中还有她带到温泉疗养地的时年一岁的女儿——乌尔里克（Ulrike）。1806年，歌德向艾米丽抛去"媚眼"；15年后吸引他眼球的将是乌尔里克——而且事情还远不止如此。

在1806年时，歌德或许确实能在卡尔斯巴德风雨无阻地山上山下到处跑，但他的身体其实很虚弱，包括他的痛风正变得愈发严重，从那一年开始，他的温泉之行就不再有任何长期的间隔了。由于感觉需要接受各式各样的治疗，歌德自此扩大了他的疗养目的地范围，将波西米亚的其他温泉疗养地囊括了进来，即特普利采、费兰兹贝德（Franzenbsbad），以及最重要的马里昂巴德。但无论他选择哪一处温泉，他都会继续尽己所能，把保健事务与社交乐趣结合起来。

因而，1810年，当歌德的另一位女性友人贝蒂娜·冯·阿尼姆（Bettina von Arnim）建议他或许能在某次疗养期间见一见大人物路德维希·凡·贝多芬时，诗人原则上表示了同意。"向贝多芬转达我衷心的问候，并请转告他，为了能与他相识，我愿意付出怎样的牺牲。"他回信说道。至于可能的会面地点，歌德建议在卡尔斯巴德："我每年都会去那儿。"当贝蒂娜告诉贝多芬，歌德想要见他时，贝多芬也表示出了兴趣，因为他非常欣赏这位长辈（歌德比他年长21岁）。然而，音乐家对于这场可能的会面的具体细节却讲得相当含糊，可谓颇合宜于善变天才的行事风格。恰如贝多芬的一位传记作者指出的那样："德国文化中的两位最为自负之人显然在相互试探，谁也不想显得过于热心。"

但假使真得来一场歌德与贝多芬的会面,那么安排在一处大温泉进行也是合情合理的。同歌德一样,随着年纪的增长,贝多芬也经常接受水疗,他这么做并不是为了与女士调情或赌博——他讨厌跳舞,而且似乎连扑克牌都分不清楚。他去温泉疗养是希望缓解身上的多种疾病,包括偏头痛、结肠炎、黏膜炎、肝炎、腹泻(他长期患这种毛病,以至于它后来被称为"贝多芬病")、胀气、胃痛、痔疮——以及对于一位音乐家来说最可怕的——耳聋。贝多芬通常在他维也纳家附近的小温泉接受疗养,但在1811年,他去了特普利采,他听人说那里的泉水有助于恢复听力,至少能避免其进一步恶化。特普利采离卡尔斯巴德同样也很近,艺术收藏家与贝多芬的赞助人安东妮·布伦塔诺(Antonie Brentano)(有人认为她是他的梦中情人,他"永恒的爱人")在那里疗养。

唉,可惜,不像歌德,贝多芬在波西米亚没能找到爱,也未能找到解决其听力障碍或别的疾病的治疗方案。不过,与诗人不同的是,他确实趁机在温泉处完成了许多工作。1811年夏,就在定期泡温泉浴、前往饮水喷泉的间隙,他设法为两部戏剧创作了配乐(奥古斯特·冯·科策布[August von Kotzebue]的《国王斯蒂芬》[*King Stephen*]和《雅典废墟》[*The Ruins of Athens*]),并开始起草他的第七和第八交响曲。

与此同时,音乐家与诗人始终如经验老到的文化巨匠那样,彼此小心翼翼地兜来转去。在很长一段时间里,这种兜圈子都是以纯书信形式进行的:歌德写信给贝多芬,提议后者在魏玛时找个时间来见他;贝多芬则请歌德点评一下他的戏剧《埃格蒙特》(*Egmont*)的音乐,歌德答应会马上寄给他。

我们要感谢波西米亚的温泉让这两位巨头终于碰面了,时间是1812年的夏末,地点是特普利采,两人碰巧都在那里进行每年一次的疗养。如同道奇城（Dodge City）[1]，这处波西米亚温泉并不够大，容不下这两个性格迥异之人——或者更准确地说，它还没有大到双方彼此能避而远之的地步。当然，他们大体上是为见面做好了准备的，他们至少在4个不同的场合见过面。

其中最著名的一次见面发生在两位大师于特普利采城堡附近的花园小径散步的时候。我们或许会以为，两位文化巨头间的这次冗长会面会迸发出闪耀的智识火花，但显然全非如此。41岁的贝多芬与63岁的歌德就像一对迈阿密海滩上的退休老人，他们的谈话内容全集中在各自的疾病和治疗上。在某一刻，贝多芬也发泄了一通对歌德无所不在的名望的嫉妒，当诗人羞怯地表示出对路人关注的不满时，贝多芬讽刺道："阁下不必为此太过困扰，也许这些招呼寒暄里有些是为我预备的。"

虽说两位天才没有就生活与艺术进行深入交流，但在特普利采的那条花园小径上确实发生了件值得一书的事情。故事是这样的（根据贝多芬在写给贝蒂娜·冯·阿尼姆的信中讲述的内容），两位步行者迎面碰上了奥地利的玛丽亚·卢多维卡皇后及其随从，当歌德礼貌地摘下帽子，向皇后殿下鞠躬致敬之时，贝多芬不仅高昂着头，还把自己的帽子拉至耳际。这桩事件通常被解读为歌德对旧制度的谄媚讨好以及贝多芬对来自法国的新民主理想的忠诚拥护。即便这一插曲是依照贝多芬所描述的情形发生的（我们无法公正确证），这两位人物的政治意识形态显然比那天的简单二分法所显示出的要复杂得多，也易变得多。

同时，必须指出的一点是，歌德和贝多芬在结束这次特普利采的漫步长谈后，对彼此留下的印象与围绕这两位人物的颇为流行的刻板印象可谓相当一致。尽管歌德在与贝多芬第一次会面后曾经在日记中写到，他"从未见过有比贝多芬更专注、更有活力、更富有

---

[1] 道奇城，位于美国堪萨斯州，是历史上著名的"牛仔之城""狂野西部小镇"，在美国东西横贯铁路修通之前，道奇城是铁路西端的终点，是美国西部一处重要门户和交通枢纽。

激情的(真诚的)艺术家",可在花园小径事件之后的一封信里,他的赞扬开始有所保留,他描绘了一个聪慧但愤激,不适应人类社会、未被驯化的生物。"他的才华是令我惊叹的。然而不幸的是,他是个完全无法被驯服的人,如果他觉得这个世界令人厌恶,那也并不错,但(他的粗鲁行为)并不能使他自己或他人更愉快。"另一方面,贝多芬则认为,歌德与度假中的贵族孜孜不倦地亲密交谈(他们都兴奋地谈论着拿破仑正在进行的入侵俄国的战事),这是与一位真正的大师极不相称的行径。"为何要嘲笑大师的愚蠢,"他发问,"当诗人本应成为国民同胞的导师,却为了浮华而抛掷一切?"

无论他们在性格和政治上有什么不同,这两位文艺巨匠在身体的虚弱以及不顾一切想通过疗愈泉水来纾解病痛的方面,还是一般无二的。1811—1812 年,在他那趟不太成功的首度波西米亚之行后,贝多芬恢复了他早先前往田园牧歌式的奥地利乡村避暑的习惯,这些地处奥地利首都周围的村子既有红酒也能进行水疗。在它们之中,贝多芬最喜欢的地方叫巴登(如今被称为维也纳巴登),它坐落于维也纳南部一处美丽的河谷之中,两侧是葡萄园覆盖的山丘。

像许多大大小小的中欧温泉一样,奥地利的巴登也同罗马有渊源,不过它之所以享有声望,是因为在 19 世纪早期,它成了哈布斯堡家族数位成员的避暑住地,其中最著名的是弗朗茨一世皇帝。(巴登也是著名女演员卡特琳娜·施拉特[Katharina Schratt]的家乡,她后来成为弗朗茨·约瑟夫皇帝的长期情妇与红颜知己。)到 19 世纪下半叶,巴登又成为富有的维也纳犹太人最喜爱的疗养胜地,他们中的一些人在小镇上建造了奢华别墅。再后来,第二次世界大战之后,巴登成了苏联占领军驻奥地利总部所在地。从罗马人再到俄国人,巴登的主要吸引力在于它的热温泉,尤以其高硫含量而闻名。(这种有益健康的馈赠的一个缺点是,大气中总弥漫着一股臭鸡蛋的味道,仿佛大地在不停地放屁,事实上这种气味的成因也正是如此。)在贝多芬定期前往巴登避暑的 19 世纪 20 年代初,这座小镇刚经历了一场毁灭性的火灾，并以所谓的毕德麦雅风格（Biedermeier style）[1]进行了大规模的重建。值得赞许的是，音乐家曾在卡尔斯巴德举办过一场音乐会，以帮助火灾中无家可归的受害者——用他的话说，这是场"为穷人办的寒酸音乐会"（poor concert for the poor）。

毕德麦雅风格象征家一般的舒适，可无论是在巴登还是其他地方，路德维希·凡·贝多芬的个性与习惯都一点没有舒适的余地。别的文艺家，包括歌德，或许会利用他们轮番疗养的时间来进行社交或放松，可对贝多芬来说，这些一年一次的短期假日是段认真严肃的工作时间——也是愈发痛苦的努力治疗的时间。他将春夏月份——他的温泉时日——与创作关联在一起，音乐家通常会在这段时间里草拟作品，而到了回到维也纳的秋冬月份，他则会处理更加单调的工作，即将这些草稿变为成品。自然，草拟乐谱的工作免不了在钢琴上反复尝试许多段落，而随着大师的耳聋愈发严重，他敲击琴键的力度也日益猛烈。街坊邻里对巨大"噪音"的抱怨迫使这位作曲家经常搬家——仅在巴登一地他就搬了15次左右，其中有一站便是所谓的"铜匠之家"（Kupferschmiedhaus），贝多芬在1822和1823年在那里度过了两个夏天。正是在这处简朴的住宅中，作曲家突然迸发音乐灵感，却又没有纸让他写下来，便求之于手边最近的平面物体——木质百叶窗。住在街对面的一位疗养客目睹了这一滑稽事件，等贝多芬一离开，便适时地从音乐家的房东手里买下了这扇写满笔记的百叶窗。一年之后，当贝多芬为了完成《第九交响曲》的草稿回到巴登时，他只有在向房东赔偿了门窗"损坏"的损失之后，才得以重新住进"铜匠之家"的屋子。（这个传说中的物件早就消失了，也许是在某个傻瓜的烟囱里化为灰烬了，但在"铜匠之家"的一面墙上可以看到人们想象中的复制品，如今这里是一座自称"第九之家"

---

[1] 指1815—1848年流行于中欧地区的中产阶层艺术风潮。在毕德麦雅时期，德奥市民阶层发展出他们的文化和艺术品位，如家庭音乐会、室内设计及时装等，其生活方式与需求逐渐取代传统贵族品位，成为社会的新主流。

的博物馆。除了百叶窗，博物馆里还有一个相当惊恐的作曲家的蜡像，头发凌乱、眉头紧锁，凝神注视着《第九交响曲》的乐谱。）

贝多芬在巴登的多次停留不但为怨声载道的邻里和贪婪的房东所困扰，当地的泉水和温泉医生也未能治愈他日益虚弱的身体，包括他那可怕的听力流失的问题（在他生命的最后几年里，他几乎完全丧失了听力）。他抱怨其愈发严重的耳聋正被医生"弄得更糟"，他在维也纳的私人医生愚蠢地建议他不要饮酒，却没提醒他不要吃当地的芦笋，后者加重了他的腹泻，他曾认真地考虑过自杀。由于无法迅速了断自己的痛苦，他独自在尘土飞扬的道路上徘徊，蓬头垢面、心烦意乱，他咒骂着，偶尔大声尖叫，可他自己全然听不见。但是惊惶的路人都听到了这些咒骂，1823年，在一次从巴登到维也纳新城（Wiener Neustadt）的孤独跋涉中，这位饱受苦难的音乐家被警察指为流浪汉（Lump），并且因流浪而入狱。值得一提的是，这是贝多芬第二次与地方当局起冲突，两年前，他在巴登的一家名叫"施瓦岑·阿德勒"（Zum Schwarzen Adler）的餐馆吃午饭时，得知在街对面的市政厅街（Rathausgasse）或许能找到一间便宜的房间；为了不错过这个机会，他还没付账就匆匆离开了餐馆，结果他被警方以"赖账"（Zechprellerei）的罪名逮捕。在证明了自己的身份并结清账单后，他才最终被释放。

贝多芬似乎在巴登就没得着休息的机会，但他年复一年地回到此地，直至1827年去世。毫无疑问，他频繁回来并不是因为温泉，而是因为他喜欢在当地的山丘和山谷之间徜徉。在一次巴登之旅的前夕，他写道："如果能够在灌木丛、林子间、树木下、草地和岩石周围漫步一会儿，我该有多高兴啊！没人会像我这样热爱乡村。因为林子、树木和岩石一定会发出人们想听到的回声吧？"

贝多芬从未能为他的痛苦找到"疗愈"方法（究竟又有谁能够找到呢？），但他的确在那个美丽的环境之中（虽说含硫）为他的音乐天才寻找到了灵感。尽管很难准确评估他在巴登（或是其他任何地方）的停留对其艺术的影响，但经常有音乐学家指出，他的《a 小调第十五弦乐四重奏》（op. 132）的第三慢板乐章有力地证明了其疗养和作曲间存在明显关联。一位权威人士写道："（这段乐章）以一种在贝多芬或其前辈的任何作品中都不曾有过的方式描绘了疗养与康复的经历，也就是说通过引入吕底亚调式（Lydian mode）[1]并新创作一段赞美诗的旋律作为基本动机，在此之后再展开繁复的变奏。"然而，如果说这部作品泄露了地点与成果之间最为"明显的"联系，那么贝多芬其他许多作品无疑也借鉴了他在温泉疗养地，特别是在巴登的经历。在巴登的时候，他因随身携带便签纸，以备在山间漫步之时灵光乍现之需而闻名。

同样，歌德最终也会将他在卡尔斯巴德和其他波西米亚温泉的疗养与一些严肃的文艺作品结合起来。实际上，可以说温泉促使了作品诞生，因为这一场景鼓励不再年轻的作家去思考衰老、艺术创造力和身体激情（抑或激情匮乏）之间的复杂关系。1808 年 4 月，他在卡尔斯巴德为后来的悲剧小说《亲和力》（*Die Wahlverwandtschaften*）写下了首份草稿。两个月之后，依然是在卡尔斯巴德，他完成了这部作品的第一部分；到 8 月底他离开温泉时，旅行包里已经有了整部书的手稿。歌德的下一站是费兰兹贝德，在去那里的路上，歌德沉思着他正在进行的创作，在他的创作中，有关得体婚姻的乏味规范最终战胜了心灵和感官上的坚决渴求，歌德于是想出了某种艺术性的解药：他的诗歌《日记》（*Das Tagebuch*），在这首诗里，无拘无束的肉欲之欢不仅盖过了婚姻习俗，也战胜了年龄的增长。

情爱和老年：把它们缠结在书页之上是一回事，可在现实生活中去融合它们便是另一回事了。但歌德并不是那种会逃避这类挑战的人，这完全是一个属于"享乐主义者"（Lebenskünstler）的经典

---

[1] 吕底亚调式，音乐调式之一，以 C 音为主音，是大调音阶中最特别的调式，也是唯一使用增音程的调式。

挑战：让生活模仿艺术。歌德选择在一处温泉——温泉永远是爱神的领地——为他的激情之爱发起最后一战，这也很能说明问题。不过这里提到的温泉并非早年精力充沛的歌德留下许多风流韵事的卡尔斯巴德，而是在其晚年取代了卡尔斯巴德在诗人心中地位的马里昂巴德。卡尔斯巴德的喧嚣氛围似乎最终让上了年纪的大师变得愈加衰弱，而非更有活力，他也开始怀疑起传说中的这座温泉泉水的效力。"医生想让我去卡尔斯巴德，"他在1812年写道，"但我不喜欢再去那里了，因为我对那个地方失掉了信心。"

与历史悠久的卡尔斯巴德不同，马里昂巴德是新近落成的——但它却雄心勃勃，充满对华丽高贵的向往。这一地区的温泉已经使用了很长时间了——特别是被30年战争时期的士兵——可直到18世纪晚期，当地才出现有形的建筑物。19世纪早期，一位来自泰普尔修道院的德国医生在当地一个名叫"马里昂巴德"（Marienbad）或"玛丽之泉"（Mary's Bath）的温泉旁造了一座名叫"金球"（Golden Balls）的公寓。据传说，这处泉水之所以得此名，是因为30年战争中的一名士兵在此疗伤，之后他将一张圣母画像挂在了附近的树上。言下之意，仿佛圣母玛利亚也在那里沐浴过，但毫无疑问，她绝不是和这些士兵一起的。虽说得到了圣母加持，但"马里昂巴德"直到1810年才成为官方认可的地名。接着，在此后的数年间，一位名叫瓦克劳·斯卡尔尼克（Vaclao Skalnik）的捷克造园家将这处荒无人烟、树木遍地、岩石密布的乡村变成了平缓的公园绿地，它是如此迷人，恰如斯卡尔尼克的自谦之词，这座新兴小镇很容易"被误认为伊甸园"。

在1820年第一次到访马里昂巴德时，歌德并没有把它误认为伊甸园，毋宁说，他看到了一个类似美国边疆村庄的地方（尽管他从未踏足美国）。他写道："我当时的印象是，我正身处北美的荒野，在那里，人们三年就能建造出一座城镇。"然而，歌德在这一仓促建成的世外桃源也看到了真爱的希望，他这样做是正确的。马

中欧大温泉

里昂巴德此后会成为所有中欧大温泉中最美丽，也最富传奇色彩的一座——它的名字本身便会使人联想到神秘、秘密之恋、朦胧的相聚、梦幻的愿景，乃至纤细易碎、转瞬即逝的魅惑。很快，马里昂巴德比其大多数同辈们更早成了那种其未来存在于过去的地方（很像威尼斯）之一，它的存在理由（raison d'être）便是永远地回望"去年"——一如阿伦·雷乃（Alain Resnais）那部令人陶醉的著名电影[1]所描绘的那般。

这样一个地方简直是为歌德这般人量身打造的，他决心要表现出"现在仿佛真的如同过去"的样子，表现得好像他已经成了的这个糟老头却同时依旧是曾经那个"情场干将"。诗人试图通过与一个年轻女孩沉溺于爱河来开启这场人类炼金术，这也谈不上什么新鲜事了——这一谱系中显赫的人物还包括阿伯拉尔和埃洛伊丝（Abelard and Heloise）[2]、但丁和比阿特丽斯（Beatrice），这些只是两个"五月-九月忘年恋"（May-September romance）的著名例子，而歌德却把这个古老的想法带入了愈发野心勃勃的新境地。当73岁的歌德在马里昂巴德再度遇见乌尔里克·冯·莱维措时，她只有17岁：这更像"一月—十二月"的安排。但作家却深陷情网，他无法控制自己。医生向他确保，从医学角度而言，没有任何理由会使他无法履行承诺，于是他无情地追求起了乌尔里克，每当她打算去洗浴的时候他就出现在她身边。他把他在地质研究中收集的漂亮岩石送给她，当她显得对这些不感兴趣时，他就用维也纳的巧克力增添兴致。他用自己的几句话来为自己打气："激情是致命的疾病。

---

[1] 此处指电影《去年在马里昂巴德》。
[2] 彼得·阿伯拉尔（1079—1142），法国著名神学家、经院哲学家。时年37岁的阿伯拉尔在巴黎主教座堂担任讲师时，爱上了教士富尔贝尔15岁的侄女埃洛伊丝。这对恋人双双逃往布列塔尼并秘密结婚，育有一子。不久后，埃洛伊丝为阿伯拉尔的前途着想（结婚就无法当上神学院院长）否认这桩婚姻，此举遭局外人误会，埃洛伊丝的叔父以为阿伯拉尔欺骗其侄女感情，于是设计陷害阿伯拉尔，派人对其施以阉割，使他无法与埃洛伊丝组成正常家庭。埃洛伊丝后进入巴黎郊外一所修道院当修女，阿伯拉尔则前往圣丹尼斯修道院当修士。两人的拉丁文通信与阿伯拉尔的自传《劫余录》成为法国爱情史上的标志性作品之一。

能够治愈它们的东西只会让它们变得比先前更危险。所以，活泼好动的老伙计／别让年龄打倒你／无论是否白发苍苍／你依旧可以做一个情人。"他期望马里昂巴德的水能成为让他永葆青春的灵丹妙药，于是，他喝下更多的水，同时还饮用了少量葡萄酒和当地啤酒。的确，他现在听不大清了，还患上了风湿病，腿还有点儿瘸，但当他蹒跚着追逐那位年轻的姑娘时，旁人注意到，他的脚步变得轻快起来。谁知道呢，也许从前的那只"俊俏的大脚板"牌铅笔还剩下一点笔芯……

唉，可惜，乌尔里克并不打算去了解这些，她从没花时间读他的书，她在他身上看到的不是《浮士德》的作者，而是个满口坏牙、嘴巴下垂、长着垂肉的慈祥老祖父般的家伙。对于他的殷勤，她与其说受宠若惊，不如说是觉得反感。歌德拒绝接受她礼貌而坚定的反驳中隐含的明确信息，在1823年向她求婚。更准确地说，他让卡尔·奥古斯特公爵代表他去求婚，表示事成之后，作为奖励，乌尔里克和她母亲都将在宫廷中身居高位。此外，假使这位新晋的歌德夫人的夫君比她先过世，她还可以获得每年2 000塔勒的抚恤金，考虑到两人56岁的年龄差距，这钱是很有可能入手的。求婚实在太过仓促（特别是对莱维措夫人而言），但最终，乌尔里克无论如何都没动心，她通过祖母拒绝了歌德（和公爵）的请求。然而，诗人依然坚持疯狂求爱，把自己弄得如此惹人生厌，以至于艾米丽·冯·莱维措夫人带着乌尔里克和她的两个妹妹到卡尔斯巴德去了。歌德却旋即跟上她们，在她们的新落脚处的正上方找了间房。几天之后，莱维措一家实在是受够了，她们再次出逃，并明确表示这次不希望再被跟踪。曾经，歌德将许多女士弃之不顾，如今轮到他自己孤身一人、痛不欲生了。

毋庸置疑，歌德的命运某种程度上体现了罪有应得的意涵，但在这个故事中，我们也很难察觉不到强烈的悲悯元素——一种极为人性化的悲悯，它更值得我们的一声叹息，而非窃笑。（托马斯·曼很好地捕捉到了此事的痛点，他写道："这是个极度滑稽又很令人尴尬的场面，尽管如此，我们还是满怀敬意地笑了起来。"）歌德自己很快就意识到，虚荣和脆弱的有害结合注定了他本人的惨痛失败，但是他还是一如既往地怪罪他的"艺术伙伴"，那些曾将他推至高峰的缪斯女神，快意地把他拉回原地。在从波西米亚回魏玛的马车上，他创作出了其最优秀、最个人化的诗歌之一《马里昂巴德悲歌》（The Marienbad Elegy），诗歌的最后一节，在埃德加·阿尔弗雷德·布朗宁（Edgar Alfred Browning）的译本中是这样写的：

> To me is all, I to myself am lost,
> Who the immortals' fav'rite erst was thought,
> They, tempting, sent Pandoras to my cost,
> So rich in wealth, with danger far more fraught,
> They urged me to those lips, with rapture crown'd.
> Deserted me, and hurl'd me to the ground.

> （我已失去一切，我自己也不复存在，
> 不久前我还是众神的宠儿，
> 他们考验我，赐予我潘朵拉
> 她身上有无数珍宝，也有着更多危险
> 他们逼我亲吻那令人着迷的嘴唇
> 然后又将我拉开，把我抛进深渊）

如果说歌德在马里昂巴德的最后之恋包含着令人印象深刻的文学传统，那么它所涵括的修辞——一个老人对于一个远比他年轻得多的人抱有"不合时宜的"激情——在其死后也孕育出丰富的文学作品。人们会立刻想到托马斯·曼《死于威尼斯》（*Death in*

Venice）[1]中的古斯塔夫·奥森巴赫（Gustav Aschenbach）与塔奇奥（Tadzio）；弗拉基米尔·纳博科夫的亨伯特·亨伯特（Humbert Humbert）和"妙龄性感炸弹"洛丽塔[2]；以及更加本土化的马丁·瓦尔泽（Martin Walser）的《恋爱中的男人》（*Ein Liebender Man*）[3]，在这部杰出的小说中，一位现代德国文学大师满怀同情地重温了他最为杰出的文学前辈的弱点。

毫不奇怪，歌德与乌尔里克故事中的辛酸感伤是不会被那些在这一长期流传的故事里嗅到巨大商机之人——那些摇曳闪烁的马里昂巴德激情的守护者——白白放过的。早在19世纪晚期，城市的推广者们便注意到，一个状似阳物的方尖碑被策略性地安置在了歌德和乌尔里克曾经坐过的公园长椅——他一点点地靠近，她一点点地躲开——旁，此外，碑上刻着歌德的《流浪者的夜歌》（Wanderer's Song at Evening），这首诗捕捉到了马里昂巴德在温暖夏夜中的宁静之美。这里面潜藏的暗示是，作为一个漫游至此地的健康朝圣者，你，或许也会希望通过绝望而愚蠢地爱上一个疗养同伴来捕捉一丝一缕马里昂巴德的神秘感。又或者，你可能只想在歌德广场附近的市立历史博物馆丢几枚硬币（就像我一样）。（不过，很遗憾的是，你已经见不到原来的歌德长凳和那座绝妙的方尖碑了。它们早已不复存在。1932年建造的一座诗人铜像在第二次世界大战中被纳粹熔化以生产军火，1993年，由当地艺术家制作的一尊新铜像又在同一地点耸立了起来。树林里还有一张"歌德座椅"，那是诗人寻常散步时坐下歇脚的一张长凳。）

在乌尔里克事件后，歌德——这位从前的马里昂巴德爱情朝圣

---

[1]《死于威尼斯》，托马斯·曼1911年创作的中篇小说，讲述作家奥森巴赫前往威尼斯度假，却迷恋上俊美少年塔奇奥，最终染疫身亡的故事。

[2]《洛丽塔》，纳博科夫创作的长篇小说，讲述有"恋童癖"的中年男子亨伯特与女孩洛丽塔之间的恋爱故事。

[3]《恋爱中的男人》，马丁·瓦尔泽创作的长篇小说，取材于晚年歌德与乌尔里克的传奇恋情。

者——便再也没有重返这处温泉。毫不奇怪,这处地方对他已经失去了吸引力。他于九年之后的 1832 年去世。至于乌尔里克呢,她本可以嫁给这位上了年纪的诗人,收到卡尔·奥古斯特公爵提议的抚恤金。一生未婚的她以 95 岁高龄去世,比她那个热情的求爱者多活了 67 年有余。她本来能赚到 13.4 万塔勒!

写作、挥霍、泡澡:浪漫主义时代的作家在巴登-巴登

至少在一段时间里,马里昂巴德,还有卡尔斯巴德和特普利采一同招徕了歌德,而在随后的年月里,它们又招徕了大批著名艺术家和思想家,他们中的一些人忙不迭地赶去"追随"《浮士德》作者的脚步。弗里德里希·尼采便是这些文化游客中的一员,弗朗茨·卡夫卡亦复如之。但在 19 世纪前 2/3 的时间里,作为作家——他们的浪漫主义美学定义了一个时代——主要踏足的地点并不是波西米亚和奥地利阿尔卑斯山区的水疗胜地,而是巴登-巴登的黑森林大温泉。(我在这里用了"主要"一词,是因为这个时代的一些顶尖奥地利作家,譬如弗朗茨·格里尔帕策[Franz Grillparzer]、约翰·内波穆克·内斯特罗伊[Johann Nepomuk Nestroy]都更喜欢离家较近的温泉,比如巴德加施泰因和巴德伊舍。)给浪漫主义下定义就像把果冻钉在墙上:这一运动或"流派"是如此毫无定型、人数众多、各类纷呈,以至于有时唯一的准入门槛似乎就是拥有一颗跳动的心脏。在这里,我只对那些心脏在 19 世纪的巴登-巴登跳动了相当长一段时间的浪漫主义文艺家感兴趣,但不幸的是——或更有可能的是,恰恰相反——我无法遍及所有这些人物,他们人数实在太多了。

正如前章所述,这座德国最宏伟的水疗胜地能够在浪漫主义历史上占据重要地位,部分归功于酒店老板约翰·科塔的努力;这之后,博彩经理人雅克·贝纳杰接过了小镇首席赞助者的衣钵。这两位都是天生的浪漫主义者,只是他们自己缺乏非凡的创造才能,于是两人都乐意与功成名就的从业者们为伴。身在酒店服务行业,他们都

明白，招徕艺术名流进驻他们的场地是颇具商业意义的，而浪漫主义时代本就催生了大量的艺术名流。

约翰·彼得·赫贝尔，这位才华横溢的诗人，曾于1810年被约翰·科塔招至他新开的巴蒂希尔酒店，事后证明他是个完美的应募者。他在赌场不仅改善了自己的健康状况，还（令人惊讶地）充实了自己的钱包，他写了许多广为流传的诗歌和文章，盛赞温泉的诸多吸引力：美味的食物、妙趣横生的谈话、清爽宜人的泉水、尊贵的宾朋，以及，别忘了，赌博的"豪兴"。在一封他允许科塔公开传播的信件中，赫贝尔滔滔不绝地谈到，在巴登-巴登，"人们活在一个完全不同的世界里"，那里充满了"奢侈的生活、慵懒、赌博、教授，甚至还有喜剧演员"。也许除了把"教授"概括进来，这篇科塔的宣传文字，外加他自己在镇子上的出现，正是能吸引人群的东西。

并不是所有科塔的应募者都像赫贝尔那样富有魅力或擅长宣传，被称为德国浪漫主义之父的路德维希·蒂克（Ludwig Tieck）与赫贝尔一样，于1810年应科塔邀请到访巴登-巴登，蒂克身材矮小，相貌异常丑陋，患有痛风，性情带着一股病态的害羞，不善社交。而且这样一个貌似住在那片黑暗的条顿森林桥底下的家伙还是个狂热的奇幻故事搜集者，这些故事每个细节都有如格林兄弟的童话一般可怕。不过，与格林兄弟不同的是，蒂克自己也创作了许多哥特风格的故事，其中一些作品后来被刊印在一套三卷本的文集之中，文集的名字被贴切地定为《幻影》（Phantasus，1812—1817），它在哥特复兴运动中被视为具有里程碑意义的作品。最后，蒂克还提供了一些莎士比亚和塞万提斯作品最好的德文译本，这些证明了他作为当时顶尖文坛学者的声誉。巴登-巴登为这个麻烦缠身的天才奉上了一处完美的庇护所，它缓解了他的痛风（虽然不能完全治愈），是个安静的工作天堂（而且费用已结清），其中的风景仿佛也是为他生动的浪漫主义想象量身打造的一般。

巴登-巴登作为浪漫主义之巢的名声到19世纪30年代和40年

代随着归属于这一艺术流派的法国作家们的涌入而得到强化。除了巴登迷人的风光——所有那些摇摇欲坠的城堡和葡萄园覆盖的山丘,路易·菲利浦国王及其政府的推力也促成了这波法国人的大举涌入。这位抠门国王或许对商业很开放,但对前沿文化却并非如此。在这颗"王冠下的鸭梨头"——奥诺雷·杜米埃(Honoré Daumier)极出名地讽刺过的路易——统治之下,巴黎,即使是巴黎,有时都会显得偏狭而无聊——特别是因为,就像我们知晓的那样,那里再也不能开设赌场了。不过,我们也知道,人们能在巴登参与大量高风险的赌博,这在很大程度上归功于雅克·贝纳杰,他像之前的科塔一样,喜欢在他堂皇的建筑物中招待重要的文艺家。身为法国人,贝纳杰自然很欢迎来自祖国的大师,这便是为什么在他的时代,巴登-巴登水中的缪斯几乎像他交际厅中的赌场管理员一样几乎都是法国人。

早在雅克·贝纳杰如此瞩目地为当地景致增光添彩之前,法国人便开始大量"降临"巴登-巴登了。说到来访的法国文人(littérateurs),一位重要的先驱是阿尔弗雷德·德·缪塞,他大约在贝纳杰开张营业的三年之前到达小镇,这位华丽的诗人和剧作家一直在考虑到巴登-巴登旅行,1835年,一段突然开始变糟的感情促使他急切地寻得这处疗养地,作为其害相思病的心的收容之所。在此之前的两年里,缪塞陷入了与乔治·桑的风风火火的恋爱之中。乔治·桑是个古怪的女权主义作家,以穿着男性服装,抽大麻,与年轻柔弱、有艺术天赋的情人恣意尽情而"声名远扬"。最终弗雷德里克·肖邦也会飞入她的网中,但在他之前出现的是缪塞。上年12月,他与(刚刚丢下她的丈夫和两个孩子的)桑开始了一场本该十分浪漫的意大利之旅,可两人都在威尼斯病倒了,旅程只好痛苦收场。桑患上了严重的痢疾,连续几周卧床不起,缪塞对她的状况感到抵触,便抛下他的伴侣,热衷于和当地妓女厮混、逛赌场、无休止地喝苦艾酒。一天晚上,他冷冷地对伤心欲绝的情人说:"乔治,一定得请你原谅,我不爱你,事实上,我从来没有爱过你。"缪塞很快就后悔了自己的冷酷无情,局势翻转,变成了他躺在地上,他被威尼斯一种常见的危险热症击倒了。正如桑在第二年于《两个世界杂志》(Revue des Deux Mondes)上发表的《旅行者书简》(Lettres d'un Voyageur)中所述,缪塞几乎被他的疾病击垮了:"于是你的身体,就像你的精神一般疲惫和虚弱[……]犹如一朵可爱的百合花弯腰凋谢。"在临近死亡的神志不清的门口,缪塞想象自己已经跨过了那道门槛。桑写道:"记忆、感知,一切才智出众者的崇高能力,在你身上曾经如此之敏锐,却都风流云散了。你在床上坐起身,呼喊道:'我的朋友啊,我在哪儿,为什么你要活活地将我沉在坟墓之中?'"为了使其情人远离坟墓,桑日日夜夜守在他床边,就像弗洛伦斯·南丁格尔(Florence Nightingale)一样照料他。最后,她找来一位年轻英俊的意大利医生帮忙,他名叫彼得罗·帕格罗(Pietro Pagello)。自然,在照料缪塞的时候,帕格罗爱上了桑,等到缪塞已经痊愈可以离开威尼斯的时候,他的前任情人与她的意大利新欢开始了一场浪漫的威尼托远足,缪塞诅咒这一切可怕的不公,逃到巴登-巴登去了。

也许他应该知道,无论温泉在缓解和疗愈身体疾病上有什么好处,那里都不是心碎者的上佳去处。温泉是与丘比特结盟的地方,那里到处是成对的情侣,他们常常会让最近被抛弃、被拒绝或陷入漂泊的可怜之心变得愈发绝望而自怜。歌德在马里昂巴德就发现了这一点:一个多世纪后,卡夫卡也将在同一处温泉发现这一点——毋庸置疑,就像许多名不见经传的小人物在过去的岁月中都同样会发现的那样。因而,在巴登-巴登,缪塞非但没有从痛苦中得到解脱,反而感到更加绝望与痛苦,也就不足为奇了。他无法将桑从脑海中抹去(他很不明智地在旅行包里放了本她的《莱莉亚》(Lelia)[1],

---

[1]《莱莉亚》,乔治·桑于1833年创作的小说,讲述了女主人公由于貌美经常引起爱情纠葛,为获得宁静进入修道院,却被隐士视为魔鬼而不幸死去的故事。

与他的丝绸衬衫和广藿香油放在了一起），他给她写了封痛苦的信，诅咒这个他本希望能带给他平静的地方："我曾希望能有片刻宁静，可这儿却没有。所有这些树木、这些山脉、这些路过的胡言乱语的德国人与我又有何关系？他们说这儿很美，街道很迷人，漫步道很惬意，女人们跳舞，男人们抽烟喝酒唱歌，甚至连马儿都喜悦得疾驰。（但）这并不是真正的生活，这一切只是生命的噪音（le bruit de la vie）。"不，缪塞继续夸张地说道："我不会变得更健康了，我也不会尝试再活下去，我宁愿死于对你的爱，而不是继续活着［……］亲爱的，我有个请求。当太阳落山的时候，你独自一人走到乡间，在一片绿茵茵的草地上坐下来，想一想你那个正在死去的可怜的孩子吧。"

桑用一些浪漫的空洞套话答复了他，但人们能感觉到她的心并没有完全放在上面（她已经又为了一个新情人抛弃了她的医生朋友），她不过是做做样子罢了："我在散步的小镇写这封信，孤身一人，满是悲伤，读了你从巴登－巴登寄来的信而崩溃。这一切都是为了什么呢？为什么你总是忘记，现在比先前的任何时候都更容易忘记，你的这些感情必须改变。好好活着吧，我可怜的孩子！唉，假使没有我自己那些可怜的孩子，我会多么乐意投河自尽啊！"桑没有投身距离最近的河流，而是投身于更多的爱情，其中最有名的便是她与肖邦之间长达9年的恋爱。

而缪塞则在巴登－巴登陷入疯狂的持续赌博之中，仿佛在那个"假冒的帕特农神庙"（他对贝纳杰交际厅的称呼）取得巨大胜利就能够弥补他感情上的失败。可他并没有在赌桌上取胜，他输掉了身上所有的钱，只剩下两个塔勒，他把它们都送给了一个乞儿。他一贫如洗地回到了巴黎，再没重回过欧斯河谷。

不过，就像许多曾在温泉疗养地停留过的文艺家一样，缪塞也为他的温泉经历所深深打动，为其到访写了首诗。这首颇具反讽意味、题为《好运气》（Une bonne fortune）的诗绝不是对这座古老的大温泉疗养地的赞歌。它声称,从本质上说,虽说在时尚潮流的裹挟下,所有赶时髦的巴黎人每年夏天都到"这处小村庄"寻求幸福与健康,但他们将一无所获。缪塞说,饮用健康的水可能是这个地方的存在理由,而拥有轮盘赌桌的交际厅才是那里"真正的"圣地。在交际厅,"象牙球从早滚到晚",低语着甜蜜的"也许",而这"也许"几乎总是"永远无法成真"。

阿尔弗雷德·德·缪塞绝难成为德国温泉生活的广告,但他作为不如意的榜样却并未阻挡其同侪紧紧跟随他的步伐,其中就有诗人钱拉·德·奈瓦尔,他在1838年到访巴登-巴登,并和缪塞一样,留下了有关他所见所闻的记录。如果说有什么不同的话,那便是奈瓦尔比前者更加夸张而浪漫。他也患上了那必不可少的神经衰弱症,做了无数有关鬼怪与妖精的黑暗之梦。比起物质世界,他更喜欢精神世界。"这生活是处小破屋,一个声名扫地的地方,"他曾写道,"要是上帝看到我身居此地,我会感到羞愧。"为了避免过度暴露在全能的上帝面前,有一次,他把自己关在阁楼里好几个礼拜。终于,在1855年秋天的一个晚上,他吊在窗栅上自杀了,留下一张给自己姑妈的纸条,告诉她不要再熬夜等他,"因为夜色将变为黑白"。

与此同时,奈瓦尔以他出色的原超现实主义(protosurrealist)诗歌和古怪的行为闻名于世。有段时间,他养了只叫"蒂博"(Thibault)的宠物龙虾,他把它拴在一条蓝色丝带的末端,牵着它在巴黎皇家宫殿散步;他喜欢说蒂博比猫猫狗狗好得多,它是严肃庄重、和平的生物,知晓"深海的秘密"。而就其对德国乃至巴登-巴登的探索尤为重要的是,奈瓦尔通晓当地语言,他是个娴熟的翻译家,曾翻译过歌德的《浮士德》、海因里希·海涅的诗歌以及其他德语作品。在逗留于黑森林温泉的法国作家当中,奈瓦尔无疑是最能对他碰上的一切感同身受的人了。

或许是因为他的语言能力以及对德国文学的深入了解,奈瓦尔对巴登怀有一种缪塞所没有的感觉。可一旦涉及赌博,他便与其同胞一样愚蠢无知了。他刚一到温泉就在赌桌上输光了几乎所有钱，由于他不是应当时刚刚掌管交际厅不久的雅克·贝纳杰之邀来的，所以奈瓦尔与后来的一些文艺赌徒不同，并没有什么仰慕他的恩主替他偿还债务，更别提把他从街上带走了。"没有钱真意味着无与伦比的痛苦。"他总结道——他大抵不是第一个也不会是最后一个讲这话的可怜人。

奈瓦尔甚至连回巴黎的钱都没有，他就在巴登－巴登郊区闲逛，陶醉于那里的英式公园、花园小径、小欧斯河上壮观的石桥——以及更远处，那些阴暗的洞穴、林木茂密的山峦和隐士的小木屋。这种"野性的"自然和沉静的都市风貌间的反差令他大为惊叹（当时令人惊叹的标准比较低）。没有赌博资金，奈瓦尔就仔细观摩交际厅的赌局，他尤其钟意黑森大公身边的逗趣场面，大公每天都会在"三十和四十牌"（Trente et quarante）[1]赌上 1.2 万基尔德，有时他会赢，但更多时候他会输光所有赌注。在大公椅子后头，站着一个令人不快的仆人，他会赶走任何想要接近他主人的人。"我的先生，您打搅到我们阁下了。"仆人会警告他。奈瓦尔还撞上了一场化装舞会，他把脸贴在沃尔德霍恩餐厅（Waldhorn Restaurant）的窗户上，看到食客们正在狼吞虎咽地品尝着不亚于巴黎最佳餐馆食物的美味佳肴。我们的诗人再一次惊叹于小镇上发生的事与欧斯河对岸景象之间的反差，在河对岸，猪（真正的猪）正沿着尘土飞扬的道路漫步。他忠实地在一本日记里记录下所有这些观感，并在之后以《罗蕾莱，来自德国的回忆》（Loreley, souvenirs d'Allemagne，1852）为题出版。他对这座迷人的温泉小镇的最终评价是如此正面，以至于当地人都开始用它来宣传："一个人必须去瑞士旅行，但他应当住在巴登－巴登。"（但考虑到法国人对瑞士的典型观感，这种赞扬也就失去了一些力量。）

---

[1] 三十和四十牌，又称"猜红黑"，起源于 17 世纪的法国，是一种流行于欧洲大陆赌场的纸牌游戏。

有意思的是，在奈瓦尔的回忆中并没有提到任何有关温泉水的事，就像他的很多同胞，特别是那些文艺家一样，他去巴登－巴登根本不是为了泡澡（他若想泡澡，还不如留在法国）。除了赌博，吸引他和他的同胞们到巴登－巴登的主要因素是它的外在美感及其"精神"氛围。必须再次强调，在那些日子里，莱茵兰和黑森林地区构成了法国、英国以及德国人的浪漫主义完美风土（terroir）。奈瓦尔长期游赏这一地区，他（象征性地）陶醉（drunk on）于那里的氛围，且（在字面意义上）沉醉（drunk on）于黑森林的樱桃酒（Kirschwasser）（实际上，这是个糟糕的点子）。

奈瓦尔在当时的法国文坛是个有一定名气的人物，但若是与另一位法国文学家相比，他的声望便相形见绌了，这位法国人在浪漫主义时代也常常光临巴登－巴登：他就是维克多·雨果。这位著名的《巴黎圣母院》的作者在1839年沿着莱茵河旅行时第一次造访了这座温泉，根据一位传记作者的说法，莱茵河及其令人难忘的风景自童年时起就吸引着雨果："他夜复一夜地凝视着床头的那幅画，那是（莱茵河上的）一座破败的古老塔楼，那便是他白日梦中的许多阴郁意象的源头。"这些意象最终都被写进了《莱茵河：致友人书》（*Le Rhin, letters à un ami*，1852）中，这本精彩绝伦的旅行沉思录——正如其最新法文版的导论所言——"为浪漫主义宗教赋予了膜拜和朝圣的中心"。换句话说，维克多·雨果对莱茵河的贡献就像马克·吐温对密西西比河的贡献一样大。

在巴登－巴登的时候，维克多·雨果驻足于里奇滕塔勒大道，那是所有地方中最迷人的一处。他非常喜欢这个地方，以至于1865年他又来了一次。这一回，他的名气更大了，住在豪华的巴仁酒店（Bären Hotel），《辩论报》（*Journal des Débats*）将其形容为"外国精英阶层在巴登最喜欢的聚会地点"。一如《辩论报》所报道的，雨果携同妻子和两个孩子，全家出游。他和家人们本可以坐火车，可是雨果，这个出了名的讨厌铁路之人，选择搭乘一辆宽敞的马车。

在为期一周的停留时间结束后,他殷勤地为巴仁酒店的老板送上了一本带插图的、用摩洛哥皮革装订的《悲惨世界》。尽管有这种仪式性的举动,但雨果的巴登-巴登之行实质上不过是一次普通的家庭度假——这是任何有财力的资产阶级家长都能够组织的事情。雨果在巴登-巴登的经历或许能提醒我们,文艺家们前往大温泉不仅是为了创作、性交、赌博和闲聊——也可能单纯是为了放松。

音乐之声

在打字机噼啪作响的时代到来之前,小说家和诗人是在相对安静的环境中工作的,偶尔才会因沮丧或高兴而尖叫一声;而音乐家们则显然是在一个声音的世界里活动的。在19世纪,欧洲最优秀的音乐制作人们经常出现在德国和奥地利的大温泉疗养地,这确保了这些地方始终洋溢着音乐之声。几个世纪以来,温泉里一直伴有某种音乐,但在19世纪,随着人们更加强调在饮用矿泉水的同时用泉水沐浴(有时甚至取代前者),对定期的音乐娱乐的需求开始急剧增加。在各处饮用喷泉间频繁巡行的疗养客乐意分散下注意力,适当的欢快乐声被视为配合这一保健仪式的理想伴奏。此外,还有什么能比绿树成荫的疗养公园里的每日露天音乐会或正式音乐厅中的夜间演出更能助人摆脱炎炎夏日午后——或者,就这一点而言,漫长的仲夏之夜——的慵懒呢?像巴登-巴登的雅克·贝纳杰和爱德华·贝纳杰这样的博彩大亨明白,在所有的缪斯之中,音乐女神在吸引顾客方面最为有用,尤其是当这些音乐制作人本身也都是主要的文化名流之时。在中欧,这样的人比比皆是,他们中多数人都非常愿意经常去温泉疗养地,特别是在其费用由当地赞助人解决的时候。在那里,除了为客人表演,众多到访的音乐家还会利用温泉疗养的时间创作新作品,以呼应伟大的贝多芬的做法。

尽管从19世纪早期到第一次世界大战间,所有的中欧疗养地都以拥有生机勃勃的音乐场景而自豪,但巴登-巴登无疑在这一领域享有突出地位，就像它在其他方面的表现那样。

在诸多助力巴登-巴登登上欧洲音乐版图的伟大音乐家中，弗朗茨·李斯特是一位重要的先驱。我之前提到过，1845 年，李斯特曾在性感女郎萝拉·蒙特斯的陪伴下造访这处温泉，但那一次，由于身患黄疸，加上近期的波恩演出使他筋疲力尽，这位音乐家没有举办公开音乐会。不过，他在 5 年前第一次到访巴登时就公开演出过了，随后在 1841 年和 1843 年两次到访巴登-巴登时亦复如之。上述来访都是由富于进取心的雅克·贝纳杰赞助的，他最能看出什么最吸引人。在那个时代，还没有哪个演奏家比弗朗茨·李斯特更有影响力，他的魅力部分来源于神乎其技的精湛钢琴技艺。和莫扎特一样，他也是个被雄心勃勃的父亲逼出来的神童，但与莫扎特不同，他的艺术生涯很长，他在成百上千的观众面前进行了数百场公开演出。同样有别于莫扎特的是，李斯特非常英俊且时尚——这些品质至少令他在女士那里成了音乐史上最伟大的"万人迷"之一。在"李斯特狂热"（Lisztomania）到达顶峰的时期，弗朗茨的女粉丝会戴着用他弹断的琴弦做的手镯，拿着装有他的酒渣的小瓶子，她们会把他的雪茄烟头当成神圣遗物保存起来，而当他把一只手套留在舞台上时，她们会冲上去把它撕成碎片，然后到处传播那些碎片。

充分意识到自身魅力的李斯特，每次演出都会以相同形式开场：他迈着有力的大踏步穿过舞台，长长的黑色秀发（后来变成了白色）在身后飘动；一到钢琴前，他就会脱下灰色羊皮手套，戏剧性地把它们丢在地上，然后停顿几秒，全神贯注地盯着琴键，好似在祈祷，他时而轻抚琴键，时而又猛烈敲击它们，以至于在他完成演奏之前，其听众，或至少其中的女性听众，往往已无法控制自己的情绪。基思·理查兹（Keith Richards）对早期滚石乐队的描述完全可以形容李斯特在一个世纪前的表演："场面充斥着性欲［……］突然之间，你就到达了终点。那是一种疯狂［……］然而你每天晚上都觉得这是理所当然的。"

中欧大温泉

据我们所知，李斯特不会在演出结束后带着一群 14 岁的女孩子到他的酒店房间去，确切地说，他是个花心成性之人，但其品位倾向于更加成熟的女性，而且通常是有贵族血统的女性，就像早先资助过他事业的赞助人一样。除了萝拉·蒙特斯，他的情人还包括乔治·桑（她喜欢在他弹钢琴时坐在钢琴下面）；意大利的女性继承人、政治活动家克里斯蒂娜·贝尔焦霍索（Cristina Belgiojoso），她因为将一位情人的干尸藏在橱柜之中而闻名；声名狼藉的交际花玛丽·杜普莱西（Marie Duplessis）[1]，李斯特在谈到她时说："在未曾与她谋面时，她即将我带入诗歌与音乐的脉络之中"；以及同他维持了最久关系的达古尔伯爵夫人（Countess Marie d'Agoult）[2]，她为他生了 3 个私生子。

其中一个孩子柯西玛（Cosima）后来嫁给了指挥家汉斯·冯·彪罗（Hans von Bülow），但她出轨了彪罗最好的朋友理查德·瓦格纳，并最终与彪罗离婚，嫁给了瓦格纳。

当贝纳杰以可观的酬金将李斯特招引至巴登时，作为一名演奏家，李斯特已经广受欢迎了。这位表演家很高兴能将巴登-巴登纳入他的巡回演出（也包括了威斯巴登），因为这处世界级的大温泉可谓"钢琴朱庇特"（Jupiter of the keys）表演的完美场地。就在他抵达前不久，《巴登报》（Badeblatt）便自鸣得意地说道："我们心满意足地了解到，还有另一个更好的艺术乐趣在等待着我们。恰如近年以来，因为欧洲的精英阶层拒绝凡庸，同时又给予真正的人才宝贵的认可，这样的乐趣正不断上演。"在此期间，李斯特于交际

---

[1] 杜普莱西为小仲马的小说和戏剧《茶花女》以及威尔第的歌剧《茶花女》提供了灵感。杜普莱西也有过自己的巴登-巴登时刻，22 岁时，她曾前往温泉想要治疗结核病。在那里，她引起了一位 77 岁老伯爵的注意，她一度让他当自己的情夫。据当时一位震惊的评论者所言："为了钱，玛丽·杜普莱西竟能屈从于一个老得足以做她祖父之人的亲密爱抚。"歌德本应能享受如此幸运。——原注

[2] 达古尔伯爵夫人（1805—1876），出生于德国法兰克福，作家、历史学家，曾用笔名丹尼尔·斯特恩进行文学创作。1833 年她在巴黎与钢琴家李斯特相识，后与李斯特私奔，两人前往瑞士日内瓦同居，并育有 3 个子女。1842 年，达古尔伯爵夫人结束了与李斯特的情侣关系。

厅举办了两场音乐会,演奏了罗西尼(Rossini)、多尼采蒂(Donizetti)和舒伯特的作品,以及他自己早年的一些作品,譬如《那不勒斯的塔兰泰拉舞曲》(*Tarantelles napolitaines*)和《大加洛普舞曲》(*Grand galop chromatique*)。两场音乐会取得了巨大的成功,尤其是他(再一次)讨得了女士们的欢心,她们的心——就像《巴登报》上热烈谈论的那样——循着音乐大师的演奏"而从身体里被哄骗了出来"。

在大众的要求下,李斯特于下一个演出季又回到了巴登-巴登。像往常一样,他利用这个机会与王室成员和血统最高贵的贵族们接触。在致一位女性朋友的信中,他吹嘘自己见到了纳雷什金伯爵夫人(Countess Narishkin),还参加了一场有普鲁士的弗里德里希王子、巴登大公遗孀斯蒂芬妮和冯·瓦萨公主(Princess von Wasa)参加的密会(réunion intime)。到了晚上,人们可以在漫步道见到他与一两个贵族朋友在一起——如果有需要的话,这也是另一份证据,证明他确实到过此地。

李斯特是如此受欢迎,事实上,假使他愿意的话,他无疑可以在每一季都回巴登-巴登,但是(就像一些摇滚明星一样)持续巡演的需求令他疲惫不堪,他越来越倾向专注于作曲而非演奏。他与巴登-巴登的关系也反映了这种变化,虽然在随后的几年里,他也偶尔会去温泉探望朋友,恢复身体,但他更希望自己的作品能彰显他在那里的存在,当地的管弦乐团几乎每一季都忠实地演奏他那些作品。不过,1880年5月,他重返巴登-巴登,为参与德意志音乐协会(Allgemeiner Deutscher Musikverein)发起的年度音乐节活动,他延长了在当地停留的时间。为了匹配他的王者身份,李斯特下榻欧罗巴舍霍夫酒店(Europäischer Hof)为俄国首相戈尔恰科夫公爵(Prince Gorchakov)预留的豪华套间。在他抵达的当天,接待他的当然也是要角——德皇威廉一世的妻子奥古斯塔皇后。音乐节第一天的高潮是李斯特演奏他自己的清唱剧《基督》(*Christus*),这是虔诚的奥古斯塔皇后钦点的节目;第二天,李斯特将曲目名额让给了已故的柏辽兹的作品，我很快就会说明，较之李斯特，柏辽兹是个更具巴登-巴登气质的人。据《巴登报》称，这几场音乐会的门票需求量如此之大，以至于数以百计之人只得被拒之门外。为何大家如此兴奋呢？毫无疑问，人们想向刚刚去世的柏辽兹和年迈的李斯特致以敬意，后者在1886年谢世之前只会再出现在温泉一次了。但另一个吸引人的地方或许在于音乐节的最终曲目：理查德·瓦格纳的《特里斯坦与伊索尔德》（Tristan und Isolde）的"序曲"与"爱之死"（Liebestod）。

1862年，理查德·瓦格纳曾考虑过在威斯巴登定居，总体来说，他喜欢莱茵地区，而威斯巴登当地就有一家不错的剧院，他与第一任妻子明娜（Minna）曾去过那里好几次（他的歌剧《唐豪瑟》［Tannhäuser］于1852年在那里公演）。但瓦格纳有时候也对大温泉感到满腹疑虑，他不喜欢繁复的治疗程序，觉得那既无聊又折磨人，他也没有被大温泉的主要娱乐项目——赌博——所吸引，他不需要冒轮盘赌的风险，因为他已冒了足够多的风险，一如他革命性的作品以及他大胆寻求建造一座新剧院来上演他的音乐剧的行为。尽管如此，中欧大温泉疗养地在他的事业中仍占有重要地位，其中的巴登-巴登甚至力图成为他雄心勃勃新剧院的落脚地。

瓦格纳第一次大疗养地之行去的是卡尔斯巴德，1835年，他在那里观看了当地歌剧团的一场演出——弗朗索瓦-阿德里安·布瓦尔迪厄（François-Adrien Boieldieu）的《布兰奇夫人》（La Dame Blanche）（他觉得演得很是糟糕）。而他最早的一次疗养之行则是去的特普利采（Teplitz，或称"Töplitz"，当时经常是这么拼的）。瓦格纳甚至比大多数天才都更愿意为了艺术牺牲自己的健康，他日复一日地工作直到精疲力竭。在特普利采，他希望能治疗痔疮和腹泻，这两种毛病经常困扰那些在桌前久坐而又不注意饮食的人。1842年，他与明娜一起去了这处波西米亚温泉，明娜希望通过疗养地"清新的空气和沐浴"改善自己的健康。虽说瓦格纳有着健康问题，但他却并没有在特普利采做太多治疗,他忙着写《唐豪瑟》的配乐,那时这部歌剧还叫《维纳斯山》(Der Venusberg)。第二年夏天,他重返特普利采,认真地接受了一番水疗,却发现自己确实不具备一个成功的疗养客的品质;他太不安分了,太专注于工作,而无法遵循那些慵懒不堪的疗养仪程,正如他在回忆录《我的一生》(Mein Leben)中所说的:

> 我抓住这个机会喝矿泉水,希望它对我的胃病有好处。自从我在巴黎饱经沧桑之后,便一直受这病的折磨。不幸的是,我努力进行的治疗却起了相反的效果,当我饱受其所产生的疼痛摧残时,我明白,我的体质不适宜于水疗。事实上,当我早晨散步的时候,乃至当我喝水的时候,有人看见我在邻近的图尔恩花园背阴的小巷子里快步奔跑,便提醒我说,这种疗养只能通过悠闲从容和平缓的漫步来实现。人们还注意到,我经常带一本很厚的书,有了这本书,再加上一瓶矿泉水,我便常常能在僻静的地方休息下来。

1845年,未屈服于特普利采不尽如人意的疗养经历,瓦格纳(还是与明娜一起)去了马里昂巴德。那本他在特普利采曾经随身携带的"厚书"是格林的《德国神话》(German Mythology),而在马里昂巴德,他谨慎地带了些他觉得或许同"作为这种略显棘手的治疗之必不可少的一部分的随和生活模式相匹配"的书籍。可惜得很,这些书——沃尔夫拉姆·埃申巴赫(Wolfram Eschenbach)的诗集和佚名史诗《罗恩格林》(Lohengrin)——令他如此兴奋,以至于"我在饮用马里昂巴德的水时,拿出最强的克制力才打消了彻底放弃休息的念想"。我们得感谢作为水疗病人的瓦格纳"无视纪律",因为这才有了《纽伦堡的名歌手》(Die Meistersinger)的首批草稿以及歌剧《罗恩格林》的提纲。再次引述他的回忆录:

中欧大温泉

突然之间,整个《名歌手》喜剧都在我的面前生动成形了,它的主题十分欢快,一点儿不会过度刺激我的神经,我觉得我有必要不顾医生的命令把它写下来。于是我开始做这件事,想着它或许能让我从思索《罗恩格林》的点子的束缚中解脱出来,可对于后者的渴望是如此彻底地战胜了我,以至于我盼着规定的沐浴时间赶紧结束,但几分钟过后,我就直接跳了起来,几乎都没给自己穿衣服的时间,狂奔回家,把脑袋里的所思所想都写了下来。我这样重复了好几天,直到《罗恩格林》的完整提纲跃然纸上。

四年之后,瓦格纳又在他的激进音乐冒险主义事业中增加了革命性的政治参与。他希望一个更民主的政府体制能为他的"未来音乐"扫清道路,积极投身1848—1849年其家乡萨克森的革命行动,甚至在祖国协会(Fatherland Association)——一个致力于将德意志各邦统一为共和国的组织——发表了一篇煽动人心的演讲,后来革命的失败迫使瓦格纳流亡瑞士。(顺带一提,十分遗憾的是,与很多德国"48年人"不同,瓦格纳没有选择美国作为流亡地:他本可以选择芝加哥或者明尼阿波利斯——这两座城市都很欢迎他——作为其新剧院的所在地,如此一来,他此后的作品和思想就更可能受朴素而理智的中西部美国人的影响,而非狂热的德国民族主义者的影响了。)

流亡对瓦格纳来说颇为痛苦。一方面,这么一折腾,他本就很差的健康状况变得更糟了。他患上了严重的丹毒(一种皮肤传染病,会引起剧烈的瘙痒和发热),还深受便秘之苦,于是他在苏黎世附近的一处名叫阿尔比斯温泉(Albisbrunn)的小型浴疗场寻求治疗这些疾病的方法,瑞士医生对他采取了十分严酷的治疗手法,瓦格纳称之为"水刑"。他很快逃离了那个地方,他浑身上下发痒,程度和刚到时无异,一切都原地踏步。

更重要的是,流亡对瓦格纳来说宛如地狱,因为他认为自己是个典型的德国艺术家,拼尽一切想在祖国留下自己的印记。但他只有在萨克森国王颁布且得到其他德意志统治者确认的居住禁令被解除后才能重返德国故土。结果,瓦格纳归返德国的路途恰恰经过了巴登-巴登,这个作曲家先前几乎一无所知的温泉疗养地。

1860年,巴登-巴登举办了一场欧洲君主间的大型会议(以后这样的会议会越来越多)。这次会议对瓦格纳非常重要,因为除了萨克森国王约翰,还有两位颇具影响力且支持他返回德国的女士也在会场:普鲁士摄政夫人奥古斯塔和她的女儿巴登大公夫人路易丝。在远方的瓦格纳的敦促下,两位女士向约翰国王陈述了他的情况,(很大程度上出于对她们的尊重)约翰国王对这位作曲家也做出了部分让步:虽说国王不允许瓦格纳返回萨克森,但他会向其同侪明确表示,他"不反对(瓦格纳)出于艺术的目的到访德意志其他各邦,只要[这些邦国]不反对[他在那儿露面]"。

约翰国王的部分让步最终为1864年瓦格纳在路德维希二世[1]国王的邀请下定居巴伐利亚铺平了道路。在路德维希的资助下,瓦格纳最终得以在巴伐利亚小镇拜罗伊特(Bayreuth)建造他渴望已久的剧院,因而,我们可以说,通往拜罗伊特的道路途经巴登-巴登。实际上,在瓦格纳搬至巴伐利亚(确切地说,是慕尼黑)的前一年,他在明娜的陪伴下亲自到访了这处著名的黑森林疗养地,他此行的目的是感谢奥古斯塔为他向约翰国王求情。因而,当明娜(用瓦格纳的话说)"沉溺于轮盘赌的刺激诱惑"时,他在巴登宏伟的饮泉宫拜会了奥古斯塔。令他沮丧的是,摄政夫人似乎对这次密会有些反感,毫无疑问,她觉得瓦格纳坚持单独觐见的要求是很无理的,

---

[1] 路德维希二世(1845—1886),1864—1886年在位,巴伐利亚国王,以其对艺术的狂热追求著称,绰号"疯王路德维希",热衷于修建城堡宫殿,其中最为著名的是新天鹅堡。他沉湎个人艺术幻想,引发王室保守派不满,1886年6月以患有精神病为由遭废黜,被废数日后,路德维希神秘死亡于慕尼黑的斯坦恩贝格湖。

她表示自己几乎没有为他做过什么，对他关心的事也表现得很"漠然"。"眼下，"他写道，"我离开了这座备受赞誉的巴登天堂，却没能留下［对它的］好印象。"

然而两年后，瓦格纳又回到了这个不友好的"天堂"。第二次造访是应他的巴黎朋友玛丽·冯·卡勒吉斯－穆克哈诺夫（Marie von Kalergis-Moukhanoff）之邀，后者是俄国首相涅谢尔罗迭公爵（Count Nesselrode）的侄女和被监护人。玛丽曾是肖邦的学生，后来成了瓦格纳的狂热支持者，她宣称："我相信三个绝对正确，在教会事务上，是教皇；在政治上，是俾斯麦；在艺术上，是瓦格纳。"瓦格纳很像李斯特，也可以依靠（有时是滥用）忠诚的女性的爱与支持，但和李斯特不同的是，他还有滥用男性的喜爱的倾向：人们首先会想到可怜的路德维希二世国王，瓦格纳充分利用了他对自己的痴迷。至于玛丽·冯·卡勒吉斯，她尽心地在巴登－巴登火车站迎接瓦格纳，并提出要带他在镇上转转。虽然瓦格纳表示自己的着装并不得体，但他还是被玛丽拉去了她的好友波琳·维亚尔多－加西亚（Pauline Viardot-Garcia）的别墅参加晚宴，波琳是当时知名的歌剧演唱家和钢琴家。在《我的一生》中，瓦格纳对维亚尔多－加西亚的这场晚宴着墨不多，只提到他在那儿遇到了俄国作家伊凡·屠格涅夫以及玛丽的丈夫穆克哈诺夫，玛丽努力尝试发起一些"聊得下去的谈话"。瓦格纳不可能对巴登－巴登的所见所闻有什么深刻印象，因为他立刻就逃去了苏黎世（我们或许可以补充一句，苏黎世兴许也没好到哪里去：维也纳人喜欢说这座瑞士城市有维也纳庞大的中央公墓"两倍大，却只及它一半热闹"）。

多年以后，瓦格纳重返巴登－巴登，但这些经历实在未给他留下什么印象，以至于他没有在回忆录里留下哪怕一句话。尽管如此，他还是对这座温泉铭感于心，当地乐团越来越多地将他的作品纳入保留曲目。瓦格纳在巴登－巴登受青睐的原因之一是当地还有另一位狂热的瓦格纳支持者，音乐创作者理查德·波尔（Richard

Pohl），他在19世纪60年代中期离开魏玛，成为《巴登报》的编辑。在这个岗位上，波尔不知疲倦地为瓦格纳以及他的另外两个音乐偶像——弗朗茨·李斯特和艾克托尔·柏辽兹——摇旗呐喊。事实上，波尔曾设想过一座以上演这三位天才的作品为特色的剧院。

瓦格纳很尊敬李斯特和柏辽兹，但正如我们所知，他想要建造的剧院只能上演他自己的作品（嗯，贝多芬的作品或许偶尔能得到允许入场演出）。到19世纪60年代中期，他的新"米西纳斯"（Maecenas）[1]——"疯王"路德维希二世——提出要在慕尼黑为他建一座新剧院，但这座城市的民众并不乐意：他们已经受够了瓦格纳靠着邦国的开支过奢靡的生活，也受够了他和柯西玛·冯·彪罗的绯闻（这一切都令人回想起路德维希一世国王与萝拉·蒙特斯那充满坏兆头的恋情）。在慕尼黑碰壁之后，瓦格纳一度将目光投向柏林，对于一位越来越将自己的作品视为国家项目的艺术家来说，随着1866年普鲁士击败奥地利和巴伐利亚，这座普鲁士首都似乎成了一个合适的地方。然而，德国国家统一的建筑师奥托·冯·俾斯麦对于瓦格纳以及瓦格纳所梦想的国家在低谷时刻给他砸钱均毫无兴趣。于是乎，到最后，这位作曲家只得求助可怜的路德维希，这位国王愿意资助他在王国东部边缘的小镇拜罗伊特建造一座剧院。拜罗伊特可能不是个什么了不起的地方，但正是出于这个原因，瓦格纳可以成为那里的佼佼者，镇上唯一真正的领军人物。

瓦格纳已经决定去拜罗伊特了，但1871年，有消息传来，更加引人瞩目的小镇巴登－巴登正急于要为他造一座剧院。这一倡议出自理查德·波尔，他也说服了市长，在欧斯河边修建一座瓦格纳剧院将大增这一地区的闪光度。小镇的议会也同意了，并正式向瓦格纳提出了邀请。我们不知道作曲家是否为这一提议动心过，但无论如何，他彬彬有礼的回绝信很快就来了。在信中，他提到选择拜罗

---

[1] 盖乌斯·米西纳斯（公元前70—前8），罗马帝国皇帝奥古斯都的谋臣，著名的外交家和诗人、艺术家的保护者，诗人维吉尔、贺拉斯都曾蒙其提携，米西纳斯的名字遂化为文学艺术赞助者的代名词。

伊特的主要原因就是希望能将他的节日剧院（Festspielhaus）安置在巴伐利亚境内。他还假模假式地补充到，要是没有这一问题，巴登-巴登会是他考虑的"首选地"。

这种说法值得怀疑。且不论他自己对这处温泉疗养地的印象不佳，这座小镇作为一个国际"水吧"，充斥着各种轻浮无聊的消遣，显然也不符合他的意图。瓦格纳不仅需要一个能让他脱颖而出并成为主要吸引力所在的地方，还需要一个与他的个人观念相匹配的场地，在他的观念里，音乐剧是一项高度严肃、准宗教式的事业。正如我上面提到的，瓦格纳还把他的剧院设想成一个德国的国家项目，或者用他的话来说，"德国统一的艺术姊妹"。拜罗伊特或许能够实现这些企图（这座小镇曾经属于普鲁士），但巴登-巴登作为一个国际化的度假胜地，人们去那里是为了放松身体、转移注意力，当然不是个合适的地方。

然而，没过多久，瓦格纳就开始后悔起拜罗伊特这个选择——或许，也后悔对巴登-巴登的草率拒绝。在1876年的首届拜罗伊特音乐节上，由四部歌剧组成的《尼伯龙根的指环》（*Ring des Nibelungen*）首度公演，它在艺术上（基本）是成功的，但在商业上是极度令人沮丧的，而且（在作曲家看来）在政治上亦是失败的。德国最伟大的政治人物俾斯麦并未到场，帝国的军事英雄阿尔布雷希特·冯·罗恩（Albrecht von Roon）和赫尔穆特·冯·毛奇（Helmuth von Moltke）也都没来捧场。成排的空座表明，音乐节并未吸引到瓦格纳所指望的能让他回本的大批观众。作曲家将此次惨败的责任完全归咎于拜罗伊特，第二年夏天他在于巴特埃姆斯——他到那里去抚慰受伤的心灵和病弱的身体——的信里说道：

> 至少我不得不承认这一点——而且这番确证将伴随我终身——也就是说，被"审判"的并不是我的作品，而是拜罗伊特。我的作品将会在各地演出，并吸引大量观众，但人们不会再准

备回到拜罗伊特。我只能责怪这座城镇,因为是**我自己**选择它的。但这是个绝好的主意:在国家的支持下,我想要创造一些全新的、独立的东西,就在一个很快会因为这些创造物而获得重要性的地方——一个类似艺术界的华盛顿特区的地方。[但]我过高地估计了我们的上流阶层。出于对我的认可(某种程度上或许也仅出于好奇)他们曾忍受过一次拜罗伊特的巨大不便,如今他们绝不愿再重蹈覆辙了。

最后,我们不禁要问,瓦格纳在巴特埃姆斯一边喝着水一边写这封信的时候,是否会为自己抛弃巴登-巴登而感到自责,因为在那边,吸引上流人物频繁光临从来不是问题。而作为瓦格纳的真正选择的拜罗伊特,多年之后,它的确成功地坚持了下来,但始终有赖资金赞助者慷慨解囊——这些赞助人不仅包括"遭到剥削"的路德维希二世,还有狂热的瓦格纳粉丝阿道夫·希特勒,在希特勒为时12年的"千年帝国"时期,拜罗伊特最终成了一个真正的国家项目。

德国的温泉生活或许不太适合瓦格纳,但对于艾克托尔·柏辽兹——他通常被称为"法国瓦格纳"——来说,德国疗养地,特别是巴登-巴登,被证明是让他的艺术开花结果的完美土壤。正如他自己所证实的那样,德国总体上比其他任何地方,包括作曲家的祖国法国,都更能接受其音乐思想。他曾经写道:"德国也有无赖,但人们必须承认,在那个国家,人们对艺术的热诚和感情要比欧洲其他国家深厚得多。我(在那里)得到了理解、尊重和关爱,这深深触动了我的心。而且[……]全靠这个可爱的国家,我才能保持活力。"因而,柏辽兹在巴登-巴登、威斯巴登或魏玛感到比在他的祖国更惬意也就不足为怪了。

在1853—1863年这10年间,艾克托尔·柏辽兹成为巴登-巴登文化生活中名副其实的固定人物,这很大程度上要归功于爱德华·贝纳杰的努力,1848年其父雅克去世后,他接手了温泉小镇的交际厅。爱德华的赌场之王的道路注定比他的父亲雅克更加布满荆棘，但他与父亲一样，他决心将赌博的钱转化成艺术珍品。爱德华·贝纳杰曾在巴黎音乐学院学习过一段时间，他对音乐特别感兴趣，对柏辽兹那些新颖的作品可谓了如指掌，而这种了解可以说比大多数法国的音乐评论家乃至新晋的法国独裁者拿破仑三世周围的文化机构都更深广。贝纳杰意识到柏辽兹需要能共鸣的观众和一个慷慨的赞助人，于是邀请这位大师到巴登－巴登，并于1853年8月举办了一场由他亲自选曲的音乐会。

柏辽兹抓住这个机会制定了一份雄心勃勃的节目单，包括他的《浮士德的天谴》（*Damnation de Faust*）的前两部分，激动人心的交响乐《罗密欧与朱丽叶》（*Roméo et Juliette*）的片段，以及《罗马狂欢节》（*Carnaval romain*）序曲。这样一份节目单不可能在一个小空间里、由几名乐手一起演奏。幸好，贝纳杰不是一个小心眼的经理人：他将交际厅的大部分空间改造成了一个音乐厅，甚至为此搬走了轮盘赌桌，暂时停止了赌博活动。为了提振当地的管弦乐团，他从卡尔斯鲁厄招来了数十名音乐家，自掏腰包聘用他们。

约600名衣着光鲜的（是否已疗养痊愈了呢？）[1]疗养客纵情享受了这场演出，演出确实大获成功，为此，贝纳杰向柏辽兹奉上了自第二年开始接掌巴登年度音乐节的机会。柏辽兹非常乐意帮这个忙，他后来在回忆录中写道：

> 贝纳杰先生是巴登赌场的经理，他曾多次邀请我在那里组织一年一度的音乐节，并让我拥有演出自己作品的一切条件。他在这方面的慷慨远超过那些我最理应感激的欧洲君主为我做过的任何事情。"我全权委托您，"他今年又这么说，"从您喜欢的任何地方找您想要的艺术家，给他们开任何您觉得他们会满意的条件。对于这一切，我已先行同意。"

---

[1]作者此处使用了音近的双关语，"well-heeled"（衣着光鲜）和"well-healed"（痊愈）。

因而，对柏辽兹而言，爱德华·贝纳杰的巴登是一个能够让艺术家梦想成真的地方，只要可能，他每年都会到巴登反复演出，而对他而言，使得巴登吸引力倍增的是，他有机会展示那些对巴黎来说太过大胆的作品，比如他的歌剧《特洛伊人》（*Troyens*）的最初几个片段，以及交响曲《哈罗尔德在意大利》（*Harold en Italie*）便是如此。

巧的是，正是令人赞叹的波琳·维亚尔多 - 加西亚于 1859 年演唱了《特洛伊人》中的卡珊德拉和蒂朵的部分（这部歌剧的完整版于 4 年之后首演）。而在这场 1859 年的演出中，柏辽兹指挥了一支由来自巴登、卡尔斯鲁厄、魏玛甚至斯特拉斯堡的乐手组成的庞大管弦乐团——所有这些（再一次）都是由贝纳杰出钱赞助的。维亚尔多 - 加西亚还于 1856 年的一场演出中演唱了柏辽兹的三部曲《基督的童年》（*L'enfance du Christ*）的部分内容。在作曲家兼指挥家的要求下，这场演出的收益全数捐给了法国一场洪灾的灾民。柏辽兹将第二年音乐会（也演奏了他自己的大量作品）的收入用于在巴登 - 巴登建一所新的市立医院。显然，柏辽兹很快就会像贝纳杰本人一样成为一位当地偶像。

不过柏辽兹在巴登 - 巴登的巅峰时刻还在后头。1862 年，再次受贝纳杰之托，作曲家应邀为经理人于温泉小镇新建造的一座大剧院揭幕。这座两层楼的剧院位于交际厅的东南方，是为歌剧、交响乐、芭蕾和戏剧表演量身打造的，它采用了佛罗伦萨文艺复兴风格的建筑形式，满布着雕梁画栋的山形墙，上面呈现了诗歌、音乐和绘画诸女神，其中还有一幅壁画绘有巴登大公国的纹章，纹章两侧则是歌德与席勒的奖章。柏辽兹选择用自己的新作当这栋令人印象深刻的建筑的揭幕曲：他的第三部（也是最后一部）歌剧《比阿特丽丝和本尼迪克》（*Béatrice et Bénédict*）在此首演。

也许不太搭调的一点是，这一歌剧性质特殊，改编自莎士比亚的喜剧《无事生非》（*Much Ado about Nothing*），这对于一出盛大的开幕戏剧来说不免是个略显奇怪的搭配。柏辽兹自然不是要巴登或贝纳杰难堪：他喜爱莎士比亚，也乐于在故事中添入自己的小笑话，借此匹配这位吟游诗人的浪荡风趣，为此他特意更改了故事，主人公不再是希罗和克劳狄奥，而变成了铁石心肠的讽刺爱情者——比阿特丽丝和本尼迪克。他还增加了一个全新的角色，一位名叫索马隆（Somarone）的古怪而愚蠢的唱诗班指挥，他献给希罗和克劳狄奥的婚礼颂歌，以一种相当老套的方式暗示了性高潮与死亡的古老联结："死吧，温柔的配偶，死吧，死吧，死吧！（Mourez, tenders époux, mourez, mourez, mourez!）"

柏辽兹本人似乎觉得这很有趣，并且观众可能也这么认为，因为这部作品取得了巨大成功。当地报刊盛赞这场演出是巴登－巴登文化史上的重要时刻，是献给巴登－巴登的一份大礼。一年后，柏辽兹出版了这部歌剧的正式乐谱，附有致爱德华·贝纳杰的献辞："没有你，（这份乐谱）根本就不会问世。"

正如研究柏辽兹的学者彼得·布鲁姆（Peter Bloom）所说，柏辽兹在巴登－巴登的时光"成了他一生中最快乐的篇章之一，也是对那种只强调他最后10年意志消沉的叙述的一个小小的修正"。但这并不意味着作曲家在温泉小镇的日子都充满了欢乐（顺带一提，这种欢乐有时似乎是靠鸦片支撑的）。正如我一再强调的那样，温泉不尽然是最令人愉悦的地方，它们致力于保健，让人回春，但往往令人——尤其是老年人——敏感地意识到他们的无能、虚弱与终将到来的死亡。

柏辽兹便是如此，他与歌德一样，在造访温泉期间试图通过追求更加年轻的女性来抵抗衰老的悲惨现实——唉，可惜，这里面有一种适得其反的作用，会让他感受到自己更衰老了。60岁的柏辽兹在创作《比阿特丽丝和本尼迪克》之时，疯狂爱上了一位名叫艾米丽（Amélie）的年轻女孩。尽管艾米丽表示会回报他的爱，可作曲家绝难相信这样一个美丽的年轻女孩会真的爱上像他这样的怪老头。

1862 年的一个夏日,他的朋友欧内斯特·勒古韦(Ernest Legouvé)发现他独自坐在巴登-巴登的老城堡下,凝视着一封他刚收到的艾米丽的信,艾米丽在信里重申了自己的爱,可柏辽兹依旧不相信。当勒古韦问他为何如此时,柏辽兹无奈地回答:"我 60 岁了。"勒古韦反驳道:"若是她把你看成 30 岁,又有什么关系呢?"柏辽兹说:"你看看我。看看我凹陷的脸颊和灰白的头发,看看这些皱纹〔……〕我 60 了。她不可能爱我的——她根本就不爱我。"

在任何地方,柏辽兹都无疑会经历这种不安时刻,但应当说,在一个通过有助恢复元气的水和健康的生活方式以实现回春的地方,这种感受会变得更加强烈。歌德与法国浪漫主义作家夏多布里昂(Chateaubriand)或许可以自信地畅想,就像勒古韦所说的那样,"他们的天才赋予了他们永恒的青春",可柏辽兹却无法做到这一点。事实上,作曲家的怀疑是有道理的。一年之后,当他重返巴登-巴登再度指挥《比阿特丽丝》的时候,艾米丽已然去世了,尽管她还很年轻。

两年后的 1865 年,柏辽兹不得不婉拒贝纳杰之邀,不再指挥当年的音乐节。他已病得太重,不能再旅行了。《比阿特丽丝和本尼迪克》成了他的绝唱,至少对巴登-巴登来说是如此。他于 1869 年去世,再没能回到那个他曾经享受过最快乐时光的地方。

就在柏辽兹结束了他在巴登-巴登度过的愉快 10 年后,约翰内斯·勃拉姆斯在这处温泉小镇度过了他自己时断时续的 10 年光阴。对他而言,最吸引他的是老朋友(也是他的恋人)克拉拉·舒曼(Clara Schumann),1856 年,在她的丈夫罗伯特(Robert)去世之后,她带着 7 个孩子搬至里奇滕塔勒大道上的一间小屋子。尽管膝下有一群孩子,但这丝毫没碍着克拉拉组建一个著名的艺术沙龙,她的沙龙吸引了像维亚尔多-加西亚、屠格涅夫、"圆舞曲之王"小约翰·施特劳斯、钢琴家兼作曲家安东·鲁宾斯坦(Anton Rubinstein)、法国插画家古斯塔夫·多雷(Gustav Doré)、德国新古典主义画家安塞尔姆·费尔巴哈（Anselm Feuerbach）等人。在克拉拉的沙龙上，除了通常的高谈阔论，还有音乐创作，这一点也就不足为奇了。"最近我办了一个小聚会，非常舒适，"克拉拉在 1863 年 6 月的一封信中写道，"维亚尔多夫人与我一起弹奏［钢琴］，她还唱歌。"没多久，勃拉姆斯也开始在克拉拉的沙龙参加社交和表演了。"他［勃拉姆斯］来去随心，位子总是替他留好了。"克拉拉写道。

勃拉姆斯也成了波琳·维亚尔多 – 加西亚在她位于附近的更加豪华的宅邸举办的类似晚会（soirées）的常客。不过这位音乐家并没有把他在巴登 – 巴登的时间都花在社交和非正式的钢琴演奏上。和贝多芬一样，他喜欢在春夏度假之时于田园风光之中草拟他的作品。他在里奇滕塔勒大道租了间小房子，离克拉拉的小屋很近，每当夏天住在那儿时，他便全身心地投入严肃的创作活动中。（奇怪的是，作为一个对有关自己作品的任何批评都异常敏感的艺术家，他经常把这些草稿拿给克拉拉看，而克拉拉呢，她在音乐方面也并不逊色，有信心对其中一些部分给出颇为苛刻的评语。）

1869 年夏，勃拉姆斯为他的《第二弦乐四重奏》（String Quartet op. 51, no. 2）的初版进行了漫长而艰苦的创作，同时还完成了为人声四重奏和钢琴二重奏而作的《爱之歌圆舞曲》(*Liebeslieder*)。勃拉姆斯的传记作者马尔科姆·麦克唐纳（Malcolm MacDonald）推测，这些"代表了家庭作曲之优雅典范"的圆舞曲很可能是"此时他对美丽的茱莉·舒曼（Julie Schulmann）（罗伯特与克拉拉的三女儿）的幻想的外化表现，他每天都能在她母亲的房子里见到她"。

更普遍而言，麦克唐纳还认为，巴登 – 巴登周边的黑森林景观将勃拉姆斯的作品推向了更加"浪漫"的方向，这在他的《降 E 大调钢琴》、《小提琴与圆号三重奏》（Trio in E-flat major op. 40, for piano, violin and horn）中得到了淋漓尽致的体现。麦克唐纳指出，这部作品在很大程度上要归功于"巴登周围的黑森林充满诗意的环境"。考虑到勃拉姆斯有在每日从里奇滕塔勒的避暑寓所步行至巴登老城堡时在脑海中构思音乐段落的习惯，这种说法就显得更有道理了。（不过没有证据表明勃拉姆斯在洗热温泉浴时创作过任何作品——实际上，他在巴登-巴登的夏天似乎根本没有"泡过澡"。）

如果说勃拉姆斯在黑森林温泉小镇规律性的短休成果丰硕，充满了令人兴奋的社交活动，但勃拉姆斯的短休显然不如柏辽兹的那般"快乐"。勃拉姆斯终其一生都饱受严重忧郁症的折磨——他的病在今天可能会被诊断为"慢性抑郁症"。某种程度上，这些至暗时刻源于笼罩他的艺术的痛苦——或者更确切地说，源于针对他的艺术的反馈，尤其是出自现代主义音乐家和评论家的反馈。毋庸置疑：勃拉姆斯与环绕在李斯特和瓦格纳周围的新德意志学派关系恶劣。

在其艺术生涯早期，他其实在魏玛遇到过李斯特。然而，有一次，在李斯特演奏自己的《b小调奏鸣曲》时，年轻的勃拉姆斯竟睡着了，打起鼾来。勃拉姆斯事后一再为此道歉，但这位骄傲的大师从未原谅他。至于瓦格纳呢，他贬斥勃拉姆斯的作品"因循守旧"——这是他对一位音乐家同行最糟糕的评语。

不过，毫无疑问，勃拉姆斯的忧郁还源于另一个因素：极不称心如意的感情生活。虽然他长相十足英俊，而且（据我们所知）在性事上也表现尚佳，却始终未婚。他与一个又一个"体面"女性保持暧昧关系，却（同样，据我们所知）只和妓女上床。勃拉姆斯的巴登-巴登短休并未使他摆脱这种凄凉局面，尽管他在搬到那里时仍对克拉拉·舒曼怀有爱慕之意，却很快又对她的女儿茱莉产生了疯狂的爱恋，茱莉待他很好，但对勃拉姆斯没什么想法。

1869年，茱莉宣布与在意大利旅行时认识的一位意大利伯爵订婚，勃拉姆斯崩溃了。几个月后，当茱莉在巴登-巴登的一场典礼上嫁给她的伯爵时，勃拉姆斯写了一段音乐作为回应，他（痛苦地）将之视为庆祝自己与茱莉在幻想中结合的献礼。正如克拉拉在婚礼第二天的日记中吐露的那样："约翰内斯给我带来了一部美妙的作品［……］歌词出自歌德的《哈尔茨山游记》（*Harzreise*）[1]，是一部包括了女低音、男声合唱和管弦乐团的作品。他称之为他的新婚之歌，可在我看来，这作品是他内心痛苦的体现。要是他能这么温柔地说出来就好了！"

或许克拉拉是对的：如果勃拉姆斯能像他作曲那般说话（他以唐突尖刻著称），他可能就会在女士们那里行好运。但同时，如此一来，他可能也就无法用他痛苦的果实来为这个世界增光添彩了。的确，我们也许会自私地感到欣慰，巴登-巴登没能"疗愈"勃拉姆斯那颗孤寂的心。就像很多在大温泉逗留的相思病人那样，他发现当地的浪漫氛围非但没能减轻他的痛苦，反而加剧了它。

勃拉姆斯在巴登-巴登并不赌博，但其他许多经常光顾这处大温泉的音乐家都无法抗拒贝纳杰交际厅赌桌的诱惑。轻歌剧作曲家雅克·奥芬巴赫（Jacques Offenbach）（他也是巴特埃姆斯的常客）于1868和1869年的夏天光临巴登-巴登，在那边泡泡澡，治疗痛风，也是为了在贝纳杰刚于赌场附近新建的剧院指挥演出。剧院与赌场比邻而立，这对奥芬巴赫来说可谓致命：每天晚上，他都会径直从指挥台走向轮盘赌桌，在那儿输得一塌糊涂。他的"下注妙招"就是他一定能准确挑选出怎么也出现不了的颜色或数字。他的手法是如此"万无一失"，以至于巴特洪堡的赌场许诺，只要他愿意移驾巴特洪堡，给其他沉迷赌博者"上上课"，便会给他丰厚的报偿。

小约翰·施特劳斯是另一个嗜赌成性之人——也是个习惯成自然的输家。19世纪60年代末，他起初去这处温泉的时候，损失的钱还相对较少，可当他于1872年夏天重返时，他带着他最近从波士顿和纽约的演出中赚的巨款，最终将其在美国的全部收益都倾倒在了贝纳杰的赌桌上。颇富讽刺意味的是，施特劳斯没在赌桌上输钱的时候，他会和德皇威廉一世在里奇滕塔勒大道上散步，而仅仅在两

---

[1]《哈尔茨山游记》，德国诗人海涅于1826年创作的散文作品，融记游、风景描写、社会批评和文学论文为一体，以反讽的笔触对当时德国社会的落后面貌进行了无情批判。此处原文误将作者写成了歌德。

个月之后,威廉在全国范围内禁止赌场博彩的禁令就生效了,圆舞曲之王成了大温泉最后的大输家之一。

巴登-巴登拥有贝纳杰家族作为赞助人,凭借这一重要优势,它或许比其他任何中欧疗养地都吸引到了更多知名音乐家,但它并不是唯一四周山间萦绕着音乐之声的高端温泉。哈布斯堡奥地利——当时仍被认为是世界音乐之都——的主要温泉也吸引到了属于它们的著名作曲家、指挥家和演奏家。哈布斯堡帝国喜好音乐的公民们尤其倾向于在奥匈帝国境内作曲和疗养。1825 年,弗朗茨·舒伯特去了巴德加施泰因创作他的《a 小调奏鸣曲》,编制浩大的《D 大调奏鸣曲》。这处温泉也是他创作 C 大调《加施泰因》交响曲的灵感来源,这首交响曲被认为是他最好的作品之一。匈牙利音乐家弗朗兹·莱哈尔(Franz Lehár)——他以轻歌剧《风流寡妇》(Merry Widow)而闻名——选择的温泉是巴德伊舍,这处温泉有时被称为欧洲的音乐旋转门(musikalischer Umschlagplatz),因为这里有许多著名的音乐家来来往往。莱哈尔非常喜欢巴德伊舍,他定居于那里的一座宏伟的别墅。小约翰·施特劳斯也是一个伊舍的粉丝,1892—1898 年,他经常到那里避暑,与莱哈尔一样,他在小镇上买了一幢富丽堂皇的别墅,在那里,他可以把时间分配给作曲和主持热闹的音乐聚会。

奥地利阿尔卑斯地区在约翰内斯·勃拉姆斯的人生中也扮演着重要角色,他在 19 世纪 80 年代早期选择巴德伊舍作为他最喜爱的避风港湾,然后又于 1889—1896 年,其暮年时选择了那里。在 19 世纪晚期,伊舍作为弗朗茨·约瑟夫皇帝的夏季居所而声名远播,上了年纪的勃拉姆斯喜欢它的原因与奥皇别无二致:那里风景优美、平静安宁。(事实上,皇帝也喜欢伊舍的野生动物,而这一点则丝毫没给勃拉姆斯留下什么深刻印象。)正是在伊舍,这位年老的音乐大师又创作了他最后十几部主要作品。

1896 年夏天,勃拉姆斯正在创作他的最后一部作品《十一首众赞歌前奏曲》(*Eleven Chorale Preludes for the Organ*),他发觉自己的体重在下降,而且明显感受到身体不适。这位魁梧的音乐家自成年起身体一直很健康,他同意到伊舍去看医生,条件是医生不能够告诉他任何"不愉快的"事情。热情的温泉医生诊断出他患有轻微的黄疸,尽管医生怀疑他患上的是肝癌。由于卡尔斯巴德比伊舍更适合治疗黄疸,当地医生便建议勃拉姆斯到波西米亚接受水疗。勃拉姆斯于1896年秋天如期前往那里,虽然他很喜欢卡尔斯巴德的景色,但他发觉那儿的水对他的"黄疸"毫无效果,这一点儿也不令人奇怪。几个月之后,他就去世了,直到最后他都坚称他只是经历了一段糟糕的时期,他有意为之,迅速减了肥。

19世纪90年代初,勃拉姆斯还住在伊舍(创作作品)时,他花了大量时间和一位年轻音乐家交流,这位音乐家在许多方面都是他的"克星":古斯塔夫·马勒。虽然出生于波西米亚的马勒可以被归到"晚期浪漫主义"这一流派,但相比于勃拉姆斯更为传统的浪漫主义,他的作品与瓦格纳的"未来音乐"有着更多的共同点。在巴德伊舍停留期间,马勒决定容忍勃拉姆斯,虽然他觉得勃拉姆斯就是个"音乐恐龙"。(之后,马勒会很不友善地贬损勃拉姆斯,说他是"胸脯狭窄的瘦小侏儒","若是理查德·瓦格纳用强大的肺部呼上一口气,他的双脚几乎都站不起来"。)1894年7月,马勒写信给一位朋友,说他在伊舍遇到了勃拉姆斯,觉得他"挺有趣的"。两年之后,他对这位老人的态度变得有些矛盾:

> 在接下来的几天里,我去伊舍旅行,在那儿我总是能见到勃拉姆斯。在这里,我可以像浮士德一样很真诚地说:"有时我很喜欢见到这个老家伙。"他是棵多节而坚韧的老树,却结出成熟甜美的果实。看到这株强壮、枝繁叶茂的植物真是一种乐趣,可"我们"并不适合在一块儿,我们的"友谊"之所以能够维持下去,只是因为我这个年轻的小伙子给予了他必要的

尊重，也只向他展示我认为会让他高兴的那一面。

马勒的朋友与曾经的恋人，中提琴家娜塔莉·鲍尔-莱希纳（Natalie Bauer-Lechner）在一本未出版的回忆录中写到，尽管勃拉姆斯在伊舍时总是热情地欢迎马勒，但后者却并没有从他们的相遇之中获得太多智力或艺术上的刺激，因为勃拉姆斯"除了自己作曲的作品，畏惧地规避任何在思想上有挑战的东西"。事情或许是这样，但更有可能的情况是，马勒相信在艺术上勃拉姆斯对他已无从置喙，他只是忽略了和这个老人交谈。

不过，真正吸引马勒的是伊舍的自然之美，这种自然之美常常直接体现在他的音乐之中。大自然的声音——鸟儿的鸣叫、动物的呼号、乡村歌曲与奔腾的流水——精巧纷呈地被编织在了他的作品里。一如勃拉姆斯，马勒会在与自然的交流时萌生自己的音乐灵感，但对他而言，这种交流几乎要用上超人般的活力，包括长距离徒步以及骑自行车穿过整个萨尔茨默古特。对马勒来说，这类严肃的体育锻炼对他的心智是不可或缺的，因为他一直为神经焦虑和躁动症所困。在马勒自伊舍及其周边地区写给朋友的便笺中，他热情洋溢地描述了自己穿越高山隘口、沿着阿尔卑斯高山湖泊与溪流的数日徒步旅程。不过，尽管马勒热衷运动，但他也会抽出时间泡在当地的浴池中，他最喜欢的地方是由一位专攻"水疗和按摩"的维也纳医生经营、如今早已不复存在的场所。马勒在那儿定期进行按摩，缓解肌肉酸痛，并治疗导致他于1911年英年早逝的心脏疾病的早期症状（这一点不太确定）。

就像很多经常光顾大温泉的艺术家一样，马勒也会通过与诸多在伊舍避暑的达官显贵亲切交谈来寻求放松（虽说可能没有那么刺激）。对马勒而言，此类社交尤为重要，因为作为一个在波西米亚长大的犹太人，与奥地利基督教社会的上层精英把酒言欢，这意味着他可能终于"出人头地"。但或许事情也并非如此，虽然他于

1897年皈依了天主教，并于同年出任维也纳国家歌剧院的艺术总监，无可置疑地攀登至奥地利的音乐事业的顶峰，可他却从未有过丝毫的安全感。他的遗孀阿尔玛（Alma）在其回忆录（这本身也是她的一部杰作[1]）中写到，马勒曾经哀叹："我是个三重流浪者，一个奥地利的波西米亚人，一个德意志人中的奥地利人，一个全世界的犹太人。无论到哪儿我都是个不速之客，不受欢迎。"

不过，这样的哀叹是后来才出现的。马勒从伊舍寄来的信里还没有显露出焦虑的迹象，在他人生的这一阶段，他还在为身体疾病咨询温泉医生，而非像1910年时那样——为他的精神痛苦去找西格蒙德·弗洛伊德。向来乐意帮忙的弗洛伊德告诉他，马勒其实暗地里希望他的妻子同他母亲一样长期体弱多病（他母亲在他年轻时死于心脏病），此外，他还具有重度"肛门滞留人格"[2]。

到马勒为他的情绪焦虑寻求精神治疗的时候，他已不在伊舍过夏天了。到了20世纪初，他开始去卡林西亚（Carinthia）[3]沃尔特湖（Wörthersee）上的迈尔尼希（Maiernigg）避暑，他最终在那里造了一栋别墅。他频繁去那里休养身体，一方面是为了作曲，另一方面也为了躲避那些令他的维也纳时光饱受折磨的无情的反犹攻击。弗朗茨·约瑟夫皇帝喜欢说，巴德伊舍欢迎所有人，包括犹太人。或许马勒本应该一直把那里当成他的避暑地的，可是，假使他这么做了，他就会发现那里也并不会安全太久。

---

[1] 阿尔玛·马勒（婚前姓辛德勒）是20世纪最有名的蛇蝎美人之一，她后来嫁给了著名的德国建筑家瓦尔特·格罗皮乌斯，再然后是奥地利作家弗朗茨·韦尔弗，与此同时，她还与很多杰出男性有染，包括画家古斯塔夫·克里姆特和奥斯卡·柯克西卡。她在维也纳以及后来的纽约沙龙都成了传奇。虽然先后嫁给马勒和韦尔弗两位犹太人，但阿尔玛自己却怀有强烈的反犹倾向。1964年她去世后，讽刺音乐大师汤姆·莱勒用一首歌真正让她获得了不朽声名："阿尔玛，告诉我们，所有现代女人都爱吃醋。"——原注

[2] 肛门滞留人格，又称"肛门固着型人格"，弗洛伊德精神分析理论术语，指因肛门期没有顺利发展而产生的停滞现象。此种人格的人容易出现焦虑、抑郁、害怕、紧张、易怒等精神问题。

[3] 卡林西亚，又称克恩顿，奥地利最南部的州，与斯洛文尼亚和意大利接壤，境内密布雪山、冰川和高山湖泊，是历史悠久的避暑胜地和旅游观光目的地。

第四章

鲁列滕堡

自1711年彼得大帝造访卡尔斯巴德以来，大批俄国人便不断涌入中欧的大温泉。在19世纪，德国的大温泉疗养地尤其吸引斯拉夫游客，因为在俄国，这些地方被认为是医疗上最先进，也是最时髦、最高级的去处。从后拿破仑时代直至第一次世界大战，整整一个世纪的时间，几乎俄国上流社会的每一个人都会在夏季流连穿梭于巴登-巴登、威斯巴登、巴特洪堡和巴特埃姆斯。

所有这些疗养地还有另一项引诱俄国人前来的东西：赌场。诚然，其他国家的游客也会赌博，可俄国人却因他们在赌桌——特别是轮盘赌——上所显露的天资和鲁莽而声名远播。据说"给一个俄国人看一眼轮盘赌的转盘，他就会转动它"。（更尖酸的说法或许是："给一个俄国人看一眼左轮手枪的枪膛，他很可能也会转动它。"）毫无疑问，最臭名昭著的俄国轮盘赌玩家（不致命的那种）当推19世纪50年代初在巴特洪堡大赌特赌的索菲·基西莱夫伯爵夫人（Countess Sophie Kissileff），传言她每天只赌一把：从早上11点到晚上11点，无论是她狂怒丈夫的离婚令还是来自教宗的旨令（伯爵夫人是名天主教徒）都没能让她金盆洗手。当她最终把钱输得一干二净的时候，洪堡赌场净赚400万美元（按现在的币值计算）。

基西莱夫伯爵夫人也许是19世纪下半叶造访德国温泉的最声名狼藉的赌徒，不过她对于温泉的文化生活抑或对我们有关当时疗养胜地的整体景象的理解并没起到什么特别重要的作用，这些殊荣将归功于一群俄国的温泉主顾，他们恰巧又是群严肃的作家，或许除了德国和奥地利本土作家，俄国作家在温泉地带开掘的珍贵文学矿藏要比其他任何地区的作家都多。在这批俄国作家里面，有那么些人还试图——毁灭性地——用更传统的方式来开掘德国温泉——赌博。列夫·托尔斯泰与费奥多尔·陀思妥耶夫斯基双双在德国温泉染上重度赌瘾，宛如这些地方是滋生狂热的泥沼一般（实际上这也正是这些作家最终对温泉地达成的共识）。正是陀思妥耶夫斯基为德国温泉赌场创造了"鲁列滕堡"（Roulettenburg）[1]这一令人印象深刻的名词，"鲁列滕堡"令其众多同胞深陷其中，他自己亦不能自拔。不过，在德国温泉地生活时间最长、创作也最多的俄国作家伊凡·屠格涅夫却设法彻底戒了赌，同样戒赌成功的还有尼古莱·果戈里。"鲁列滕堡"大概是个很有俄国色彩的地方，但在所有那些见识过它的俄国著名作家眼里，它并非全然相同。

心灵（和肠子）的烦恼：尼古莱·果戈里在巴登－巴登

19世纪第一位在德国温泉度过大把时光的俄国作家是尼古莱·果戈里。可是就1809年出生在乌克兰的果戈里而言，他究竟算不算是俄国人呢？尽管当时乌克兰属于俄罗斯帝国的一部分，但包括果戈里在内的很多乌克兰人都愿意将自己视为一个不同的民族（今天的许多乌克兰人依然持此观点）。另外，虽然早年的果戈里或许是个乌克兰爱国者，且他在文学创作的起步阶段确实聚焦于乌克兰民俗传说和哥萨克英雄，但他最终成了一个俄罗斯帝国的热忱拥趸。（在这一层面，果戈里和格鲁吉亚人约瑟夫·斯大林颇有些相似之处，后者是另一个从外来民族成员变身帝俄主义者的人物。）

无论过去还是现在，果戈里的国家认同可能始终是个存在争议

---

[1]"鲁列滕堡"，陀思妥耶夫斯基在小说《赌徒》中虚构的一处德国地名，字面意思为"轮盘赌城"。

的问题，[1]但他前往德国接受水疗的原因却再清楚不过，如前所说，赌博不在其中，他生来鄙视各种类型的游戏。同样有趣的是，果戈里逗留的德国温泉局限在巴登-巴登，1836—1844年他曾四度到访那里，而对于大多数德国温泉疗养地的俄国访客，包括那些作家，他们最喜欢光顾的地方则是威斯巴登，巴特洪堡和巴特埃姆斯是另外的首选地。

1836年和1837年，果戈里前两次巴登-巴登之旅的行程纯粹出于健康上的考虑。从孩提时代起，果戈里就一直是个忧郁症患者，一个胆小怕事、令人生厌的小家伙——这与之后他笔下那些哥萨克战士形象完全相反。"他是个浑身发抖的男孩儿，两手脏兮兮的，有一头油腻的头发，耳朵里还流着脓。"弗拉基米尔·纳博科夫在一部对果戈里钦佩有加（除开此段描写）的传记中如是写道。"他狼吞虎咽地吃黏糊糊的糖果，他的同学会避免触碰到他用的书。"到果戈里刚步入成年的时候，情况并没有什么特别的改善，他开始纠结于自己那只又长又尖的鼻子，它取代了早先流脓的耳朵，成了他最显著的解剖学特征。他的文学作品也屡屡提及有关嗅觉和灵敏的鼻子的内容，无论是精彩的短篇小说《鼻子》（The Nose，1835年），还是他的暗黑杰作《死魂灵》（Dead Souls，1842年）。至于其身体状况，这个年轻人患有早发性痛风，还饱受痔疮之苦——全拜他长期暴饮暴食，以及他那肥大的屁股久坐所赐。此外，他还得了我们今天所说的肠易激综合征——这非常难受，反复交替经历严重的便秘和腹泻，这个可怜人也许前一礼拜连一颗鹅卵石都排不出来，可到了下一礼拜又成了人形消防水管。果戈里得知巴登-巴登是调理这种毛病的最好去处，因为再没有谁比德国人更精通肠子和肠道运

---

[1] 2009年，一部根据果戈里的哥萨克长篇小说《塔拉斯·布尔巴》改编的大片在莫斯科上映，它立刻成为俄罗斯与乌克兰间持续不断的文化战争的一部分。这部电影得到俄罗斯文化部的资助，导演表示，影片表明"独立的乌克兰人"根本就不存在。在果戈里生日当天，俄罗斯总理普京称赞这位《塔拉斯·布尔巴》的作者是"一位杰出的俄罗斯作家"。而另一边，乌克兰总统尤先科则明确称果戈里是乌克兰人。"他毫无疑问属于乌克兰，果戈里虽然用俄语写作，但他是用乌克兰语思考和感受的。"——原注

动了。

而巴登-巴登的确缓解了果戈里的些许痛苦,这很大程度上要归功于那里的水疗医生严格控制其饮食,并让他坚持每天散步,果戈里也开始喜欢上了这项活动。由于他在第一次水疗结束返家后不久便重蹈旧习,因此他旧病复发,在来年夏天,他又愉快地重游了巴登-巴登。

不过果戈里最后两次温泉之行(1843年和1844年)的动因除了治疗糟糕的肠道,也在同等程度上受商业利益驱使。果戈里曾定期为一份名为《欧罗巴》(*Europa*)的文学刊物供稿,1841年,《欧罗巴》总部自巴黎搬迁至巴登-巴登(这件事本身便可作为该小镇在文坛声望日隆的一个表征)。刊物编辑奥古斯特·勒瓦尔德(August Lewald)是个会讲俄语的德国人,致力于在欧洲推广俄国文学。为此,他邀请像果戈里这样的作家登门拜会,讨论可以为期刊撰写的稿件。因而,果戈里最后两次到访巴登-巴登时,花了许多时间与勒瓦尔德还有其他《欧罗巴》的供稿者聊天。他还开始筹备《死魂灵》的第二卷,作家相信巴登-巴登是他进行创作的完美地点,因为那里既能带给他宁静,又能给予他刺激。

或许他真应该留在那儿,当他继续在西欧和中欧多地旅居并最终回到俄国后,果戈里受到一名东正教长老或游方圣僧的蛊惑,坚信自己那些富于想象力的文学作品是罪恶的。宗教上的负罪感,以及其导师极端禁欲主义的养生法所导致的身心孱弱使得果戈里于1852年2月24日的晚上,在一场自我净化的狂欢中烧毁了《死魂灵》第二卷和其他未出版的手稿。在完成这桩毁灭行径之后,他躺倒在莫斯科的床上,拒绝进食,9天之后,他心满意足而痛苦地死去了。

最终,事实证明,果戈里的巴登-巴登之行对其艺术生涯的重要性远超对其身体健康的重要性,编辑勒瓦尔德忠于自己的使命,抓住一切机会提携这位年轻作家。1844年,《欧罗巴》连载了果戈里知名的乌克兰英雄史诗《塔拉斯·布尔巴》(*Taras Bulba*)[1]，在引言中，勒瓦尔德准确地指出，尽管果戈里是当时在俄国写作的最重量级的作家之一，但因其乌克兰血统和对民间题材的偏爱，很多俄国人不会倾向于接受他。此外，有赖勒瓦尔德慧眼识珠，果戈里较晚近的作品，例如辛辣讽刺的杰作《钦差大臣》(The Inspector General, 1836)、《外套》(The Overcoat, 1842)，以及最重要的《死魂灵》，向俄罗斯人揭示了他们的本来面目，而非他们希望世界其他地方所看到的自己的面貌。

在审查机关的一再坚持下，《死魂灵》最初以《乞乞科夫历险记》(*The Adventures of Chichikov*)这个无关痛痒的标题出版，小说面世后在俄国国内遭到大肆批判，这让果戈里比以往任何时候都急于待在国外。但此时，他钟情的栖居地已不再是巴登-巴登，而成了罗马，一座真正的亡灵之城，罗马有着宽大的墓穴、层垒的废墟和满是教士的街道，那里与他之后放弃对俄国体制的讽刺挖苦，转而护卫宗教正统和狂热的帝俄爱国主义的思想转折极为合拍。在平和友善的巴登-巴登，面色苍白、体弱多病、身躯肥胖的果戈里几乎当不了"社交动物"，可临近晚年，他却变得愈发自闭偏执，他会故意挑起与文坛对手的笔战，指控的名目从道德上的背信弃义到对他作品的剽窃，可谓无所不包。

果戈里最乐于抨击的目标之一是伊凡·屠格涅夫，另一位巴登-巴登温泉爱好者。在其满怀怨愤的暮年，果戈里绝少会放过任何一次痛斥这位年轻作家的机会，果戈里称他是"一个归化了德国的祖国俄罗斯的叛徒"（此后，费奥多尔·陀思妥耶夫斯基会加倍猛烈地重复此一指控）。尽管如此，屠格涅夫还是很有风度地承认，无论是对其个人作品，还是对西欧的朝圣之旅，果戈里都是影响卓著的先驱。"我们全是从果戈里的外套中爬出来的。"屠格涅夫在致

---

[1]《塔拉斯·布尔巴》，果戈里创作的长篇小说，小说描写了乌克兰民族英雄抗击波兰贵族压迫的历史，浓墨重彩地勾勒了高大英勇的哥萨克首领塔拉斯·布尔巴的形象，歌颂了乌克兰扎波罗热哥萨克为祖国宁死不屈的爱国主义精神。

这位影响深远的文学前辈的悼词中如是写道。

伊凡·屠格涅夫通往西方的道路

伊凡·屠格涅夫也许是循着果戈里的足迹开启他自己的巴登-巴登朝圣之旅的，然而这处传说中的温泉在其工作和生活中扮演了与果戈里十分不同且重要得多的角色。到最后，它成了屠格涅夫的第二个家，而且是一处"真正的"家——或者说是这个漂泊不安的灵魂所能寻找到的最名副其实的家。屠格涅夫与黑森林温泉小镇间的关系远比果戈里乃至其他俄国作家来得紧密，若不了解他的家庭和教育背景、世界观和性格，这种关系是无法全然理解的。

1818年，屠格涅夫出身于俄国的一个旧式家庭，他家在奥廖尔省（俄国中部）的乡间广有地产，在莫斯科还有栋联排别墅。屠格涅夫本可以过一种典型的乡村地主的生活，往来于别墅与外省庄园之间，在城里和其他贵族的妻子调情，到农庄则同农奴女孩睡觉。屠格涅夫的父亲，一个有些无所事事的骑兵军官就是这么干的——实际上，年轻的屠格涅夫有一阵子同样如此这般行事。（屠格涅夫曾与家中女仆有段露水情缘，还因此生下一个女儿波琳奈特，屠格涅夫后来把她送到法国念书，但对其他方面就不闻不问了。）屠格涅夫专横跋扈的母亲瓦尔瓦拉·彼得罗夫娜·卢托维诺娃（Varvara Petrovna Lutovinova）是位富有的女继承人，掌控着全家的钱袋子，她并不反对儿子让一个女仆怀孕，或是保有其他性关系，只要这些不会严重威胁她对儿子的绝对掌控，她有时会朝屠格涅夫饱以老拳再给上少许零用钱来强化这种控制。毫不奇怪，摆脱"妈妈"彼得罗夫娜成了小伊凡的头等大事，无论如何他都不适应在乡下的生活，也不适应在莫斯科或圣彼得堡从事枯燥乏味的官僚工作，而这恰恰是母亲对他的人生规划。

然而，彼得罗夫娜的规划似乎成了小伊凡无可逃避的使命，因为他开始了自己的大学学业，先是在莫斯科大学待了一年，接着又前往更负盛名的圣彼得堡大学学习了 3 年（1834—1837）。对屠格涅夫来说，圣彼得堡，这座位于芬兰湾的俄罗斯帝都，彼得大帝"通往西方的窗口"，相较于守旧的莫斯科明显要进步得多，但他很快发觉首都那里由宫廷主宰的社会和遭到严密审查的知识分子生活，与那里潮湿、雾蒙蒙的气候一样令人倍感压抑和厌恶。他能够暂且忍受圣彼得堡无非只是希望将其作为迈向更广阔的——多年来吸引着沙皇彼得一世和无数渴求新知的俄国人的——西方世界的跳板。屠格涅夫的目光尤其注视着德国，那里是"诗人和思想家"（Dichter und Denker）的天堂，终其一生孜孜以求的学者（更别提一个母国暴政的避难者了）可以在德国寻找到——用他的话说——"真正的启蒙"。

在保证会经常写信回家，既不赌博，也不会在"如狼似虎"的年轻小姐面前迷失心智后，屠格涅夫获得母亲的准许，前往当时世界最高水平的学术中心——柏林大学——继续学习一段时期。母子间达成的共识是，伊凡会在学成后回到俄国，在帝国政府部门里谋个差事，就此完成他的使命。

屠格涅夫自己确实希望沿着这条道路走下去，也这样干了一些年头，但他新近的留德生活对他的人生观产生了巨大影响，以至于他如今感觉自己像个外国人——一个自己国土上的"西化"了的外国人。多年后，回顾起这场个人的转变，并将这段经历解读成正在持续中的俄国"西化派"与"斯拉夫派"的意识形态论战[1]的一个插曲时，他写下著名的文字："我一头扎入德国的大海，海水净化了我，当我从海浪中浮出，我发现自己成了一个西方人。"屠格涅夫一头扎入德国的大海，这一壮举最终演变成一场漫长的游泳，而

---

[1] 19 世纪 40 年代和 50 年代，俄国知识阶层就俄罗斯文明的性质、俄国未来的发展道路以及与西方的关系等议题产生了思想论争，即"西化派"与"斯拉夫派"的意识形态论战。"斯拉夫派"宣扬东正教和斯拉夫文化的优越性，反对俄国的西化改革；"西化派"的内部差异相较"斯拉夫派"更大，但基本都否认俄罗斯文明的特殊性，认为遵循西方走过的历史发展道路才是俄国唯一正确的选择。

第四章
鲁列滕堡

大部分游泳——或者我该说泡澡——的时间都在巴登－巴登度过。

在他停留德国期间，屠格涅夫曾受到黑格尔的影响，他认为黑格尔深奥难懂的哲学蕴含了对社会政治进步改良的呼唤（黑格尔的其他追随者的理解却恰恰相反）。作为初出茅庐的黑格尔左派，屠格涅夫在 1838 年回国后就发觉自己的祖国有着一大堆问题，于是他尽心尽力地在圣彼得堡当起了公务员。但实际上，一个人就算不是黑格尔左派，也会觉得沙皇尼古拉一世治下的俄国积重难返，尼古拉的高压统治可由其极端保守的三信条一举概括："东正教正统、君主专制、民族性（Orthodoxy, Autocracy, Nationality）。"为贯彻这个（他眼中的）神圣三位一体，尼古拉创设了秘密的政治警察机构——令人闻风丧胆的御前办公厅第三处[1]，其任务就是将一切"颠覆"活动消灭于萌芽状态，即使这需要为此进行煽动颠覆，以便制造出可供其粉碎的东西。现存秩序也并不缺乏真正的挑战，在国内，尼古拉的核心任务是捍卫农奴制，就像美国南部的黑奴制度（peculiar institution）一样，俄国农奴制在国内外正越来越受到抨击，屠格涅夫即是国内的批评者之一。尽管他自己是个农奴主，但他立誓一旦取得家族产业的控制权，就会立即释放他的"魂灵"。

在俄国待的时间越久，屠格涅夫便越想远走高飞，就像他在柏林大学的学生时代那样在中欧和西欧旅行。然而他公务员的工作极大限制了其活动能力，此外，在尼古拉一世的统治下，要想取得前往西方各地旅行的官方许可也并不容易，尼古拉登基伊始即遭到一场由青年军官掀起的叛乱（十二月党人起义）的严峻挑战，而起义的领袖们正是在占领后拿破仑时代的法国期间接受了宪政理想的熏陶。

由于出国旅行受限，屠格涅夫便退而求其次：他定期前往圣彼得堡歌剧院观看演出，那里上演的大部分剧目出自意大利、法国和

---

[1] 御前办公厅第三处，又称"第三厅"，尼古拉一世设立的政治监视和警务机关，总揽一切警务，监视各阶层的思想动向，侦察各社团组织的活动，镇压人民革命运动，加强沙皇专制统治，成为凌驾于法律和所有国家机关之上的特殊部门。1880 年被撤销。

中欧大温泉

德国，登台献演的明星中有许多是自西欧请来的客座艺术家，这些外国明星里有一位年轻的西班牙裔名伶波琳·维亚尔多-加西亚。1843年，屠格涅夫第一次听到她演唱《塞维利亚的理发师》（*Il Barbiere di Seviglia*）中的罗西娜，就像很多男人那样，他被这个有着吉普赛风味的异国情调的黑眼美人迷得神魂颠倒。（依照德国诗人海因里希·海涅的说法，观看加西亚的演出时，她强大的对异性的吸引力给人一种感觉——"仿佛印度和非洲的巨型动植物即将出现在你眼前［……］你哪怕看到一头豹子、长颈鹿，甚至成群的小象在舞台上乱跑都不会感到惊讶。"）可以肯定地说，相比于印度和非洲，屠格涅夫在精神上更像被加西亚带到了巴黎，这位歌剧天后与她富有的经理人丈夫路易·维亚尔多（Louis Viardot）就住在巴黎。不过眼下，波琳延长了在圣彼得堡的演出季，在此期间，屠格涅夫只好满足于围着波琳和她丈夫无所事事地晃荡，三人开始非常享受彼此的陪伴。

1845年，屠格涅夫辞掉公务员的工作，他给出的理由是眼睛有毛病，需立即到巴黎治疗，但他真正的毛病是心头的相思病，他相信唯一的"治疗"手段便是在法国与波琳共度美好时光，同时维亚尔多夫妇一方也极力劝说屠格涅夫到巴黎以及位于首都南边考塔瓦内尔（Courtavenel）的乡间别墅拜访他们。可屠格涅夫相对微薄的津贴和俄国政府对国外旅行施加的那些恼人限制迫使他只能进行短期出游。更有甚者，恰如命运变幻莫测，屠格涅夫同他这些出游的造访目标本人往往也缘悭一面，因为波琳她自己也因工作不断出差。

屠格涅夫与他心爱的波琳长期旅居国外的梦想不得不留待他母亲过世（1850年）以及沙皇尼古拉一世专制政权结束。这第二桩幸事随着1855年尼古拉一命呜呼而到来了（奇怪得很，身为一名俄国统治者，他的死完全是自然死亡，而不是因为投毒或刺杀）。尼古拉驾崩时，俄国正准备承认在克里米亚战争中的败北，这场帝国间的野蛮血战为之后更加酷烈的帝国冲突埋下了祸根。作为一场俄国与英、法的较量，克里米亚战争在东西方之间拉下一道帷幕，这是又一个关于未来的先兆。农奴制也加剧了这种分裂，农奴制早就在中西欧销声匿迹多年，却仍在俄国长存不灭，这往往使西欧人（某种程度上俄国人亦然）深信：沙皇专制统治是极度愚昧的，它在精神上更偏向于暴虐的东方而非文明开化的西方。

事实证明，俄国在克里米亚战争中耻辱性失败的原因很大程度上植根于农奴制在社会经济和技术上的落后，这场战败促使此古老制度出人意料地迅速终结了。尼古拉的继任者亚历山大二世将废除农奴制作为其新政府的头等要务。然而，假使解放农奴和新沙皇发起的其余进步性改革让屠格涅夫等自由派俄国知识分子开始憧憬他们的国家如今将变得更为西化，那么这样的前景则吓倒了保守派。在19世纪余下的时间里，一场有关俄国在国内和国际上将往何处去的意识形态论战——实际上是一场有关民族之魂的战争——主宰了这个国家的精神与政治生活（事实上，在某些方面它一直延续至今）。虽然这场自相残杀的论战主会场始终在俄国境内，但是在有俄国人聚集的国外各地也筑起了辅助的"滩头阵地"，在这些外国"战场"中，德国温泉地尤为醒目，特别是巴登-巴登。

当屠格涅夫踏上他个人通向巴登-巴登路途的时候，正逢这位刚刚放弃公务员职位的年轻地主出版了一本名为《猎人笔记》（*A Hunter's Notes*）的故事集，并由此开启了其文学生涯。这本1847年在莫斯科出版的小书引发了轰动，因为它是俄国最早的几部能把农民视为有同情心的人而非缄口不言的动物的文学作品之一，该书对农奴制的含蓄攻击清晰表明了屠格涅夫是为西化改革发声的，1852年，在致果戈里的悼词中，屠格涅夫的这一立场得到了强化。果戈里对愚钝和腐败的俄国官场的尖锐讽刺曾大大得罪了沙皇尼古拉，而屠格涅夫对果戈里这样一位昔日牛虻的赞扬令沙皇震怒，沙皇亲自下令逮捕这位作家，判监一个月，随后将其永久流放至他的乡间庄园。

1855年沙皇尼古拉的死让屠格涅夫的国内流放很快不了了之，因为亚历山大二世并不打算强制执行该判决。此时，这位崭露头角的作家本可以回到圣彼得堡，重返那个不断壮大中的进步的、亲西方的知识分子群体。但圣彼得堡对他已毫无吸引力，因为其一生挚爱波琳·维亚尔多-加西亚正在法国。健康问题同样成了他决定舍弃俄国转而认同法国的因素，早年间患上的忧郁症让屠格涅夫感觉自己患上了人类已知的所有疾病，但事实上，他患的病症并不多，即使那些病症也都到了很糟糕的地步。同果戈里一样，他在年轻时即饱受"肠疾"之苦，这一毛病又反过来导致了神经痛和抑郁，屠格涅夫不是个能默默忍受痛苦的人（就像他不会将自己的文学天赋掩藏起来一样），他会告诉每个愿意倾听的人，说他已经成了一个"被孩子们捅来捅去的人形蚁堆"，一顶"化为碎片的棚子"，一条"在融雪中腐烂的鱼"，他断言，这种严重的病痛只有在西方才能获得有效的疗愈。但最终，在19世纪50年代中期，将他领向西欧的与其说是这些疾病，不如说是他疼痛的心。

　　自然而然，屠格涅夫西方之旅的第一站是法国，在那儿他很快与波琳和她的丈夫重续旧好（顺带提一句，这个俄国人对维亚尔多妻子的迷恋不仅未让维亚尔多感到愤怒，反倒让他深感荣幸）。但对屠格涅夫来说，法国只是个临时的避难所，因为在数年内，维亚尔多一家就将他们的居住地搬至了德国——更准确地说，搬至了巴登-巴登。若说屠格涅夫将来会死在那里，大概也不会令人感到太过意外。

屠格涅夫与托尔斯泰

　　1857年夏天，屠格涅夫第一次见到了这座之后将成为他主要流亡地的德国温泉小镇，他的到访并非因为自己糟糕的肠子（在巴黎时他已经接受过治疗），也不是出于波琳的引诱（她和她丈夫当时尚未搬至那里），而是出于一位俄国作家同伴——列夫·托尔斯泰——

的恳求。因而，在屠格涅夫于巴登-巴登安顿下来以前，我需要先来谈谈屠格涅夫和托尔斯泰的关系，并且对这两位大师在这一著名德国温泉疗养地的相遇稍加呈现。

1855年在圣彼得堡时，屠格涅夫已被共同相识的朋友引介给了托尔斯泰，后者当时刚从克里米亚战场归来，他在战时作为一名出色的炮兵军官于军中服役。托尔斯泰在克里米亚的经历为一本名为《塞瓦斯托波尔故事》（*Sevastopol Sketches*）的战争故事集提供了素材。这本引人入胜的小集子，还有他的短篇自传体小说三部曲《童年》（*Childhood*）、《少年》（*Boyhood*）、《青年》（*Youth*）——均取材于托尔斯泰在其家族位于俄国图拉地区（Tula region）的广大产业亚斯纳亚波利亚纳（Yasnaya Polanya）的成长体验——令这位英俊的青年贵族在圣彼得堡文坛一炮而红。尽管托尔斯泰与屠格涅夫的乡村庄园出身的背景颇为相似——前者也同样干过引诱家中女仆的事——但两人在性格上（之后是在思想观点上）可谓截然不同。

屠格涅夫是个害羞、文气、寡言、温和的人，相比之下，托尔斯泰则性格外向、喜好争论、活泼善变、举动极端，当然此时没有人——特别是托尔斯泰自己——能够预见到这位在文坛初露峥嵘、自命不凡的年轻退伍军官，在创作了两部俄国文学巨著后，会放弃再写精彩绝伦、想象力丰富的小说，转而投身于撰述乏味的政治/宗教小册子。在他生命的最后几年，托尔斯泰成了个名声在外的"圣愚"，在他决意舍弃的乡间庄园里，向聚拢在他周围的一群志趣相投的梦想家宣扬和平主义、兄弟之爱、原初基督教、无政府主义、废除私有财产、戒酒和素食。不过早在托尔斯泰成为准"救世主"以前，他就有了朝这一方向行进的迹象。当年轻作家托尔斯泰在其巴黎住所逗留时，屠格涅夫曾颇有先见之明地描述了托尔斯泰的心态及性格："托尔斯泰把巴黎说成索多玛和蛾摩拉，他是诗人、加尔文教徒、盲信者和地主之子的混合体，有几分令人联想到卢梭，一个品德高尚但同时又极不合群的人。"就托尔斯泰而言，尽管他声称十分钦佩屠格涅夫的作品，可他私底下（之后就不太算是私底下了）认为这个老头是个过于文明化的人，太过安逸舒适——从根本上说，他完全不是个真正的"俄国人"。

托尔斯泰于 1857 年春天离开了巴黎，前往瑞士和德国，屠格涅夫为此大舒一口气。旅途中，托尔斯泰遇到了一个富有的法国银行家奥吉尔（Ogier），奥吉尔向他盛赞巴登-巴登的辉煌，说那里对于奔波之人是个再好不过的宁静歇脚处。托尔斯泰一时心血来潮，决定同他的法国新朋友一起到温泉走一遭。他这么做并不是为了享受当地传说中的水，尽管过着花天酒地的生活，托尔斯泰的身体却相当棒（当然要除开他的慢性淋病，他在大学时第一次染上这种病，之后这种病周期性地复发），在任何情况下，他都不能想象花费大把时间在温泉水里呆坐，而不是去喝酒、嫖妓，特别是赌博。对，是巴登-巴登富丽堂皇的赌场，而不是温泉把这位神气活现的俄国年轻贵族吸引到了欧斯河谷。

一到镇上，托尔斯泰便发现巴登-巴登挤满了俄国贵族：奥勃伦斯基公爵（Prince Obolensky）、特鲁别茨科伊公爵（Prince Trubetzkoy）、缅希科夫公爵（Prince Menshikov）、斯托雷平伯爵夫妇（Count and Countess Stolypin）、纳雷什金伯爵（Count Narishkin），等等。在这些名人当中，有些人到巴登-巴登主要就是为了赌博，但可以负责地讲，他们中很少有人能像托尔斯泰那样全身心地投入赌博。7月12日，就在他到温泉小镇的头天晚上，托尔斯泰即马不停蹄地奔向雅克·贝纳杰交际厅那远近闻名的轮盘赌桌。在与"轮盘赌女士"的初次幽会中，作家仅损失了几个法郎。托尔斯泰下定决心要赢过他的新"情妇"，第二天一大早便又回到贝纳杰交际厅，一直玩到天黑。根据他在逗留期间写的日记，他经常一开始输，但会在当天快结束时勉强挽回损失。那天晚上，他在写给堂姑亚历山德拉·托尔斯泰伯爵夫人的一封信里承认，他不得不吃堂食，而且因为筋疲力尽而感到"十分不适"。然而他并没有理智地拿着赢到的钱走开，而是在第二天一早又径直回到贝纳杰交际厅,继续玩到下午6点。这一回可就没有最后关头的成功了,"一切都失去了",他在日记里透露到。贫穷并不能使他清醒,相反,托尔斯泰请求他的银行家朋友奥吉尔给他一笔两百法郎的小额借款,这笔钱他很快就在赌桌上输掉了。于是他再次向这位实力雄厚的银行家提出要求,再借一笔三百法郎的款子,这笔钱足够他再玩上稍长的一段时间。

眼下,除了到其他地方寻找现金流已别无他法,他写信给每一个他能想到的人:堂姑亚历山德拉,兄长谢尔盖,诗人兼编辑尼古拉·涅克拉索夫,最后还有屠格涅夫。托尔斯泰那充满绝望的求援呼告令人十分担忧:他会在痛苦中诉诸另一种更加本土化的轮盘赌方式[1]吗?亚力山德拉堂姑适时地拨出了一些钱。此时,屠格涅夫正在莱茵河畔的乡村度假,也给他寄了钱,这些钱都是靠屠格涅夫自己借来的。随钱附上的还有一封警告信,语带自怜:"要是你能知道我弄到这些东西有多困难,有多难受就好了!从我这儿汲取教训吧,莫让生命从你的指尖溜走。"托尔斯泰在日记中写道:"伊凡对我真是严厉。"然后,同先前所有的款子一样,他把朋友们的借款徒劳无益地全数献给了贝纳杰交际厅。

新近的顿挫和屠格涅夫的劝告都没能拦住托尔斯泰,他再次向这位作家朋友大声疾呼,这回屠格涅夫被他口信中那自我责备的语调弄得慌了神,决定在此危急关头亲自到朋友身边去,无论如何,他都想看看巴登-巴登,他曾经从法国朋友那里听过许多有关这个地方的美妙之事。

屠格涅夫于7月31日抵达巴登-巴登,在荷兰霍夫酒店(Holländische Hof)办了3天入住,托尔斯泰直冲酒店,两位作家热烈地拥抱在一起,并用俄国人的方式互相亲吻了脸颊,没过多久,

---

[1] 此处指"俄罗斯轮盘赌",在左轮手枪的6个弹槽中放入一颗或多颗子弹,任意旋转转轮后,关上转轮。游戏的参加者轮流把手枪对准自己的头,扣动扳机;中枪或怯场为输,坚持到最后的就是胜者。旁观的赌博者则对参加者的性命压赌注。由于"俄罗斯轮盘赌"过于残忍,各国已明令禁止该游戏。

托尔斯泰就恳求屠格涅夫再借他笔钱，并保证这些钱只用来结清他在温泉疗养地的账目。屠格涅夫天真地递给他一沓钞票，然后回自己的房间美美地睡了一夜安稳觉。托尔斯泰呢，他当然立马又跑回贝纳杰交际厅的轮盘赌桌，他确信自己这次已经找到了对付赌场娼妓的下注新手段，结果不到一个钟头，托尔斯泰所谓的新手段就实现了他一贯的老壮举：把他面前一小撂筹码全转移到赌台管理员旁堆积如山的筹码堆上。

这场灾难过后，作家像往常一样沉浸在自我厌恶之中，但他也如往常一样冲周围人发泄同等的怒火，在他眼里，他们都是其不幸的共谋。"我就是个无赖，还被一群无赖围着。"他在日记中潦草地写道。想必他会将奥吉尔和屠格涅夫一并归入助长其耻辱的无赖之列，还有赌桌上那些下流荡妇，她们放肆的笑声干扰了他的注意力，一个人怎么可能在这样的环境里安心下注呢？

托尔斯泰最初决定在巴登－巴登停留时，本打算从那儿前往荷兰，最后再到英国待段时间，现在好了，一贫如洗的他别无选择，只能打道回府，无论如何，俄国国内的家族纠纷还需要他的关注。

不足为奇，托尔斯泰在巴登－巴登的灾难性经历让他对德国温泉望而却步。对他而言，再也不会有"鲁列滕堡"。他确实在1860年造访了巴伐利亚的温泉小镇巴特基辛根（Bad Kissingen），但并不是为了赌博。他去那里是为考察当地的乡村学校，这是一个更大的针对德意志教育系统的研究计划的组成部分。（最后，他得出结论，德国学校里盛行的死记硬背的训练和严苛的管制是"野蛮的"，很可能会培养出"道德不健全的孩子"。）在巴特基辛根，他遇到了幼儿园运动的创始人尤利乌斯·福禄培尔（Julius Froebel）的侄子，他对后者大谈俄国农村教育的优越性和未被驯服的俄罗斯农民的美德："终有一天，世界上将有一个全新的组织从这股神秘而非理性的力量中萌生。"托尔斯泰在巴伐利亚温泉还短暂地见到了他的大哥尼古拉，当时尼古拉正在徒劳地治疗致命的肺结核，他先前联系过的另一个兄弟谢尔盖也出现了，谢尔盖是来借钱的。谢尔盖在德国温泉的赌博遭遇比列夫还惨烈。托尔斯泰感觉自己对任何一个兄弟的处境都爱莫能助，他在日记中留下夸张的绝望之语："我对所有人都没用处。"

托尔斯泰的余生将继续在自我贬抑和自我神化间摆荡，不过在涉及德国温泉的场景时，他的态度始终消极，他在巴登－巴登的不快经历为《安娜·卡列尼娜》（1877）中所描写的一个不知名温泉疗养地提供了素材——或许还提供了写作的冲动。小说里，吉娣·谢尔巴茨基小姐的父母带她去了这处温泉疗养（当然，她真正的疾病是一颗受伤的心）。吉娣很快便喜欢上了温泉，她的母亲也一样，她热爱购物和光鲜的欧洲社交圈子，然而谢尔巴茨基公爵——他反映了托尔斯泰自己的观点——却对一切装腔作势、不自然的日耳曼式秩序深表厌恶，他尤其讨厌演奏华尔兹的乐队、健壮的浴场侍者和一群"行动迟缓、半死不活，从欧洲各地聚拢来的人"之间形成的那种"可怕结合"。[1]

托尔斯泰在写《安娜·卡列尼娜》的时候已然把诸如巴登－巴登这样的地方视为西欧整体的典型代表，在那里，"闪闪发光的外在遮掩着内部的颓圮"。尽管在《安娜·卡列尼娜》中，作家兼顾了仍在进行中的西化派与斯拉夫派的论战双方的观点，但他明显认为德国温泉应该是所有良善的俄国人需要像躲瘟疫一样避开的地方，而不应成群结队地涌到那里去，温泉表面上虽然能够恢复他们的健康，但实际上却让他们真正的斯拉夫灵魂处在危险之中。

欧斯河谷的三角恋

虽说屠格涅夫和托尔斯泰一样热爱俄国风光以及（保持一定距离的情况下）那些浑身散发着臭气的农民，可相比于昔日的故土生活，

---

[1] 译文参见列夫·托尔斯泰，《安娜·卡列尼娜》，草婴译，上海：上海译文出版社，1990年，译文有所改动，下同。

他更喜欢在国外流浪，他会定期回俄国，但从不会待太长。（1878 年，在他后来的一次返国期间，屠格涅夫曾试图与在亚斯纳亚波利亚纳的托尔斯泰恢复联系，但托尔斯泰却一本正经地回绝了这位过去的恩人，说他是个"只会游戏人生之徒"。）是的，屠格涅夫将继续流亡，1863 年，他决定将巴登 – 巴登当成其新避难所，早在 1857 年那次解救托尔斯泰的仁慈使命中，他就被那里的魅力所深深吸引。他向来便既喜欢德国的东西，又喜欢法国的东西，在他看来巴登 – 巴登可谓两者的上佳结合。更重要的是，波琳和路易·维亚尔多夫妇已在前一年把他们的事业中心转移到了这座德国温泉小镇。

维亚尔多夫妇选择巴登 – 巴登作为新家的举动颇为精明。波琳差不多已经在欧洲各大歌剧院把自己的嗓子唱报销了，正准备进入半退休状态，在巴登 – 巴登，她依然可以作为歌手和钢琴家，在一个要求不那么严格的舞台上献演。小镇的管弦乐团水平可靠，她能够同他们一起工作，不演出的时候，她可以给每年夏天光顾的富裕游客们那烦人的子女们上上音乐课。就路易·维亚尔多而言，他憎恶法国专横的新统治者——拿破仑三世，恨不得立马离开自己的母国。在巴登 – 巴登，他能够继续打理波琳剩下的那点事业，并身处德国这一安全地带对"小拿破仑"（维克多·雨果语）嗤之以鼻。

此时维亚尔多一家都已不再年轻（路易已至花甲之年），而历史悠久的大温泉疗养地正提供了属于他们这一年龄层和经济地位的群体所看重的便利设施：静谧的美景、绿树成荫的小径、豪华的酒店、芬芳的花园、音乐会和戏剧演出、以当地清爽顺滑的葡萄酒为特色的精致餐厅、因奶油蛋糕知名的咖啡馆，当然还有——假使需要疗养的话——能够轻松享受到的丰富的温泉洗浴设施和专业的水疗医生，并且在疗养时，先前提到的那些葡萄酒和蛋糕很可能也是应有尽有的。这对夫妇用售卖法国乡间别墅的收入在隔着欧斯河谷与小镇中心相对的一处公园般的地方，盖起了一座漂亮的瑞士小木屋风格的宅邸。路易带去了他精美的绘画收藏，并把它们陈列在一个量身打造的画廊里。（后来他把自己的藏品转赠给了巴登-巴登，其慷慨赠予为之后的一座令人印象深刻的市立艺术博物馆打下了坚实基础。）不久，路易又在这块宽阔的土地上为他那依旧野心勃勃的妻子添建了一座演奏厅和一处小剧院。

可是对波琳·维亚尔多-加西亚来说，这个安适的新巢总是缺了点什么：亲切友善的三角关系中第三位伴侣（目前也许是柏拉图式的[1]），后者曾让她在法国开心了许多年。波琳真心爱上了屠格涅夫，在他的陪伴下惬意生活。况且，现在他那个精打细算的老妈已撒手人寰，作家有了很多可以自行支配的钱，说不定能给自己的一些项目提供资金支持（事实上屠格涅夫最终正是这么做的）。至于路易呢，他也很想念屠格涅夫，虽然没到妻子那么强烈的程度。和波琳一样，路易也开始喜欢这个身材高大、胡子花白的俄国作家待在自己身边，他们可以一起聊政治、商业和其他男性话题，在帮忙吸收他们之间那个上了年纪的歌后迸发出的热情方面，屠格涅夫同样相当有用。

所以，当屠格涅夫以他们将住所搬至巴登-巴登为借口，自己也搬到巴登时，维亚尔多夫妇俩都很高兴。显然，俄国人也清楚，他的这两位朋友，尤其是波琳，希望利用同他的亲近关系来达成自己的目的，但这似乎并没有让他感到烦恼。没有他们，他在巴黎感到孤独，而且不管怎么说，巴登-巴登就如同维亚尔多夫妇般同他相契合。实际上，这个美丽的地方可能更加适合屠格涅夫，因为此时他正遇到一系列健康问题，他期待依靠温泉水和温泉小镇的其他医学奇迹，不说彻底治愈，至少能缓解一下其问题的严重程度。屠格涅夫一向是个大胃王，因而他在不久之前患上了贪吃之人的宿命恶疾——痛风，还伴有严重腰痛。另外，他仍旧饱受喉炎和支气管炎折磨，这些病都是他最初在圣彼得堡雾蒙蒙的寒冷天气里染上的。

---

[1] 关于屠格涅夫与波琳·维亚尔多-加西亚之间是否有性关系，文献有些争议。我猜想这段关系在起初很难说与性因素无关，因为两位人物都有着在性事上冲动的一面，但早期的肉体激情会随着时间的推移而逐渐减弱，这是常见的事。——原注

在几年之前的1859年,他曾经尝试在法国最好的温泉——维希——治疗上述病痛,却发现那个地方在各个方面都比不上他见过的德国温泉疗养地。若要替维希辩解几句的话,我们应该说屠格涅夫的糟糕体验在某种程度上归咎于他自己,他愚蠢地选择住在镇上为数不多的一间廉价旅馆里,窗下的手风琴手搅得他整夜不得安眠。在旅馆用餐时,同桌的一位典型的法兰西"粗人"扯起嗓门分享自己懂得的知识:俄国农民会不间断地把他们的小孩卖到鞑靼可汗的后宫里去,"当然,我实在是没能力说服他"。在见识了那家糟糕的旅店后,屠格涅夫觉得维希的一切都令人厌恶:天气(一直在下雨),浮夸的建筑,流过镇中心的"难看的黄色河水"。

相比之下,巴登-巴登则令人愉悦,以至于屠格涅夫一夜之间就成了巴登的拥趸,他给文学圈的朋友们写信,对他的新住处赞不绝口,并力劝他们前来一游。在屠格涅夫试图哄到欧斯河谷的朋友中就有古斯塔夫·福楼拜,他们是1863年2月在巴黎相识的,福楼拜本人也是个温泉爱好者,虽然他的"水乡"(ville d'eau)之选是维希,多年来,他屡次造访维希治疗身上的多种病痛,包括一系列令人印象深刻的性病,那是他在黎凡特旅行时自卖春者(无论男女)身上感染的。(与屠格涅夫不同,福楼拜喜欢吹嘘自己的骄人战果。1876年,在一次与屠格涅夫和法国作家埃德蒙·龚古尔 [Edmond de Concourt] 的狂饮晚宴上,福楼拜深情回忆起他曾在上埃及的一间小屋里随意地同一个"屁股冰凉"的女孩儿做爱。深感震惊之余,屠格涅夫承认自己"只能带着感情、尊重和对幸运的惊奇去接近一个女人"。)

屠格涅夫第一封吁请福楼拜前来会合的信(1876年4月18日)洋溢着他发现巴登-巴登后的幸运感:

> 一个礼拜后我就要离开巴黎到巴登定居了,您不打算来吗?这儿有我在任何地方都没见过的树——而且就长在山顶上!这

里的气氛既年轻又充满活力,同时洋溢着诗意与优雅,它对您的眼睛和心灵都大有裨益。当您坐在这些巨树脚下的时候,会觉得好像在吸取它们的汁液——这是极好的。真的,来巴登吧,哪怕只是短短几天。您将为自己的调色板增添些许美妙的色彩。

众所周知,福楼拜是不怎么在意树乃至自己的心灵状态的,他没有接受屠格涅夫最初的邀请,也没有接受其后数年那些多少有些周期性的邀约。他甚至对屠格涅夫在1871年5月6日的信中所鼓动的舒适前景——假如这个法国人来巴登,他们俩可以像"躲在洞里的鼹鼠"一样睡在一块儿——也提不起丝毫兴致。到这一年晚些时候,屠格涅夫终于放弃了:"我不会再唤您来德国了,我明白您并不情愿踏足这里。"

人们也许会认为,屠格涅夫大抵要感激福楼拜"不情愿"早点儿去德国,1870年7月,法国对普鲁士宣战,之后很快为匆忙集结起来的德意志各邦联盟所击溃(详见下一章)。自战争中新崛起的德意志帝国通过吞并阿尔萨斯和洛林,在法国的伤口上又撒了把盐。像福楼拜这样骄傲的法国人是不会想在这种时节到德国去的,更别说如同鼹鼠一样蹲在那儿了。

屠格涅夫可能没有成功把福楼拜吸引到巴登-巴登,但他也吸引了足够的其他访客去参观他于1864年为自己建造的路易十三风格的庄园,这座庄园正位于毗邻维亚尔多庄园的一大片空地上。[1](在此之前,屠格涅夫在巴登-巴登的住所是席勒街上的一所普通宅子的下层楼,他曾说住在那儿"恰似一名大学生般廉价",不过,人们相信,他住的地方也并非那么肮脏。)从俄国来的访客中有《奥勃洛莫夫》(*Oblomov*)的作者 I. A. 冈察洛夫(I. A. Goncharov),

---

[1] 事后证明,这座房子已远远超过了屠格涅夫财力的承受范围,他很快就不得不卖掉它。幸运的是,路易·维亚尔多购下了这处房产,并让他的朋友继续安顿在那儿。如今,这座房子已是私人住宅,只对团体游客开放。不过,胆大的独行旅客还是可以经由宅邸后的一条狭窄小路,欣赏宽敞的花园以及作家亲手设计的带有"T"字图案的装饰铁门。——原注

《奥勃洛莫夫》或许是文学史上最伟大的赞颂树懒一般的怠惰的作品。（在这部长篇小说的前150页，同名主人公从未离开过他的床；最后，他终于鼓足勇气挪到了沙发上，这部小说创造了一个奇妙的新词："奥勃洛莫夫作风"[Oblomovism]）。德国作家西奥多·斯托姆（Theodor Storm）也来了，屠格涅夫喜欢在这座美丽小镇的周边陪伴他的客人，他就像个热情待客的女士一样盛情赞美这个地方。有好几次，他丢下与生俱来的羞怯，参与波琳的剧场演出，并展露出不错的表演能力。甚至他的健康状况也在变好，巴登温润的气候对他恼人的呼吸系统疾病是一剂良药，同时，事实表明，当地的热水浴也能缓和他的痛风。（屠格涅夫不太喜欢饮用矿泉水，不过就像他在后来给福楼拜的信中提到的，他认为这种做法不像国际文学会议所谓的价值那样"明显是种幻觉"，后者"不可能也不会产生任何效果"。）屠格涅夫高大身躯在此地又获添额外的体重，他自嘲本人成了"巴登资产阶级"（Badenbourgeois）。

然而，对屠格涅夫来说，巴登-巴登并非一切都是甜美光明的。作为当地名人，他经常被敲响房门的游客打搅，来宾们都想与他共饮一两杯酒，分享他们对人类境况的洞见。更重要的是，即便到了这儿——也许尤其是在这儿——屠格涅夫依旧不能免于来自俄国的骚动和仇怨。1861年2月19日，沙皇亚历山大二世签署了解放俄国农奴的法令，如同两年之后美国总统林肯的《解放奴隶宣言》（Emancipation Proclamation）一样，这个拖延已久的举措激起了一片欢呼和赞誉，却也引发了巨大的混乱和激烈的指责。围绕新法令出台的一系列复杂的规章制度令农民们完全不知所措，一些人对这一计划抱持极大的怀疑，认为它只不过是又一个地主的诡计。那些地主则普遍觉得自己被这个年轻的"沙皇解放者"出卖了，将他这一最著名的改革视为对"真正的俄罗斯"犯下的不可饶恕的罪行。

而就屠格涅夫来说，令事态变得更加棘手的地方在于，农奴制终结所引发的这一切混乱正发生在他雄心勃勃的新小说《父与子》

(*Fathers and Children*，1862年)在俄国文坛掀起波澜之际。由于小说主题涉及有关俄国之本质和应走的正确道路问题的代际冲突，《父与子》——说得婉转一些——触碰到了敏感神经。左翼激进分子因屠格涅夫对极端西化的年轻医生(巴扎罗夫)的逼真描绘而倍感羞辱，与此同时，保守派也因作家对帕维尔·基尔萨诺夫(在书中，他是个因循守旧、爱好打扮的老绅士)的讽刺态度而大为光火。尽管这部小说现在是公认的屠格涅夫的杰作，可在当时它却在作家的祖国遭到猛烈批判。

尽管身处遥远的巴登-巴登，屠格涅夫仍被卷入了这场风暴。他定居国外的决定恰恰给那些渴望将其说成国家的叛徒和文学上的犹大的人补充了额外弹药。在巴登-巴登，到访的俄国人谈论的话题无不围绕着《父与子》和那个住在当地的明星作家，可以想见，这些言论大多不友善，人们认为身为俄国地主一员的屠格涅夫攻击了某种生活方式所赖以存续的经济基础，而这种生活方式就包括那些一年一度的德国大温泉疗养行程。

俄国评论界对《父与子》的很大程度上的负面反响，以及停留在巴登-巴登的俄国人给出的更加负面的评价，直到屠格涅夫开始着手写他的下一部小说《烟》(*Smoke*，1867)时，都始终盘桓在他脑际。《烟》的故事设定在这同一处俄国上流社会人物经常前去避暑的温泉疗养地，绝非偶然为之。如果说《父与子》还只是适度囊括了一些德国人所谓的"Nestbeschmutzung"(脏污自己的巢，说自己国家人的坏话)，那么《烟》就是场全方位的咒骂(尽管是极具技巧的咒骂)，这一精心设计的打击也只有像屠格涅夫这样对他正在咒骂的"巢"了如指掌的天才讽刺家才办得到。虽说屠格涅夫的俄国同胞是《烟》针对的首要目标，但巴登-巴登自身也遭到了某种程度的讽刺性审视——这种处理反映出作家对其收养地的看法比早年更有批判性了。

此处无须对《烟》作详尽剖析，和《安娜·卡列尼娜》一样，《烟》

本质上是个复杂的爱情故事。可与《安娜·卡列尼娜》不同的是，屠格涅夫的这部微小说今天几乎已无人知晓，不过考虑到本研究的主题，如果我不与作家一起对巴登-巴登以及那里满腹牢骚的俄国温泉游客稍作探究，那将是我的疏失。《烟》以一个温泉小镇的典型夏日午后的快照开场：

> 1862年8月10日下午4时，巴登-巴登著名的交际厅门前麇集了一大群人。天气特别晴和，四周的一切——无论是葱茏绿树，还是这座安乐城里一幢幢明亮的房屋，蜿蜒起伏的山峦——全都沐浴着和煦的阳光，显得兴高采烈、喜气洋洋。似乎万物都在毫无目的地、信任而和蔼地微笑着。人们的脸上，无论老少、丑俊，也都流露出同样一种虽不明确，但是善意的微笑。即便是巴黎卖笑妇那种涂脂抹粉的形象，也无损于这种明显而普遍的皆大欢喜的印象〔……〕
>
> 一切都照常进行。乐队在亭子里时而演奏着歌剧《茶花女》（*La Traviata*）的集成曲，或是施特劳斯的华尔兹，时而又是由殷勤的乐队指挥改编的可以用乐器演奏的俄国浪漫曲《请对她说》（*Tell Her*）。在赌厅里，拥挤在一张张绿呢赌桌周围的也还是那些大家早已熟悉的人物。他们脸上依旧是那种呆板而贪心的表情，说不清是惊讶还是凶狠，其实这是赌博的狂热使得每一个人，甚至最有贵族气派的人都会流露出贪婪的欲念。[1]

当他把目光投向当地的俄国人时，屠格涅夫列举了所有常见的嫌疑人——经证实，他们大多数就是照着当期的真实人物刻画的，很容易便能被同时期的俄国读者辨认出来：

---

[1] 译文参见屠格涅夫，《烟》，王金陵译，载《屠格涅夫文集》第四卷，北京：人民文学出版社，2001年，译文有所改动，下同。

我们亲爱的男女同胞们，跟往常一样聚集到"俄罗斯之树"——l'arbre russe——来了。他们服饰华丽，穿着入时而又随便，他们郑重其事地相互打着招呼，优美潇洒，正符合一个高踞当代文化顶峰的人物应有的态度。但是他们进得门来，坐定之后，便完全不知道彼此该讲些什么，只好扯些无聊的空话，或是重复一位早已过时的法国报人的话，一些最最贫气、最最厚颜无耻和最最庸俗的俏皮话。这个小丑和饶舌的家伙，他的两只小得可怜的脚上穿着一双犹太人穿的小鞋，一副下流相的脸上挂着几茎稀稀拉拉的胡子。他对"这帮俄国大公们"（à ces princes russes），把从《沙利瓦利》（*Charivari*）到《田达玛尔》（*Tintamarre*）的旧杂志上看来的各种乏味的废话胡吹一通，而"俄国大公们"听了却感激地哈哈大笑，仿佛不由得不承认异国才子的无比高明，承认自己绝对无能去想出什么有趣的笑料。然而，这儿几乎荟萃着我们社交界的全部"精华"（fine fleur），"全部显贵和时髦人物"。这儿有 X 伯爵，我们无与伦比的才子，他富有深刻的音乐天才，能绝妙地"说"浪漫曲，其实他如果不先用一个食指在琴键上胡敲乱打，便连两个音符的区别都分不清，唱起歌来像是个拙劣的茨冈，又好似巴黎的理发师。此地还有我们令人心醉的 Z 男爵，这是个万能大师——既是文学家，又是行政首长、演说家、赌棍。这里还有 Y 公爵，宗教和人民之友，他在酒类专卖的黄金时代，出卖一种掺了麻醉品的伏特加而发了大财。还有一位显赫的 O. O. 将军，他过去征服过某些地方，镇压过某些人，可如今却无所事事，不知如何来表现自己才好。还有 R. R.，这是一个滑稽可笑的大胖子，总觉得自己病入膏肓，认为自己是个绝顶聪明的人物，其实他壮得像头牛，蠢得赛过木头疙瘩。

如同《父与子》，《烟》将我们带入了激烈进行中的"俄罗斯往何处去"的争论,但在这后一部小说里,上述冲突由于发生在一个狭小的外国舞台上,便愈发显得集中和幽闭。小说的主角之一格里高利·李特维诺夫是个学农艺和经济学、文静温和、持进步观点的学生,他被不管三七二十一地拉进了狂热的西化派、愚蠢的老将军和痛苦的斯拉夫派围绕沙皇亚历山大的背信弃义而展开的激烈舌战。屠格涅夫自己可能更贴近于另一个角色——波图金,尽管波图金看到了快速西化过程中存在的潜在危险,但他更批判斯拉夫派那番新中世纪的言辞、宗教的蒙昧主义、大俄罗斯帝国主义以及对"俄国农民无法后天教化的天性"的朴素信仰。斯拉夫派坚持认为俄罗斯是上帝赐予人类的礼物,但波图金宣称,恰恰相反,"俄罗斯整整10个世纪毫无创造,无论是在经营管理、法律,还是在科学、艺术,甚至手艺"方面,如果俄国突然从地球上消失,波图金嚷到,这对文明也并没有什么损失,因为即便是这个国家"最著名的产物——俄式茶炊、韧皮编织鞋和皮鞭——都不是我们发明的"。

费奥多尔·陀思妥耶夫斯基在德国温泉

所谓有"烟"必起火。也许是因为在流亡中度过了太长的光阴,屠格涅夫对其新小说在俄国引爆的批评怒火感到猝不及防,其中一位最猛烈的批评者便是同为俄国作家的费奥多尔·陀思妥耶夫斯基。与托尔斯泰如出一辙,当陀思妥耶夫斯基在"鲁列滕堡"的赌桌上把自己农夫式样的衬衫都输掉的时候,他也会到巴登-巴登乞援于屠格涅夫,并在此之后不假思索地恩将仇报。

陀思妥耶夫斯基在谴责《烟》是对祖国俄罗斯的一场侮辱的时候,无论他个人还是其思想都已经历了一段漫长的旅途:年轻时政治上的激进主义,1849年因参与一个空想社会主义者的秘密团体[1]

---

[1] 此处指彼得拉舍夫斯基小组,是19世纪40年代由彼得拉舍夫斯基于圣彼得堡创立的青年空想社会主义和民主主义社团,成员主要为青年平民知识分子,他们信奉傅立叶的空想社会主义学说,主张以和平手段实现社会主义,陀思妥耶夫斯基曾是该小组成员。

而遭到逮捕和监禁，假死刑（正当他站在行刑队面前时，其死刑判决被沙皇减免，行刑被可笑地取消了——哈，哈！），在西伯利亚的 4 年苦役，紧接着又是 6 年军中劳役——然后，终于，他开始详尽阐述他那经由东正教修正后的世界观，强烈的俄罗斯爱国主义，以及对人类心灵阴暗面的深刻领悟。

毋庸置疑，陀思妥耶夫斯基饱经磨难的旅程给他的健康和精神面貌都造成了深远影响。有关这位伟大作家的众多传说之一便是，他与之苦斗一生的癫痫症正始于他 1849 年经受的那场假死刑。尽管在那一刻他并没有癫痫发作晕倒，但我们也难以全然排除这种可能性。可与之一争的另外一种说法源于陀思妥耶夫斯基的一个亲戚，之后又被弗洛伊德发扬光大：陀思妥耶夫斯基第一次癫痫发作于 1839 年，他获悉其父被手底下的农奴杀害的时候。不过，哪怕陀思妥耶夫斯基当时或许真觉得父亲的死与自己有所牵连，但这段插曲其实也并没有引发癫痫。根据最具权威的陀翁传记作者，已故的约瑟夫·弗兰克（Joseph Frank）的说法，作家首次癫痫发作于 1850 年，他刚被流放至西伯利亚的某一刻，发病时他"尖叫，丧失意识，面部与四肢抽搐，口吐白沫"。在接下来的 6 年里，陀思妥耶夫斯基平均每个月都要这样可怕地发作一次。后来这种病症逐渐减轻了，但他余生始终活在对复发的恐惧之中。（他在第一次结婚后的蜜月期间曾大发作了一次，就此为这段婚姻的走向定下了基调。）在他逐渐丧失青春乐观的人生观的过程中，他也患上了一些其他毛病，虽说不如癫痫可怕，但无疑都相当令人伤脑筋：慢性阻塞性肺病、肝病、浮肿、发热，以及那防不胜防的痔疮。

陀思妥耶夫斯基最终会去德国温泉寻求对上述病症的治疗，但健康问题并非他造访温泉疗养地的首要动机，他的主要诉求是赌博。不过，这一宿命般的冲动最初只发端于一个更宏大也更无关痛痒的愿望：到欧洲西部去走一走，这是他与众多受过教育的本国同胞共同怀揣的心愿。

中欧大温泉

陀思妥耶夫斯基在《冬天记的夏天印象》(*Winter Notes on Summer Impressions*)中告诉了我们1862年夏天的首趟欧洲之旅的简短（且并不特别可靠的）见闻。他"梦想着（去欧洲旅行）已将近40年了"，他怀揣巨大的期待踏上这次旅程，憧憬着即将到访的那片传说中的土地。可事实上，他早已对西方心怀偏见，这种偏见是他在西伯利亚的那段痛苦但精神上又极具启示性的时光里酝酿出来的，而正如偏见一贯存在的方式，这些偏见在实际经验中被不断地佐证和强化。这一点在他与德国的交锋中表现得尤为明显，德国是许多受过教育的俄国人颇为向往的地方，可陀思妥耶夫斯基却决定用他那颗斯拉夫心灵的狂热对其加以鄙视。索尔·贝娄（Saul Bellow）在《冬天记的夏天印象》美国版前言中写道："他有名并非因为他公道。"（这的确是事实，但人们会好奇这样一个偏执、反犹、自恋、脾气暴躁的天才是否一定那么下流、令人讨厌。）

在1862年的首次欧洲之行中，陀思妥耶夫斯基乘火车途经德国前往巴黎，他在柏林的短暂停留对于他在这片"诗人和思想家"的国度的余下行程不会是个好兆头，走在大街上，他惊恐地发现所有人看起来都像德国人！多恶心呐！他赶紧跑开了，"我心中抱着这样一种十分深切的信念，应当特别适应一段才能与德国人相处，否则在大群的德国人中是非常难以忍受的"。[1]

在德累斯顿和科隆的停留也没能让陀思妥耶夫斯基对这些"Nyemsty"（字面意思是"哑巴"）的观感好转起来，"在德累斯顿，我甚至（从错怪德国人到）错怪起德国女人。我刚一走到大街上就突然感到，再没有比德累斯顿女人更讨人嫌的了"。甚至连雄伟的科隆大教堂也没给他留下什么好印象，他本打算好好欣赏一番，结果却被大教堂惹火了："我觉得它无非是一种装饰花边，除了花边没别的，一个高达500尺、特别巨大的精美工艺品，宛如办公

---

[1] 译文参见陀思妥耶夫斯基，《冬天记的夏天印象》，刘逢祺译，载《费·陀思妥耶夫斯基全集》第六卷，河北教育出版社，2010年版。译文有所改动，下同。

桌上的一个镇纸。"（在这里我得替陀思妥耶夫斯基讲句公道话——这对德国人来说可能更公道——应当指出，在返回俄国途中第二次看到科隆大教堂的时候，他确实产生了钦佩之情。）

当陀思妥耶夫斯基被迫在科隆著名的莱茵河铁桥上支付一笔过桥费时，他的"俄式敏感"就更明显了，在这个充满偏见的俄国人眼里，在大桥上收过桥费的自以为是的蠢蛋散发出一种扬扬得意的日耳曼式优越感，以及对卑贱的俄国游客的蔑视："我这样想。至少，他的眼睛差不多在说：'看见我们的大桥了吧，可怜的俄国人，在我们这座大桥面前，在我们每一个德国人面前，你不过是一条蛆，因为你们那儿没有这样的桥！'"在对德国人进行夸张讽刺的同时，陀思妥耶夫斯基也有意把自己描绘成一个丑陋的俄国乡巴佬，愁眉苦脸，身患肝病，脾气则更差。尽管如此，他讲的每句话都是认真的。

陀思妥耶夫斯基在德国的下一站是威斯巴登，在19世纪初，这处位于法兰克福西南方的知名温泉小镇曾接待过歌德、瓦格纳、门德尔松、巴尔扎克和其他许多名人前来洗浴。到陀思妥耶夫斯基抵达那里的时候，这个豪华疗养胜地每年接待1.5万名疗养客，与巴登-巴登的人数不相伯仲。值得注意的是，作家没有在《冬天记的夏天印象》中提到他在温泉疗养地的短暂停留，而是给人一种他从科隆直奔巴黎的感觉。但依据他的护照及其他旅行证件上的证据，还有他与兄长米哈伊尔间的通信，我们能够确信他在威斯巴登逗留过。

考虑到陀思妥耶夫斯基身患的众多健康问题，在威斯巴登停留对他来说是颇为明智的。实际上，他也曾以健康状况不佳作为其持有护照和申请签证到欧洲旅行的主要原因。此外，在启程前夕，他给另一个兄弟（安德烈）写了封信，提到了相同的理由："我病了，病了很久［……］我的健康很糟，现在我［……］打算出国治疗到九月份。"

假使陀思妥耶夫斯基在出发去欧洲时真打算"泡泡澡"的话，那么当他于1862年6月下旬突然造访威斯巴登这一温泉疗养地时，

中欧大温泉

当地还是有很多备受推崇的温泉可供选择的。据 A. B. 格兰维尔这位摸排过德国所有温泉场所的勇敢的英国调研员判定,威斯巴登的水质与巴登-巴登相当——只要访客选择的是高档酒店内的主要泉水,而非那些低档小客栈所用的低劣泉水。除了疗养温泉和精致的酒店,与其他所有温泉小镇一样,威斯巴登在旺季每天都会有管弦音乐会和晚间戏剧演出。根据当时一本备受欢迎的旅行指南,这个温泉小镇还提供"各式各样的碰运气的游戏"。就在陀思妥耶夫斯基抵达前不久,一座名为"威斯巴登泉"(Wiesbadener Brunnen)的宏伟新"疗养宫"(Kursaal)开门营业。《圣彼得堡时报》大肆宣传了这座大楼,理据充分:俄国富人长期以来一直是威斯巴登的重要顾客群体。

然而陀思妥耶夫斯基不是个典型的俄国温泉客,甚至也不是个典型的俄国作家温泉客,与屠格涅夫、托尔斯泰,乃至果戈里、冈察洛夫都不同,他家徒四壁,只能靠写作为生。这成了他愤懑与自傲的来源,他一度宣称,若是娇生惯养的屠格涅夫也同他一样为生计所迫,没日没夜地写作,如此努力"没准会要了他的命"。

由于陀思妥耶夫斯基首度造访威斯巴登的相关文字证据匮乏,人们已无法确知他在这一疗养胜地停留的动机。不过他是否真泡了澡,这一点高度可疑。他没有足够的钱去泡热水澡,更不用提什么住豪华酒店、去餐厅了,他前往威斯巴登很可能是为了赚钱而非花钱,还有什么地方比温泉疗养地的著名赌桌更快令人致富呢? 不过,若空空如也的钱袋确实是陀思妥耶夫斯基到访威斯巴登的主要目的,那他这次停留算是彻底失败了。我们之所以能知道这一点,是因为他的兄长米哈伊尔给他寄去了两封十分痛苦的信。"看在上帝的分上,别再赌了,"米哈伊尔在第一封信中写道,"你怎么能用我们的运气去赌博呢?"一个月后,米哈伊尔抱怨道:"自打你短暂停在威斯巴登以后,你的来信完全是一副公事公办的腔调,没有一句提及你的旅行和感想的话了。"

之后，前往威斯巴登和其他德国温泉时，陀思妥耶夫斯基再也不会如此为他在那里的真实经历守口如瓶了，包括他在赌桌上的惨痛经历。尽管他对威斯巴登的首度造访完全是场灾难，但往后他还会故地重游，因为他已深深沾染上赌博恶习。

在仅仅一年后的1863年夏秋时节，陀思妥耶夫斯基便再度前往中西欧。健康问题依旧是这次远行的惯常由头，他说他正在咨询"欧洲癫痫专家们的建议"。为了贴补其旅行花销，他从圣彼得堡"贫困作家与学者资助协会"申请到一笔捐款，可是他此行的主要目的却是去德国赌博，以及去法国与他1862年在圣彼得堡结识的一个年轻俄国女子会面。这个问题重重的女人名叫阿波利纳里娅·苏斯洛娃（Apollinaria Suslova），是个在校大学生，女权先驱，她最终的丈夫（并非陀思妥耶夫斯基）认为，苏斯洛娃"如同凯瑟琳·德·美第奇（Catherine de Medici）[1]，可以轻松地犯罪，也可以杀人，她就是圣巴托罗缪之夜[2]那个会在窗边欣赏屠杀胡格诺教徒的人"。

她丈夫想象的苏斯洛娃欢快地屠戮胡格诺教徒或许有些夸张，但毫无疑问，她确实有虐待狂的一面，尤其是在对待男人上。如同波德莱尔那个无耻情妇珍妮·杜瓦尔（Jeanne Duval），苏斯洛娃向来是个一等一的卖俏高手，善于利用其巨大的性魅力来折磨羞辱其男伴。她最喜欢的折磨陀思妥耶夫斯基的方式便是长时间不允许他同她做爱。弗洛伊德在《陀思妥耶夫斯基与弑父者》（*Dostoevsky and Parricide*）中指出，从心理学上讲，赌博相当于男性手淫——是一种对性满足的危险替代品，在解释陀思妥耶夫斯基缘何与苏斯洛

---

[1]凯瑟琳·德·美第奇(1519—1589)，洛伦佐二世·德·美第奇与马德莱娜·德·拉图尔·德韦涅的女儿，法国国王亨利二世的妻子，1547—1559年为法国王后，此后作为法国国王弗朗索瓦二世、夏尔九世和亨利三世的母亲继续对朝政施加影响。因被认为策划了1572年的"圣巴托罗缪大屠杀"而被后世称为"毒蛇王后"。

[2]圣巴托罗缪之夜，又称"圣巴托罗缪大屠杀"，是指法国天主教暴徒对国内新教徒胡格诺派的恐怖屠杀，1572年8月24日，胡格诺派的重要人物聚集巴黎，庆祝领袖波旁家族亨利的婚礼。吉斯公爵之子吉斯以巴黎各教堂钟声为号，率军队发起突然袭击，屠杀胡格诺教徒2000多人。此次屠杀引爆了法国国内旷日持久的宗教战争，直至1598年《南特赦令》颁布后纷争才告停息。

娃结为一对时，弗洛伊德这种说法可能有些道理。无论如何，他与她的相识将被证明和他与赌神的邂逅一样悲惨。

作家与"轮盘赌女士"的第二场幽会因为突发的复杂事态而显得格外忧心忡忡：为了拥抱那个正在巴黎等待他的难以满足的妖妇，他抛弃了第一任妻子玛丽娅·德米特里耶夫娜（Marya Dimitrievna），她回到圣彼得堡后憔悴度日，因患肺结核奄奄一息。作家在心里告诉自己，这次在威斯巴登停留只是为了赢点钱，好寄给生病的玛丽娅和其他需要帮助的亲戚。可实际上，他是在指望靠赌博赢得一大笔意外之财，数目足够他一次性解决所有财务困难。

而更深层的现实是，他已经被那个令人晕眩（又残忍）的情妇彻底迷住了，无论这段感情之后会怎样发展，他都没办法离开她。赌博的妄想在他写给兄长米哈伊尔的一封信里表露无遗，当时他刚用一次必胜的赌注赚到了3 000法郎："告诉我，在那种 [胜利] 之后，怎么可能不激动入迷呢，假如我严格贯彻自己的下注手法，凭什么我不该相信幸福就在我的掌控之中？而且我需要钱，为了我自己，为了你，为了我妻子，为了写新小说 [……] 是的，我来这儿就是为了拯救你们所有人，也为了拯救我自己。"（顺带一提，陀思妥耶夫斯基自吹自擂的所谓下注手法也无外乎"每时每刻都控制住自己，不管局面如何都不能冲动 [……] 用这种方法就绝不可能输"。）

作家很快把早先赢到的钱都输得一干二净，其可预测性与轮盘赌转盘球的不可预测性相当——然后，随着他不顾一切地要找回赢的状态，他开始损失越来越多的钱。值得称许的是，他确实通过大姨子把开始的部分进账寄给了妻子，可没过多久他就该遭到谴责了，他竟写信给大姨子想把那笔钱再要回来，因为他已身无分文。不用说，因为他在赌桌上耗了太久，以至于他根本没有时间（和钱）就他的癫痫问题去咨询任何一位当地专家，或通过泡热水澡缓解痔疮。

事情在陀思妥耶夫斯基与苏斯洛娃于巴黎重逢后变得更糟了，他随后跟她一起去了最伟大的赌博圣地——巴登-巴登。一旦这对情侣抵达这座拥有富丽堂皇赌场的温泉小镇,陀思妥耶夫斯基便不得不开始同时应付两个"诱人妖妇"。

在苏斯洛娃这一边,她依然风情万种——她最近被一个热情的西班牙追求者甩了,正急需陀思妥耶夫斯基在情感和金钱上的支持以撑过这段难熬的情伤。于是,在作家那双被爱情蒙蔽的眼睛里,去有利可图的贝纳杰交际厅逗留一段,不仅在满足他自己与家中妻子的金钱需求上是必要的,在满足他身边那个向来欲求不满(尽管她在性方面极度吝啬)的情人上也是不可或缺的。

除了巴登–巴登传说中的赌场,陀思妥耶夫斯基选定要在这处特别的温泉夺回自己的财富还有另一个原因。他想与镇上最著名的俄国居民伊凡·屠格涅夫会个面。这次接触对陀思妥耶夫斯基来说很重要,因为屠格涅夫——彼时仍是俄国的主要作家——已经同意为陀思妥耶夫斯基那艰难求存的文学杂志《时代》(*Time*)供稿一篇名为《幻影》(*Phantoms*)的短篇小说。不过,这位年轻作家对于见屠格涅夫一事还有些矛盾,因为他和托尔斯泰一样,觉得这位巴登–巴登乡绅无足轻重,早就与心中的俄罗斯失掉了联系。此外,陀思妥耶夫斯基还非常担心屠格涅夫会打探到有关苏斯洛娃的消息,并把它散播到镇里那些饶舌的俄国疗养客中,从而在国内引发议论。令陀思妥耶夫斯基倍感暴躁的又一个缘由是,当两位作家终于在屠格涅夫家中碰面的时候,这个年轻人早已沉迷赌博不能自拔,以至于他连先前屠格涅夫送去让他给些评价的《幻影》草稿都忘记读了。尽管陀思妥耶夫斯基自己也知道,没有读《幻影》是一种失礼,可他并没意识到此举对他的东道主的冒犯程度有多深,而往后,他还会做出更多冒犯之举。

与此同时,关于陀思妥耶夫斯基的首次巴登–巴登之行以及他在贝纳杰赌场的经历,我们有两个相互矛盾的信息源。兴许是察觉到其伴侣有一天可能会出名,苏斯洛娃在他们旅行途中坚持写日记,有鉴于两人的关系往往是暴风骤雨般的而非温柔亲切的,她对巴登–

中欧大温泉

巴登阶段的行程的描述显得出奇的乐观昂扬:"与F. M.(费奥多尔·米哈伊洛维奇[Fedor Mikhailovich])在这里[巴登－巴登]的旅行相当有趣[……]整个旅程中他都用诗歌说话,最后,我们为了在这儿找到两间带两张床的房间,碰上了些困难,他在客人登记簿上署名'官员',我们为这事儿笑得半死。他一天到晚玩轮盘赌,总是显得无忧无虑。"假使陀思妥耶夫斯基真是"无忧无虑"的——这简直令人难以置信——那"轮盘赌女士"很快就会终结他的漫不经心。

我们有关作家首次巴登－巴登之行的第二个信息源是一封费奥多尔写给兄长米哈伊尔的信,对于信里披露的内情我们实在再熟悉不过了:"我一到[贝纳杰的]赌桌,一刻钟时间就赢了六百法郎。这激起了我的斗志。可突然间,我开始输了,我根本停不下来,我输光了所有,直到最后一枚铜板。"陀思妥耶夫斯基接着恳求他的兄长尽可能凑齐所有能凑到的钱,并立即把钱汇到意大利都林,那是这对情侣计划的下一站。费奥多尔向兄长发出的绝望恳求比苏斯洛娃那强装镇定的日记更能揭示他在巴登的精神状态,苏斯洛娃的日记写的是:"F. M. 赌博输了点儿钱,有些担心没有足够的经费旅行了。"

尽管穷困潦倒,但这对情侣还是按原计划继续了他们的意大利之行。苏斯洛娃于秋天回到巴黎后,陀思妥耶夫斯基也踏上了他的俄国返乡旅途,其中又包括了在另一处德国大温泉——巴特洪堡——的逗留。故态复萌,他到那儿的目的是赌,而结果也一如既往:小赢几把后是一波连着一波的惨输。我们之所以知道他输得极惨,是因为他给苏斯洛娃写了封信,恳请她立刻寄钱来,虽说苏斯洛娃对她情人的恼火程度与后者对她也相差无几,但这个女人还是愿意帮他。她在日记里提到,由于没有足够的现金寄给陀思妥耶夫斯基,她打算当掉自己的手表和其他贵重物品,之后她又从一个法国朋友——这回是个女人——那儿借到300法郎的款子,她把所有这些钱都送去了洪堡,当然,陀思妥耶夫斯基也很快把它们挥霍一空了。我们都搞不清楚他是怎么支付回家的旅费的。

我们唯一清楚的是,无论是对于苏斯洛娃,还是对于在德国温泉赌博,陀思妥耶夫斯基都未尝罢手。在1865年陀思妥耶夫斯基的第三度欧洲之行中,这对情侣依旧结伴出游。这趟旅行会比1863年的那次更令人火大,部分原因在于中间隔着的1864年——就陀思妥耶夫斯基而言,即便按照他的严苛标准来衡量——是极度糟糕的一年。他妻子最终去世了,此事令其陷入内疚的抽搐;他也失去了至爱的兄长米哈伊尔,这让他倍感痛楚;而他惨淡经营的杂志《时代》也破产了,留下一堆债务。不过他并不气馁,又创办了一本名叫《时世》(Epoch)的新杂志,他希望屠格涅夫也能投稿。为此,他给老作家写了封相当蹩脚的致歉函,对他早先在巴登-巴登的粗鲁行为道歉,他将事情全归咎于赌桌上的坏运气,还说假使他"未来没能做些更聪明的事情",他会对自己"感到羞愧难当"。

陀思妥耶夫斯基1865年的经历表明,一旦碰上在德国温泉赌博这种事,他压根儿就没有变聪明。然而,他确实希望在不久的将来做些"更聪明的事情"。他想写个"长篇故事"——而为了写出好故事,他打算再次出国。这个"长篇故事"最后变成了《罪与罚》(Crime and Punishment,1866年),他于威斯巴登开始动笔写这个故事,那里有许多他自己过去犯下的罪恶以及进行的自我惩罚。拉斯柯尔尼科夫,这个典型的自我厌恶的圣彼得堡知识分子起初竟是在一处德国温泉诞生的,想来着实蹊跷。但或许这根本也不足为奇:考虑到温泉对陀思妥耶夫斯基精神状态的影响,这些地方可谓是思考谋杀的完美场所。另外,听起来可能很老套的一点是,陀思妥耶夫斯基仿佛就是从痛苦和自我厌恶当中汲取创作力和灵感的,毫无疑问,他知道——即便是无意识的——他唯有在一个地方才能同时遭遇这两种精神上的折磨,即那个他狂热追寻(金钱上的)救赎的地方:德国温泉地。

他的确再一次去威斯巴登寻求救赎了,他一到镇上,在维多利亚酒店办好入住,便匆匆拐过街角,直奔大赌场,他会在那儿消磨掉其大部分温泉时光。冒着内容变乏味的风险,我还是得指出,他第三次停留在威斯巴登的表现依旧是老样子,一成不变。他在头天赢了几个法郎,然后在接下来的4天里输光了所有,包括他为了与苏斯洛娃在欧洲旅行单独准备的175卢布。事实上,苏斯洛娃确实在威斯巴登同他一起待了几天,但委实是受够了他不负责任的行为,她又急忙赶回了巴黎。

孤身一人的陀思妥耶夫斯基甚至都没钱支付酒店账单,他痛苦地向每一个能想到的人求助,包括那个经常被利用的屠格涅夫,他对这位巴登-巴登乡绅的一番吁求可谓阿谀奉承与卑躬屈膝的完美杰作:

> 我才来威斯巴登5天,就失去了一切,真的是所有东西,连同我的手表,我甚至还欠酒店钱。
>
> 因为我个人的事情来打搅您真是让我感到恶心和惭愧,可我现在确实找不到别的人帮忙了,再者说,您比其他人都智慧得多,所以我在道义层面上求您帮助也更容易一些。我是这样想的:我,作为一个人类向另一个人类请求,求您借我100塔勒[……]我不太肯定是否能在三周后还您钱,不过话说回来,或许可以早些,最迟也就一个月。我心里难受极了(我本以为会更难受),最重要的是我真的不好意思打搅您,但是在一个人快要淹死的时候又能怎么办呢?

从来是促成者的屠格涅夫立即送去了50塔勒,而非陀思妥耶夫斯基所要求的100塔勒,但他这笔款项已足够让陀思妥耶夫斯基给他写一封感谢信,并承诺"会很快还您钱"。事实证明,这是个虚假的保证,陀思妥耶夫斯基欠他恩人的钱不还,为他们本就麻烦不断的关系又增添了新的争执焦点。

与此同时，身处威斯巴登的陀思妥耶夫斯基向另一位俄国文坛名宿——正流亡日内瓦的著名社会主义思想家和批评家亚历山大·赫尔岑（Alexander Herzen）——发出援助请求，可赫尔岑自己的境况也举步维艰，爱莫能助。最后，走投无路，陀思妥耶夫斯基只得再一次求助可怜的苏斯洛娃，导致她几乎付不起回巴黎的费用了，她尖叫着跑走了，再也不想与这个表现欠佳的赌徒情人有任何瓜葛。

如果说向屠格涅夫乞讨算是件丢脸的事，那么陀思妥耶夫斯基再度恳求苏斯洛娃帮忙定然令人感觉像是在下水道中爬行。"我的事情真是可悲极了，"他呼喊道，"不可以再沉沦下去了。"不过，进一步堕落的空间或许依然存在，因为他很快又补充道："向下沉得更深，一定还有另一个我尚不知晓的悲惨肮脏之地。"假使那个更深处的悲惨之地确实存在，那么威斯巴登将会是陀思妥耶夫斯基能找到它的地方："我被我的无动于衷折磨〔……〕被这种时间浪费折磨，被这该死的威斯巴登折磨，它令我感到如此恶心，使我厌恶生活！"可即便是在这一时刻，他也还没抵达他能爬行所至的最低点："我已经求过你帮我了，如果你能从别人那儿借到钱的话，我对此不是很乐观，可是波利娅，如果你能行，就帮帮我吧！你必须得承认，这时候再找不到一个比我的处境更棘手、更痛苦的人了。"

还有一封可怜的求援信被寄给了陀思妥耶夫斯基的家中老友——A. E. 弗兰格尔男爵（Baron A. E. Wrangel），这位时任俄国驻丹麦大使的男爵曾到访威斯巴登。陀思妥耶夫斯基祈求弗兰格尔的怜悯，他开门见山地表示由于最近赌博失败，急需一笔 100 塔勒的借款。"我一无所有，"他哀叹道，"我欠旅馆钱，没有信用，处境极其糟糕，事情总是和之前一样，唯一的区别在于现在情况的糟糕程度是过去的两倍。"一如往常，他答应在短期内偿还借款，因为他的文学之舟已然来临了。"我指望着我的故事〔彼时尚未得名的《罪与罚》〕，我正夜以继日地写，从 3 页纸扩充到了 6 页纸，工作还有待完成。"（弗兰格尔的确送去了100塔勒，不过此次注资仅够陀思妥耶夫斯基还给贪婪的房东一笔头款，这名房东甚至断掉了作家赖以通宵工作的蜡烛供应。或许这正在无意间更增添了《罪与罚》的暗黑感。）

虽然陀思妥耶夫斯基进行紧急求援的方式花样百出，但他一贯坚称他的每一位收信人都是他世上最后的也是唯一的希望，可实际上，他在"该死的威斯巴登"居然找着了一位新的金主。这位金主大人名唤 I. L. 亚尼谢夫（I. L. Yanishev）神父，负责掌管威斯巴登的俄罗斯东正教会。这处德国温泉小镇拥有自己的东正教堂和神职人员，这反映出当地俄国居民社群的规模与影响力着实骄人。随着每年夏天大批前来疗养或赌博或二者兼而有之的斯拉夫游客纷至沓来，此社群的规模还在不断壮大。俄国顾客倾向于把他们的风俗习惯传播至所有德国温泉疗养地，这意味着威斯巴登并非唯一拥有东正教堂的温泉地：巴登－巴登、巴特洪堡和巴特埃姆斯都有（卡尔斯巴德和马里昂巴德也不例外）。在各种情况下，当地神父服务于他们"羊群"的灵魂，一如那儿的温泉水服务于他们的身体。（这两类工作中到底哪一类的效用更加可疑绝对是个饶富趣味的问题——唉，可能到最后也不会有答案。）

当然，对陀思妥耶夫斯基来说，亚尼谢夫神父自有其难处。作家给他讲了很多悲惨的故事，并哀怨地请求他给予金钱上的帮助，以便自己能了结在威斯巴登的债务返回俄国。作为一名教养出众的东正教神父（在修习神学之外，他还学过物理和数学），亚尼谢夫不仅给陀思妥耶夫斯基提供了一笔紧急借款，还引他参与了有关自由意志与"博爱"的学术讨论——作家会在其最伟大的作品《卡拉马佐夫兄弟》（*The Brothers Karamazov*）中全神贯注地探讨这些主题。（在这部作品中，不拘泥于教条的佐西马长老附和了亚尼谢夫神父的教诲。）陀思妥耶夫斯基余生都同他这位精神上的恩人保持着密切联络，他称赞神父是"有着天使般纯洁"的人，一位"热忱的信徒"。

1881年，正是亚尼谢夫神父主持了陀思妥耶夫斯基的葬礼。显然，作家在威斯巴登发现的东西要比他那些充满怨恨的书信所透露的多得多。

还是在威斯巴登——在较少的程度上也包括巴登－巴登和巴特洪堡——陀思妥耶夫斯基为他的一部小说找到了部分素材和灵感，这部小说最初被命名为《鲁列滕堡》，之后则更名为《赌徒》（Gambler）。就像屠格涅夫的《烟》一样，《赌徒》也难以被归入作家最知名的作品行列，但毫无疑问（用约瑟夫·弗兰克［Joseph Frank］的话说），它是"［陀思妥耶夫斯基的］短篇创作里最生动、明亮和有趣的作品之一"。它一如屠格涅夫的短篇小说，打开了一扇窥视德国温泉地生活——在此情况下，可谓主要是低俗生活——的窗户，彼时，赌博是温泉小镇吸引众多顾客前来的首要缘由。

这部作品背后的故事或许与小说故事本身一样有趣。1866年秋，陀思妥耶夫斯基发觉自己陷入了一种特别棘手的新困境，来自债主的压力迫使他用3 000卢布的价格把他之前所有作品，外加一本"不少于10张印刷版"（160页）的尚未写就的作品的版权，全数卖给了其出版商费奥多尔·斯捷洛夫斯基（Fyodor Stellovsky）。如果他不能在11月1日之前出版这部新作，那么斯捷洛夫斯基将有权重印陀思妥耶夫斯基过去和将来的所有作品，而无须向作者支付任何费用。（在出版商与写作者漫长而悲惨的关系史中，这一定是最为悲惨的时刻之一。）陀思妥耶夫斯基必须在一个月内赶出一部新小说，或者最起码写出一部中篇小说，否则他就得放弃写作这一赚钱的营生了。他何以可能完成如此壮举？什么样的主题才适合这为期一个月的文学"闪电战"？赌博——这项曾被陀思妥耶夫斯基视为其宿命中挽救其经济处境的良方的活动——正是使他陷入如今困局的罪魁祸首；也许，赌博——不是去实施它，而是把它写出来——能够让他从罪恶中得到解脱。过去有一阵子，他一直有写篇关于赌博的故事的想法。现在，就在1866年10月初，距斯捷洛夫斯基的最后期限只剩不到一个月的时间,作家打定主意出手一试。

为了降低一些这一看似不可能完成的任务的难度,陀思妥耶夫斯基决定口述这部新作,而非用他惯常的方式——亲手写下每一个字。在俄国第一所速记学校校长的推荐下,作家聘请了一位20岁的名叫安娜·格里戈耶芙娜·斯妮特金娜(Anna Grigoryevna Snitkina)的速记员,她会用速记法记下一连串口述单词,然后将这些象形文字誊录为清晰可读的文章。整整两周,陀思妥耶夫斯基与安娜每天中午至下午4点半都在一起工作。在这一艰难的过程临近尾声时,陀思妥耶夫斯基终于卡着点向斯捷洛夫斯基提交了一份手稿。而在安娜·格里戈耶芙娜那儿,他也得到了一位新伴侣——她很快成了他的第二任妻子。

尽管《赌徒》的创作条件难称理想,但陀思妥耶夫斯基一定会觉得写《赌徒》是件趣事,这本书使他得以分析(并在某种程度上合理化)自己的赌瘾,将其视为俄国人性格中不可避免的一种特质,也让他向德国人以及他们那些该死的温泉大倒苦水。就本章而言,我们最感兴趣的是他对"鲁列滕堡"的描绘。当然这种描绘与人们在旅行指南或游记里找到的内容可谓全无相似之处;一点儿都谈不上客观。虽然从严格意义上讲,这部中篇小说并非自传体,但其中心人物和叙述者阿列克谢简直就是陀思妥耶夫斯基对"莱茵河上的轮盘赌城"的各色抨击的代言人。

阿列克谢说,俄国的报纸或许会大肆吹嘘德国温泉小镇的赌场如何富丽堂皇,可实际上"那些粗陋不堪的赌场毫无富丽堂皇之处"。赌徒和庄家也一样粗鄙:

> 这一群恶棍赌起来的确很龌龊。我甚至都觉得这里赌台上发生的许多事简直就是最普通的偷窃。坐在赌台两端的庄家要紧盯着别人下注,算账,忙得不可开交。这也是群混蛋!多半

是法国人。[1]

陀思妥耶夫斯基对作为冥顽不化的赌徒的俄国人这一刻板印象有许多描绘，他们向来抵挡不住那个黑色"轮盘婊子"用转盘球发出的塞壬之音，而在我们的叙述者阿列克谢看来，俄国人对不计后果的赌博的嗜好还是要比德国公民在他们那糟糕的温泉小镇里散播的风气更加可取：用奴性的工作和尽心的节俭不懈地积累财富。"我宁肯一辈子像游牧民一样在帐篷下流浪，也不愿崇拜德国式的偶像。"阿列克谢宣告。当有人问起他"什么偶像？"时，他答道：

> 德国人那种积累财富的方式啊。我来这里的时间并不长，但我所看到和考察到的一切都激起我那野蛮人本能的愤慨。上帝保佑，我可不要他们这种美德！我昨天已在这儿六七英里外的四郊走了一圈。一切都同德国人那种带插图的劝善警世的小册子里完全一样：这里家家户户都有个品德高尚得可怕、特别正直的家长。他正直得简直令人望而却步。我可受不了这种令人望而却步的正派人！每位这种家长都有个家庭，晚上他们都坐在一起读有益身心的书。每幢房子上榆树和栗子树叶沙沙作响，夕阳映射，房顶上有鹳鸟筑巢。嗯，这一切都非常有诗意，而且动人得很呐。

我需再次申明，阿列克谢这个角色并非单纯的陀思妥耶夫斯基的替身；可以肯定的是，作家在这个虚构人物的夸张叫嚷里获得了极大乐趣。如同他自己早先在《冬天记的夏天印象》中的夸张叫嚷一样，《赌徒》中对吝啬、固执的条顿人以及他们那与童话故事书如出一辙的温泉小镇的偏颇描绘可谓严肃与趣味并存。

---

[1] 译文参见陀思妥耶夫斯基，《赌徒》，刘宗次译，载《费·陀思妥耶夫斯基全集》第六卷，石家庄：河北教育出版社，2010年，译文有所改动，下同。

巴登－巴登的最后决裂

有人或许会以为，通过诚实地对沉迷赌博（gambling bug）这一行径进行大量描绘，陀思妥耶夫斯基应当也将这一缺陷（that bug）从他的系统中清理出去了。毕竟，心理治疗师不是告诉我们，我们只要把问题端上台面，开诚布公地讨论，不就可以摆脱问题吗？可陀思妥耶夫斯基的"问题"对于心理学的现成答案来说实在太过复杂。尽管在《赌徒》中，他没有对赌博成瘾加以粉饰或进行浪漫化处理，但通过把它说成一种典型的俄国人特质，他便对主人公——还有他自己——的这一自我毁灭行径给出了一种再方便不过的解释：唉，循旧例把大笔财富丢到赌博的老鼠洞里，就是俄国人该干的事情。

于是，在1866年《赌徒》出版后的五年时间里，陀思妥耶夫斯基依然故我。1867年的夏天，他第二次光临德国最著名的温泉小镇——巴登－巴登。他异乎寻常地在那儿待了足足五周，此次他有新婚妻子安娜陪同，安娜正怀着他们的第一个孩子。这趟巴登－巴登的旅居对可怜的安娜来说极度艰难，因为费奥多尔不知停歇地赌，日复一日，夜复一夜，偶尔能赢到一点钱，也只是刚好够他继续赌下去，直至最后输得一干二净：包括安娜的结婚戒指、一枚费奥多尔之前作为结婚礼物送给她的胸针，甚至还有她的披肩和备用的连衣裙。与陀思妥耶夫斯基早先的伴侣苏斯洛娃不同，安娜如此深爱她的男人，以至于她原谅了其鲁莽行径并忠实于他。（更重要的是，据传闻，每当他为正在进行中的创作增添了新章节，她都会用性和鱼子酱来犒赏他！）而另一方面，伊凡·屠格涅夫则在陀思妥耶夫斯基到访巴登之初，与他发生了一场史诗级的决裂，并最终和这位难相处的朋友分道扬镳了。他们的激烈争吵不仅源于长期累积的个人怨愤，在更大程度上也出于意识形态上的相互憎恶，这种憎恶是伴随着俄国国内西化派与斯拉夫派间持续上演的粗野论战而生的。

在深入探讨两位伟大作家间这场影响深远的乱斗之前，为了展现逼真的施虐受虐场景，我必须花点时间与这对新人一起在巴登－巴登的地狱度会儿蜜月。

陀思妥耶夫斯基夫妇于7月5日抵达巴登－巴登。据安娜说，当日的天气"阴森可怖"，还下着倾盆大雨。尽管如此，费奥多尔还是马上"带着一些塔勒和15达克特金币"，还有以他的名誉为誓的"保证不玩"的承诺直奔交际厅而去。3小时过后，安娜说："费奥多尔回来告诉我，他把带去的钱都输掉了。"首日的经历为他们余下的旅程奠定了基本模式：安娜会拿出他们宝贵的积蓄，费奥多尔则会保证一旦输掉预先安排给他的那一小笔钱，他就不再玩儿了——然后在几个小时后输得山穷水尽回到家。不过，有时他确实能赢到一些钱，但这比他不断输钱还要糟糕，因为这反而激励他继续玩下去，日复一日，延长痛苦。

安娜很少陪他去赌场，她一个人待在"家"——先是在一间对他们而言过于昂贵的酒店房间，之后他们又搬到一个铁匠铺楼上的破旧公寓，在那里，她不得不忍受楼底下持续传来的敲击声。在费奥多尔的催促下，她有时会去交际厅的阅览室，但她并不喜欢这样，因为被人看到自己穿着一件破旧过时的连衣裙令她倍感窘迫。很快，她就只剩下一件衣服可穿了，因为她为了满足丈夫的赌博恶习，不得不将大部分衣物典当给一个德国犹太人，而这个犹太人，在她看来，无情地欺骗了她。在他们停留的第一阶段，安娜几乎每天都经受晨吐的折磨，但更糟糕的则是令人沮丧的孤独以及对费奥多尔和她即将陷入赤贫的挥之不去的恐惧，或者说，是生怕她丈夫——因为在赌桌上输钱而极度痛苦——寻短见的恐惧，他有时会残酷地声称要这么干。费奥多尔并没有拔掉他的生命"插头"；相反，他用不停的自我惩罚和被动攻击式的牢骚令安娜的生活苦不堪言，这些牢骚包括"他配不上我，他是头猪，而我是天使，以及其他许多类似的蠢话"。安娜一再向他保证她对他的爱，仿佛是为了要证明这一点，她又给他几法郎或达克特金币好让他去输光。他每次赢到点儿钱，

中欧大温泉

便会给她带些鲜花和水果回去,而她则感激涕零:"费奥多尔的体贴令我太高兴了,尤其他是如此出人意料[……]我是多么感激我亲爱的宝贝费奥多尔对我这样关怀备至啊!"可是,费奥多尔一向的所谓"关怀"就是连续几个钟头抛下她一个人独处,而自己却把生活费和安娜典当衣服东拼西凑来的钱全都赌得一干二净,因此,安娜时常处在彻底崩溃的边缘。"[去当铺后]我们吃了顿饭,我饿极了。在等费奥多尔的时间里,我的痛苦简直难以言喻。我哭起来,诅咒自己,诅咒轮盘赌,诅咒巴登-巴登,还有这世上的一切。"

我们还记得,陀思妥耶夫斯基之前在巴登-巴登逗留期间,曾经拜访过屠格涅夫,并向他借了笔钱——一笔他从未偿还的钱。由于他依然不愿意(也无法)履行自己的承诺,他希望在第二次来镇上的时候避免碰上屠格涅夫。可他不曾料想,抵达后不久,他就在街上遇到了冈察洛夫,在向冈察洛夫索要了一小笔借款后,陀思妥耶夫斯基从冈察洛夫处得知,屠格涅夫已经知道他来巴登-巴登了。这下他别无选择,只好去拜访这位从前的恩人,以免屠格涅夫(合理地)怀疑陀思妥耶夫斯基因为那笔未还的钱而试图躲开他。

关于陀思妥耶夫斯基与屠格涅夫在巴登-巴登的这场划时代决裂,我们有两个消息源:一个是安娜在会面后第二天写的日记,一个是费奥多尔在一个月后写给朋友阿波隆·迈科夫(Apollon Maikov)的信。尽管这两个消息源在许多方面是一致的,但安娜的描述比陀思妥耶夫斯基自己的要和缓得多,这也许是因为作家并没有把一些更可怕的细节透露给妻子。在谈到费奥多尔转述给她的那场会面时,安娜写道:屠格涅夫(仍然机巧圆滑,对那笔没还的钱只字不提)对其小说《烟》在俄国国内受到的负面反响"感到痛苦,甚至有点恶毒地对此感到怨恨"。而完全赞同这些有关《烟》的负面评价的费奥多尔,"对待[屠格涅夫]毫不温和含蓄",狡黠地说他应该去"置办一副望远镜",这样或许就能把正发生在俄国的事看得更加清楚。安娜还写道:"费奥多尔宣称他发觉德国人极度愚蠢,并且很容易变得不诚实。"屠格涅夫对这番评论大为光火,他向陀思妥耶夫斯基保证,作为一个粗鲁的访客,陀思妥耶夫斯基"已无可挽回地羞辱了他,因为他如今不再是个俄国人,而是个德国人了"。不过安娜在结尾处还是坚称:"总的来说,[这两位作家]还是友好分手的。"

陀思妥耶夫斯基给迈科夫的信则明确表示,他们的分手根本不"友好",而且两人的交流甚至远比他让安娜所相信的激烈。当话题从《烟》转向相互敌视的西化派与斯拉夫派的争论时,事态急转直下。"[屠格涅夫]极荒唐、极可怕地抨击俄国和俄国人[……][他]说我们应该匍匐在德国人面前,所有谋求俄罗斯化和独立自主的企图[都是]卑鄙愚蠢的。"陀思妥耶夫斯基提到,就在这个当口,他告诉屠格涅夫应该给他自己弄一副望远镜,身为一个永久的流亡者,他对自己祖国的实际状况一无所知。在提及本人短暂的旅德时光时,陀思妥耶夫斯基在信中抱怨说,他不得不栖身于一个"没有俄罗斯思想,没有俄罗斯书籍,甚至都没有友善面孔"的地方。有关屠格涅夫躲在巴登的决定,陀思妥耶夫斯基告诉迈科夫,他当时就问那位老人,看在上帝的分儿上,他怎么能够生活在国外?因为"离开自己的祖国——向上帝发誓——这是痛苦的!"至于屠格涅夫谄媚地喜爱着的德国人,陀思妥耶夫斯基坚持斥责他们都是些"流氓和骗子,比我们的流氓更糟糕、更不诚实。屠格涅夫也许一直喋喋不休地谈论优越的德意志文明,但陀思妥耶夫斯基说到,他直截了当地回答屠格涅夫:不管怎样,"文明对他们不值一钱"。

根据陀思妥耶夫斯基的陈述,屠格涅夫听后"勃然大怒",尖叫着说费奥多尔当面冒犯了他。"'您应该晓得我已经在这里永久定居了,'他怒气冲冲地说,'我认为自己就是德国人,不是俄罗斯人,我为此感到自豪!'"身高足有5英尺3英寸的陀思妥耶夫斯基直起身子,表示如果他冒犯到了主人,那么他感到很抱歉,旋即告辞离开了。"我发誓再不会踏足屠格涅夫家。"就屠格涅夫而言,他希望余生都不会再见到陀思妥耶夫斯基,第二天早晨,他从住处寄去一张明信片上面写着同样的话。

这一回,两人都说到做到了。最后,还是安娜一锤定音,屠格涅夫觉得自己更像德国人而非俄国人,对此她在日记里写道:"在所有稀奇杰出的人中——他怎么能因为自己是德国人而非俄国人而感到自豪呢?俄国作家不应当[……]宣称自己是德国人!"

与德意志挥手作别

在这次痛苦的巴登 - 巴登之行 4 年之后,陀思妥耶夫斯基终于彻底戒除了赌瘾。这事发生在威斯巴登,10 年以前,一切开始的地方。1871 年 4 月 5 日,陀思妥耶夫斯基去了镇上的大赌场,只是打算在那里四处转转。一到了那儿,他便开始进行"内心赌博",并且十分成功。这促使他开始动手玩真的,瞧,他还赢了 18 塔勒。之后,如同他在写给安娜的信里悲伤地讲述的那样(安娜此时正在德累斯顿等他),惯常的一幕发生了:"到九点半,我输光了所有,神志不清地离开了赌桌。"他恳求她给他 30 塔勒,保证自己只会用这笔钱来与她会合。他补充道:

> 安妮娅,我跪倒在你脚边,吻着你的脚,我知道你完全有权鄙视我,心想"他又要赌了"。我又凭什么向你起誓说我不会再赌呢?我不会吗?先前我曾欺骗过你。可是,我的天使,请明白:我知道假使我再玩上一次,你一定会死的,我并非彻底失心疯,我晓得要是发生那种事的话,我就完了。我不会赌了,我不会了,我不会了。我马上回来。相信我最后一次,你不会后悔的。

事实证明安娜没法支付陀思妥耶夫斯基索要的这笔款项,这可能是好事一桩。尽管如此,陀思妥耶夫斯基还是找着了前往德累斯顿的方法,更重要的是,他也头一回找着了兑现给妻子的承诺的方式。安娜在她深情的陀翁回忆录/肖像画中证实了这一幸运的转变:"当然,我还不能一下子相信如此巨大的幸福,费奥多尔竟对轮盘赌冷漠处之[……]可这一次,幸福成真了。那确实是他最后一次玩轮盘赌[……]他从威斯巴登回来后,心情愉快而又平静,然后立刻坐下继续写他的小说《群魔》(*The Devils*)。"

人们可以想象,无论陀思妥耶夫斯基的戒赌誓言多么坚定,要是没有新任德皇威廉一世助其一臂之力,他恐怕很容易旧疾复发。威廉一世下令,整个德意志帝国自1872年10月起禁止赌场博彩。这一禁令在陀思妥耶夫斯基死前最后4次造访德国温泉地——1874年、1875年、1876年和1879年——时已然生效。这几次安娜都未陪伴在他身边,但或许更重要的是,"轮盘赌女士"也无法陪伴他。

陀思妥耶夫斯基最后4次温泉之行都只到访了一处疗养地——巴特埃姆斯。促成这几次行程的动因皆与他早先前往德国旅行时给出的理由别无二致:健康状况不佳。正如我前面提到的,陀思妥耶夫斯基患有呼吸系统疾病,而在那个年代,巴特埃姆斯正是治疗这种病痛的首选地点,作家被转送至肺气肿专家奥尔特医生那儿,医生给他开了固定疗程剂量的知名矿泉水,也禁止他的病人再写作,理由是写作引发的兴奋会抵消疗养泉水的镇静作用。可陀思妥耶夫斯基背负着交稿期限,还有账单要付,于是他在酒店房间里一边喘着粗气,一边写写画画。他持续往返埃姆斯,这证明了他的绝望,也证实了他的信念,即这种"治疗"令其得以活下去。他在1875年写道:"要是我去年夏天没去埃姆斯,怕是早就在[随后的]冬季死掉了。"

在陀思妥耶夫斯基看来,去埃姆斯是桩必要之恶,但这并未减少这件事的罪恶感。他从温泉小镇寄给安娜的信,连篇累牍地抱怨那里多变的气候、高昂的生活花销、荒谬可笑的规章制度、令人生厌的病友、好管闲事的医生——当然,还有那些满坑满谷的可憎德国人。他在第一封信中指出,巴特埃姆斯"[在过去 5 年]迅速繁荣起来,人们开始从欧洲的各个角落来到这里"。见鬼,人真是太多了!人口拥挤导致合宜的出租住宅短缺,房东旋即肆意哄抬价格。奥尔特医生要求他饮用凯塞尔泉(Kesselbrunnen),理由是该处的矿泉水对他肺部和腹泻有奇效,可实际上,他患的是便秘而非腹泻,他现在不无担心(结果也确实如此)"凯塞尔泉[……]可能会产生一些不良影响"。奥尔特医生给他制定的食谱也没什么用:"我要多吃酸的东西,沙拉要加醋[……]还要吃肥肉,我也打算喝红酒,产自法国或本地的。"问题是,梅多克葡萄酒(the Medoc)的价格贵到离谱,而本地红酒"则是一等一的酸,且一瓶[仍]要花 20 格罗申"。至于医生要求他喝的矿泉水:"[它]尝起来酸涩得像盐,闻起来还有股臭鸡蛋味儿。"听温泉乐团的音乐十分"无聊",因为乐团总是在演奏路德宗的赞美诗或像瓦格纳之流的德国"垃圾","他尽管很出名,却是条最乏味的德国狗"。购物也远非解脱之道:"这儿的商店很糟糕。我想给自己买顶帽子,只找到一家简陋的小店,里面的商品和我们能在自己的市场上买到的差不多。所有商品都高傲地陈列在那里,价格奇高,店主对顾客也是不屑一顾。"

诸如此类的信一封接着一封。显然,陀思妥耶夫斯基依旧带着他第一次到访德国时的那种"俄式敏感"。不可能有比埃姆斯更糟的地方了。但埃姆斯确实是最后一处腾飞的德国大温泉疗养地,当陀思妥耶夫斯基在 19 世纪 70 年代前往那里的时候,当地的潜力还有待实现。

在陀思妥耶夫斯基最后一次造访埃姆斯时,无论是否有疗养泉水,他的肺气肿都已愈发严重,咽喉痛、盗汗、痛风和便秘令他痛苦不堪。他将自己的满腔怒火和沮丧都发泄在同一个目标上,这一目标正不幸地在 19 世纪末的俄国变得流行(在德国亦如此,只是程度较轻):犹太人。富有的犹太人成了中欧所有大温泉的支柱,这一发展为陀思妥耶夫斯基以及其他许多人所嫌恶。事实上,他本人下榻在阿尔杰酒店（Hotel d'Alger）时，便不得不住在一些俄国的犹太富人隔壁，这简直太过分了。正如他写给安娜的信所示：

> 整整4天，我坐在那儿忍受着他们在我门背后讲话（那对母子），他们一页一页、整卷整卷地讲，滔滔不绝，没有哪怕一丝一毫的停歇，最要命的是，他们不光大吼，还长声尖叫，如同在以色列宗教集会或是犹太教堂里一样。他们一丁点儿都没留意到，不是只有他们两个人住在酒店里。

还有镇上的犹太店家，他们回回都"骗"他，就如他告诉安娜的："在我们俄国绝不会有像现在德国的这些骗子店主那样的人。他们都是犹太人。犹太人控制着一切，他们总是欺骗你，毫不夸张地说，他们在抢劫你。"

"我终于要离开埃姆斯了。"在一封日期为8月27日的信中，陀思妥耶夫斯基这样告知妻子。他以为他只是暂时"告别"（do svidaniya）德国，来年他还会回到埃姆斯。可他再也没能够回去了，两年之后他去世了。

屠格涅夫则更早告别了巴登-巴登。19世纪60年代的余下时间里，他继续在奢华的疗养地过着舒适的生活——也许因为太过舒适，1870年，时年52岁的他在一封信里觉察到，"一个俄国作家选择在巴登定居，也就此宣判了自己写作的早夭"。屠格涅夫仍在继续写作，但他也开始相信他的生活太安逸（这呼应了托尔斯泰与陀思妥耶夫斯基），与同一时期俄国的残酷现实相距太遥远，无法再为顶尖的文学提供素材。因而，当外部事件共同导致他在巴登-巴登的舒适田园生活戛然而止时，他一直处在一种坐卧不宁的心绪中。1870年普法战争的爆发迫使维亚尔多夫妇离开了他们的第二故乡。他们是法国公民，而突然间，莱茵兰的民众露出了他们的德意志爱国主义，变得反法。尽管由于极度憎恨拿破仑三世，屠格涅夫在这场战争中

中欧大温泉

选择站在德国人一边，可他对维亚尔多一家的忠心还是要比他对德国的新认同或对巴登－巴登的热爱大得多，当他们离开后，他便决定跟随他们——先是去了伦敦，后来又返回了巴黎。

1879 年，屠格涅夫曾短暂地回到俄国，他惊讶地发现激进的年轻一代都很喜欢他。他在圣彼得堡发表了一次演说，他在演说中天真地表示，他在《父与子》里描绘的代沟如今已得到弥合。结果两年之后，一群青年激进分子刺杀了沙皇亚历山大二世。

1881 年，屠格涅夫回到巴黎，他被诊断出脊髓癌，他在剧烈的病痛中又活了两年，他心爱的波琳悉心照料着他（有时在意识恍惚的状态下，他会把她错当成麦克白夫人）。1883 年 9 月 3 日，当他以 64 岁之龄谢世时，他还在用俄语东拉西扯，抱怨自己无法勃起，又想象自己是个神圣的俄罗斯农民（一如托尔斯泰）。他的遗体被运回圣彼得堡，葬在规模庞大的沃尔科沃公墓（Volkovo Cemetery），如今永久处在"奥勃洛莫夫作风"状态的伊凡·冈察洛夫的墓也位于那儿的"作家步道"（Writer's Walkways）区。

第五章

漫步道上的政治

19世纪德国的一本百科全书建议，外交官们应当在接受水疗之后再开始会晤，因为"千万人的福祉可能就取决于政客们的肝脏状态"。这是个明智的忠告，19世纪欧洲的外交官经常采纳它——虽然也有人怀疑，关心千万人的福祉是否真的可与关心他们的肝脏等量齐观。但无论如何，那些在大温泉搞政治活动的家伙定然属于那种不得不担心肝脏问题，乃至因上流阶层的生活而心怀其他健康隐患的人群。正如一位评论员所言："［温泉］漫步道上的政治决策提醒我们，在欧洲高度资本主义的时代，政治在多大程度上依然是由王朝的统治者与有限的政治阶层决定的。"换句话说，顶层的政策正是由同一群患痛风病、近亲繁殖的皇室与贵族成员制定出的，他们会定期进行温泉疗养，无论手头是否有需要处理的政治苦差。但如果他们真有这样一件苦差，那么毫无疑问，能够在环境舒适的地方处理它，不仅是桩额外的红利，更是一种必须。19世纪的政策制定者，只要头脑还正常，就不会想在一个肮脏的地方从事其政治活动（当然，公平地说，这一游戏规则也适用于其他时代，包括我们自己的时代）。

如同这里有著名的艺术家的作用一般，举行政治会晤和皇室密会也大大增加了温泉的声望，在整个德意志帝国禁赌后，这些活动也有助于支撑当地商业的生存。主宰欧洲"漫步道政治"的温泉大多位于中欧。1858年，拿破仑三世可能在普隆比埃与皮埃蒙特的卡米洛·加富尔（Camillo Cavour）密谋将奥地利人赶出北意大利，但总体来说，正如一位法国历史学家所承认的那样，在19世纪的外交集会、条约谈判与其他高层政治阴谋方面，"德国温泉远远凌驾于法国温泉之上"。这些富有影响力的人钟爱中欧疗养地，不仅因为这些地方设施豪华，也出于如下考量：它们相对隐蔽，领导人们能够在远离疯狂人群的安宁环境里开会。

水中阵线

就在打破拿破仑治下的法国对欧洲大部分地区的统治的漫长战争依然激烈进行的当口，1813年8月29—30日，在波西米亚北部的库尔姆（Kulm）赢得一场对战法军的胜利后，反法联盟的三位主要领导者——奥地利皇帝弗朗茨一世、俄国沙皇亚历山大一世和普鲁士国王弗里德里希·威廉三世——齐聚库尔姆附近的温泉小镇特普利采，重申了他们彻底推翻科西嘉暴发户的决心。9月初，当君主与他们的幕僚开始准备会议的时候，这座古老的波西米亚温泉已不复其往日优美尊容，漂亮的小镇挤满了军队的乌合之众，而非有钱的平民疗养客。某些雅致的旅馆被改成了收容伤兵的临时医院，初秋的大雨和行军队列把街道搞成了翻腾的泥河，阻碍了大批随军人员的前进速度，其中包括满身泥污、争抢军人生意的妓女。众人本可以统统洗个澡，可只有那些有钱人、军官和搞外交的绅士老爷才能充分利用温泉池。奥地利首相克莱门斯·冯·梅特涅公爵（Clemens von Metternich），奥地利御座后方真正的实权者，也不得不承认："特普利采如今是个悲惨的地方。到处都是伤员；在方形堡的大厅里，有些人被截掉了胳膊大腿。"在这场漫长斗争中，盟军此时此刻的士气也很糟糕。联盟伙伴间的内讧与惨重的损失使每个人都处在重压之下，除了对拿破仑的共同仇恨，唯一能把盟军领导人团结在一起的纽带通常只剩下他们交流时说的法语了。

尽管如此，梅特涅还是打算对巩固反法联盟的前景保持乐观态度，这是他在特普利采会谈上的主要目标。"一切都很顺利，简直出乎意料，"他写信给他当时的情人，结过3次婚的魅惑女公爵威廉米娜·萨甘（Princess Wilhelmina of Sagan）说，"一切都是美丽的、完满的，上帝似乎现身保护了他的事业。"实际上，无论这是否是全能上帝所为，在经历了多次争吵后，梅特涅与3位君主均同意了一项新的战略安排，承诺各国将继续采取共同的军事行动，直至在"公正的均势"与共有的保守原则的基础上达至和平。

上述协议于1813年9月9日在特普利采签署，其效用时好时坏，一直维持到1815年6月拿破仑在滑铁卢最终战败。这些协议可被视为一系列后续努力的开端——其中一些也是在中欧温泉疗养地敲定的，它们旨在压制任何植根于法国大革命，随后又为拿破仑所延续（但也被极大颠覆）的激进思潮死灰复燃的可能。因而可以说，反对革命变革的保守势力阵线不是在沙盘上而是在水中画出的。

但很快形势就变得明朗，无论盟国在特普利采，还是两年后在规模更大的维也纳会议上设想了些什么，法国大革命释放出的变革力量都是难以遏制的。法兰西军队将大革命的变革理想带至邻国，而在他们对法国的讨伐战中，保守派的统治者，尤其是德意志人，还不得不从法国的书里汲取教训，动员诸如立宪主义、议会赋权，以及最重要的，民族主义等思潮，以激发民众对这场运动的热情。1815年，拿破仑被船运至圣赫勒拿岛（Saint Helena）流放，德国当局便立刻试图把他们那危险的意识形态武器装回旧制度（ancien régime）的专制主义密封箱里。然而，那些被认为值得信赖的包装箱已经无力收束其中的可燃物了，就如众所周知精灵瓶已装不下冲动的小妖怪一样。

德意志民族主义的妖怪在庄严的德国大学里游晃、冒险，那里的学生（还有一些教授）早已同时吸收了启蒙时代的理性主义与浪漫主义时代民族主义者的身份政治的理想，正大声疾呼要建立基于宪政和民族共同原则的崭新德国。这些积极分子对后拿破仑时期秩序重整的安排极度失望,在德意志地区,以上安排产生了一个松散的邦国联盟,被称为"德意志邦联"(German Confederation)。"德国在哪里?"一名曾经反抗过拿破仑的爱国学生问道,"那个值得我们共同为之奋斗的德国在哪里?"为了达成他们的奋斗目标,学生们组建起"学生协会"(Burschenschaften),首个协会于1815年在耶拿成立。不像德意志帝国时期那种极端保守,以痛饮啤酒、佩剑决斗和招惹犹太人闻名的兄弟会,早期的学生协会曾经勇敢地——尽管常常也是混乱地——鼓动创建一个尊崇民主原则的统一国家。身着红黑金三色衣服(这是当年学生志愿军对战法国人的着装之一),协会成员们举行喧闹的集会,声张他们不容谈判的诉求。

其中最著名、最具挑衅意味的集会是1817年10月18日的瓦特堡节(Wartburg Festival)[1]。这一天对德意志年轻人来说意义非凡:它既是马丁·路德发布《九十五条论纲》(Ninety-Five Theses)[2]的300周年纪念日,也是在莱比锡近郊反抗拿破仑的血腥"民族会战"(Battle of the Nations)[3]的四周年纪念日。学生庄严肃穆地游行至瓦特堡——路德曾在那里将《圣经》翻译成德文——后,点燃了一堆巨大的篝火,把反对他们理想的"反动分子"撰写的书册丢进火堆。一场由大学生组织的焚书派对或许会令我们觉得反常,而它也确实是不祥的,正如海因里希·海涅于1821年写下的著名论断:"焚书

---

[1] 瓦特堡节,又称瓦特堡纪念大会。德意志大学生为纪念宗教改革300周年和莱比锡民族会战四周年召开的政治性集会。1817年8月,耶拿大学生协会向13个新教大学发出举行纪念大会的通告信,得到热烈响应。大会于10月18日在瓦特堡举行,15所大学近500名学生参加。与会者纪念马丁·路德和布吕歇尔,认为他们是德意志民族的解放者,抨击德意志现状,号召建立自由、统一的德国。晚上举行火炬游行,在正式仪式结束后,学生们仿照路德焚毁教皇通谕的做法,焚毁反动作家的书籍和反动统治的象征物(如黑森士兵的发辫、奥地利军士的棍子等)。瓦特堡节是第一次公开的争取德意志统一的群众政治大会。次年10月,耶拿大学正式成立德意志大学生协会。

[2]《九十五条论纲》,原名《关于赎罪券效能的辩论》,是马丁·路德于1517年10月31日张贴在德国维滕贝格诸圣堂大门上的辩论提纲,被视为宗教改革运动爆发的导火索。

[3] 1813年10月发生于莱比锡附近的会战,是拿破仑战争中的决定性战役,因参战国家、民族众多,又被称为"民族会战"。拿破仑在此战中以18万兵力与俄、奥、普鲁士及其他各国的30万联军苦战,最后败北。莱比锡会战的失利宣告了拿破仑在德意志统治的最终崩溃和莱茵联邦的解体。

伊始，焚人以终。"

瓦特堡一代的民族主义学生尚未走到焚人的地步，可他们中的一个确实施行了政治暗杀。1819年3月15日，一个来自耶拿、精神失常的神学学生卡尔·桑德（Karl Sand）刺死了剧作家奥古斯特·冯·科策布（August von Kotzebue）。在我们旅程的早些时候，这位剧作家同我们打过照面，他是两部由贝多芬谱曲的戏剧的原作者。科策布还写过数篇政治文章，均被认为应当在瓦特堡付之一炬，更糟的是，他还曾作为探子替可恶的俄国沙皇卖命。"感谢您，上帝，为您带来的这场胜利！"桑德跪在科策布血淋淋的尸体旁，徒劳地试图了结自己的性命时，他大叫道。桑德在受审时称科策布是"［德意志］民族的叛徒"。他被判犯谋杀罪，旋即被斩首。

对那些忧心忡忡的现状维持者来说，他们视卡尔·桑德的残忍举动为受教育青年普遍堕落的标志，仅仅将这一罪大恶极之人的脑袋砍掉尚不足以成为令人满意的反革命措施。梅特涅公爵的顾问、保守派知识分子弗雷德里希·根茨（Friedrich Gentz）[1]向梅特涅发出警示："这桩谋杀［……］乃当今时代的瘟疫热在德意志所显露出的毒性程度的一个明白无误的征兆。"梅特涅完全赞同根茨的观点，他把科策布遇刺案作为寻找新措施，遏制各类威胁现存君主秩序的"颠覆性"活动及言论的正当借口。鉴于这位奥地利首相把德国大学和学生协会视作问题症结，他打算召集德意志各邦代表参加一次会议，起草一批紧急的限制与法规，会议定于1819年8月初召开，拟议的会场是卡尔斯巴德。

为什么是卡尔斯巴德呢？某种程度上，梅特涅选择该地的原因与接下来几十年大温泉承办一系列重大政治活动的原因如出一

---

[1] 弗雷德里希·根茨（1764—1832），德意志外交家、政治活动家。1785—1802年在普鲁士政府供职，赞赏英国政治制度，反对法国大革命。1803年移居维也纳，开始在奥地利外交部门工作，后为梅特涅秘书，是梅特涅最亲密的合作者、挚友，曾多次参与组织重要的欧洲国际会议，1819年协同德意志邦联议会制定《卡尔斯巴德决议》，镇压德意志自由民主运动。

辙。卡尔斯巴德非常舒适,拥有上佳的住宿选择和精致的餐厅,富于对治疗痛风卓有疗效的泉水,还拥有宁静的公园和幽僻的小径,颇宜于在林中进行那种私密的外交散步。就梅特涅个人而言,此乃众所周知之事:他从前便常到卡尔斯巴德疗养,且很喜欢那个地方。他珍视卡尔斯巴德,不光因为那里在许多方面都很舒适,还因其顾客群与文化在社会政治方面抱持的世界主义(sociopolitical cosmopolitanism)——他希望这套国际主义的价值观能抵御民族主义的强风侵袭,如若放任此风不加控制,它或许会瓦解像他所珍爱的哈布斯堡帝国那样的多语言结构。

在卡尔斯巴德会议前夕,梅特涅与弗里德里希·威廉于特普利采短暂会晤,后者正在当地进行一年一度的疗养。梅特涅的目标是与普鲁士一起为卡尔斯巴德会议确定一个共同纲领,这将确保即将召开的会议能够平顺、按部就班地进行,如同这位奥地利首相所收藏的象征其治国方略的宏伟挂钟一般。获取普鲁士的支持也是为了防止普鲁士自行其是,这一向是梅特涅所担心的。恰如梅特涅的忠实拥趸亨利·基辛格(Henry Kissinger)在《重建的世界》(*A World Restored*,1973年)中所言,在特普利采,这位奥地利大臣表现得就像个"严厉的老师",他提醒弗里德里希·威廉:他一直在警告,要提防宪政主义和激进民族主义的危险。在劝诱他的"王室弟子"签署《特普利采协定》后——该协定为卡尔斯巴德正式确立了共同议程——梅特涅吹嘘说,他已然强化了"普鲁士国王正趋向麻痹的灵魂中最活跃的元素",这实际上保证了国王"几乎不敢再采取最为大胆的步骤,即〔为德意志邦联〕引入宪法"。

卡尔斯巴德会议则于1819年8月6日开幕,虽然大部分工作在头几天里就完成了,可会期还是一直持续到了月底。代表们在实际任务达成后决定继续留下,因为他们来开会同时也是为了来玩儿,而卡尔斯巴德正是个玩乐的好地方。整整3个礼拜,这处温泉疗养地的温泉池、纸牌屋、跳舞厅、餐厅和高档妓馆里到处都是快活的国务大臣，他们准备在紧张的会谈后放松一下。（顺带提一句，歌德在会议快结束时抵达了卡尔斯巴德，不过他没有参与会议的任何议程。）

那卡尔斯巴德的代表们达成了什么决议呢？其实，与20世纪的警察国家的严酷政策与实践相比，所谓《卡尔斯巴德决议》（简称《决议》）（Karlsbad Decrees）[1]似乎显得相对温和，可用当时的标准看，它足够压抑。该《决议》分为三个部分，总体涉及高等教育、出版及意识形态上的"颠覆活动"。具体来讲，他们要求邦联各邦在大学内安插学监，监督课堂，执行纪律，将"所有宣扬反对公共秩序或现存政府机关的教条的教师"革职；被某所大学以"危险分子"为由驱逐的学生将失去进入邦联内任何其他高等院校的资格；此外，所有"大学内的秘密和未经批准的社团"（包括学生协会以及被称为"特纳"［Turner］的具有政治倾向的体操社团[2]）都应立即解散。在新闻出版方面，新《决议》给予奥地利控制下的邦联议会（Diet of the Confederation）自行镇压任何"危及邦联荣誉、各邦安全，或不利于维持德意志境内和平与安定"的言论的一切权力。最后，卡尔斯巴德会议决定成立"一个特别审查委员会"，以便彻底纠明"那些针对邦联乃至各邦内部和平的颠覆阴谋与煽动组织的源头与分支"。

在《决议》的授权下，邦联警察逮捕了数十名学生，并判处其中部分人长期监禁，多名教授被当即解雇。当然，这正是梅特涅所希望的。在他看来，卡尔斯巴德会议是个巨大的成功，而且其成功完全只归功于他自己。会议结束后，他匆忙给另一位情人写了封颇

---

[1]《卡尔斯巴德决议》，1819年由德意志邦联通过的反对并镇压民族统一运动和自由主义运动的法律决议，包括大学法、新闻法、关于临时执行权的规定、设立联邦中央机关等四项法案。《决议》的实施使初步兴起的德意志自由爱国运动遭到残酷镇压，封建贵族的反动统治势力在各邦普遍加强。

[2] 特纳，指拿破仑战争后在德国兴起的体操俱乐部（Turnvereine）及其成员，由德国体操教育家和民族主义者约翰·弗里德里希·雅恩（Johann Friedrich Jahn）创立，兼具体育和政治组织的色彩。"特纳"成员曾深度参与了1848年革命。革命失败后，他们中许多人移居美国，成为"48年的人"的重要组成力量。

为自恋的信：

> 感谢上帝，我在这儿完成了我的杰作。分娩愉快地过去了，孩子已呱呱坠地。我完全有理由对这一结果感到满意，我也理应感到满意，因为我所希望的一切都实现了。上天会护佑这项值得它支持的事业，这项事业关系到世界的安全。我们在卡尔斯巴德3周的劳动便带来了30年革命都无法产出的东西，为数众多的措施一齐出台，如此反革命、如此公正、如此强而有力，这还是头一回呐。

并非每个人都像梅特涅那样对卡尔斯巴德会议充满热情。保守反动的现状激起了民族主义学生群体更大的蔑视，他们转入地下，不顾政府间谍的持续监视，决心颠覆体制。不仅是德国，还有欧洲其他地方的自由主义分子也都对梅特涅的工作成果表示愤怒。英国下议院正式谴责《决议》，《泰晤士报》的读者来信栏充斥着嘲笑的嘘声。

这些都不曾困扰梅特涅，但却实实在在困扰到一些卡尔斯巴德好客的业主，这事出有因。尽管像卡尔斯巴德这样的大型疗养地很乐意主办威严的政治集会，可温泉从业人员通常希望他们的镇子能避免与任何政治派系或政治倾向产生瓜葛：一如任何优秀的跨国企业一般，最好保持"中立"。然而，经由梅特涅的阴谋诡计，卡尔斯巴德这个名字如今几乎成了侵入式间谍、欺骗性规章、狭隘的审查以及政府镇压的同义词。可以理解，这削弱了该温泉对那些来自德意志各邦、法国及英国的进步派疗养客的吸引力——从而也恰恰削弱了梅特涅所珍视的国际主义。当地商业人士估计，卡尔斯巴德或许需要整整一代人的时间，才能摆脱如今与这处疗养地联系在一起的这份压制性的、反自由且反知识分子的决议。卡尔斯巴德小镇的先辈们可能会欢迎梅特涅光临他们的"镀金之区"，但他的"水中阵线"却是他们完全用不着保留的遗产。

德国（诸）问题

因而，大温泉的任务便是要在高层政治的舞台上昂首阔步，却又不被任意一种政治角色所定义。大多数疗养地在某种程度上都成功实现了此一壮举，虽然最终这些潜在的中立"岛屿"都将被19世纪末20世纪初席卷欧洲的民族与帝国间的仇恨浪潮所吞没。

其中的一股不和谐之潮——事实上是19世纪下半叶困扰欧洲的一股主要的不和谐之潮——出自一个活跃的政治断层带，它被称为"德国问题"（German Question）。最初版本的"德国问题"与德意志地区持续的不统一相关联：这种不统一的状态能够（或应当）被解决吗？如果是，又要怎样去实现它？要在谁的领导之下？及至后来，到了德意志最终在普鲁士的领导下取得统一，这个问题又变成了：在这一新的重量级选手面前，旧有的欧洲势力均衡还能够维持下去吗？假使这个巨人打算仗势欺人，他如何才能被同区域的其他大国遏制住呢？我们大抵已知晓，多年以来为解决这些林林总总版本的德国问题，人们将会提出哪些解答，而不太为人所知的是，中欧大温泉在制定这些解答的过程里所扮演的角色。

1860年6月，巴登－巴登成为德意志邦联领导人们的一场会议的舞台。如果说早在1797—1798年，招待参与拉施塔特会议（Congress of Rastatt）的代表开启了巴登－巴登在外交舞台的业务生涯，那么1860年所谓的"王侯会议"（Fürsten-Kongress）则一举确立了它作为漫步道政治之巅的地位。如前所述，这次会议给理查德·瓦格纳提供了一个方便法门，他巧妙地借机游说，以求结束其在德意志领土外的政治流亡。巴登－巴登本身也许不太符合瓦格纳的喜好，但它确实吸引了王侯会议的主要参与者——普鲁士摄政威廉一世[1]。自从1849年,他在巴登起义被镇压后不久到访这处温泉小镇开始,威廉便成了一名夏季常客。他喜爱这儿的自然风光,这儿的"肃静与秩序"(Ruhe und Ordnung),这儿的奢华酒店,以及最重要的,这儿的疗养泉水,因为他也患有痛风和呼吸系统疾病。另一个吸引他的重要原因是这座小镇与普鲁士的亲缘关系,这层关系随着近期他的女儿路易丝嫁给巴登大公弗里德里希一世得到再度确认。于是,还有什么更好的地方能让德意志邦联其他大大小小的当权者聚在一块,让他们安心相信——与谣言相反——普鲁士无意在自己掌权的情况下策动德意志各邦的结合呢?

6月初,首批受邀宾客已陆续抵达。弗里德里希大公与路易丝乘马车从卡尔斯鲁厄赶来,下榻于新宫(Neue Schloss)。威廉与他的夫人奥古斯塔则在两名普鲁士将军的陪同下,入住梅斯梅尔庄园(Maison Mesmer)。巴伐利亚、符腾堡及萨克森国王住在富丽堂皇的英格兰大酒店(Hotel d'Angleterre),汉诺威国王、萨克森-魏玛大公也找到了豪华的住处,拿骚公爵与萨克森-科堡公爵亦复如是。正当这些显贵刚刚安顿下来,准备完善他们的谈话要点时,一名不速之客却突然驾临镇上:法兰西皇帝拿破仑三世。作为一个新派人物,拿破仑是坐火车来的,一趟从巴黎出发直达的特快列车。弗里德里希大公在车站恭迎皇帝,并护送他及他那些鲜衣华服的皇家侍卫前往能俯瞰欧斯河的宏伟的斯蒂芬妮酒店(Hotel Stefanie)。

为什么拿破仑三世要把他的高卢鼻子探进这个迄今为止全是德国人的聚会里来呢?和威廉一世一样,他也想让世界——至少德意志世界——安心,他不是个渴求权力的暴君,不会想着以牺牲温顺的德意志小诸侯们为代价来扩张自身权势。德意志王侯们的担心是有理由的,就在最近,在帮助皮埃蒙特-撒丁王国将奥地利人驱逐

---

[1]威廉成为王室的摄政王,是因其兄长弗里德里希·威廉四世于1857年中风,精神失常(一些人认为在中风前他就表现出这种状况了)。1861年,威廉在兄长逝世后正式登基为普鲁士国王。——原注

出伦巴第后，作为对自己的犒赏，拿破仑吞并了意大利边境省份尼斯和萨伏伊。（这是他与加富尔［Cavour］在普隆比埃［Plombières］达成的秘密协议的一部分。）如今，德国莱茵河沿岸与法国接壤地区的统治者担心他们的领地会成为下一个目标。更确切地说，他们担心拿破仑与威廉很可能会以他们为代价达成一场邪恶交易：威廉也许会支持法国向莱茵兰地区扩张，以换取拿破仑接受普鲁士对德国其他地区的掌控。实际上，拿破仑到巴登－巴登是想说："王子们，别担心，我暂时不会再扩张了。"至于威廉，他对拿破仑现身这场聚会也感到高兴，因为这能够帮助他——威廉——平息其德意志同伴对一场潜在的幕后交易的恐惧：当国王与皇帝日夜都被其他领导人用耳朵贴地、双眼追身的方式关注着，他们几乎也不可能策划什么密谋。

此外，有权势（或半有权势）的统治者忽然集聚在一处地方，也令好奇的局外人想知道在那些豪华的酒店套房里会发生些什么，这次乃至其他华丽的温泉会议引出了一道典型的窥视癖问题："那些墙要是会说话会怎样呢？"很有可能的是，那些墙会传达的也无非就是些陈词滥调、背后中伤的流言蜚语和枕边悄悄话。可即便如此，对想要洞悉当时人的思维方式的历史学家而言，这也是颇有趣的。也许有点可惜的是：巴登－巴登的王侯会议上没有电子窃听器（electronic bug），就像在苏联时代，卡尔斯巴德和马里昂巴德以前那些大饭店里会出现的那种电子窃听器（还有寻常的臭虫）[1]。

我们确切知道的是，在新宫与梅斯梅尔庄园的外交会议上发生了些什么。经过一系列精心安排的谈话，上面提及的外交担保在短时间内便确定了下来。一如卡尔斯巴德的状况，大部分的活动是在会期结束后开始的，根据一段当时的描述："到了夜晚，交际厅宛如一座仙女的宫殿，在五彩火炬的海洋中闪烁着奇妙的光芒。在厅里，象牙色的幸运球欢快滚动着，金色的筹码在绿色桌面上耀眼跳跃。"

---

［1］臭虫的英文为"bug"，作者此处使用双关语。

礼拜天清晨，拿破仑三世与他的随从沿着满是看热闹人群的街道步行去做弥撒，多年来的头一回，协同教堂（Stiftskirche）坐满了人。下午，外交官们会沿着里奇滕塔勒大道和疗养公园（Kurpark）内的漫步道开始他们的例行旅程，他们还有大把的时间一览老城堡以及当地其他必游景点。当然，温泉设施也生意兴隆，有那么多痛风病人，还有数量充足、体力尚佳、年纪轻轻的女按摩师照顾他们。

而就在下一个月，摄政威廉亲自向奥地利皇帝弗朗茨·约瑟夫传达了有关这一担保的讯息。两位君主历史性的首度会晤——颇为合适地——在特普利采举行，这处温泉受奥地利王室珍爱的程度一如巴登－巴登之于普鲁士人。据一家莱比锡报社记者语带夸张的报道，1860年7月25日下午5时30分整，威廉的专列驶入特普利采车站时，弗朗茨·约瑟夫本人已抵达车站迎接。这位30岁的奥地利君主耐心地在月台等候，他标志性的络腮胡子与身着普鲁士军团服（他是该军团的荣誉成员）的轻盈身躯给人留下深刻印象。些许耽搁之后，威廉走出车厢，踏着轻快的步子迈向他的奥地利东道主，此时皇帝正向他脱帽致敬。普鲁士君主也身着军装，不过他穿的是奥地利军装，这种军服"变装秀"是当时君主的标准流程。至于他的形象，"其整体举止充满男子气概和军人气度，却毫不僵硬；他的面部表情显得正直而又诚实"。两位领导人以日耳曼的方式握手，握了很长时间。"两人沉默地一起站了许久，显然是被这一刻的重要性触动了。我们还可以真切看到，在介绍各自随从的过程里，皇帝如何多次变换脸色。"莱比锡记者兴奋地说道。

充满男性气概的问候结束后，两位君主登上一辆豪华马车，驶过欢呼的人群，奔向伦敦城市旅馆（Gasthof Stadt London），在那里，弗朗茨·约瑟夫邀请他的客人们享用欢迎午餐，之后他们又前往王子利涅酒店（Hotel Prince de Ligne），威廉和他数量可观的随从将会被安顿在这座雅致的酒店中，而王室间的私人密会将于第二天举行。与此同时，一场为威廉准备的礼仪性茶会已于克拉里公爵（Prince

Clary）的城堡安排妥当，克拉里公爵是当地名流，经常在弗朗茨·约瑟夫皇帝光临镇上时款待他。在克拉里城堡，一支军乐队演奏了普鲁士和奥地利两国国歌（后者的调子到最后完全被德国的曲子接管了，就同许多其他东西也被德国接管了一样）。

我们的莱比锡记者对7月26日两位君主以及他们的高级部长间的实际会谈几乎未留下片语只词，这是一场在两大国荷枪实弹的士兵把守下的闭门会谈。在长达5个小时的会谈中，记者透露："一群人在进行秘密谈话的屋子的窗户下面等消息，几乎都快喘不过气来了。"不过，那里显然并没有太多事情值得让人喘不过气。正如威廉所打算的那样，他试图让弗朗茨·约瑟夫安心，普鲁士无意取代奥地利成为德意志邦联的主导力量，更别提领导德国统一了。同样显而易见的是，两位君主相处得极好，他们有许多共同点：本质上保守的思想观念，对议会和宪法的不信任，足具男性气概的狩猎瘾，当然，还有对大温泉的喜爱。可以肯定地推测，在1860年7月的那个下午，这两位身处特普利采的领袖绝对难以想象，仅仅在6年之后，他们便将兵戎相见。

事实证明，威廉能参与那场战争都已算十分幸运了。第二年夏天，这位威严的要角，如今正式继位的普鲁士国王，成了一场暗杀的目标，而暗杀的地点，还偏偏是在巴登-巴登。1861年7月14日，威廉按照他的习惯，沿着里奇滕塔勒大道进行晨间散步；一如往日，他没有带贴身保镖。在西多会修道院（Cistercian Cloister）附近，他偶遇了普鲁士驻巴登特使弗莱明伯爵（Count Flemming），两人便一同散步，几分钟后，一个年轻人赶上这两位先生，礼貌地向他们打了个招呼，然后在他们准备继续向前走时站到一边。正当他们刚迈开步子，后头便传来两声枪响。第一发子弹从国王头顶掠过，飞向了远处；第二发子弹却擦伤了他的脖子，留下一道皮外伤。比起自己伤得不轻，更令威廉感到吃惊的是，他抱着脖子扭过头去，他的同伴则盯着那位年轻人问道："刚才是谁开的枪？""是我开的。"

那人平静地回答，之后他便被赶至现场的愤怒市民们拖走了。

在修道院附近的一间园丁小屋做了简单的急救处理后，威廉得以自行返回梅斯梅尔庄园。当天晚些时候，他站在酒店阳台上，一群祝福者的队列从下方走过，感谢上天拯救了国王陛下。威廉也看到了上帝的旨意在其中发挥的作用，不久之后他写到："神圣的上帝之手奇迹般地挡住了"暗杀者的子弹。

原来，这名暗杀未遂的嫌犯名叫奥斯卡·贝克（Oskar Becker），是个22岁的俄裔德国学生，他于事发前一天抵达巴登－巴登，意图明确——刺杀普鲁士君主。贝克在审判时解释道，他之所以决定弑君，是因为身为普鲁士国王，威廉对促进德国统一竟毫无作为。由于威廉本人要求对其宽大处理，贝克被判处20年监禁，没有被一刀斩断脖颈。

威廉与死神擦肩而过的地方成了当地的圣地，这证实了他在巴登－巴登市民中的高人气。那发奇迹般打偏的子弹射入了一棵雄伟的橡树，很快，人们就不得不用栅栏将这棵橡树围起来，因为很多威廉的崇拜者会撕下树皮当神圣护身符。威廉接受急救的小屋也成了一处被保护起来的历史遗迹。

对于一点皮外伤来说，所有这些虔诚之举似乎有点过头了，但上述插曲也反映出当地人对这起发生在他们镇上的事件发自内心地感到震惊。像巴登－巴登这样的大温泉镇的民众一直为王室成员与其他政要通常能不带保镖行走于他们的街道和公园而倍感自豪，他们对周围环境的安全充满信心。而奥斯卡·贝克的此类行为明显是对这一形象的挑战，而且，如果类似事件反复上演，可能会损害甚至彻底消除温泉小镇作为国家元首和拥有高度政治名望的要角的夏日常住地的吸引力。

不过最终这一可怕的景象并未化为现实：温泉小镇没有成为以消闲散步的当权者为目标的大众打靶场（这并不是说在接下来的半个世纪中，在其他地方就不会发生针对世界领导人物的枪击、刺杀和掷弹事件）。另外，虽说威廉幸免于难，逃脱了世界上许多同行遭遇的那种命运，巴登－巴登本身也未如一些暗杀地点那样沾染上污点（想一想福特剧院和萨拉热窝吧）。但过去那种令人舒畅的观念，认为巴登－巴登这处疗养地以及其他大温泉镇，共同构成了一块危险世界中的安全绿洲的想法，却因贝克厚颜无耻的行径而挨了枪子儿，这发子弹远比那颗擦破威廉国王的脖子，又嵌进里奇滕塔勒大道上的橡树的子弹威力重得多。

尽管巴登－巴登对普鲁士王室的敬畏之心乃显而易见，但这座小镇（更普遍而言，整个巴登大公国）代表着德意志邦联内相对自由开明的政治势力。威廉国王住在那里时，他发觉自己受到了该国自由主义者的影响，尤其是他的女婿弗里德里希大公，以及后者的外交大臣弗朗茨·冯·罗根巴赫（Franz von Roggenbach）。虽然这些自由主义者并不想削弱邦联内独立的各邦的主权，但他们还是建议国王致力于建设一个更加紧密的联邦体制，联邦将拥有一个由人民选举产生的共同议会以及一名普鲁士的行政首脑。如果当时国王采纳了这个建议，那么德国、欧洲，甚至世界历史都可能会走上一条不同的道路。可威廉生来就不是个自由主义者，而他女婿所盼望的这一选项也并非当时强推给他的唯一选择。

另一个选项出自奥托·冯·俾斯麦。这位充满传奇色彩的大人物（身材也十分高大）当时尚未成为普鲁士首相——这要等到1862年底，威廉请他解决国王与普鲁士立法机构间有关军事开支的僵局时。可即便如此，时任普鲁士驻俄大使的俾斯麦始终对德意志邦联内的政治形势保持着敏锐的洞察力，而之前对巴登－巴登的多次造访，也使他对那里的政治形势了如指掌。俾斯麦担心威廉在温泉地时与那些自由主义者搞鬼，1861年7月，他亲自启程赶往巴登－巴登，他到达时恰好目睹他的国王差点被贝克的子弹打死。在英格兰大酒店安顿下来后——阿尔布雷希特·冯·罗恩将军也下榻于此——俾斯麦从公文包里取出了一份他在圣彼得堡起草的有关德国问题的备忘录。由于俾斯麦在巴登-巴登向国王递交了这份备忘录，因此也正是在这座温泉小镇，威廉第一次充分领会了他未来的首相针对德国问题的看法，这份备忘录就此被称为《巴登-巴登备忘录》（Baden-Baden Memorial）。

那这份备忘录都提到了些什么呢？简言之，相比于国王在巴登-巴登收到的其他建议，它提出了一个深具启发性的转换。俾斯麦首先是名普鲁士爱国者，他认为，当时的德意志邦联并未给予普鲁士足够的影响力，尤其是在军事领域。而且邦联过于松散的结构也难以满足蔓延全国且日益高涨的要求国家统一的呼声。因此，普鲁士应当公开声明支持建立"一个德意志民族的国民议会"。

到目前为止，这听起来和威廉从巴登自由主义者那里得来的建议十分相似，但俾斯麦的提议还指出，这一未来的议会需由各邦的立法机关指定议员，而不能通过任何选举来组织，哪怕是限制性的选举也不行。通过由立法机关推派议员，普鲁士将确保这些代表"才智和观念上的保守"，而有鉴于奥地利绝不会接受这样一种邦联"改革"，俾斯麦倾向于建立一个"小"德意志联邦，以现有的普鲁士主导的"关税同盟"（Zollverein）为原型，但实力则驾而上之。哈布斯堡家族在实际上被踢出这一联邦后，将无法再对德国事务施加不良影响。

意识到国王威廉根子上的保守主义，俾斯麦在其备忘录中继续提出主张：这一方式在满足——事实上是利用——自由主义者对德国统一的渴望的同时，将产生一个稳固的保守联邦。尤其是在这一新德国之内，普鲁士的实力和影响力事实上都得以增强。相比于继续阻止德国统一的浪潮，如此行事也会令普鲁士在世界上更加安全。因此，俾斯麦实际是在提议普鲁士王国从自由主义者那儿窃取民族主义，并将其转变为保守性质。很快，这一计划就将被付诸实施，而我们也知晓其长远结果：在此后的几十年，民族主义将"归属"德国的政治右翼（虽然并非仅在德国如此）。

当俾斯麦在巴登－巴登向国王递交这份备忘录的时候,他完全明白,不管威廉的想法是什么,不仅是奥地利人,还有邦联内其他大多数领导人都将激烈反对这份备忘录。他或许已经意识到,要想在普鲁士的支配下推动德国统一,只靠言辞和有说服力的备忘录还远远不够。不过在巴登－巴登,这位未来的"铁血宰相"已决意为他眼中的德国问题的最佳解决方案奠定基础,无论是通过和平途径,还是(更可能地)以战争手段来实现。

恰如1862年俾斯麦在普鲁士议会发表的那篇居高临下的演说中的著名论断,通向德国统一的道路确实不是由"演说和多数派决议"决定的,而是用"铁和血"(iron and blood)铸就的。在随后的德国统一战争中,虽说明面上中欧大温泉并未卷入实际战斗;然而,颇为典型的是,其中一些温泉却在很大程度上成了伴随这些冲突的外交手腕的重要组成部分。在两次德国统一战争中,在大温泉发起的外交活动实际上已为流血之争埋好了伏笔,换句话说,欧洲的领导人们不只会在水中画下意识形态的防线,更会在那儿拔剑。

第一次德国统一战争发生于1864年初,由普鲁士和奥地利一同对抗丹麦。这场战争的起因是应当由谁——丹麦王国还是德意志邦联——控制石勒苏益格和荷尔斯泰因公国。这场丹麦战争成了一场一边倒的速决战,丹麦人本不应当在俾斯麦的激将法下加入战局,而就这点来看,弗朗茨·约瑟夫站在普鲁士的一边参与战事,也同样不是个明智的决定,因为这令奥地利看起来像个普鲁士的跟屁虫,削弱了它在德意志邦联内反普鲁士阵营中的地位。(人们不禁想问,弗朗茨·约瑟夫与他的"好朋友"威廉合作共事的致命嗜好是否是两人在特普利采、卡尔斯巴德和巴德加施泰因的浴池里一起度过的美好时光的产物。)

这场德丹战事给普鲁士带来巨大好处,因为在德意志这边,大部分战斗是由普军承担的,通过痛击倒霉的丹麦人,普鲁士有力地将自己标榜为德意志利益的捍卫者,从而赢得了全邦联自由民族主义者的心。对于筹划了这场战争的俾斯麦来说,德丹战争也是他个人的巨大成功。

不过,俾斯麦和普鲁士又在战后取得了更大的成功,就在奥地利和普鲁士着手解决如何分配和管理他们共同胜利的战利品的时候。俾斯麦明白这将是极其困难的,他也很期待在外交棋盘上与他的奥地利同行斗智斗勇的前景。巧的是,1864 年 6 月,这场外交赛事的开场正好赶上当年的温泉季,彼时欧洲各国的领导人都会离开他们的都城前来泡温泉。因而,除了把言语上的手段带到水中施展,别无他法了,事实上,这也并非坏事。6 月 19—24 日,奥普双方于卡尔斯巴德举行谈判会议,由外交大臣约翰·雷希贝格伯爵(Count Johann Rechberg)代表奥地利,俾斯麦代表普鲁士。这次会议没能解决什么问题,但俾斯麦相信他在推进"将死对方"一事上取得了不错进展。6 月 27 日,他写信给他妹妹说道:"事情在政治方面进展得如此神速,令我都有些紧张了,'但愿它能持续下去吧'(pourvu que cela dure)。"

一年多后,俾斯麦终于在另一场高峰会议上达成了"将死对方"的夙愿,这场会议的举办地在另一处温泉:巴德加施泰因。

这个阿尔卑斯高山疗养胜地位于奥地利境内,但普鲁士人对它也很熟悉。1859 年,陆军元帅赫尔穆特·冯·毛奇开始定期享受当地温泉(他余生都会这么做),他也将这个地方推荐给了其君主——国王威廉。国王于 1863 年首次造访当地,由于国王对此地的印象太过深刻,加施泰因也成了他一年一度的中欧大温泉之行必经站点之一。他总共在那里疗养过 20 次,并把自己的"健康体魄"全数归功于加施泰因的温泉水。奇怪的是,威廉在加施泰因期间试图保持低调,登记时使用假名"索伦伯爵"(Graf von Zollern)。当然,没人会因此上当,尤其是在威廉坚持下榻在巴德宫(Badeschloss)且频繁会见其他皇室成员(包括 1863 年和 1864 年与弗朗茨·约瑟夫的两度会面)的情况下。另外,他也并未轻装简行,根据当地一位编年史家的说法,

中欧大温泉

国王每次抵达时"都跟着许多行李车，他甚至把柏林王宫里的银子都一道运来了"。

有时国王也会带上俾斯麦，譬如 1865 年夏天，当时弗朗茨·约瑟夫正迫切希望给奥地利与普鲁士间如何管理从丹麦夺取的两个公国而展开的政治斗争找到一个可接受的解决方案，他派新任外交大臣古斯塔夫·冯·布鲁姆伯爵（Count Gustav von Blome）去谈妥协议。俾斯麦则颇为一针见血地指出，自诩聪明的布鲁姆伯爵就是个白痴，其"拜占庭式的狡诈谈判手法，诡计多端，虚与委蛇"。在施特劳宾格酒店（Hotel Straubinger）的每日谈判中，俾斯麦经常智取对手，然后到了晚上，他又坚持同可怜的布鲁姆打牌，这样俾斯麦就能用玩牌时的暴烈作风吓唬他。

从这场一边倒的智斗中诞生的《加施泰因协定》（Gastein Convention）邪恶地分割了奥地利与普鲁士对两个公国的管辖权：由奥地利统治荷尔斯泰因，普鲁士统治石勒苏益格。这项安排之所以称得上邪恶，正如俾斯麦所清楚知晓的，是因为它绝难维持，而且必定会激起两大管辖国间的摩擦，特别是在其中一国不断骚扰羞辱另一国的情形下。"我完全想象不到能找着一个奥地利人，他会把自己的名字签在这样一份文件上。"俾斯麦后来（在谈及布鲁姆与《加施泰因协定》时）说道。

俾斯麦并不确定他在加施泰因取得的成果是否会成为与奥地利决战的跳板，可他了解奥地利人，相信事情定将如此。

而他是对的。1866 年，围绕石勒苏益格和荷尔斯泰因的管辖权的争端持续升级，最后发展为普奥间的全面战争，而奥地利联合了德意志邦联内其余大部分邦国。所幸这场德意志内战无论是时间方面还是代价方面，都比不上那场刚结束的美国骨肉相残的浴血杀戮，其细节也无须在此赘述了。只需讲一句，普鲁士利用其更有优势的军备和军事组织，经过 7 周左右的艰苦战斗，大败奥地利及其盟友。关键战役于 7 月 3 日在波西米亚城市克尼格雷茨（Königgrätz）打响，战场位于布拉格正东,与卡尔斯巴德和马里昂巴德有相当一段距离,温泉城镇避开了直接卷入战斗。尽管如此,这些温泉城镇1866年的进账确实大幅减少,因为外国旅客自然不希望在冲突地区附近疗养。一位马里昂巴德的医生呼吁奥地利陆军部正式宣布其所在的温泉及奥地利其他大型温泉为中立状态,从而禁止任何军事行动,但他的请求没有得到任何回应。

正如俾斯麦之前希望的,1866年战争的政治结果便是彻底将奥地利从德国事务中驱逐了出去,并成立了一个由普鲁士主导的新政治体——北德意志邦联(North German Confederation)。这一短暂存在的集团囊括了美茵河北的所有邦,而被普鲁士完全兼并的较小邦国则包括洪堡-黑森公国与拿骚公国,温泉小镇洪堡、威斯巴登及巴特埃姆斯均在该两公国内。

不过,虽然普鲁士已极大扩展了自己的势力,包括其在温泉疗养地的势力,但是俾斯麦打造一个普鲁士支配下的德国的目标尚未完成,因为包括巴伐利亚和巴登在内的南部各邦仍有待纳入版图,而要把它们拉进来还需要一场战争:第三场也是最后一场战争。结果表明,这场关键冲突同样源起一处德国大温泉。

该温泉便是巴特埃姆斯,它位于拉恩河(River Lahn)畔的狭窄山谷中,距莱茵河与摩泽尔河(Mosel River)在科布伦茨的交汇处不远,它是本书中介绍的大温泉里规模最小的一个。如今,许多德国人只是把它与"埃姆斯密电"(Ems Telegram)和普法战争的起源联系在一起。我很快会讲到这个故事,但在呈现这座小镇在"漫步道政治"舞台上的高光时刻之前,还容我先简单介绍一番。

自15世纪以降,埃姆斯便一直被用作浴场,但一直到19世纪中叶,埃姆斯作为一处有价值的疗养目的地才开始获得国际关注。城镇本身也随之发展起来:1818年,当地只有912名居民;到1858年,这一数字便攀升至2953名。就像该城的一位历史学家写的那样,1800年的埃姆斯居民若是在一个世纪后重新被丢入这座小镇,一定会觉得自己到了另一个星球:"村庄及其过去那些偏远的洗浴设施如今已携手成长为一座现代城市,有着大型的多层楼宇、铺过路面的街道、煤气灯、下水道、商业企业和工厂。"

拿破仑战争后的数年间,此番转变达至顶峰。新近建立的拿骚公国——巴特埃姆斯(以及威斯巴登)如今归属该邦——投资兴建了大量现代化设施,包括一座豪华的新疗养大楼(Kurhaus),同时期的一本关于德国温泉的书盛赞埃姆斯的水对肺部疾病十分有效,还有助于提高生育能力:换句话说,对一个患有结核病又想生孩子的女士来讲,简直完美。

声名远扬的疗愈泉水,田园牧歌般的环境,温和的气候,邻近莱茵河,19世纪40年代后具备的顺畅的铁路交通,以及通常可见的特许经营的赌博业,这些因素的叠加让前来埃姆斯的外国访客越来越多。早在1830年,埃姆斯40%的客人来自外国,其中大部分来自法国和英国。

1821年,俄国的尼古拉大公与其普鲁士妻子夏洛特曾前往埃姆斯温泉疗养,在成为沙皇尼古拉一世后,他又故地重游了一回,而夏洛特则在她丈夫1855年过世后又数度到访当地。不难预见,俄国王室的认可令洗浴这项活动在该国贵族间流行了起来,也让埃姆斯成了他们每年夏天都会前往的中欧大温泉之一。沙皇亚历山大二世于1876年现身埃姆斯,帮助一座俄罗斯东正教堂祝圣。在温泉疗养期间,他还颁布了"埃姆斯法令"(Ems Decree),禁止在俄罗斯帝国使用乌克兰语。有了法国人和英国人,再加上大批涌入的俄国客人,到1847年,埃姆斯访客中有一半都是外国人。

很大程度上也因为俄国人的存在,埃姆斯的访客里王室成员或有上层贵族血统的人物比例异常高,即便以大疗养地的标准来看也是如此。1872年,在一本颇为不恭敬的有关德国温泉的随笔集《撒旦的诡计》(*Satans Mausefallen*)中,旅行作家汉斯·瓦亨胡森(Hans Wachenhusen)声称:"在巴特埃姆斯,谈不上谁比谁高人一等,除非你自己头顶王冠,或身为皇室随从的一员。"瓦亨胡森继续说到,在埃姆斯,普通游客确实也会不时出现,但他们"就如麦田里的几根野草一般"。

1866年夏,普鲁士军队短期占领了这座小镇(尽管当地没有爆发任何真正的战斗),因此无论贵族与否,涌入埃姆斯的外国人都急剧减少。1867年,由循规蹈矩的普鲁士把舵定向的北德意志邦联宣布,自1873年起禁止在其领土内经营任何赌场。(该项裁决将于1872年被新的德意志帝国政府颁布的涵盖帝国全境的赌场博彩禁令所取代。)仿佛是为了在轮盘赌的轮盘停止转动前,抓住最后机会大赌特赌一把,1868年和1869年,来自欧洲各地的赌客涌入埃姆斯,讽刺的是,1869年,法国顾客数量创造了历史新高,而彼时正是普鲁士和法国即将开战的前一年——一场在巴特埃姆斯揭开帷幕的战争。

每个好故事都有个"背后故事",即便以19世纪外交的标准看,"埃姆斯密电"背后的故事都可谓极其复杂,以下是经过高度删减的版本。

1868年,因女王伊莎贝拉二世(Queen Isabella Ⅱ)被军事政变(pronunciamiento)推翻(伊莎贝拉本人也曾是1843年一场类似政变的受益者),西班牙王位陷入空缺,西班牙议会决定将王位传予霍亨索伦-锡格马林根家族(Hohenzollern-Sigmaringen)——普鲁士王室在南德的一个天主教支系——的利奥波德亲王(Prince Leopold)。无论是否是天主教徒,一位霍亨索伦家族的成员登上西班牙王位这一前景都令法国感到惊骇不已。拿破仑三世一直忐忑不安地注视着普鲁士的崛起,由于近期在外交领域已遭遇了几番令人尴尬的挫折（联想一下他的墨西哥帝国[1]的崩溃吧），他不愿在其南部边境再忍受一个德国鬼子（Boche）统治者。在帝国政府的暗示下，法国媒体号啕抗议声一片，可当人们获悉利奥波德亲王在其父亲卡尔·安东（Karl Anton）的建议下回绝了西班牙的邀约时，号啕便消散了。卡尔·安东担心其子掌权马德里会引发法国的愤怒，霍亨索伦家族的家长、普鲁士国王威廉一世也认同这一评估，支持利奥波德亲王回绝马德里的安排。

可对俾斯麦来说，这就是另一回事了。在普奥战争和北德意志邦联成立后，他一直在找寻另一场能够助其完成德国统一进程的"危机"，他明白，若要让所有德国人团结一致，需要一个外部的动因，一个凡是爱国的日耳曼人都愿意与之一战的外敌。还有什么比法国这个几世纪来一再挑唆、利用德意志分裂的国家更可怕的呢？法国人因一个德国人即将登上西班牙王位的可能而怒火中烧，俾斯麦已对此了然于心，而当卡尔·安东在威廉的支持下似乎使这一可能彻底破灭时，他感到十分失望。

然而，所谓"霍亨索伦候选人资格"的问题并未就此寿终正寝。最初向利奥波德发出邀约的西班牙军政府并不想收到否定的答复，他们于1870年3月再度找到卡尔·安东，年轻的利奥波德也希望自己能成为一名与世俗的哈布斯堡家族相比肩的霍亨索伦统治者，甚至成为新的查理五世（Charles V）——他为这一前景感到目眩神迷。而在俾斯麦这边，他立即向威廉国王起草了一份备忘录，声称利奥波德登上西班牙王位将会是全欧洲的福音。但威廉依旧满腹疑虑：霍亨索伦家族能从一个受喜怒无常的军人团伙控制的破落天主教国

---

[1] 墨西哥第二帝国，指1861年法国武装干涉墨西哥后，拿破仑三世为抑制美国、占有墨西哥市场建立的傀儡政权。第二帝国得到了奥地利和西班牙保皇党的支持，他们企图在墨西哥重建欧式君主国。1864年，奥地利大公、弗朗茨·约瑟夫之弟马西米连诺在拿破仑三世怂恿下，接受墨西哥皇位，称马西米连诺一世。1866年后，第二帝国的统治在墨西哥国内的反抗斗争中走向土崩瓦解，同年5月31日，拿破仑三世决定自墨西哥撤回法军。法军撤走后，墨西哥共和派迅速收复了包括首都墨西哥城在内的国土，重建了墨西哥共和国，马西米连诺则在突围时遭共和派抓获，于1867年6月19日被处决。

家得到些什么呢？在威廉的敦促下，卡尔·安东再次代表利奥波德拒绝了马德里方面的请求。

俾斯麦对国王的所作所为感到极度愤怒，甚至考虑了辞职——实际上他常常以辞职相要挟。不过这一回，他并未提交辞呈，而是采取了一个他更常用的计策：撒谎。1870年5月，他告诉卡尔·安东，他最终说服威廉国王，接受马德里的提议才是正确的选择。之后不久，利奥波德亲王即向西班牙送出了正式的接受函，该函件于1870年7月2日对外公开。恰在此时，俾斯麦匆匆赶赴他位于遥远的波美拉尼亚瓦尔津（Varzin）的乡村庄园，希望着在他缺席的日子里，他丢在君王门口厚颜无耻的谎言会落地成真。

尽管这一切还未发生，俾斯麦在离开柏林的时候，就知道他早已把锅烧得极度沸腾了。的确，在利奥波德接受西班牙王位的消息公之于众的第二天，法国外长安托万·德·格拉蒙（Antoine de Gramont）（他自己便是一个有着拉丁式过度激动性格的讽刺形象）向下议院宣称，霍亨索伦家族成员登上西班牙王位对法国构成威胁，是绝对不能够容忍的。他暗示开战。

如今，俾斯麦得到了他所预想的"危机"。我们这出大戏的最后一幕不是在柏林或巴黎，而是在小小的巴特埃姆斯上演的，毕竟7月是夏日温泉季的高峰期，大戏的参与者们都来泡澡了。威廉如往常那样回到埃姆斯，开启了他年度疗养计划的第二阶段，他在疗养大楼的一处套间安顿下来。如果有必要，俾斯麦也准备去埃姆斯，不过目前他觉得最好还是待在瓦尔津，避免与君王直接接触，在瓦尔津他也有个属于自己的小温泉。（普鲁士总参谋长阿尔弗雷德·冯·瓦德西伯爵［Count Alfred von Waldersee］在日记里抱怨，与法国的战争已迫在眉睫，俾斯麦不在柏林照管店面，却选择跑到瓦尔津"泡澡"。）法国驻普鲁士大使文森特·贝内代蒂伯爵（Count Vincent Benedetti）原本要去维尔德巴德（Wildbad）（巴登的一处小温泉）泡温泉，但在接到格拉蒙的命令后立即改道前往埃姆斯，后者要求他向威廉施压,让威廉收回霍亨索伦候选人的资格。(顺带一提,利奥波德本人此时正在奥地利的阿尔卑斯地区享受新鲜空气与水疗假期。)

贝内代蒂于7月9日抵达埃姆斯,由于所有房间都被订满了,他难以找到住处。最后,一个法国人家从布鲁塞尔都市酒店(Hotel Ville de Bruxelle)搬出,给大使腾地方。他第二天在疗养大楼与威廉会面的时候,并不知道国王刚才匆忙给卡尔·安东写了封信,敦促他务必劝说其子谢绝马德里王位。卡尔·安东立即行动,7月12日,他公开宣布利奥波德将会遵从其父的意愿行事:他最终不会前往西班牙。与此同时,威廉也向身居瓦尔津的俾斯麦拍发电报,命其立即到埃姆斯,到国王身边来。

俾斯麦当时正在返回柏林途中,他隔了相当一段时间才收到有关威廉在埃姆斯的行动消息,他自然是气急败坏——他又一次想到了辞职,同一个因其他君主的情绪而畏首畏尾、看不清大局的国王共事实在是太难了。他没有遵照命令去埃姆斯,而是闷闷不乐地留在了柏林。

俾斯麦在柏林怒火冲天却无计可施的时候,尚不知道法国人已决定采取行动,挽回局面,并引发了他预想中的德国统一所需要的军事对抗。格拉蒙和他身后的拿破仑三世并不满足于普鲁士在西班牙王位危机中的退让,此时他们要求威廉公开保证霍亨索伦不会再染指候选人事宜,以此为法国赢取一场瞩目的外交胜利。

贝内代蒂接获一项不太愉快的任务:向在埃姆斯的国王提出这一要求。与格拉蒙不同,大使足够明智,尽管为这项任务感到颇不自在,但他依然勇敢地将其付诸实施。7月13日的清晨,他在拉恩河畔的漫步道上碰到了正在散步的威廉。

尽管在巴登-巴登曾与死神擦肩而过,可这次散步,国王依旧没有带保镖,一身寻常的温泉衣着:平民便装和一顶礼帽,威廉一手撑着拐杖,一手拿着玻璃饮水杯,就像任何一个得体的疗养客一般,正在镇上的各处温泉间转悠。与一些流行的说法相反，国王并未因贝内代蒂唐突靠近而感到震惊，这已算足够礼貌。可在大使转达格拉蒙的要求时，威廉变得越来越焦躁。竟然如此鲁莽无礼，更何况还是在漫步道上！威廉礼貌而坚决地告诉贝内代蒂，他无法满足巴黎方面的要求，而当贝内代蒂询问当天晚些时候他是否可以面见国王进一步商讨此事时，威廉回答"nein"（不）——更准确地说是"non"，因为当时他们正用法语交谈。（如今，在威廉与贝内代蒂命运般地相遇的地方有一处标志，不过在我多次造访埃姆斯的行程中，我从未见过任何散步者停下来感受一下这处地点承载的发人深省的历史重量。）

如果威廉拒绝法国的要求，就像这一要求在当天早晨被传达时那样，其影响局限在埃姆斯，那么，虽然巴黎方面一定会被激怒，但拿破仑或许能够找到接受这一拒绝的方法。毕竟，霍亨索伦候选人资格一事已经尘埃落定，翻案的可能性微乎其微。然而，这件事并未因威廉和贝内代蒂将其留在埃姆斯的漫步道上而宣告收尾。

决定性的一击是威廉国王给俾斯麦发送了一份电报，概述了自己告诉贝内代蒂，以及通过后者想要传达给法国政府的内容。他请俾斯麦就其在埃姆斯的行为发表评论，并询问他是否"（法方的）新要求以及我的拒绝不应当传达至我国驻外使馆及新闻界"。俾斯麦立刻意识到，法国人正通过威廉给予了他一个将普法关系的火候从低温炖煮升温至白热化的途径。他并没有止步于评论威廉的电报，而是"编辑"了它，使国王的动作较实际情形而言显得更具攻击性。他特别强调，国王拒绝与贝内代蒂进一步会面，这令人觉得国王在一段时期内都不想与法国人再有任何瓜葛。用俾斯麦机敏的措辞来讲，这便有如普鲁士国王正告法兰西皇帝，让他把那些要求收到太阳照不到的地方去然后滚蛋。当然，这份恶毒的函件（很快它将以"埃姆斯密电"而闻名）确确实实公之于众了。

法国随即对普鲁士宣战，引爆了一场恰好如俾斯麦所想的那种战争，很快，其他德意志邦国也都卷入其中。正如俾斯麦所预想的那样，以铁与血——主要是法国人的血——铸就的崭新德意志帝国，就在这一环绕高卢雄鸡、团结友爱的日耳曼颈圈中诞生了。

至于那座点燃了最后导火索的小小的温泉镇呢？从短期看，德法战事对生意是有损的，有那么一阵子，英国人和俄国人都不来了，更别提法国人了。不过欧洲富裕的外国疗养客——依然要除开法国人——很快又开始回到巴特埃姆斯，到19世纪70年代，尽管赌场博彩已然难以为继，但这处温泉的访客人数依旧创下新纪录。

不过必须说明的是，这些新客人的主体是德国人，尤其是普鲁士人。普鲁士的（如今也是德意志帝国的）首都柏林在1871年后成了埃姆斯的头号疗养客源地。对于众多来自普鲁士的帝国子民来说，在具有历史意义的巴特埃姆斯疗养几乎成了一种爱国行为，宛如参观遍布这一新国度的众多普法战争纪念碑中的一座，在巴特埃姆斯，一个人可以（字面意义上）"沐浴在"德意志的荣光中。

统领这支普鲁士"大军"的是威廉本人，如今的德意志皇帝。除了1878年（当时他在柏林，被一个潜在的刺杀者用霰弹枪击中，严重受伤），威廉每年夏天都会去埃姆斯疗养，直至1887年，也就是他去世的前一年。的确，埃姆斯成了堪比加施泰因的他最喜欢的温泉。尽管威廉乐意把自己想成一个生活简朴之人，但他每次都搭乘专列去埃姆斯，而他的抵达也总会在镇上居民和其他疗养客中引发许多骚动。之后在魏玛德国文化中占据重要地位的哈里·凯斯勒伯爵（Count Harry Kessler）[1]曾在1880年与其家人一起目睹了德皇抵达埃姆斯的情景，他当时还只是个早熟的孩子。"今天整个埃姆斯都沉浸在欢笑中，因为皇帝要来了，"他在6月19日的日记里写道，"我们站在那些于皇帝必经之路边整齐列队的学校孩子后面。随着那一喜庆的时刻迫近，人群越聚越多。很快，一声尖叫传至我

---

[1] 哈里·凯斯勒（1868—1937），德国贵族、外交家、作家、现代艺术赞助人，其日记《深渊之旅》以优美的笔触记录了19世纪末至第一次世界大战结束期间的欧洲（特别是德国）艺术与政治生活中的诸多逸闻趣事。

们耳畔，就好像每个人都被谋杀了似的，不过现在看上去，是皇帝的火车已经抵达了。这时，皇帝的马车缓缓驶来，一大堆花束如冰雹般落在它上头。"

至于威廉在巴特埃姆斯的日常生活，后来成为德意志宰相的伯纳德·冯·比洛公爵（Prince Bernard von Bülow）表示："实在是再简单不过了。"现实中，或许确实如此。的确，威廉每天早晨都会独自一人在疗养大楼的露台上工作，甚至亲自拆封自己的信件。就像寻常度假时那样，他也依旧会身着便装，每日在漫步道上散步保健。在漫步道上，（按比洛的说法）"他愉快地与熟人打招呼，有时还开个小玩笑，［行动］绝对率真自然，毫无僵硬做作之姿"。可当他在其他温泉逗留的时候，他却只住最好的房子，用从柏林带去的银器吃饭，他所谓"简单"有点类似玛丽·安托瓦内特王后在凡尔赛宫里扮挤奶女工。不过，与他在柏林的生活相比，德皇在埃姆斯的日常起居确实少些浮华，而这种相对舒适的生活环境对年迈的国王/皇帝来说自然是埃姆斯的主要吸引力之一，对其他许多上流阶层的温泉顾客来说也是一样。

在19世纪70年代众多蜂拥至埃姆斯的至高君主中，有一位是沙皇亚历山大二世。（如前所述）他曾于1873年到访这里，为当地东正教堂祝圣，在之后的3年间，他每年夏天都会重返埃姆斯。亚历山大在埃姆斯的疗养是一种巩固他与德意志的新皇帝间关系的方式，这种关系是俾斯麦在19世纪70年代发起的俄德联盟安排的重要组成部分。我现在必须转而讲述这一复杂的联盟体系，以及中欧各大温泉在其间扮演的角色。

水上五球：俾斯麦的联盟体系

历史学家乔纳森·斯坦伯格（Jonathan Steinberg）在他精彩的俾斯麦传记中写道："人们无法在夏日进行工作之外的休整，因为君王们会前往大温泉一边泡澡一边签订条约。"1871年的夏天，新生的德意志帝国才刚建立8个月，德皇威廉一世便启程前往巴德加施泰因开始他的（部分）年度疗养之行。察觉到德皇打算在巴德加施泰因与弗朗茨·约瑟夫皇帝见面，俾斯麦也急忙赶至阿尔卑斯山与他的君主会合。他希望两位君王间的任何协商都会有助于修补这两个中欧帝国间业已严重受损的关系，因为如今他已将奥匈帝国视为一个致力于维持现状的全新保守联盟体系的首要环节。俾斯麦很清楚，在1871年将阿尔萨斯和洛林割让给德国后，法国一直力求尽快改变现状，因此需要将法国孤立起来。同样地，俄国也是个隐患，因为巴尔干半岛现有的权力关系不符合其愿望：俄国想要取代衰落中的奥斯曼帝国和一样野心勃勃的奥地利，成为巴尔干地区的主导力量。最终，俾斯麦认为需要对俄国加以限制，理想状态下，这可以通过联盟来实现，而在此之前当务之急是与奥地利重修旧好。

还有什么地方比加施泰因——这个两位皇帝过去曾一同磋商事务的地方——更合适呢？8月24日，在两位君主于加施泰因庄严的施特劳宾格酒店密会前夕，在俾斯麦的虔敬指示下，德国驻外使团宣布，两位君主的此次会晤将向全世界表明："阻碍两国友好关系的那些干扰因素与两位统治者间的感情完全相反，是由两国各自的历史发展所促成的，这些干扰如今应当被视为一段尘埃落定的插曲。"对俾斯麦策动的血腥内战来说，"由历史发展所促成"或许是种比较委婉的说法，不过没关系，两位君主确实在加施泰因又重燃了对彼此的"好感"，这帮助俾斯麦打造了他保守外交链条的第一环。

1873年10月，俄国宣告加盟，形成了所谓"三皇同盟"（Three Emperors League）[1]，虽然此次会议不是在温泉疗养地是在柏林举行的，但弗朗茨·约瑟夫在他位于巴德伊舍的夏季别墅与沙皇亚历山大二世、德皇威廉一世举行了一场非正式会谈，为柏林峰会做准备。在那里，除了泡温泉和制定战略，约瑟夫也会与他的客人们一同打猎，

---

[1] "三皇同盟"指德国统一后，俾斯麦为孤立、打击法国而策划的德意志帝国皇帝与俄罗斯帝国、奥匈帝国皇帝结成的同盟。

或在山中乘马车出游。

在德国统一后的数年间，俾斯麦发狂似地想要支撑起他的保守联盟体系。可他机关算尽，其错综复杂的外交安排最终还是在俄国与奥匈帝国于巴尔干棘手的对抗中轰然垮塌了。德国人对"未开化的"俄国根深蒂固的轻蔑在其中也发挥了作用。

这位宰相疲于应付的外交政策方面的压力不可避免地对其健康造成严重损害，他健康受损的另一要因是其暴饮暴食和吸烟的嗜好，即便以当时的宽松标准，俾斯麦的饮食和吸烟量都大得夸张。据他的一位高级侍从克里斯托弗·冯·蒂德曼（Christoph von Tiedemann）所言，饕客俾斯麦的一顿标准午餐是"烤牛肉或牛排配土豆、冷烤鹿肉、田鹬、炸布丁、等等"，而晚餐则是"六道主菜外加甜点"。为了把这些都咽进肚子，俾斯麦每顿饭都要喝掉很多酒，即便是早餐也不例外。到了下午，他会喝啤酒和香槟（后者通常要喝上两瓶），晚餐后则要喝更多的啤酒外加白兰地。显而易见，宰相的卧房不得不配备两个超大夜壶来容纳其巨额输出。俾斯麦在大吃大喝的同时，抽烟也没耽误：一长串又大又黑的雪茄从早到晚抽个不停，到最后，他已经不能满足于一次抽一根哈瓦那雪茄的效果了，于是设计了一种特殊的多管雪茄烟嘴，可以同时吸三根大古巴雪茄。他夸口说，只要他在饭桌前点燃这一强力装置，他就会被烟雾"笼罩"，没人能看得见他，更别提用愚蠢的絮叨来烦扰他了。

尽管俾斯麦对自己的惊人食欲倍感自豪，但他的医生们却（合情合理地）为此感到惊恐。他们无法忽视病人的这些生活习惯与其慢性失眠、痔疮、胃痛、胃灼热、痛风及神经过敏等症状间的联系。他愈发暴躁的脾气尤其引人担忧，他经常勃然大怒、肆意辱骂、朝任何不幸处在其射程内的人投掷重物，当医生要求他减少工作和食量的时候，俾斯麦怒斥他们是一群"想用蚊虫制造大象"的"蠢货"。（说到大象，身高6英尺4英寸的俾斯麦在六十多岁时体重已达到了280磅。）

中欧大温泉

虽然蔑视他的医生，但俾斯麦还是接受了他们的一条建议：自19世纪70年代初开始，他定期前往温泉地舒缓压力，减掉一两磅体重，享用有益身心的泉水。他最青睐的疗养地是巴特基辛根，一处位于巴伐利亚法兰克尼亚（Franconian）地区的度假胜地。他在那里住在一间私人公寓，每天清晨沿着一条由当地警察重兵把守（1874年，他刚离开基辛根的寓所，就被一名潜藏的暗杀者轻微刺伤）的路线步行前往疗养大楼。为了避免碰到其他疗养客和喜好窥视的度假者，俾斯麦独自一人沐浴，然后乘坐巴伐利亚国王路德维希二世提供的一辆封闭式马车返回公寓。最终，俾斯麦相信，不管他的那些"蠢货"医生怎么说，这一巴特基辛根养生法对他还是大有裨益的。"我的健康归功于仁慈的上帝和巴特基辛根的疗愈之泉。"他喜欢这样宣称。

身处巴特基辛根，俾斯麦的确试图减少工作，他曾要求克里斯托弗·冯·蒂德曼在他疗养的时候不要交付任何"公事"。1876年6月，在准备出发前往温泉地时，他告诉其年轻侍从，希望"回来时拥有与你一般容光焕发的肤色"。

可即使是在巴特基辛根，俾斯麦也无法完全摆脱"公事"。1877年7月，他在疗养行程中抽空撰写了一份被称为《基辛根口述备忘录》（Kissingen Diktat）的外交政策提纲。在这份提纲中，他承认自己正经受着法国报纸所谓的"联盟的噩梦"（cauchemar des coalitions）——被周边诸强权联合包围的噩梦。具体来说，他担忧奥地利会撇开德国，与俄国或法国结盟，又或者法国会与俄国联合。他在备忘录的结语部分陈述其理想的外交图景应是"一种整体性的政治格局，在其中，除了法国，其他强权都需要我们，而它们彼此之间的友好关系又使得它们无力联合起来反对我们"。

在基辛根的逗留或许确实使俾斯麦感觉更健康了，然而他的精神状态却仍被那些噩梦般的联盟困扰着，没有得到太大改善。1877年夏末，当他刚结束基辛根的疗养回到柏林，医生便让他前往巴德加施泰因休额外的病假。为了推托这次强制性假期，俾斯麦声称这趟行程对他的老犬苏尔坦（俾斯麦的一个不可或缺的同伴，受过遵从命令咬人的训练，正是理查德·瓦格纳曾经发现了这一点）来说可能太过艰难，不过最后，俾斯麦居然十分享受他在山里的时光。据1877年夏末与俾斯麦及其家人一同到加施泰因的蒂德曼的说法，俾斯麦开始了惬意的日常生活，每天泡温泉，经常与家人一起乘坐马车出行，与朋友共进晚餐，绕着镇子散步。在其中一次散步时，俾斯麦给蒂德曼指出了许多有意思的地点，包括当年他向威廉简要汇报《加施泰因协定》时，威廉所坐的那条长椅。四周是美丽的阿尔卑斯山景，呼吸着清新的山地空气，在亲人陪伴下的俾斯麦显然甩脱了一些他一贯的暴躁脾气。在这里，就在这处奥地利大温泉，俾斯麦表明他也能够成为——用蒂德曼的话说——一个"最迷人"的家伙，一个正直良善之人。就蒂德曼自己而言，仅仅是与俾斯麦和他的家人在这样一个特殊的地方共处，便已收获了"一次不错水疗的所有效果"。

正如俾斯麦在其《基辛根口述备忘录》中指出的那样，他期望通过与其他保守势力结盟来确保德国的安全，同时孤立潜在的敌人，尤其是法国。至19世纪70年代末，巴尔干半岛的新动荡进一步削弱了奥斯曼帝国，加剧了俄国与奥地利为填补该地区的权力真空而展开的争夺，俾斯麦最初设想的德国、奥匈帝国还有俄国的三方阵营已然摇摇欲坠。俾斯麦意识到谁才是其首要盟友，他必须在奥匈帝国和俄国之间做出选择。

事实证明，这一选择也并不难，国内与战略上的因素都对奥地利更有利：大多数德国人都倾向于同他们有亲缘关系的东方邻居，而非斯拉夫的俄国加深联系，俾斯麦本人也相信两大中欧强权抱团将共同构成一个坚不可摧的壁垒，恰如其在1879年所言："假如德奥团结起来，就能抗击任何敌人，无论是法国还是俄国。"

出于这一考虑，俾斯麦外交链条中一个全新（或更准确地说，是加强）环节——1879年底建立的德奥同盟（Dual Alliance）——

浮现了。这一协议在巴德加施泰因敲定，可谓再合适不过，俾斯麦如今对这个地方已知根知底，参与会谈的奥匈帝国首席代表朱利叶斯·安德拉希伯爵（Count Julius Andrassy）亦是如此；他时常来这处度假胜地疗养。两位经验老到的疗养客在数次前往浴池的间隙所达成的协定实质上是一个防御性条约。这两个大国将在第三方发起攻击的情形下（奥地利人将其理解为俄国的攻击）互相援助，一条防线再度于水中被画出，而这一次是战略防线。

大约在俾斯麦于加施泰因深化德奥纽带的一年之前，他便已开启了一系列磋商，并最终在1882年达成了另一项战略安排：德国、奥匈帝国和意大利间的"三国同盟"（Triple Alliance）[1]。这项协议主要是为了确保奥匈帝国南翼的安全，防止意大利向法国或英国靠拢。虽说该协议最终在柏林签署，但初步的协商于1878年夏天便在巴德加施泰因——还能是在哪里呢？——展开了。

除了老搭档俾斯麦与安德拉希，意大利外交大臣弗朗西斯科·克里斯皮（Francesco Crispi）作为第三位参与者加入了进来。对于俾斯麦正在进行中的外交"象棋联赛"乃至举办这一"联赛"的阿尔卑斯高山舞台来说，克里斯皮都是个新手。这个意大利人并未成为加施泰因的常客，但他很享受与俾斯麦在阿尔卑斯山区的时光，俾斯麦一如既往地向他炫耀当地所有景点，好似它们都属于德意志帝国一般（到了1938—1945年，它们倒是的确都归属德国了）。

通过把意大利加入进来，俾斯麦看似强化了他的外交链条，但实际上意大利是个非常薄弱的环节，而且极不可靠。当第一次世界大战到了最为紧要的关头，意大利敏捷地切断了其与中欧强权的联系，反而和同盟国的西方敌人结成了新的战争联盟，毕竟，英法向罗马许诺了柏林和维也纳不能也不愿许诺的东西：哈布斯堡的南蒂

---

[1] 三国同盟，1882年德国、奥匈帝国、意大利三国在结成的秘密同盟，该同盟的缔结标志着欧洲列强两大对峙军事集团的一方初告形成。三国同盟与德奥同盟、三皇同盟同时存在，成为俾斯麦同盟体系的重要组成部分之一。

罗尔（South Tyrol）[1]。可见，弗朗西斯科·克里斯皮并非唯一对奥地利的阿尔卑斯高山景色感兴趣的意大利人。

在俾斯麦的联盟体系当中，还有一些部分与大温泉并无关联，这里就不再赘述了。但在结束这一话题前，我要指出，俾斯麦错综复杂的外交安排在他 1890 年被德皇威廉二世赶下台时已然一团糟了。他的继任者列奥·冯·卡普里维伯爵（Count Leo von Caprivi）坦言，不像俾斯麦，他"无法在空中同时［抛接］5 个玻璃球"：两个球是他的极限了。

维姬、威利、尼基、伯蒂和弗朗茨·约瑟夫

如果说在德国统一后的数年间，巴德加施泰因成为制定中欧外交策略的重要地点，那么另一处大温泉——巴特洪堡——则在 1888 年 3 月威廉一世去世至第一次世界大战期间成了政治舞台上的焦点。1866 年，国王威廉一世兴建洪堡，作为霍亨索伦家族主要的夏季居所。46 年后的 1912 年，他的孙子德皇威廉二世正式将小镇冠以"Bad"之名。霍亨索伦的另一位德皇，曾于 1888 年十分短暂地施行过统治的弗里德里希三世（Friedrich Ⅲ）也十分看重洪堡，与他的父亲和儿子一样，弗里德里希成年后几乎每年夏天都到这里避暑，在其短暂的统治时期，邻近疗养公园的一条雅致大道被命名为"凯撒弗里德里希大道"（Kaiser-Friedrich-Promenade），该街名一直沿用至今。

正式名称为"山前的巴特洪堡"（Bad Homburg vor der Höhe）的这处美丽疗养地坐落在法兰克福北部陶努斯山（Taunus Hills）脚下，1860 年，洪堡铁路（Homburger Bahn）将该地和法兰克福连接了起来。与它同时代的温泉类似，洪堡的温泉自罗马时代起就已经得到使用了，尽管要到很晚近的时候，那里的温泉才会为当地引起更多关注。

---

[1] 南蒂罗尔，即今意大利博尔扎诺－上阿迪杰自治省，位于意大利北部，与奥地利毗邻，当地人口中近 70% 说德语。该地区历史上归属蒂罗尔伯国，是神圣罗马帝国及之后奥地利和奥匈帝国领土，第一次世界大战后奥匈帝国解体，划归意大利。

这在很大程度上归功于一位名叫爱德华·克里斯蒂安·特拉普（Edward Christian Trapp）的当地医生，他于1834年"重新发现"了该温泉地的主泉眼——伊丽莎白泉（Elisabethbrunnen），伊丽莎白泉和附近的另一处泉水很快得到了德国最知名的化学家尤斯图斯·李比希（Justus Liebig）在科学层面的赞誉，这也使其愈发声名大噪。洪堡温泉的长足进展要归功于伊丽莎白公主，她是英王乔治三世之女，在与黑森－洪堡的一位伯爵成婚后，她拿出嫁妆整修了当地泉水。

即便拥有优质的泉水，假使不具备同样水准出众的赌场，洪堡依然不可能迅速跻身于中欧一流疗养地的行列，而正如巴登－巴登的赌场，洪堡的赌场也是法国人灵光乍现的产物。1840年，两位赌业大亨弗朗索瓦（François）与路易·布兰克（Louis Blanc）现身洪堡，与黑森－洪堡伯爵签署了一份双方都感到心满意足的合同。通过这笔交易，布兰克兄弟获得了盖赌场的权利，赌场的一半收益归他们自己所有，另一半则归伯爵。但布兰克兄弟并未止步于盖赌场，他们还出资兴建了一座精美的疗养大楼，一如其他大温泉的企业家同侪，他们延揽全欧洲最棒的艺术家，包括歌唱家阿德琳娜·帕蒂（Adelina Patti），她把弗朗索瓦·布兰克付给她的一晚5 000基尔德的演出费全部赌光了——这对弗朗索瓦·布兰克而言倒是件幸事。而产生了更为持久重要性的，是他们捐款建设的疗养公园，它随后成为整个中欧最开阔、最漂亮的疗养公园。为了布置公园内的众多花园、草坪、小溪和人造池塘，弗朗索瓦·布兰克（路易于1850年去世；弗朗索瓦后来搬至蒙特卡洛，并在那里建造了著名赌场）找来普鲁士首席园林景观大师彼得·约瑟夫·伦内（Peter Joseph Lenné）。在随后数十年间，伦内对自然的宏伟改造——当地爱开玩笑的人夸口说，"如果上帝有钱的话，他或许也会这么干"——随着新添的装饰华丽的直饮喷泉变得愈发宏伟，到1890年，宫殿般壮丽的"凯撒威廉浴场"（Kaiser-Wilhelms-Bad）被《世界报》（*The World*）誉为欧洲"最现代、最奢华、最舒适的"温泉洗浴大楼。

洪堡的疗养公园不仅养护身体也照管灵魂，在公园的一角矗立着一座洋葱顶的俄罗斯东正教堂，其奠基石是1893年由俄国的新统治者——沙皇尼古拉二世——立下的。这座教堂的存在证明了19世纪下半叶的洪堡，一如埃姆斯、威斯巴登和巴登-巴登，作为备受珍视的休憩驿站在俄国贵族眼中的重要地位。（与其他温泉地教堂的处境相同，洪堡的东正教礼拜堂也在第一次世界大战期间关闭，因为俄罗斯的玩意儿彼时已不受待见。）还有另一座迥然不同且更具异国情调的宗教建筑装点着公园的另一角：一座深红与金黄相间、有着翼形屋顶的暹罗佛寺。其建筑部件由朱拉隆功国王（Chulalongkorn）（在其国内被视为"佛王"）装船运至洪堡，作为他1907年那场成功的洪堡疗养之旅的答谢礼。可惜朱拉隆功于1910年去世——看来疗养并不如他所想的那般成功——而重组、搭建这一精巧佛寺又花去了将近7年时间，因而其捐赠者无法亲临寺庙的落成典礼，至少在他最近这一轮化身期间是如此。

事实上，巴特洪堡从未成为笃信佛教的泰国人的天下，但它无疑得到了崇尚运动的英国人的大力资助，他们通过建造欧洲大陆第一个网球场和高尔夫球场，在洪堡疗养公园留下了印记。虽说那个高尔夫球场的规模实在太小，充其量不过是个球洞区，但它给身材走形的疗养客们提供了一处可进行轻松锻炼的场地，以及一处吸引人的午后闲谈空间（更不用说毗邻的俱乐部会所提供的令人神清气爽的"高尔夫球后饮品"了）。洪堡网球场则成为每年8月举办的重要网球联赛的场地，该赛事可谓国际网坛日程表的一个高潮。与俄国人一样，英国人也即将在洪堡失宠，不过虽然经历了战争和政局的动荡，他们留下的"庙宇"却从未被彻底弃用。

而就政治活动来说，在第一次世界大战爆发前的数十年间，正是霍亨索伦家族在这一温泉的出现，使得洪堡成为该领域的重要舞台。在1888年3月9日继位前，皇储弗里德里希会陪同他父母在这里消夏。1856年，他娶英国维多利亚女王的长女维多利亚公主（小名"维姬")为妻,婚后他也经常带着年轻的妻子来洪堡。

和丈夫一样,维姬也珍爱这座小镇的自然风光与宜人气候,对洪堡的喜爱并非他们唯一的共同点:他们还都是自由主义者。就维姬而言这不足为奇,她的父亲阿尔伯特亲王(Prince Albert)就有着强烈的自由主义倾向,可就弗里德里希而言,这就是彻底背离传统之举,并且在霍亨索伦家族乃至普鲁士政界人士中都造成了深刻的裂痕。俾斯麦与瓦德西伯爵等保守人士瞧不起弗里德里希,对于把皇位传给他以及他那位英国出生的妻子之后,德国将会面临的事态深表忧虑。

仿佛是命运的安排,俾斯麦及其同党大可不必再为弗里德里希登上皇位而忧心忡忡了,因为他掌权时已罹患喉癌,由于病得实在太重,他几乎只能办成极少一点事,而就是这么极少的一点事他也只剩下区区99天的时间来办,他死于1888年6月15日,享年56岁。

显然,没有哪处温泉能把弗里德里希的癌症治好,但这也挡不住他于1887年4月在巴特埃姆斯进行了长达一个月的水疗来控制病情。我们今天或许会觉得惊愕,但弗里德里希用温泉疗法治疗这类绝症在当时并不显得太滑稽,在那个年代,传统的癌症治疗方法——如果有的话——也不会比药用热水好太多,而且远为痛苦。甚至诊断癌症也不容易。以弗里德里希为例,他声带上的一处不祥的增生经过几个月才被确诊为癌变。尽管德国医生们都怀疑他患了癌症,可鲁道夫·魏尔肖(Rudolf Virchow)位于柏林夏里特医院(Charité Hospital)的著名病理学实验室在最初送检的增生组织切片里并未发现任何恶性癌变的迹象。

与此同时,除了相对温和的水疗,弗里德里希也徒劳地尝试过用刀甚至烧热的金属丝来切除增生物——所有这些治疗都仅使用了少量可卡因作麻药。绝望之下,维姬从伦敦哈利街请来一位知名专家莫雷尔·麦肯齐(Morell Mackenzie),这让弗里德里希的德国医生们倍感沮丧。麦肯齐相信弗里德里希的增生物是良性的,哪怕这一肿瘤快速长大，甚至已开始妨碍弗里德里希呼吸、说话和进食的时候，他依然坚持这一诊断。当麦肯齐最终意识到他的病人患的是癌症，动手术已经来不及了（这或许是好事一桩，因为当时的外科手术非常痛苦，而且很可能毫无效果）。

弗里德里希三世驾崩后，曾经的维多利亚皇后在洪堡以及紧邻洪堡的地方度过余生，她不停给维多利亚女王寄送大量信件，先是从城里的皇家宅邸寄出，接着从她位于克伦贝格（Kronberg）近郊的弗里德里希霍夫庄园（Friedrichshof）寄出，在信里她严词抨击德国的新君主——威廉二世（又名"威利"）。维姬与她这位长子的关系变得困难重重，特别是当她发现尽管她尽了最大努力要把年轻的威利变成一个英国式的自由主义者，可他还是，用她的话来说，变成了一个"无可救药的普鲁士人"——彻头彻尾的保守派，穷兵黩武——的时候。她将这种糟糕的变化归咎于柏林（特别是俾斯麦）和波茨坦驻军城的邪恶影响，威利在驻军城学会了扮演士兵，并开始沉迷于军装制服。看到自己的儿子在 10 岁生日时穿着制服出现，她惊得目瞪口呆："可怜的威利，穿着制服的他看起来就像只装扮整齐、站在管风琴上的不幸的小猴子。"她在给母亲的信里写道。等到弗里德里希罹患癌症的时候，维姬对威利的不信任感已十分强烈，以至于当威利建议给他垂死的父亲做手术时，维姬将其解读为一种计策，其目的是要把父亲立即赶下台，这样他——威利——就能更快掌握权力。

当然，威利的确非常渴望掌握权力，而且也毫不迟疑地展露这一欲念。同样确切的是，他并不敬重自己的父亲，更不敬重母亲，他声称母亲"玷污"了德国，"把［它］带至毁灭的边缘"。然而，要说威廉二世是个典型的普鲁士反动派则不太正确；毋宁说，他是个新派的帝国主义者，他不打算维持俾斯麦式的"现状"，而是希望将德国打造成"世界强权"——一个足以与他母亲的祖国相匹敌的国家。（威廉雄心勃勃的外交政策成了他与俾斯麦的争执焦点，

中欧大温泉

威廉想亲自把控外交,这也是他于1890年将铁血宰相罢免的原因之一。)

威廉出了名的喜怒无常的个性以及他那同样出名的帝国主义追求,至少在某种程度上源于其与生俱来的身体残疾。威利是臀位朝下出生的,相比于治疗癌症这样的疑难杂症,19世纪的医学在处理复杂的分娩时也好不了多少。威利的个案还因其皇室成员的身份而更添复杂性:宫廷礼仪严禁产科医生直视手术中心,他们只能隔着法兰绒长睡衣凭感觉工作。碰巧,照维姬的明确指示,这回在这里凭感觉工作的是英国女王的私人医生詹姆斯·克拉克爵士(Sir James Clark),为了把威利——在那时他就是个难缠的家伙了——从子宫中拽出来,詹姆斯爵士的产钳用力过猛。结果威利出生时左臂严重受伤,其左肢大部分在后来都丧失了功能。德皇威廉之后会向所有愿意倾听的人宣称:"一个英国医生害死了我父亲,另一个又搞残了我胳膊。这都是拜我母亲所赐,她从来都不愿找德国医生商量。"大众心理学认为威利余生都在努力弥补——和报复——他出生时遭遇的一切,这或许并非过论。

与此同时,威利对他母亲的憎恨并未曾蔓延至巴特洪堡——这处她正栖居的住所以及背信弃义的阿尔比恩(Albion)真正的巢穴。虽然威廉二世酷爱旅行——他绰号"旅行皇帝"(Traveling Kaiser)、"漫游威利"(Wandering Willy)——但他依旧会定期在洪堡和其他德国大温泉地消夏。他喜爱洪堡的一个例证是,1901年其委托建造的一座大型路德会教堂——救世主教堂(Erlöserkirche)——部分采用了威廉访问君士坦丁堡时颇为欣赏的拜占庭风格。

威廉在洪堡的行程几乎与在柏林一样疯狂,不是在检阅一队自温泉地升空的齐柏林飞艇,就是俯瞰一场汽车比赛,抑或为附近一座名叫萨尔堡(Saalburg)的仿建的罗马城堡奠基。他自视"当代伦内",喜欢在疗养公园轻快漫步,经过他想要砍掉并更换不同品种的树时,他就会打个响指。他参与了许多高尔夫和网球比赛,尽管由于手臂萎缩,他早就无力胜任这两种运动了。在洪堡,他与到访的德国及海外富豪家族交往:克虏伯家族(Krupps)和欧宝家族(Opels),哈里曼家族(Harrimans)和古尔德家族(Goulds)。他甚至与富裕的犹太人亲切交流,这是他回到柏林便不情愿做的事。在他洪堡的犹太人伙伴中,有总部位于法兰克福的罗斯柴尔德(Rothschild)金融世家的成员,他们在该温泉地近郊拥有(直到今日)一处巨型产业。

但最重要的是,威廉在居住洪堡期间,会接待到访君主与其他高层政治人物,这一疗养地因此变成了一个类似威廉帝国的"第二宫廷"的地方。他所接待的君主里有他的表弟沙皇尼古拉二世(Nicholas Ⅱ)。在1893年为当地的东正教堂奠基完毕后,尼古拉于1896年与他那位德意志出生的新婚妻子亚历山德拉(Alexandra)回访洪堡,为这座教堂主持正式的祝圣仪式。这两次威廉都在百忙之中抽出时间招待了表弟。

不过与俾斯麦不同,威廉二世并不相信维持俄德联盟的重要性,他废除了1888年俾斯麦与俄国精心安排的所谓《再保险条约》(Reinsurance Treaty)[1]。但威廉确实也想要和他的"尼基表弟"保持友好关系,他相信顶层的好交情就足以预防两国间的冲突。可他对作为一个大男人的尼基的个人观感,却并不比他对作为一个民族的俄罗斯人的评估更高。他常常称这个表弟是个"傻瓜""爱哭鼻子的家伙",一个怕老婆的懦夫,任由妻子当家做主,只适合"在乡下房子里种萝卜"。因而,威利尽管在尼基现身洪堡时尽职尽责地款待他,却并未邀请他进行长时间的访问,更别提让他入住皇家宅邸了。

最常到访洪堡的外国君主是阿尔伯特·爱德华(Albert Edward)(小名"伯蒂"),他从1841年到1901年其母去世期间是威尔士亲王,自那之后至1910年他自己过世期间则是英王爱德华

---

[1]《再保险条约》,俾斯麦为孤立法国、讨好俄国,于1887年6月18日与俄国签订的一份密约。

中欧大温泉

七世（Edward Ⅶ）。伯蒂去洪堡不是为了看望他的外甥"威利"，而是为探望他大姐维姬——以及享受他在家中所无法享受的乐趣。

伯蒂恰巧与维姬一样对她儿子有不太正面的看法，他和维姬都担心这个鲁莽浮躁的年轻人或许已陷入精神错乱。（顺带一提，伯蒂对尼基也不怎么尊重，他形容这位俄国亲戚"虚弱得像水一样"。）威利对其垂死父亲麻木不仁的态度令伯蒂深恶痛绝，当这个年轻人成了德皇，并开始喋喋不休地讨论德国要如何挑战英国的世界领导地位——尤其是在公海——的时候，伯蒂明显表示轻蔑。

可一旦他自己成了君主，爱德华又认为自己有责任促进英国与其他欧洲强权——包括好战的德国在内——的融洽关系。英王爱德华无法与威廉或尼古拉那样享有同等的决策权，不过他与他们一样相信，外交最好交由最高层的"王室同人"们控管，他们可以不受那些心胸狭隘、迷恋名望的政客间仇恨的影响。威廉，尽管同意他舅舅有关君主全权掌握外交的观点，却对伯蒂的做派充满怨恨。伯蒂总是把他当成一个调皮捣蛋的小男孩，而且总体上认为英国较之后发的德国具有天赐的优势。

因此，两人间的各种会晤，无论是在洪堡还是在其他什么地方，尽管表面上一团和气，内里却充满了深深的不信任。正如一位英国外交部官员在1907年爱德华与威廉在威廉高地（Wilhelmshöhe）的会晤的官方报告所言："国王虽然表面上待德皇很好，但我不禁注意到他们之间没有一点真正的亲密关系。"这算是种含蓄的说辞。

对爱德华来说——或许对威廉也是一样——幸运的是，除了与他外甥虚情假意的聚会，这个英国人还有更多的事情要办（on his plate）（无论是字面意义还是象征意义上）[1]。当还是王储的爱德华造访洪堡和巴登-巴登等德国大温泉时，他都住得极宽敞，一如其壮硕的体格。（他在伦敦老家也住得不差，可在那儿，他吹毛求疵的母亲总是盯着他，而在欧洲大陆，他觉得自己能把一切束缚都

---

[1] 作者此处使用双关，英文短语"on the plate"的字面意思即盘中餐。

抛诸脑后。)他对食物、酒和雪茄的胃口与俾斯麦一样惊人——其绰号"大胃"(tum-tum)绝非空穴来风,他晚餐通常有 12 道菜,头道先是难消化的大菜,比如用松露和鹅肝酱填满肚子的整只小乳猪,然后逐渐减轻至"清淡"菜品,例如烤牛肉和约克郡布丁。如同铁血宰相,伯蒂有时也会把烟草当武器,他以此激怒父母;他所谓的限制烟草摄入量的想法只在于限制自己在早餐前抽一根雪茄和两支香烟。当他的伦敦会所"怀特俱乐部"(White's)不允许在其早餐室吸烟后,伯蒂一走了之,自行创办"马尔巴罗俱乐部"(Marlborough Club)[1],那里到处都鼓励吸烟。

与此同时,除了打高尔夫和草地网球,伯蒂唯一的锻炼便是激烈的性爱,而且通常不是与他的妻子亚历山德拉。从很早的时候他就开始与众多情妇调情,包括怀了他孩子的苏珊·凡恩夫人(Lady Susan Vane),还有个名叫茱莉亚·巴维契(Giulia Barveci)的意大利女人——一个骄傲宣称自己是"世界上最好的妓女"的娼妇。说到妓女,伯蒂是巴黎豪华妓院"沙巴奈"(Le Chabanais)的常客,那里有个为满足他特殊需求而布置的专属房间。

幸好伯蒂对赌博的兴趣远没有他对食物和性的欲望那样强烈,但即使他在巴登-巴登和洪堡随便赌赌也会造成麻烦,因为赌场博彩在英国是违法的,而他沉湎此道更坐实了其在国内日益加深的"败家"形象。一家伦敦报纸报道了他在洪堡的赌博行径,为亲王肆意挥霍英国劳苦大众用辛劳和血汗换来的国家财富愤愤不平。

不过无论他以欧陆为中心的纵欲行径对其国内声望造成了怎样的损害,伯蒂显然是个需要——也热爱——温泉的人。在其长期的王储生涯中,他对中欧水疗度假胜地的热爱持续升温。亲王在欧洲被(贴切地)唤为"威尔士",每年夏天,他臃肿的身躯在各处温

---

[1] 马尔巴罗俱乐部,爱德华七世即位前组织的俱乐部。自 19 世纪 70 年代至爱德华即位前,有一批称为"马尔巴罗派"(Marlborough House set)的人物环绕在爱德华周围,以伦敦蓓尔美尔街、马尔巴罗大楼、马尔巴罗俱乐部为中心展开娱乐活动,他们有伤风化的言行举动遭到英国社会的非议,但也因引领时尚潮流而提升了爱德华的公众知名度。

中欧大温泉

泉游走。

在洪堡,他有时也会认真地进行治疗并减肥,他在疗养大楼有自己的按摩室。据说他曾经在两周里减掉40磅,结果回家后又全长回来了。实际上,即便是在治疗的过程中,他的体重也可能因为在洪堡一成不变的生活习性而反弹:盛大的晚宴、派对和野餐——很多野餐。

他还会抽时间购物。有次他在洪堡购物途中,在当地一家男装店看中了一顶心仪的软呢帽,他随后对其设计提出了一些小的改动要求,该帽以"洪堡帽"(Homburg)[1]之名普及开来。这还只是他服饰创新中的一项,他还让在侧边而非前端打褶的男装裤成为时尚。由于他腰围过宽(这在当时的绅士人群里也极常见),于是他让西服和便衣外套的下端纽扣保持敞开,这一穿法也成为流行。

爱德华很喜欢洪堡和他光顾的其他德国疗养地,但在1901年登基后不久,他便将经常光顾的温泉转移至波西米亚:卡尔斯巴德与(最为重要的)马里昂巴德。爱德华选择马里昂巴德的原因之一与其健康状况,或者更确切地说,与他惊人的肥胖有关。马里昂巴德以多气为特点的泉水被视为欧洲最好的减肥温泉。如同1890年一位疗养客记录的:"马里昂巴德的许多病人过着一种严肃认真的生活,他们活着就是为了变瘦,如果说他们来的时候长得像福斯塔夫(Falstaff)[2],那么他们希望自己离开时看上去像卡修斯(Cassius)[3]。"马里昂巴德最骄人的减肥记录是由埃及人埃尔·加梅尔·贝伊(El Gamel Bey)创下的,他在治疗期间减重53公斤。

爱德华没能超过加梅尔·贝伊,当然更不会瘦成卡修斯,无论

---

[1] 洪堡帽,又称汉堡帽,是一种帽顶呈凹形,帽缘上翻的硬质毡帽,源于19世纪的德国。传统帽款往往会在边沿包有缎带,并在一侧插上几片小羽毛。20世纪初,英王爱德华七世将洪堡帽传入英国,迅速征服了上层社会,成为当时银行家、政客等男士的标配。

[2] 福斯塔夫,莎士比亚历史剧《亨利四世》中的人物角色,身材肥胖、放浪不羁。

[3] 卡修斯·隆吉努斯,莎士比亚历史剧《尤里乌斯·恺撒》中的人物,罗马将军与行政官,曾是庞培的部属,出于嫉妒和不甘参与了布鲁图暗杀恺撒的行动。

如何，他从德国温泉转移至奥地利温泉的原因主要还是政治上的。坦率讲就是，爱德华对德皇威廉二世的德国感到恼火，他个人对德国的恼怒与英国政治阶层和广大民众对德皇及其帝国不断增长的敌意日益汇聚一处。（英国外交大臣爱德华·格雷爵士［Sir Edward Grey］曾预言，威廉二世"就像一艘马力十足、螺旋桨飞转，却又没有舵的战列舰，它总有一天会撞上什么，然后引发灾难"。）德皇决定打造蓝水海军，迟早要挑战英国的海上霸权，这一决定引爆的激烈争斗成了英德两国敌对的关键，不过双方很快又有了其他互不信任的理由。

爱德华国王心安理得地把他光顾的温泉转移至另一个讲德语的中欧强国内，因为就像他那个时代的许多英国人那样，他把德国和奥地利分得很清楚。（法国极度厌德的政治家乔治·克列孟梭［Georges Clemenceau］也做了相同的区分：他很乐意去奥地利波西米亚疗养，但绝不会去德国。）

包括马里昂巴德在内的一些波西米亚疗养地很想利用这一初露苗头的偏见，如今他们登在法国和英国报纸上的广告，不但吹捧其神奇的泉水，也强调他们"不在德国的宝贵优势"。爱德华在马里昂巴德度过了 7 个夏天，这里被证明是国王的理想之地，因为他不仅能尽情玩乐，还可以做点"工作"，譬如和他越来越仰慕的弗朗茨·约瑟夫皇帝商讨国事。在这种国际化的氛围中，他可以随时把握欧洲的政治动向。也许就在他的这处舒适的波西米亚大本营，爱德华甚至设想过劝诱奥匈帝国成为英、德之间的调停者，以此塑造国际格局。至少，国王是这么期盼的。

我们可以通过同时期的一本名叫《爱德华国王在马里昂巴德》（*King Edward at Marienbad*）的编年史来追溯爱德华在其心仪之泉旅居时的行踪。这本编年史由一位驻维也纳的报社记者西格蒙德·芒兹（Sigmund Münz）撰写，他当时正跟随国王在奥地利旅行。关于爱德华在马里昂巴德的日常生活，芒兹认为有必要告诉其读者的是，这个英国佬尽管胖得令人发愁,却并不认真节食——"他根本没打算装成一副忏悔者的样子"——就像他对其衣柜也是毫不吝啬一样。他带去数十套精美服装,"他对服装剪裁和色彩搭配的品位简直无可挑剔"。马里昂巴德的泉水,如同它们曾作用于年迈的歌德一般,似乎令"〔爱德华〕青春永驻"——指的正是他朝气蓬勃的性欲。他在温泉疗养地的随从人员始终包括"众多女士,其中一些人可以夸耀她们曾沐浴在圣泽光辉之下,而另一些则仍可以声称她们如今依旧身受君恩"。

在政治方面,与反复无常的威廉二世进行过不愉快的较量后,和弗朗茨·约瑟夫的会面令爱德华国王大大松了口气。"对于他在访问中的哪一天曾被帝国的恣意妄为或哈布斯堡的狂妄自大搞得难堪,爱德华国王都了无怨言。"也许这儿抚慰人心的温泉水也发挥了作用:"只要爱德华国王还喝着十字泉(Kreuzbrunnen)的疗愈泉水,并在那儿泡澡,他就绝不会对可敬的皇帝——其与英国的友谊已维持了60年——表现出丝毫不恭。"每次在温泉地时,爱德华都会精心地为弗朗茨·约瑟夫的生日(8月18日)祝酒,在那天,他会穿上奥匈帝国轻骑兵的制服,在魏玛饭店(Hotel Weimar)举办一场豪华晚宴。他在魏玛饭店留有一套房间。(如今这家饭店已不复存在,不过你可以在隔壁的马里昂巴德博物馆看到爱德华的魏玛套房的复制场景。)

为迎接两位君主1904年在马里昂巴德的历史性会面,这座小小的温泉城使出浑身解数。[1]芒兹汇报道:"到了夜晚,这座风景如画的小镇灯火辉煌。主街上巨大的拱形白炽灯拼出皇帝和国王的名字。"当弗朗茨·约瑟夫在疗养宫准备接见爱德华时,马里昂巴德全城居民都出来向国王致意:"首先是贵族,接着是罗马天主教的教士、军人、自治城市和外省的官员、新教神职人员的首脑,以及

---

[1] 这座小镇至今依然在积极利用此次历史性会晤。2014年5月,市民领袖在中心广场为一尊等身大的两国君主并立青铜雕像揭幕。——原注

犹太人领袖。"

我们可以展开谈谈芒兹此处提到的"犹太人领袖"。不像很多维多利亚时代的绅士,伯蒂并非一个下意识的反犹分子;他早年曾将罗斯柴尔德家族这样富有的犹太人士纳入他的核心圈子,也重视他们在金融事务上的建议。在波西米亚,他与弗朗茨·约瑟夫同样享有"善待"犹太人的名声。他为饱受政府压迫的俄国犹太人发声,这为他赢得了奥地利波西米亚犹太难民们的尊敬。芒兹可以很公正地写道:"很明显,不光是尊贵之人,就连波西米亚温泉地那些卑微的俄国犹太人都由衷钦佩爱德华国王,他们对其慈善事业慷慨解囊足以表明这一点。"

然而有关这位"亲犹"(philo-Semitic)国王与弗朗茨·约瑟夫的马里昂巴德会晤,芒兹赞誉有加的报道未尝提及的是(这无疑是因为他根本不知道这件事):就在爱德华抵达的4周前,其下榻的宾馆内出现了一例斑疹伤寒。当地的温泉医生伊诺赫·海因里希·基施(Enoch Heinrich Kisch)轻易断定,该病例是自别处输入的,因而没必要公开。基施理据充分地表示,为何要在即将风光无限的前夜"毁掉这处疗养地的声誉"呢?

尽管两位元首的这次皇室会见场面喜庆,可人们不禁要问,无论是这一次,还是1908年两人在巴德伊舍的另一次相似会晤,是否真的能推进爱德华的这些期盼呢,即让弗朗茨·约瑟夫加入对威廉二世的斡旋,抑或更加大胆的,让奥地利与德国分道扬镳?答案定然是彻底的"不能"。如果说爱德华在某种程度上的确影响了高层政策,那他影响的也并非与奥地利的关系,而是和法国——他的外国"初恋"——的关系。爱德华1903年对巴黎的国事访问被一位评论员称为"现代历史上最为重要的皇室访问",它为两大帝国主义对手签署英法协约(Entente Cordiale)扫清了道路。而当需要与奥匈帝国建立足够牢固的友谊,以防止它与其德国盟友合伙制造严重麻烦时,无论是对爱德华国王的友善照顾,还是马里昂巴德和巴德伊舍的抚慰之水都不太顶用。

必须指出，爱德华国王对和平本身并不感兴趣，他更想建立一个对抗德国的联盟体系。与其形成鲜明对比的是另一位经常光顾马里昂巴德的疗养客——奥地利和平主义者贝尔塔·冯·苏特纳（Berta von Suttner）[1]，她的温泉行程有时与爱德华重叠。苏特纳利用逗留温泉地的时机着力推动大国间的全面军事休战。1905年，她在马里昂巴德疗养宫发表演说，强烈主张在国际关系中应当用法律代替武力，她指出，这在各"文明国家"的国内事务中是早已实现了的，聚在"文明的"疗养宫的人群礼貌地鼓了鼓掌，但似乎并未被她的睿智之言触动。芒兹先生是听众之一，他断言，人们"觉得和平宣传很乏味"。

许多人也觉得弗朗茨·约瑟夫皇帝很乏味。小说家罗伯特·穆齐尔（Robert Musil）曾打趣说，这位奥国君主宛如那些在其光芒抵达地球前便早已死掉的行星之一。他无疑不像其好友爱德华七世那样生气勃勃、活力四射。弗朗茨·约瑟夫工作起来一如爱德华玩耍时一般努力，当这个英国人左拥右抱一堆情妇时，沉默寡言的奥国君主却只有一位情人：知名的女演员卡特琳娜·施拉特[2]。虽然弗朗茨·约瑟夫有其温柔的一面，但他也出名的严厉，尤其是在对待自己的家人时。他还深陷忧郁症，上帝知道他实在有太多值得忧郁的事了：他的弟弟马西米连诺（Maximilian）[3]被墨西哥叛乱者枪决；一个女儿在襁褓中夭折；其独子，鲁道夫皇太子（Crown Prince

---

[1] 贝尔塔·冯·苏特纳（1843—1914），奥地利贵族，女作家，激进的和平主义者，一生致力于反对战争，是1905年诺贝尔和平奖获得者，也是第一位荣获该奖项的女性。

[2] 卡特琳娜·施拉特（1853—1940），维也纳皇家歌剧院首席女演员，弗朗茨·约瑟夫一世晚年的女友，两人之间的关系维持了34年之久。

[3] 马西米连诺（1832—1867），弗朗茨·约瑟夫一世的弟弟，1857年与比利时国王利奥波德一世之女夏洛特公主结婚，1863年受到法皇拿破仑三世及其妻子夏洛特鼓动，接受了墨西哥皇位，称马西米连诺一世。1867年2月，马西米连诺遭墨西哥共和派抓捕，旋即被以颠覆墨西哥共和国的罪名被枪决。

Rudolf）[1]与他年轻的情人在梅耶林殉情自杀；他的妻子伊丽莎白在日内瓦被一名意大利无政府主义者刺死；而他的侄子，皇储弗朗茨·斐迪南大公[2]则在萨拉热窝被一名波斯尼亚民族主义分子暗杀身亡，这起事件很快从哈布斯堡的家族悲剧变成了世界悲剧。

为应付生活中的各种压力和伤痛，每年夏天，弗朗茨·约瑟夫都会退居美丽的巴德伊舍。1853年，23岁的皇帝正是在伊舍遇到了他未来的妻子伊丽莎白（"茜茜"）[3]，她当时还是个15岁的巴伐利亚公主，正陪同母亲和姐姐海伦温泉旅行。母亲卢多维卡张罗海伦做弗朗茨·约瑟夫的新娘，可年轻的皇帝却对茜茜情有独钟，茜茜当时已出落成引人注目的美人，高挑纤细，一头棕色长发，浑身散发出一股纯洁朴素的气质，仿佛与伊舍乡野的清新曼妙完全融为一体。初次见面后不久，茜茜便与弗朗茨·约瑟夫在伊舍正式订婚了。婚后一年，弗朗茨·约瑟夫的母亲为这对年轻夫妇送上了完美的结婚礼物：位于伊舍的一座毕德麦雅风格的别墅，房子周围有宽广的公园。弗朗茨·约瑟夫和茜茜余生中都将这里视为他们首选的"避难所"。

当茜茜在伊舍度过她的漫长夏日时，她会在那儿读小说、写诗，疯狂地锻炼以保持她著名的"蜂腰"（她甚至在卧室隔壁都设了健身房），弗朗茨·约瑟夫则主要把别墅当作外出狩猎的据点。据说，

---

[1] 鲁道夫·弗朗茨·卡尔·约瑟夫（1858—1889），弗朗茨·约瑟夫一世与皇后伊丽莎白的独子，出生即成为奥国皇储。1881年与比利时国王利奥波德二世的女儿斯特凡娜公主结婚，1889年与情妇玛丽·维色拉女爵在梅耶林狩猎小屋内一同殉情自杀，史称梅耶林惨案。鲁道夫的离世令弗朗茨·约瑟夫丧失了直接的男性继承人。

[2] 弗朗茨·斐迪南大公（1863—1914），卡尔·路德维希大公与两西西里王国玛丽亚·安农齐亚塔公主的长子，弗朗茨·约瑟夫一世之侄，皇储鲁道夫自杀后，斐迪南被立为奥匈帝国皇储。1914年6月28日，在与其庶妻霍恩贝格女公爵索菲视察奥匈帝国波黑省的首府萨拉热窝时，遭塞尔维亚民族主义者普林西普刺杀身亡。萨拉热窝事件成为第一次世界大战的导火索。

[3] 伊丽莎白·阿玛莉·欧根妮（1837—1898），即著名的"茜茜公主"，弗朗茨·约瑟夫一世的妻子，奥地利皇后和匈牙利王后，其超凡美貌在同时代人中留下诸多赞美之词。1889年独子鲁道夫的自杀令伊丽莎白备受打击，她开始离开奥地利官廷并在没有家人陪伴的情况下四处旅行。1898年在瑞士日内瓦遭到意大利无政府主义者路易吉·卢切尼暗杀，不幸去世。

在伊舍度过的 66 个夏天里，他一共击杀了 50 556 只猎物。除了茜茜的私人住处，别墅的墙上挂满了（如今依然如此——这里已被辟为博物馆）目光呆滞的动物脑袋和粗野的鹿角展品。

弗朗茨·约瑟夫最喜欢的一个别墅房间是他舒适的书房，里面配有一张大书桌、一把皮革高背椅、一个巨大的地球仪、一只大容量的雪茄盒以及当时最先进的电动雪茄打火机。（他只让自己在伊舍用这些小玩意，他在维也纳霍夫堡皇宫的书房完全用烛光照明。）在他桌旁的架子上，摆着另一个现代奇迹——西门子制造的电扇。这是卡特琳娜·施拉特送他的礼物，弗朗茨·约瑟夫替她在伊舍置办了一栋专属小别墅。（顺带一提，伊丽莎白之所以能容忍施拉特，是因为她自己也有情人——数量还挺多。而且自四度怀孕后，她就不再与丈夫保持性关系，让两人都得以解脱。）

对皇帝弗朗茨·约瑟夫来说，在伊舍的夏天主要不是为了制定决策——他回维也纳才干这些事情。不过，皇帝的确喜欢在这里的别墅招待像爱德华国王这样的君主伙伴，以及来自世界各地的达官显贵，其中包括美国前总统尤里西斯·S. 格兰特（Ulysses S. Grant），1878 年，弗朗茨·约瑟夫在伊舍接待了他。当他们在弗朗茨·约瑟夫的书房聊天时，格兰特挥动着主人的哈瓦那雪茄，忽然宣称自己已然厌倦了阅兵，实际上，厌倦了所有军事行动，尤其是战争。弗朗茨·约瑟夫本人虽不是个军事家，但听闻伟大的将军讲出这样的"异端邪说"仍颇感惊讶，他只好一笑置之。这笑声意味深长——考虑到以后将会发生的事情，这笑声令人想哭。

第六章

现代化及其不满

第一次世界大战爆发前的三四十年——从"世纪末"(fin de siècle)直至"美好年代"(Belle Époque)那段引人陶醉的岁月——是中欧大温泉镇名副其实的最佳时光。确实,如今津津有味咀嚼着疗养地美味沙拉的人们,已不再总是——这也令人宽慰——患痛风的贵族常客(那些往昔典型的温泉顾客)了。温泉的游客数量稳步增长,很大程度上是由于新兴中产阶层游客的大量涌入,其中大多数是犹太人及/或美国人。尽管帝国政府在新近统一的德国颁布了赌场博彩禁令,但游客数依然节节攀升。对这些德国温泉来说,令人震惊的赌场关停一事算不上很多人所担心的那种致命一击,无论那些中欧疗养地是否要通过新建上好的洗浴和服务设施,使自身变得更具吸引力,以弥补丧失博彩业的损失——这对哈布斯堡的温泉来说不是个问题,因为那里的温泉往往打一开始便未曾设立大型赌场。为了与常规医院和诊所——它们均得益于医学科学和卫生保健领域的新突破——展开有效竞争,温泉还着力强化其治疗服务的"科学"成分。

然而,温泉地在物质环境上的变化——外观上的现代化、治疗手段的"医疗化"和日益壮大的客群基数——令那些珍爱旧日疗养地更传统、更宁静、更均质的氛围的老主顾们深感不适。旅行作家阿尔方斯·帕奎特(Alfons Paquet)在第一次世界大战后回顾这段时期使他心爱的威斯巴登大变样的种种引人烦乱的变化时,写道:"威廉时代给这座城市带来丰饶的辉煌、财富与繁荣,却也产生了一种无止境的追求、一种大范围的发财热［……］这儿的老老少少都能见到每天涌入的海量国际游客。"其他评论者则抱怨"过度的外来影响",贫富差距扩大,以及那些受益于现代化治疗事业的人群与那些没有受益的人群间的分歧。不出所料,这些暗流涌动的不满论调并未曾被新的温泉访客所忽视——尤其是最晚近的疗养地主顾,犹太人和美国人(许多不满正是倾倒在他们头上的)事实证明。这些游客里的一部分人也能把他们自己的不和谐音符掺入随着中欧大温泉城镇的现代化而产生的不满大合唱。

革新

在第一次世界大战前的几十年,德奥的主要疗养地最为重要的创新之一便是在水疗基础设施中增加了所谓的"洗浴宫"(Badepaläste)。这些建筑也确如宫殿般壮丽!与罗马帝国时代一样,在19世纪晚期,由国家兴建的大型洗浴设施在中欧一个接一个涌现,一个赛一个豪华。此一潮流始于巴登-巴登,1877年,壮观的弗里德里希浴场(Friedrichsbad)开门迎客,该浴场以巴登的弗里德里希大公命名。这座耗时8年建成的巨型砂岩圣殿(62.5米 × 50米)在内部空间上直接模仿了卡拉卡拉和戴克里先的大浴场,而其外立面则令人回想起意大利文艺复兴全盛期的建筑;这座建筑是一个真正的历史折中主义(historicist eclecticism)大杂烩。弗里德里希浴场可谓一炮而红,每年吸引约6万名游客,数字很快超过了其接待承载量,浴场不得不进行扩建。巴登洗浴管理局(State Bathing Authority)也认为必须迅速落成两座新的洗浴宫:1888年落成的兰德斯浴场(Landesbad)和1890年落成的威风凛凛的奥古斯塔浴场(Augustabad)。仿佛这些改进还不够,当局还为患有严重呼吸系统疾病的病人增建了当时最先进的"吸入治疗室"(Inhalorium),该设施于1897年投入使用,为这场由巴登-巴登公共出资的对水疗产业的惊人改造画上了句号。

中欧大温泉争夺顾客的竞争十分激烈，巴登－巴登在兴建全新的、更加豪华的洗浴宫的道路上并不孤单，巴特洪堡凭借之前提到的凯撒威廉浴场加入了这场竞赛，该浴场在开建3年后于1890年落成。尽管浴场以威廉一世的名字命名——他的雕像矗立在浴场正前方——可意大利文艺复兴式的建筑外观和充满摩尔式马赛克、隐约有东方主义风格的内部陈设似乎更符合威廉二世浮华的品位。这位皇帝确实钟爱这座宫殿，以至于他要求建筑里的一整个区域专属于他。威尔士亲王伯蒂也曾在那里洗浴，不过大概没和威利一起。

考虑到凯撒威廉浴场兴建的时代并不是一个以财务廉洁著称的时期，这座大楼在酝酿之初便饱受贪污腐败的指控也就不足为奇了。这一建筑的一整栋副楼在建造过程中坍塌，当地一些知名人士（包括那位加工洪堡帽的男装经销商）纷纷指责路易·雅克比（Louis Jacobi）为中饱私囊使用劣质建材，气愤不已的雅克比控告服装店主诽谤罪，所幸该建筑于1890年竣工，诉讼当事人之间达成和解，而随后成群结队蜂拥至此洗浴的疗养客想必也不会被苍穹中这些许的污渍所搅扰。

威斯巴登，位于洪堡西南方的大"邻居"，并不打算在洗浴宫领域被任何德国竞争对手击败。威斯巴登对兴建一处更具"代表性"的洗浴设施的需求尤为迫切，因为如今群芳花环广场（Kranzplatz）的温泉，包括深受喜爱的"沸腾泉"（Kochbrunnen）都相对老旧了。这一状况随着1910—1913年宏伟的凯撒弗里德里希浴场（Kaiser-Friedrichs-Bad）动工兴建而得到改观，这是第一次世界大战前德国建设的最后一座洗浴宫。尽管在竞赛中姗姗来迟，这座建筑却采用了温泉水疗的最新技术，还包括室内设计的最新样式（dernier cri）：新艺术（Art Nouveau），或德国人所谓的"新艺术风格"（Jugendstil）。（幸运的是，该大楼于1999年进行翻修时，原有的室内布置都得到保留。）

虽然这些新洗浴宫令人印象深刻，但无论是规模还是工艺设备上它们依旧被大量新式的超豪华酒店所超越。在美国和欧洲，19世纪的最后数十年标志着大酒店的黄金时代的黎明，这一黄金时代将一直延续至20世纪30年代。"镀金时代"（Gilded Age）的美国创造了太多有待被超越的里程碑：譬如纽约的华尔道夫酒店（Waldorf Astoria）与广场酒店（Plaza）；芝加哥的帕尔默家园酒店（Palmer House）；旧金山的皇宫酒店（这可能是所有酒店中最奢华的一家）。在欧洲，柏林有凯撒霍夫（Kaiserhof）、漫步大道（Esplanade）和阿德隆（Adlon）；巴黎有瑰丽酒店（Crillon）、雅典娜广场酒店（Plaza Athenée）和乔治五世酒店（Georges V）；伦敦有克拉里奇酒店（Claridge's）和康诺特酒店（Connaught）；维也纳有帝国酒店（Imperial）、布里斯托尔酒店（Bristol）和萨赫酒店（Sacher）；洛桑也有极好的美岸皇宫大酒店（Beau Rivage Palace）。尽管如此，世界上没有任何地方能像中欧温泉小镇般拥有更乡土、更接地气的大酒店。

威斯巴登，作为德意志帝国最大的疗养地，在1883年度接待了8万多名客人，10年后，这一数字增至9万，它坐拥整个德国温泉地最令人印象深刻的豪华酒店，而卡尔斯巴德与之后的巴德加施泰因则在哈布斯堡帝国的疗养地中享此殊荣。不巧的是，我们仅能在其中几家豪华旅店稍作停留——即使这样，我们也只能快速地瞥上一两眼——而不是像过去某个心无旁骛的疗养客那般一住就是数周。

毫无疑问，威斯巴登豪华酒店的掌上明珠是拿骚霍夫大酒店（Nassauer Hof）（现在依然如此），这座富丽堂皇的建筑耗时整整10年（1897—1907年）才建成，坐落于正对疗养大楼的威廉大街（Wilhelmstrasse）的另一侧，酒店共拥有300多间房，每间房都配有私人浴池。酒店还装有便利的电梯，配备宽敞通风的社交空间与餐厅，一处铺设大理石的宴会厅，用于每日音乐会和下午5点钟茶会的"橘园"（Orangerie），邻近的用于停放汽车的车库，以及音乐会/旅行售票处。

中欧大温泉

可最令人难忘的还是拿骚霍夫拥有专属的地下温泉,它为各个私人浴池以及两个宽敞的室内温泉池供应具有疗愈效用的热泉水。在这些温泉区,疗养客可以选择进行摩尔浴、电光浴、蓝光治疗、交流电浴、蒸汽浴、冷水浴、呼吸与热空气治疗以及震动与气动按摩。那些需要强效灌肠的人可以使用一种类似电椅的装置,该装置固定在地板上,可以于两分钟内将10多升水泵入结肠。此地还有一处健身俱乐部/健身中心,"在严格的医疗监督下",客人可以在此接受"电击疗法"。(1903年,当时该设施还在建设中,德皇威廉二世与沙皇尼古拉二世在拿骚霍夫有过一次短暂密会,两位君主似乎都没"享用"电击疗法,因而也放弃了一种可能改变人生乃至历史的体验。)

早先,大多数客人在拿骚霍夫以镜面装饰的主餐厅享用套餐(table d'hôte)——如同在远洋客轮上一般,按照指定位子和其他宾客一同围着大桌就座。这种安排可能令人愉悦,也可能令人厌烦,全看同坐的来宾是谁。用餐时间始终像一场量身定制的精确演练,就餐者会互相追问对方的家庭背景、就业状况、文化偏好和其他重要信息。而一如座次安排由上级下达,包含多道菜品的菜单同样由厨师长发号施令,他是自己宇宙的绝对主宰。直到第二次世界大战后,疗养地酒店的大厨们才开始意识到,对那些身体抱恙、体重超标的客人来说,一连串无止尽的大菜并不是什么上等佳品,于是套餐被逐渐淘汰了。那些经常在拿骚霍夫以及其他大温泉酒店享用美味佳肴的疗养客很可能折了寿,换句话说,这些客人或许没有意识到,他们造访温泉本是为了延年益寿,却适得其反。但无论怎样,他们长达几个小时的饕餮之乐也许值得损失若干年阳寿。

对哈布斯堡王朝的奥地利来说,能对标德国拿骚霍夫的、让大家感到宾至如归的"圣地"是巴德加施泰因的欧罗巴大酒店(Grand Hotel d'Europe),这座10层高的豪华酒店比拿骚霍夫晚两年开业,耸立在俯瞰穿过加施泰因深山峡谷的岩石地区之上(它如今依然耸立在那儿,尽管已不再作酒店用)。在这一引人入胜的地方施工既不容易也不安全。为清理地基,需要动用大量炸药实施爆破,爆破的冲击震碎了毗邻旅店的窗户,令客人们非常不安。到 1909 年 5 月 29 日开业时,欧罗巴大酒店可以理直气壮地将自己标榜为奥匈帝国(把这一范围扩展至全世界也足够公道)最现代的酒店,它的 148 间房均配有通冷热自来水的私人浴池、电灯和电话——这最后一样事物引发了真正的轰动。远离大堂的公共男厕设有小便池,小便池底部巧妙地安装了小镜子,这样身材特别肥胖的先生们就可以欣赏一下他们的小家伙儿——更不用说还能让他们避免尿在鞋子上了。这座建筑还拥有中央蒸汽供暖和电动电梯。作为一所疗养酒店,那里有 14 间室内温泉浴房,里面的水都是通过管道从加施泰因含氡量高的知名温泉输送进来的。

恰切地说,欧罗巴大酒店第一位正式登入入住的客人是退休的奥匈帝国陆军元帅伊曼纽尔·埃德尔·冯·雷贝格(Seine Exzellenz Herr Emanuel Edder von Rehberger)。继这位尊贵的人物之后,与他有着相似背景的客人也接踵而至——人数实在太多,以至于酒店的男士理发馆俨然如维也纳宫廷的前哨站。不过,随着欧洲各地大量贵族的涌入,酒店变得更加"国际化"了。

可出现在这座非凡酒店的,并非仅有那些寻常可见的贵族老朽,酒店十足前卫的现代设施使它极受美国工业与金融巨子们青睐。铁路大亨 E. H. 哈里曼(E. H. Harriman),这位偶尔前往洪堡的疗养客,为了向已转移的癌症发起最后的绝望一搏,于 1909 年夏转道加施泰因,开始为期 5 周的疗养行程。他为此在欧罗巴大酒店给自己和夫人,以及大批随从的仆人、侍者和宠物预订了 22 间房间。(这趟疗养之行显然对哈里曼的癌症没多大效果:他于 1909 年 9 月 9 日去世。)有趣的是,两年后,酒店的客户名录上还有一位正直的德国外交官海因里希·恩斯特·戈林博士(Dr. Heinrich Ernst Göring)。戈林博士那个更有名的儿子赫尔曼则从未入住过欧罗巴大酒店,但他的死敌约瑟夫·戈培尔(Joseph Goebbels)无疑去过那里,当加施泰因的泉水成为扩张中的德意志第三帝国所有疗养地里"最褐的"(brownest)泉水的时候(后文会详述这一点),戈培尔正与其他纳粹高官一起置身该地。

虽说大酒店极大增添了中欧各主要疗养地的声望和吸引力,但仅靠它们并不能完全给予到访的疗养客愉快的享受,尤其是当越来越多的游客从一开始便负担不了这些酒店的入住费用的时候,而且即使是那些财力充足的人,也理所当然地希望在他们的镀金住所外能有更多消遣。

观看"国王的运动"——赛马——就是这样一种能让人暂时逃离的消遣。碰巧巴登-巴登在伊弗茨海姆(Iffezheim)[1]近郊有一处纯种马赛马场。该赛马场由爱德华·贝纳杰于1858年建成,经过多年扩建和改进,伊弗茨海姆成了欧洲大陆最好的赛马场地之一,而改进大楼结构的经费和赛马的奖金大部分都来自贝纳杰日进斗金的交际厅的赌博收入。到1872年赌场关门大吉时,有那么一段时间,伊弗茨海姆仿佛也要一同倒闭了,但一群爱马的贵族将该跑场转至他们新成立的国际俱乐部的庇护之下,使其免遭厄运,自此以后,当地赛马均由该俱乐部赞助。(除了赞助商的热情,另一个使伊弗茨海姆得以存活的原因是,与赌场博彩不同,赛马博彩并未被帝国政府禁止。)一如巴登-巴登,到访威斯巴登的游客也能十分便捷地在大约6千米外的埃本海姆(Erbenheim)找到一处优质的纯种马赛道。同样,在威斯巴登的赌场关停之后,富裕赞助人的介入使赛马场得以维持运转。

当然,赛马这项活动古已有之。但赛车,乃至驾驶汽车,总体来说对世纪之初的温泉游客而言还是一种惊险刺激的新娱乐。这方面的先驱是旅居国外的美国作家伊迪斯·华顿(Edith Wharton),她于1905—1907年驾驶一辆豪华的潘哈德-拉瓦索尔(Panhard-

---

[1] 伊弗茨海姆,位于德国巴登-符腾堡州的城市,邻近莱茵河,以当地的赛马知名。

Levassor)[1]展开了惊心动魄的环法"飞车"之旅。由于偶尔身体不适，华顿有时会选择艾克斯莱班这样的温泉地作为行程途中的停车休息站。不过使驾车成为真正时尚的并非法国，而是中欧温泉疗养地。不出所料，在这方面，巴登－巴登处于有利地位，自19世纪90年代起，当地即开始主办从曼海姆至温泉小镇的汽车"试车"活动。（从此，巴登－巴登便与汽车——或者至少与极具价值的古董车——结下不解之缘，每年夏天当地都会举办广受欢迎的"老伙计团聚会"。如今，在这一活动场合，车子以及它们的仰慕者都是年代久远的"老古董"了，他们之间的"成色"较量往往难分伯仲。）

到20世纪初，一些最富有的疗养客会驾驶他们的奢华座驾——迈巴赫、布加迪、戴姆勒、西斯帕罗－苏扎（Hispano-Suizas）[2]及潘哈德——前往温泉地。一旦开车去温泉地，这些汽车爱好者自然会想开着车到处跑，而此时驾车热的黑暗一面便暴露了出来，一些司机有如《柳林风声》中的蛤蟆先生：既颟顸无能又激情四射。即便是水平过得去的司机也会搅乱一方宁静，他们在穿过城镇时发出巨大的噪音和难闻的气味，在所至之处引发沙尘暴。而这些早期汽车上的转向装置极差，即便在熟练司机的操控下，也会撞上或辗过其他车辆、牛、马、树和栅栏——乃至行人和他们小小的宠物狗。1908年，一辆汽车与一匹马在马里昂巴德的十字泉相撞，除了导致该马当场死亡，十字泉周边街道也因此整整一年不允许汽车通行。想到曾经宁静祥和的马里昂巴德及其他温泉小镇很快就会发生的改变，人们只能为这一车辆交通禁止令为时过短而感到遗憾。

很快，机械在温泉地周围产生的噪声不仅出现在地面上，也出

---

[1]潘哈德－拉瓦索尔，简称潘哈德，由潘哈德与拉瓦索尔于1887年创立的法国汽车厂商，1890年与标致并列为法系车两大品牌，设计出了现代汽车的传动系统架构。第二次世界大战前主打高端车型，战后改变策略，生产小型乘用车，1955年与雪铁龙公司合作，1965年被雪铁龙收购。

[2]西斯帕罗－苏扎，1904年创立于西班牙巴塞罗那的汽车厂商，以生产航空发动机和豪华轿车为主营业务，曾是与布加迪、迈巴赫齐名的豪华轿车品牌，后公司停止了汽车生产业务，主营航空发动机。

现在空中。在威廉二世于巴特洪堡发起一场齐柏林飞艇的列队检阅式后不久,巴登-巴登也在沿着欧斯河谷的地方建了一座齐柏林飞艇港口。(值得一提的是,在这处温泉地的一张早期宣传海报上,一艘又大又肥的齐柏林飞艇平静地悬浮在小镇上空。)齐柏林飞艇的引擎噪声极大,而且飞艇十分容易坠毁,因为其在恶劣天气下十分脆弱。毋庸置疑,这些机器本身是十分迷人的,无论是搭乘它飞行,还是从地面上注视它,都是奇观。但你永远无从知晓它们什么时候会一头栽下来——就像一位研究齐柏林飞艇的专家指出的,就"纯粹的恐惧"而言,没有什么能胜过齐柏林飞艇坠毁。

到 20 世纪初,中欧,尤其是德国的上空,到处是固定翼飞机、软式飞艇和可驾驶飞艇。如同历史学家彼得·弗里切(Peter Fritzsche)在《飞行国度》(*A Nation of Fliers*)一书中所言,20 世纪初的德国开启了一段与航空的危险邂逅,原始的飞机跑道大量涌现,爱冒险的年轻人(也有少数女士)驾驶着用易碎的木头和帆布制成的奇妙装置冲上蓝天。这些先驱所遭遇的无可避免的坠毁事故或许并不如飞艇坠落那般壮观,但美好年代的人们对像鸟一样飞行的狂热,使得事故数量甚多。因邻近巴登-巴登的齐柏林飞艇港口也可以为固定翼飞机提供相应设备,疗养地就此见证了全数的坠毁事故,其中一起就坠落在弗里德里希浴场。如同人类在这一相对纯真的年代与其他领域机器之间的罗曼史一样,等到第一次世界大战期间平民首度品尝到空中轰炸的滋味时,他们和飞机间的情愫便会失去些许光泽。不过,可以想象,对于一些并没有什么前瞻性的老年温泉访客来说,他们对这些现代机器的热情或许早就开始消退了。

在中欧温泉,最风靡的娱乐是健身和运动——它们深深地扎根于这片大地,既古老又与时俱进。散步长久以来便是巴登-巴登养生之道的一部分;实际上,那里的温泉医生是将认真散步视为一种健康减压活动的先驱。不过到 19 世纪晚期,所有大温泉都陷入也极大推动了一股散步(或者说骑马)之外的运动热潮。在欧洲和北美,人们开始摆脱久坐不动的生活方式，带着不同程度的积极性参加长距离徒步、爬山、在湖海中游泳、自行车、体操、高尔夫、网球、足球以及其他的竞技体育活动。

足球本质上是一种团队运动，但实际上，这整个运动热潮都是高度组织化的，徒步俱乐部、登山俱乐部、射击俱乐部、射箭俱乐部、体操俱乐部、游泳俱乐部、自行车俱乐部遍地开花。对于那些渴望也有能力超越平庸水平的体育狂热爱好者来说，此时也出现了大量全新的高水平竞赛，其中最著名的是1896年开幕的现代奥林匹克运动会以及环法自行车赛（早期自行车选手都会使用马钱子碱等药物来提高成绩，这给以后的选手开了个坏头；一些选手在骑行过程中还会扔爆胎钉，所幸这种策略已经过时了）。

不足为奇，中欧大温泉会插足所有这些运动项目。它们一如既往地吸引着健康和想要变得健康的人，而这些人当中的许多人相当富有，且活动能力强：可谓那个时代的"乘喷气式飞机的空中名流"（jet-setters），既然疗养客身处无法再玩轮盘赌的悲惨时节，那为何不玩点儿别的呢？

我前面提到过，巴特洪堡以拥有欧洲大陆第一座网球场和高尔夫球场而自豪。（洪堡的这些网球场会收取少量使用费，上述进账为新成立的疗养管理局筹得不少经费，以至于管理局的首任总监，一个名叫亚历山大·舒尔茨 – 雷特霍芬［Alexander Schultz-Leitershofen］的和蔼可亲的家伙，多年来一直从中捞好处。他最终被捕，要不是网球俱乐部的共济会成员为他向当局进行交涉，他很可能得坐牢。）巴登 – 巴登也曾短暂尝试过在里奇滕塔勒大道建一处高尔夫设施，可这块绿树成行的区域实在太过狭窄，无法举办一场像样的高尔夫比赛，而且漫步中的疗养客还会因被低空飞来的球击中而大惊小怪。最终，该场地不得不迁至镇外，如今，我们能在那儿找到这处高尔夫球场的"扩大版本"。

同样是在巴登 – 巴登城郊，还有一个新的保健机构——里奇滕塔尔自然疗养院（Naturheilanstalt Lichtental），"病人们"可以在这里裸体或近乎裸体进行运动。裸着身子玩游戏并不是什么新鲜事——古代的奥林匹克选手就这么做过——但古人缺乏、里奇滕塔尔自然疗养院却自豪拥有的是一套精心组织的"科学"理论，该理论鼓吹将全身暴露在新鲜空气和阳光之下有益健康。

与此同时，巴登-巴登的主要竞争对手威斯巴登人口众多，可以提供所有流行的新运动所需的豪华设施。除了草地网球场和18洞高尔夫球场，威斯巴登还有步枪和手枪射击场、一处射箭场、一处击剑设施、两家极好的位于莱茵河畔的游泳俱乐部、一个热气球发射场，以及德国最早的足球俱乐部之一——成立于1889年的维西斯罗塞尔（Weiβes Rössl）。

至于波西米亚的温泉，它们并不需要填补因突然失去赌场博彩的进账而导致的收入亏空，但这并没有阻挡它们匆忙冲入这场新的运动热潮。例如，马里昂巴德便以拥有奥匈境内第一座网球场为荣，1883年，这座球场由取名不当的赌场大酒店（Hotel Casino）（那里从来就没有什么真正的赌场）老板之子建在了酒店的花园内。这项革新下了不少功夫，所有装备都必须从英国订购，第一批装运球拍的货箱之所以最终能够通过奥地利海关，只是因为困惑不解的海关工作人员认为这些长相奇怪的球拍像某种乐器。一切就位，这处新场地立即大获成功。第一年运营进账就达600基尔德，第二年则达1 000基尔德。马里昂巴德的赌场大酒店也由此成为奥地利第一届网球锦标赛的举办地，该赛事由——还能由谁呢？——威尔士亲王伯蒂主持。

热爱运动的马里昂巴德疗养客无须把他们的项目局限在网球：20世纪初，这座小镇已经有了自己的室内赛车场、射击场、快步马场、驯马场、室外游泳池、多功能体育场和一个由德意志体操协会运营的大型体育馆。那里还有一处宏伟的新高尔夫球场，无可避免，揭幕者还是伯蒂。（如今，一条从镇中心到高尔夫球场的5千米林间小路被命名为"爱德华国王小径",不过实在难以想象伯蒂他自己能够走完全程。)

并非所有温泉顾客都想打网球、骑自行车、在高尔夫球场漫步、在健身房挥汗如雨,甚至用手枪进行瞄准射击。因此,一些历史悠久的高雅文化活动也继续在大温泉占据一席之地,实际上,自从赌博退场后,表演艺术在那些主要疗养地的重要性增加了。

在威斯巴登这一点尤其明显,在经常前来疗养的德皇威廉二世的敦促下,一座富丽堂皇的崭新皇家宫廷剧院于1894年开门迎客。这座剧院位于疗养大楼对面的暖水坝公园(Warmer Damm),内设1 300张座位和一个为皇帝陛下量身定制的"凯撒包厢"。在威廉30多年的统治生涯中,他莅临这间包厢的次数大约有100次——这对于当地的皇帝拥护者而言无疑值得骄傲,可对那些喜爱更富创新性剧目的人来说就是场诅咒了。因为皇帝鄙视一切艺术中的现代风格,包括戏剧,因此这座新宫廷剧院只提供最为传统的节目。亨利克·易卜生(Heinrich Ibsen)曾在威斯巴登疗养,但在威利的挑剔眼光下,没有一部易卜生的作品入选宫廷剧院的保留剧目。

威廉的号令影响不了马里昂巴德,它成为中欧最现代的艺术表现形式——电影——的开创者。如同在德国,在奥地利,"移动影像"(moving pictures)的"移动"不只有一层意涵:放映者会把他们的画片以及用于放映的笨重设备从一座城镇转移至另一座城镇,如同一个巡回马戏团。自1906年起,一位名叫格奥尔格·埃克特(Georg Eckert)的企业家便开始在波西米亚经营一个拥有14个马拉车厢的巡回电影放映团,其行程包括了所有的大温泉。到1910年,埃克特厌倦了一站一站拖着他的车队,于是在马里昂巴德——这个他发现拥有最为热情的观众的地方——建立了一个永久性的"电影院"(Kino)。他最初那个内设250个座位的场地十分成功,于是他在1914年又建造了一个更大的场地。(尽管有接踵而至的战争、社会政治的动荡以及日新月异的电影技术,埃克特的电影院在经历反复易手和不断翻修后,还是挺了过来,如今这座电影院名叫"斯拉维亚",依旧矗立在它最初的位置——马里昂巴德的主干道旁。)

在世纪之交,并不是每个大温泉都拥有固定电影院,但它们无一例外都拥有奢侈的购物商店——在这一黄金时期情况更甚。"世纪末"与"美好年代"不仅是豪华酒店,也是豪华百货公司,或者用德国人话说"百货大楼"的标志性时期。百货公司的兴建又恰逢奥运会复兴,这实在是再合适不过了,因为许多走入这些"镀金"商场的顾客也将购物视为一场奥运比赛,她们在化妆品柜台周围互相推搡、挤作一团。

巴登-巴登在早期作为温泉疗养胜地时,曾以奢华的购物环境而自豪,随着城镇发展,这一商业文化也继长增高,但作为邦国和市政当局的税收来源,商店店主无法和博彩业竞争。因此,当地的商铺几乎没有现代化的压力,有些商铺随着时间的推移变得十分陈旧。对于交际厅前一字排开的那些木制摊位,情况尤其如此,它们一开始只是临时摊点,却年复一年地保留了下来,所售商品从食物到服装无所不包。一等到巴登-巴登的赌场关张大吉,新的市立疗养管理局即下达命令,用永久性建筑替代这些棚屋,好让新的精品商店像往昔的轮盘赌桌一样赚钱。

不过,在第一次世界大战前的几十年里,将购物推向极致并使其成为一种艺术形式(也是体育赛事)的是威斯巴登而非巴登-巴登。19世纪80年代,威斯巴登的推广者们骄傲地宣称,在高档购物领域,伦敦和巴黎根本比不上这座小镇,无论购物者想买的是珠宝、手表、工艺品、服饰、化妆品还是雪茄,威斯巴登都能提供最上乘的货品。在当时,大多数这类高档购物都还是在小型的专营商店里进行的,但到了20世纪的头10年,威斯巴登的商业基础设施新增了两家令人惊叹的百货公司,它们均坐落于老城区。

值得注意的是,正如中欧许多大城市新建的百货大楼,这两个新百货公司中的一家归犹太人所有。大约在25年前,百货公司主人塞利格曼·布鲁门塔尔（Seligmann Blumenthal）在威斯巴登开了家小商店，其事业就此起步。尽管他深深扎根于这座小镇，却依然不免被攻击成一个贪婪的入侵者，一个一心要把规模更小的"德国"店家赶出市场的犹太人。为平息民粹主义者的怒火，当地报纸的一篇社论表示，类似布鲁门塔尔这样的新式百货大楼是"现代都市商业的合法项目"，它不会如"机车和汽车淘汰马车和手推车"那般取代更多的中小企业。可实际上，马车和手推车作为更早时期的遗迹的确在逐渐淡出人们的视野，一如威斯巴登的某些小商店也正被百货大楼排挤出局。就像这个纷乱时代的许多革新一样，购物的现代化也理所当然引发了不满。

医疗化："这不再只是水的事儿了！"

19 世纪末，医学科学和卫生保健发生了深远变化，这对于被现代化的前景和危险所困扰的中欧大温泉，即使谈不上"致命一击"（coup de grâce），似乎也是沉重一击，它们作为病患和伤者的主要接收地的古老使命正面临挑战。毕竟在治疗领域，几个世纪以来，温泉都因为缺乏有吸引力且有效的替代选项而大获其利，可如果常规医疗真能把人治好呢？如果城里的医院和诊所不再是"坟墓的接待室"而成了健康与长寿的中继站呢？从长远看，生物和医学取得的持续不断的突破确实会动摇温泉长久以来所宣称的包治百病的万能中心的地位。然而在第一次世界大战前的半个世纪中，也就是大温泉的巅峰时代，常规医疗的新冲击实际上却助力了疗养地蓬勃发展，它刺激了温泉再度关注并强化治疗本身，这一尝试表明温泉想像其他那些保健机构一样变得"科学"，与时俱进。

1882 年，柏林大学的罗伯特·科赫（Robert Koch）教授发现了结核杆菌，最终为真正有效地治疗结核病铺平了道路（而在此过程中，疗养地的吸入治疗室以及达沃斯——托马斯·曼在《魔山》中描绘的休养地的原型——这些高海拔空气休养地的受欢迎程度也极大地被削弱了。）科赫同时还分离出了导致霍乱的水媒杆菌,这种疾病曾周期性地在疗养地肆虐。那些拒不承认科赫发现了在水中传播的致命细菌的温泉医生,徒劳地希望在科赫的死对头巴伐利亚的麦克斯·佩滕科弗(Max Pettenkoffer)那儿找到支持。为贬低科赫的理论,佩滕科弗从这位柏林大学教授的实验室搞到一份染了霍乱的水样本,鲁莽地把它一饮而尽,结果自己染上了病毒,险些丧命。在法国,路易·巴斯德(Louis Pasteur)通过其在细菌学上的开创性工作为微生物理论做出了自己的贡献,随着时间推移,类似巴氏消毒法和疫苗接种等预防措施将被证明是会取代旧医学措施——对传染性疾病实施为时已晚的手术干预——的最佳新医学措施。

如果能证明手术干预的确是治疗疾病或伤患的必要选项,那它最好也应在最适宜的卫生条件下进行,可这却从未实现过,直到另一位医学先驱——英国的约瑟夫·李斯特(Joseph Lister)——将巴斯德的观点运用到他自己的外科手术领域,强调无菌的手术环境。李斯特告诫外科医师,他们不但要洗手(一个激进的理念),还要用石碳酸对手术器械和伤口进行消毒。

就像科赫的传染病微生物理论一样,李斯特对消毒的倡导在早期遭到了其同行的抵制,尤其是在美国。这种医学蒙昧主义的一位悲惨受害者是美国总统詹姆斯·加菲尔德(James Garfield),他最终并非死于一个精神失常的刺客向他胸口射出的子弹,而是死于那些对约瑟夫·李斯特的新观念嗤之以鼻的医生脏兮兮的手指造成的蔓延全身的感染。不过,到世纪之交,工业化国家的大多数医院都采用了李斯特的方法,从而把这些在此前一直臭气熏天、疾病丛生的机构变成了(通常来说)更加安全的治疗场所。

另一个巨大的变化发生在疼痛管理领域。19世纪,尤其是在下半叶,人类在与疼痛——包括经常出现在医疗手术中的难以忍受的疼痛——的长期斗争中取得了一系列突破。(提到手术引起的疼痛,大家只需回想一下英国小说家弗朗西斯·伯尼[Frances Burney]在

1811年进行的乳房切除术便可知一二,那场手术只用了红酒作麻醉剂。对这段悲惨的经历,这个可怜女人写道:"当可怕的钢刀刺入乳房——切穿静脉、动脉、肌肉、神经——无须任何指令告诉我不用压抑哭声,我便抑制不住地哭泣。在整个切除过程中,我不停地放声尖叫——让我几乎感到惊奇的是,这声音居然没有萦绕在我耳边!——那种痛苦太折磨人了。")19世纪后期,鸦片是首选的止痛剂,因其神奇的自然特性,伟大的威廉·奥斯勒爵士(Sir William Osler)将其誉为"上帝自己的药物"(God's own medicine)。在试验了从吗啡到海洛因的各种化学提纯后,人们一开始认为鸦片不会令人上瘾,因而广泛使用鸦片。另一种新面世的"神奇"药物是可卡因,西格蒙德·弗洛伊德等年轻医生称赞它在各方面安全有益。弗洛伊德对可卡因极度痴迷,以至于他开出大量处方用可卡因治疗疼痛和焦虑,甚至他自己也频繁使用可卡因来建立自信(尤其是在与他的未婚妻云雨之时),他在初次服用可卡因后惊呼:"根本没什么可烦恼的!"弗洛伊德对这件事的看法随着其病人和他自己深陷毒瘾而改变了。不过,这些新药物显而易见的阴暗面不应当遮蔽这样一个事实:它们构成了更大范围的医学革命的重要组成部分,这场革命正改变着人们在患病和受伤时看待卫生保健和治疗方案的方式。

在欧洲,特别是中欧,在这个科赫、巴斯德、李斯特和弗洛伊德的时代,在主要城市的医疗中心工作的内外科医生都经历过数年的大学学习、临床培训,并取得了行业惯用资质。这本身便是一种革命。以德国为例,直至19世纪70年代,整个地区还没有普遍认可的医学教育课程。在德意志各邦,对开业医师类别的划分不同,差异很大,主流的划分方式是内科医生(Ärzte)与外科医生(Wundärzte)。在大多数德国医院,医务人员主要由外科医生组成,他们很少或根本没有接受过学术训练。因此,当时医生的社会声誉很低——当然,这与后来医生所享有的崇高地位相去甚远。

到了 19 世纪最后几十年，随着一轮自发的职业化过程，德国医生迅速实现了从徒有其名的理发师到尊贵的科学人的转变。1873 年，德国医生创立了他们自己的专业协会"德国医学会"（German Medical Association，GMA），该协会整合了过去存在于各邦及各地区的组织。GMA 迅即着手在德意志帝国建立统一的医师培训和发牌许可标准。借鉴其美国同行——美国医学会——的做法，GMA 起草了一份医学伦理与行为规范准则，其目的与其说是保护大众，不如说是将经过大学训练的医务人员与像乡村草药医生、助产士和按摩师一类杂七杂八的辅助医疗从业者明确区分开来。引人关注的是，GMA 的准则中包括不得打广告，不得进行免费或减价治疗，不得开具有专利药品的处方，以及（最重要的）禁止公开批评其他医生的行为。对于其嘲笑的"江湖郎中"（Kurpfuscherei），GMA 也承诺会打击其信用并最终完全铲除这些顽固残余。

这场反对"江湖郎中"的运动是否意味着大温泉的医疗从业者也会被卷入其中呢？一些温泉医生的确是这么想的，因而被迫采取守势。更具体而言，在这一急剧变动的传统医疗图景下，那些主要疗养地及其医护人员又当如何应对他们行业面临的层出不穷的挑战呢？

起初，他们试图"以其人之道还治其人之身"，随着 19 世纪渐入尾声，较大的中欧疗养地越来越多地向私人诊所敞开大门，那里可以提供最先进的常规医学治疗及手术。巴登－巴登再度成为这一领域的先行者，当地于 1892 年批准成立"弗雷/吉尔伯特诊所"（Frey/Gilbert Klinik），该机构的专长之一是放射学，这是一门随着德国人威廉·伦琴（Wilhelm Röntgen）发现电磁辐射（X 光）而新兴的医学科学。（顺带一提，弗雷/吉尔伯特诊所在巴登－巴登存在至今日，如今它的名称是"弗朗茨·丹格勒医生内科与骨科诊所"，一家能同时提供水疗护理，以及最新式的除皱、运动医学、内科治疗的高端企业。）另一个加入巴登－巴登"医疗图景"的是私立的霍恩布里克疗养院（Sanatorium Höhenblick），该疗养院的专长是治疗风湿病（同样，它也仍然在继续运营，不过如今是巴登-符腾堡州立呼吸系统疾病研究所的一个分支机构）。毋庸置疑，德国与哈布斯堡帝国的其他主要疗养地很快便开始热情效仿巴登-巴登，对私人诊所敞开大门。

除了私人诊所，市立医院也成了大温泉的医疗基础设施不可分割的组成部分，值得注意的是，一如城市墓园，这些令人望而生畏的建筑往往位于核心温泉"疗养区"之外，以分散普通温泉访客的注意力或者避免使他们感到不适。

渐渐地，在中欧的优良温泉随时待命的医生在诊断各式各样的疾病时，一改往日懈怠懒散之态，因为他们与其同侪一样都在大学医院和主要城市的诊所接受过严苛的新式训练，德国与哈布斯堡帝国于19世纪70年代出台法律，要求所有温泉都必须在经过大学训练的医生的管控下，依照"科学"原则运营。事实上，许多年轻温泉医生会在疗养地的季节性工作与维也纳、布拉格或柏林的大学医院初级教职间分配时间，这些雄心勃勃的年轻医师并未将他们的暑期工作视为"真正的"工作之外的消遣，他们把大城市的——用一位权威人士的话说——"那些过去通常和当地矿泉毫无关系的新疗法与新应用"带至了温泉地，从而把温泉地"变成了当时医学风尚的大型实验室，同时，他们还开发了多种的创新"。疗养地非常适合充当这类实验室，因为与普通城市或小型城镇空间不同，疗养地环境相对封闭，病人的饮食和生活习惯能够得到温泉医生的定期检测——如果并非总能成功控制的话。

也不是所有"科学的"温泉医生都是在医学学术领域卖力往上爬的年轻奋斗者，约瑟夫·西根（Josef Seegan）是现代浴疗学（balneology）的早期专家，也是一本颇有影响力的教科书《一般与特殊健康指导手册》（*Handbuch der allgemeinen und speziellen Heilquellenlehre*）的作者，1854—1884年的30年间，他每年冬季学期都在维也纳大学开设一门与水疗相关的常规课程。在同一时期的大部分时间里，西根会前往卡尔斯巴德过暑假，他在靠近镇中心的老街（Alte Wiese）附近运营着一家繁忙的医疗诊所。除了水疗，西根还是公认的糖尿病等代谢疾病专家，他坚持认为卡尔斯巴德的水能治疗糖尿病，而且他已经严密地分析过那里的水的确切化学成分。卡尔斯巴德的水的主要成分——芒硝（Glaubersalz）——在他看来对人体的新陈代谢有重要且可控的影响。（西根还坚持认为糖尿病是一种明确的犹太人疾病，我在之后谈及中欧温泉地的犹太人时会再讨论这一观点。）

大温泉的科学现代化并不局限于主要的温泉设施以及/或相关的照护服务和娱乐行业。尽管新建的浴场建筑都有着不加掩饰的历史主义风格的外观，但温泉小镇还是热切地拥抱都市规划和卫生方面的最新进展：从市政照明、污水处理系统，再到水净化设施和为防止传染病进行的食品监察。温泉小镇也到处是记录着事物轨迹的小物件——其本身可谓是一种"世纪末"的迷恋物（自然，这种迷恋至今仍陪伴着我们）。在写到马里昂巴德——尽管此类观察也适用于其他疗养地——时，历史学家米尔贾姆·扎多夫（Mirjam Zadoff）提及了众多创新，包括"气象观测柱、液体比重计、介绍当地泉水矿物质含量的信息亭、体重秤（对于在意重量的马里昂巴德，这尤其重要）、数不清的时钟（利于疗养客在不同的治疗项目间及时切换，最后但同样重要的，还有英式抽水马桶、小便池以及厕所）"。（新近的德国厕所底部会配备小型搁板，便于人们在冲厕所前打量、观察排泄物。）

尽管有了这些现代创新，可疗养胜地还是遭到学院派医生和评论家的轻蔑奚落，他们揭穿了这些地方是前科学时代的残余——那里所谓的"治疗"不过是"迷信和一厢情愿"的作用。如此粗鲁而不屑一顾的态度已然威胁到温泉医疗化计划的本质，迫使许多疗养地医生公开摆出斗争姿态。在这个温泉医疗机构历史发展的关键时刻,温泉医生们的激烈反击为我们了解疗养地医生此刻的自我认知提供了一个极具启发性的窗口。

维也纳医生威廉·温特尼茨（Wilhelm Winternitz）通常被称为（尤其被他自己）"科学水疗之父",温特尼茨承认,他在19世纪60年代初入该领域时,水疗在"正统医学眼中没有价值"。但温特尼茨坚持认为,这些年来,他和其他志同道合的医师已经极大完善了水疗学科。他们如今能够以可测量的方式证明各种疗愈泉水对"心脏、血管以及皮肤、神经系统和肺部的血液循环"的确切效果。他声称可以通过冷水疗法改变动脉内的张力水平,从而影响血液循环。温特尼茨还开发了一系列"冷却装置",比如"冷却帽、胸口软管、直肠和阴道冷却器",以及令人望而生畏的"极寒器"（Psychrophor）——一种有助于强健泌尿系统的水冷式导管。除了温泉方面的工作,温特尼茨于1865年在维也纳森林创立了自己的"水疗研究所"（Wasserheilinstitut）,1862年,他还在新开业的维也纳家庭综合诊所（Allgemeine Wiener Polyklinik）设立了一个水疗点。

与温特尼茨一样,1889年和1890年在巴特洪堡执业的海因里希·威尔医生（Dr. Heinrich Will）承认对于矿泉的医疗效用存在各种"科学争议"。他伤心地发现,某些同时期的评论家认为这些水有益健康的特性是"有缺陷的",只是"一大堆应当归入迷信垃圾堆的幻想"。

威尔医生证实,此类批评在近几年有增多之势（他是于1880年写下这番话的）:"没有哪个时代能比现在创获更丰,这个时代用从物理学和化学那里得来的最新科学见解作武装,用无情的手术刀划破了许多悦人的偏见。"但威尔接着表示,现代科学真正的新发现在于,如今它已经能够为"各式水疗的功效提供一个真实有形的依据,而在过去,这些功效一直被视为上帝的奥秘"。与此同时,威尔告诫道:"作为医学理性主义者,我们一定不能犯下过于常见的错误,即在理性之路上走得太远,以至于它变得不再理性。"他还说:"不要放弃古老的观察与经验,仅仅因为在此时此刻,事物的内部运作机制还不为我们所了解,且无法用严格的理性主义对其加以说明。"但最重要的是,威尔建议,温泉医生必须让他们的病人彻底明白,他们的水疗法并非什么如同神迹般美妙的天赐礼物,因而可以不需要遵从医嘱和禁令。

虽然威尔医生承认温泉的一些秘密或许仍无法被科学所探明,但温泉医生们更加典型的姿态则是宣称,温泉水与其他任何治疗物一样,其功效早就被化学研究彻底剖析和证实过了。1880年,卡尔斯巴德一位名叫 J. 克劳斯(J. Kraus)的"顾问医生"发表了一份有关当地的水的详尽分析报告,该报告详细说明了特定的水中成分对人体各器官及生理功能的具体影响。例如,关于胃肠道"运动",克劳斯自信地推定,在摄取水后的较短时间内,卡尔斯巴德的水"会催生一个或数个与肠胃胀气相似的流体运动,疗者放出的屁会散发一种强烈的硫化氢气味(这可能是好事一桩)。此种状态下的排泄物,特别是在治疗早期,呈现深棕色,有时则是绿色,这是黏稠的胆汁分泌增多造成的"。

有些疗养地医生还提出一种观点,即快节奏的现代社会充满了紧张、焦虑和压力,因此长时间的温泉疗养比以往任何时候都更加必要——对于受众面更为广泛的疗养客群体来说,这一需求也愈加迫切。1909年,一位来自巴特瑙海姆(Bad Nauheim)[1]的医生弗里德里希·黑尔茨(Friedrich Hirsch)写道:"就在早些时候,一场洗浴之旅还是'上流阶层'的特权[……]如今,(对于职业阶层人士来说)每年花上数周时间进行康复理疗已是司空见惯之事。职场对工作效率要求的提高,对创造力以及神经系统的极限考验,令一段时间的休养和康复比以前更有必要了。"

毫不奇怪,越来越多的温泉医生开始将现代心理疾病视为自己

---

[1] 巴特瑙海姆,位于德国黑森州,是著名的疗养胜地,当地富含盐分的温泉水被认为对治疗心血管疾病有奇效。

的专业领域。在德国,威斯巴登成了精神崩溃者的"中心":人们可以去那儿治疗神经危机和其他被统称为(用当时的说法)"神经衰弱"的情绪病。1901年,一位英国游客直截了当地说:"威斯巴登,意味着给神经症受害者带去解脱。"就威斯巴登这样的疗养地而言,神经疾病的一项主要优势在于它们不仅发病更为频繁,也几乎没有容易被拒之门外或引发争议的那种明显的肌体表征(它十分类似今天的神经衰弱症之一:慢性疲劳症候群)。造访威斯巴登的英国访客苦笑着指出:"即便对于体格最健壮的人,神经衰弱也并非什么不可想象的病痛,而假使你郑重声明自己得了这种毛病,也不是所有医生都能确诊得了的。'所以威斯巴登正是我所需要的地方,不是吗,医生先生?'"1890年,另一个在波西米亚温泉四处转悠的英国人注意到,在卡尔斯巴德、马里昂巴德和费兰兹贝德(Franzensbad),医生会要求他们高度紧张、极度忙碌的病人,将其激动的脑筋专注在目的明确的积极治疗方案上,他们必须"抑制一切精神上的焦虑以及事务性的思索"——这样一项杜绝干扰分心的规定十分类似今天某些保健中心严格禁止智能手机和iPad的规定。

事实上,在"世纪末"时期,前往温泉治疗"神经衰弱"的患者的痛苦程度很可能和那些痛风患者是一样的。至少,这是人们从法国旅行作家、小说家奥克塔夫·米尔博(Octave Mirbeau)1901年那本关于这一主题的讽刺文学作品中得出的印象。那本名为《一个神经衰弱者的二十一天》(Les Vingt et un Jours d'un neurasthénique)的自传体小说记录了一名大城市知识分子在一座不知名的阿尔卑斯山温泉小镇经受的折磨。怀揣着伍迪·艾伦的预期("和自然在一起我永不孤独"),主人公乔治·瓦瑟尔(Georges Vasseur)牢骚满腹地声讨户外的恐怖——所有那些高耸的山峰、幽暗的湖泊和无尽的树木!虽然瓦瑟尔的疗养同伴们来自世界各地,却出奇一致地长得土气、丑陋、肥胖。"在所有这些丑陋的面孔与松弛的肚子间,我甚至都没有经历过看到漂亮脸蛋或苗条身材时的那种惊奇!"瓦瑟尔叫嚷道。(在今天的一些温泉,人们依然会听到大致相同的抱怨。)

不过,对世纪之交的温泉——无论是阿尔卑斯山还是其他地方的——表露出厌恶的米尔博确实像个异类。当时,包括大城市居民在内的涌入疗养地的疗养客人数年年创新高,不仅如此,他们似乎还郑重其事地看待当地医生制定的那些严格的规章制度。这些规定要求疗养客在自由时间只能进行最低限度的消遣,因此,医疗化的温泉到了夜晚要比过去沉闷安静得多。疗养客虽然还会去歌剧院和剧场,但这些地方到晚上9点都会早早关门,为的是让客人们能在这之后不久安然上床就寝。在一部以卡尔斯巴德为背景的小说《他们的银婚之旅》(*Their Silver Wedding Journey*,1899年)中,美国作家威廉·迪安·豪威尔斯(William Dean Howells)把此类"德国顶级疗养胜地"的夜晚描绘得像只有图书管理员才会喜欢的地方:"到了9点钟,一切都安静下来,在这死寂的时刻,连车轮声都听不到了;老街上,有人蹑手蹑脚地行走,对那些刚从歌剧院出来步伐不是那么小心的人,发出低声的警告。悬在小溪之上的凉亭有如马路对面那些在白天提供食物的餐馆一般黑黢黢、悄无声息。整个地方与其他午夜的城市一样凄凉冷清。"

晚上9点便降临的午夜似乎不像成功的秘诀,但显然它确实就是。在这一时期,中欧所有大型疗养地不但扩大了它们的病人基数,其内部员工数量也剧增。人们对温泉医生——虽然他们中的一些人感觉自己面临困境——的需求甚殷。威斯巴登,精神病患的圣地,那里的人均医生保有量号称比任何其他德国城市都多,它还吸引了大批退休人员,他们中许多都是忠实的温泉爱好者,威斯巴登也由此斩获"养老金之都"(Pensionopolis)的称号(顺带一提,这是它与巴登-巴登的区别之一)。毫无疑问,温泉地适时的医疗化是这一成功故事不可或缺的一部分。经由此类举措和其他创新,古老的中欧大温泉显示出在不彻底颠覆自身的情况下适应新环境的能力。最终,温泉地的"首领们"似乎成功内化了朱塞佩·迪·兰佩杜萨（Giuseppe di Lampedusa）在19世纪的伟大小说《豹》（*Il Gattopardo*）中表达的著名智慧："变化的目的是不变。"

犹太人场所

19世纪末20世纪初，中欧大温泉的一个重要特征便是犹太人人数的显著增加。来自犹太富豪和中上阶层的顾客如今在温泉客流中的占比大为提高，温泉的医护人员大部分是犹太人，温泉地的宗教和酒店设施有犹太教堂、犹太餐厅、"犹太"旅店和咖啡馆（或说被这些地方包围了，端看人们持何种观点），温泉地的目标疾病清单上也包含糖尿病和神经衰弱这些被认为犹太人患者居多数的疾病。

大温泉的"医疗化"运动某种程度上是一项犹太人的工程，事实上，更广泛的常规医疗现代化亦是如此，温泉地内的各种创新正是这一现代化的重要组成部分（西根与温特尼茨均是犹太人）。根据一位医疗史学家的说法，19世纪末在维也纳大学追踪内科医学新方向的医师中约有75%是犹太人，而那群选择在夏季前往波西米亚疗养地工作的人也全部是犹太人。

德意志帝国境内的医学院校和疗养地，犹太医生几乎一样多。20世纪初，在德国大学学习的犹太学生中，约有50%在攻读医学学位；这些学生里很多人集中在较新的学科，例如内科、妇科、精神治疗科以及整容外科——上述领域的教授也以犹太人占绝大多数。

与此情况相呼应，巴登－巴登和威斯巴登等温泉地的医护人员仿佛成了柏林大学神经科的前哨。到1909年，巴登－巴登超过6%的医生是犹太人，而犹太人在当地总人口中仅占1.4%，出现这一情况的原因并不难解释：在那些更古老、更成熟的研究领域和更为传统的就业场所，犹太人的进步与提升总是面临着根深蒂固的反对，这迫使他们在新的疆界找寻机会。而在这些新疆界当中，不久前刚实现医疗化的中欧大温泉或许是最具吸引力的地方。

温泉足够有吸引力，但也不乏挑战和挫折——就像其中一位世纪末的犹太温泉医生在他冗长的回忆录中充分阐明的那般。伊诺克·海因里希·基施,这位 1904 年于英王爱德华七世下榻的宾馆发现伤寒病例,又迅速将其掩盖的马里昂巴德医生,他与西根和温特尼茨一样,也是浴疗学先驱。他努力奋斗,想要使自己的专业领域被公认为真正的科学事业。可这并不容易。基施在布拉格大学当了 37 年的编外助教,直到最后成了头发花白的老人,才升为副教授(他一辈子都没当成正教授)。有关他在马里昂巴德作为一名温泉医生的职业生涯,基施告诉我们,他经过数十年艰辛的工作才获得"专业和科学上的尊重"。起初,身为一名闯入者,他遭人怨恨,而其身为研究者和临床医生获得的早期成功在他的大龄同僚间也引发不少嫉妒。

或许更令老先生们感到恼火的是,基施和其他训练有素的新人们正积极地为温泉医生这一行业制定全新且苛刻的标准。基施自豪地表示,正是在他们施加的影响下,至 19 世纪末,一名"尽责的"温泉医生必须"站在科学的前沿,熟悉所有最新的技术、研究和观点"。此外他还需刻苦研习化学、物理和地质学,熟练掌握多门外语。尤有进者,由于温泉医生面对的那些爱发牢骚的病人通常都是拿着他们家庭医生的诊断来的,对立即治愈抱有很高期待,因此温泉医生必须特别"善解人意"且"心思活络"(换句话说,必须拿出我们今天所谓的对待病人的好态度)。

非犹太同僚乃至犹太人世界以外的那些反犹主义是否构成了像伊诺克·基施这样的现代化温泉医生所要面对的又一重"挑战"呢?我们这位已深度归化的回忆录作者,十分圆滑谨慎,没有一词一句直接谈论这个问题,不过他在述及职业生涯时模糊提到的"痛苦事件和不愉快状况"似乎已指向了这一方向。

毕竟,对于中欧大地上的温泉医生来说反犹是一种生活现实——即便,或者说部分原因恰恰在于他们人数更多,取得的成就也更大。一如大城市中心的犹太专科医生,犹太温泉医生也受到各类保守圈子的抨击，他们被指责使医疗服务卷入了碎片化和高度分化的现代生活的混乱之中，利用其新奇的专业知识来牟利——此类指控对于纯粹的"德国"（即非犹太的）医生恐怕是彻底陌生的。"德国医生，"一份右翼报纸宣称，"完全不受夸张的专业化和敛财自肥的大趋势影响。"另一份反犹杂志《自由德国》（*Frei-Deutschland*）则指责犹太温泉医生让缺乏戒心的非犹太病人接受他们最新式的，包括催眠及自我暗示在内的"科学"实验。然而，另一条对犹太温泉医生的抨击还连带殃及了他们的病人：这些过度专业化、高智商的医生据称吸引并滋长了焦虑和失眠者，以及大城市的"书虫"——简而言之，那些被认为"主要由犹太人组成"的"神经衰弱"的哀诉者。

那种惯常的谣言说犹太人天生易患神经疾病和其他精神症状，无疑十分过分（但这并没有否认犹太人自己也常常鹦鹉学舌地重复此一刻板观点，也没否认犹太人确实有充分的理由感到紧张）。而此外，同样普遍存在的抱怨——所谓中欧大温泉正在被犹太人"占领"——是真实可见的，自19世纪70年代以来，犹太客人在主要疗养地的客群中的确占据了相当高的比例，尤其（但也绝非仅限于此）是在那些相对靠近犹太人口迅速增长的中欧大都市——例如柏林、维也纳、布达佩斯、布拉格和华沙——的疗养地。尽管并非任何与生俱来的气质使然，但毫无疑问，这波犹太客人大量涌入的部分原因是犹太人向大城市的集中，并且他们中绝大多数人从事压力巨大的现代职业。正如当时的一位犹太评论家所言："我们不应当忘了，犹太人往往是售货员或学者，他们的神经系统在紧张的工作中被消耗殆尽。此外，犹太人在很大程度上都是城市居民，正因如此，他们比其他人更经常地前往温泉地。"

在中欧大型疗养地中，奥地利的维也纳巴登成了所谓犹太水疗胜地的典型代表。这座位于维也纳南部的有着浓郁田园牧歌风情的小镇不仅成为维也纳犹太人喜爱的避暑好去处，在1870—1938年，这里还是奥地利全境第三大犹太社区（Gemeinde）所在地。

以伊弗鲁西（Ephrussis）家族、维特根斯坦家族、加利亚（Gallia）家族及耶利内克（Jellinek）家族为代表的维也纳犹太富豪家族是维也纳巴登的常客，商人莫里兹·加利亚（Moriz Gallia）——他在维也纳沃莱本街（Wohllebengasse）有一座巨大的文艺复兴风格的酒店——如此喜爱维也纳巴登，以至于1890年他在那儿盖了一栋气势恢宏的别墅。（那是莫里兹作为奥地利燃气照明公司董事取得巨额财富后置办的第一笔产业。）加利亚的新古典主义风格的别墅有一个外部楼梯，楼梯两侧分立石狮，据说反映了中欧犹太富豪特有的"对财富与权力的传统象征物的欲望"。

埃米尔·耶利内克（Emil Jellinek）是另一位维也纳大亨，他大部分时间都住在巴登的别墅里。身为维也纳大拉比阿道夫·耶利内克（Adolf Jellinek）的子孙，埃米尔·耶利内克在保险、股票交易和新兴的汽车工业累积了大量财富，最后一项事业令他在戴姆勒－迈巴赫汽车公司（Daimler-Maybach）的董事会占有一席之地。埃米尔·耶利内克在法国里维埃拉为戴姆勒-迈巴赫公司做销售和赛车手时，他向戴姆勒承诺，如果戴姆勒能够设计出一条以他十岁女儿梅赛德斯（Mercedes）为名的新型运动汽车生产线，他就能获得一笔可观的订单。耶利内克强调，新汽车必须是最先进的轮上交通工具。"我要的不是今天的车，也不是明天的车，它必须是后天的车！"他呼喊道。而戴姆勒在1901年推出的新型35马力"梅赛德斯"汽车恰恰就是这样一辆汽车。

据说用他女儿的名字命名一款新车还不是耶利内克让女儿永垂不朽的唯一方式。耶利内克是维也纳巴登疗养公园内一处名为"温蒂妮泉"（Undinebrunnen）的装饰喷泉的赞助者，耶利内克显然要求雕塑家约瑟夫·卡辛（Joseph Kassin）以梅赛德斯的面部为原型塑造喷泉的主要人物——水中仙女温蒂妮。根据温蒂妮的神话故事，这位水仙渴求人类的灵魂，而这只能通过一个凡人男子的忠诚之爱来取得。唉，每当她刚找到一个骑士般的人类情人，她的情郎就会变得心猿意马,诅咒温蒂妮再回到没有灵魂的水世界中去。大概耶利内克从未想过梅赛德斯的命运也会如此悲惨,但他可能在不经意之间诅咒了她:梅赛德斯经历了两段灾难性的婚姻,第一次世界大战结束时,她被迫在维也纳街头乞食,到 20 世纪 20 年代,她抛弃了丈夫和孩子,在一贫如洗中死于骨癌,年仅 39 岁。而据我们所知,她一生从未驾驶过一辆梅赛德斯。

世纪之交维也纳巴登的犹太顾客不光有(也并非主要是)加利亚、耶利内克这些坐拥豪宅的富翁,得益于中欧职业与商业中产阶级的经济福利水平的普遍提高,来自维也纳等城市的富裕犹太资产阶级也会把温泉疗养作为他们每年例行活动的一部分。就像小说家斯蒂芬·茨威格(Stefan Zweig)在他广受欢迎的回忆录《昨日的世界》(*The World of Yesterday*)中写的,这类温泉客人来自"一万甚至两万个"维也纳犹太家庭,他们"安然自在地过生活"。对于这些人中的许多人来说,维也纳巴登不仅是避暑疗养的目的地,也是他们自己的落脚点。

"目的地"在这里几乎就是其字面上的意思,因为田园风情的巴登是新建成的城际有轨电车线路——巴登铁路(Badener-Bahn)——的终点站,这条铁路将许多维也纳疗养客从环城大道(Ringstrasse)运至温泉地。一旦到了那儿,中产阶级的犹太旅客通常不会与超级富裕的加利亚或耶利内克打照面,因为后者理所当然住在私人别墅里。资产阶级的客人们开辟了属于他们自己的空间,他们赞助了一批新的主要为犹太人服务的咖啡馆、食品店、餐厅、旅店和酒店(后者最突出的例子是沙伊酒店,那里一直有一个符合犹太洁食要求的厨房)。守教规的犹太人会聚集在格拉本街(Grabengasse)上的一座新建的犹太教堂(建于 1873 年),而更多归化的犹太人则在安息日闲逛,并倾向于避开遵循犹太洁食[1]的场所。换句话说,维也纳巴登,在有着不同收入水平和不同信仰程度

---

[1] 洁食,指符合犹太教或伊斯兰教教规的食物,犹太教的洁食被称作"Kosher"。

的犹太客人之间，还不太能被看作一个"大熔炉"或社会校平器——更遑论犹太人与非犹太人融合的舞台了。在这个时代，巴登还没有太多公开的反犹主义——这会引起市政官员们的不悦——但犹太人与非犹太人也没有过多交集。

同样的情况也出现在波西米亚的大疗养地——卡尔斯巴德和马里昂巴德。它们与维也纳巴登一样，见证了19世纪晚期犹太客人的急剧增长。虽然维也纳依然是这些温泉主要的客源地，但其主要的犹太客群大多来自布拉格、布达佩斯和华沙——甚至更东边一些地方的犹太人聚居区，他们在世纪末的波西米亚温泉地五花八门的经历在小说《马里昂巴德》（*Marienbad*，1882年）中得到了富于想象力的再现，这篇由波兰裔俄国作家肖洛姆·阿莱赫姆（Sholom Aleichem）创作的诙谐小说最初是用意第绪语刊行的。这篇绝妙的讽刺小说由30多封书信、情书和电报组成，讲述了犹太暴发户商人和他们贪婪、攀附权贵的妻子的城市生活跟疗养地生活间错综复杂的相互影响，在其中一封信里，一位中等富裕的名叫克兰德的犹太商人向朋友抱怨说，他妻子贝尔茨脑袋里想着她必须立刻到马里昂巴德去。"为什么这么突然要去马里昂巴德呢？〔……〕她说她觉得不舒服，必须去（温泉）〔……〕但我私下告诉你，我对马里昂巴德背后的秘密一清二楚。既然（非常富有的）肖普尼克夫人去了马里昂巴德，凭什么克兰德夫人就不该去马里昂巴德啊？"另一个写信者评价到，作为"我们这类人"的婚恋市场，马里昂巴德比卡尔斯巴德更加优越。"虽然我自己从未去过马里昂巴德，但根据权威人士的看法，马里昂巴德是个有着消遣娱乐和奢侈生活的地方，去那儿的人都不是感觉身体完全健康的人，或者恰恰相反，都是那些身体太过健康、其主要目的只是想减掉几磅体重的人，一如我们的朋友哈依姆·索罗克，一位身材相当魁梧之人；又或者是那种在别人享受世俗快乐的时候只要袖手旁观便能感到满足的人。因而，在那里会比其他地方更容易找到合适的伴侣。"

就像米亚姆·扎多芙（Mirjam Zadoff）在她关于波西米亚温泉的犹太人身份的研究中所指出的那样，犹太人在这些地方的经历反映了疗养地之外犹太人生活的多样性。事实上，一如19世纪德国温泉温室般的氛围加剧了俄国疗养客间的意识形态裂痕，在卡尔斯巴德与马里昂巴德长期逗留也放大了涌入波西米亚的犹太人间的差异。来自不同社会经济背景和意识形态阵营的犹太人挤在一个狭小的空间内——他们在自己的家乡可以也确实在很大程度上能够忽略彼此——如今无法避免与其他人交往。在这种背景下，各类小圈子愈发团结起来，更积极地凸显自己的色彩：锡安主义者变得更像锡安主义者，社会主义者变得更像社会主义者，严守教规的犹太人变得愈发严守教规，富有的犹太人则变得愈发富有。（顺带一提，相同的趋势很快也将在流亡的犹太社区以及匆匆聚在一起的难民群体中显露出来。）在世纪之交的波西米亚大温泉，犹太访客间的根本区别是来自中西欧、高度归化的犹太人与来自波兰、加利西亚和俄国的所谓"东方犹太人"（Ostjuden）间的巨大鸿沟。在柏林、慕尼黑和维也纳这样的大都会，两大群体的文化差异便已经足够显著了，但在卡尔斯巴德和马里昂巴德，这种差异呈现出——用扎多芙的话说——"怪诞的一面"。归化的西方犹太人与留着长胡子、穿长袍、讲意第绪语的东方犹太人的近距离接触引发了"一种混杂着陌生、困惑和着迷"的情绪，引起混乱的不仅是犹太乡村的装束——西方犹太人在中欧的犹太社区里也经常见到这类装束——还有这些东方犹太人明显很富有，或至少有足够的钱花在昂贵的温泉水疗上这一事实。

另一个引人困惑的因素则与周遭环境有关。穿长袍的东方犹太人在壮丽的阿尔卑斯高山地区游玩消遣，而非身处他们寻常出没的城市，这一景象可谓相当奇怪。正如一位来自慕尼黑的马里昂巴德犹太客人所言："在马里昂巴德［……］富有的波兰和加利西亚犹太人展现出一种我们前所未闻的物质上的富足［……］对我来说，他们整个的外表,还有某种程度上他们那些兴奋的手势都只不过显得很滑稽罢了,特别是当一个人在森林中或在漫步道上碰见这么一支穿长袍的队列的时候。"西格蒙德·芒兹,那个在马里昂巴德附近跟随爱德华七世的维也纳记者也同样震惊于东方犹太人在大温泉所表现出的极度"不协调":"成群结队的加利西亚或波兰的俄国犹太人,他们中许多人都面容憔悴,留着络腮胡子和鬓角,穿着长袍,[在喷泉附近]站着,仿佛是来碰头晨祷的。他们脸上透着一股忧郁的神情。也许他们该站的地方是耶路撒冷所罗门圣殿的哭墙边,或巴比伦河畔。"

与此同时,一些观察到犹太人涌入中欧温泉的非犹太疗养客和评论家,与其说是震惊于这些游客间在社会或文化上的差异,毋宁说是对这样一群人涌入的现象本身深表惊骇,他们指斥该现象是对半神圣领地的"犹太化"。1900年,著名奥地利基督教社会党议员、牧师约瑟夫·施莱歇尔(Joseph Schleicher)哀叹:"现在连吐个唾沫都避不开犹太人。所有的避暑地、浴场和水疗场所,一切地方都被犹太人占领了。"此类被外来者包围的感觉主要作用在那些光顾规模较小、花费也较便宜的温泉的老顾客身上,这些温泉在某些情况下已成为更贫穷的犹太阶层频繁出入之地,其中的一些人正是东方犹太人——通过德国犹太福利组织的妥善捐助,他们在中欧找到了避难所。然而到了世纪之交,即便是"庄严的"巴特埃姆斯——自普法战争以来,此地便因大量来自普鲁士且怀揣强烈民族主义情绪的游客而闻名——也突然发觉周边区域被更加贫穷的东方犹太人"玷污"了(他们的到访想必也有赖富有的捐助者提供的经费)。1904年,该地的浴场总监在其年度报告中抱怨衣衫褴褛的东方犹太人在他的辖区内展现出"为社会所不容"的外表,他诋毁这群人是"瘟疫"和"渣滓",促请此后将他们全数赶走。

一种对犹太人——不光是针对贫穷的东方犹太人,而是针对全体犹太人——关上大门的冲动在第一次世界大战前的10多年间,开始在中欧的小型温泉大行其道。1903年，设在柏林的"抵制反犹主义协会"（Verein zur Abwehr des Antisemitismus）警惕地注意到，20世纪初生之时，仅在德国就有约60处疗养地正式声明禁止犹太人进入，或依照彼时的恶毒说法，实行"无犹"（judenrein）政策。抵制反犹主义协会观察到："非犹太公民规划疗养行程时只需考虑地点和费用问题，而犹太公民则需要确保他们选择的避风港不会忽然宣称此地'无犹'。"协会表示，这一恶劣风潮发端于北海博尔库姆（Borkum）[1]的海岛温泉，并迅速扩散开来，因为激进的反犹分子会向当地疗养主管承诺，假使他们能确保其场地没有任何犹太人染指，就会在生意上得到更多赞助。此类商业收益的许诺往往被证明是虚幻不实的，可一旦踏上"无犹"的花园小径，便很难有回头路走。协会承认，截至当下，德国规模较小、不太有名的疗养地当中还只有一小部分走上了"无犹"道路，但若是反犹瘟疫持续蔓延，那么所有便宜的温泉都会迅速受其影响，只剩下大型的豪华度假胜地对犹太人开放。毫无疑问，这将剥夺那些不太富裕的犹太人享受这至关紧要的疗养体验。协会总结到，这一发展趋势显得愈发可悲可叹，因为假使"世界上还有什么地方应当把政治、社会和宗教的差异放到一边，那就是浴场"。

10年之后，情况似乎变得更糟，至少在抵制反犹主义协会看来如此。该协会称，反犹分子如今在他们控制的温泉地大肆进行仇恨犹太人的"狂欢"。通过进一步压缩犹太人可以进入的温泉数量，他们在不经意间创造出一些大体上全是犹太人的温泉——极端情况则为"犹太温泉"（Jewified spa）。绝大多数豪华的大温泉依然坚持以"世界主义避难所"的面目示人，但它们同样承受着来自种族主义者的压力，协会苦恼地表示，人们不禁怀疑"什么时候它们也会成为与日俱增的野蛮的牺牲品"。

---

[1] 博尔库姆岛，位于德国西北端的东弗里西亚群岛中的最大岛，是下萨克森州北海浅滩国家公园的一部分，拥有壮阔的海滩和美丽的风光，是著名的旅游度假地。

和马克（思）/吐温泡澡

1870—1914 年，大温泉的影响力与声望到达顶峰时，并非只有保守的异见分子和种族主义理论家会在中欧温泉图景中寻找种种不满的理由，跟随着大批普通资产阶级和贵族温泉游客的脚步，那个时代众多出类拔萃、十分活跃的知识分子也前往疗养地"朝圣"，希望找到治疗困扰他们疾病的方法。可最终，他们反而往往在不同程度上发现了身处温泉地倍感恼怒甚至痛苦的理由。

1880 年夏天，弗里德里希·尼采在马里昂巴德度过了非常不愉快的两个月，在威尼斯停留很长一段时间后，尼采希望能在波西米亚高海拔、阴凉的地方缓解他的慢性偏头痛。可就像他抵达温泉不久后写给母亲的信里说的那样："旅行十分糟糕，满眼都是树木和山：所有一切都令人失望，或者说我的眼睛实在接受不了，我在这儿绝对忍不了 4 个礼拜。"可事实上，他在马里昂巴德又住了 4 个礼拜，因为他实在病得太厉害，无法再上路。在写给远在威尼斯的朋友（彼得·加斯特［Peter Gast］）的一封绝望的信中，他悲叹这趟旅程损害了他的健康，当地的山看起来"毫无意义且荒谬绝伦"，温泉水则加剧了他的头痛。"离开威尼斯要三思而后行。这儿的人都丑陋不堪，一块牛排卖到 80 克鲁泽（Kreuzer），就像生活在一个邪恶的世界里。"尼采也不大高兴地发现，一如他告诉母亲的，马里昂巴德四分之三的客人都是犹太人，当一些波兰游客误以为他是波兰同胞时，他义愤填膺，声明自己是瑞士人。最后，他经常梦到瓦格纳，这对他并无半分好处，最近他与瓦格纳发生了激烈争吵，正如其致信加斯特时所言："多少次我梦到瓦格纳，还总是怀着过去我们那种亲密无间的感情，可这一切都过去了，明白他在很多方面都是错的又有什么用呢？"尼采知道他的另一个文化偶像歌德曾经也十分珍爱马里昂巴德，可哪怕是这位伟大诗人那不时显现的幽灵也不足以鼓舞人心，离开马里昂巴德时，尼采咕哝道："当然，在这个地方没人能像歌德那样进行那么多思考，可就连他在这儿的时候，脑子里似乎也没有什么真正深刻的东西——我也一样。"

西格蒙德·弗洛伊德像尼采一般为他喜爱的巴德加施泰因高昂的温泉费用所困扰——为证明这笔花费合情合理，弗洛伊德表示在经历了维也纳糟糕的冬天后，他迫切需要到夏日的山间休养。（尽管费用高昂，弗洛伊德此后还会继续前往加施泰因避暑。）有那么一次（在1913年），弗洛伊德一改其惯例去了马里昂巴德，但他在那里的短暂停留却成了一场灾难。他发现自己在最近一次美国之行中患上的肠胃疾病在这里根本得不到疗愈，不仅如此，当地潮湿寒冷的天气也几乎让他陷入重度抑郁症。

弗洛伊德的维也纳同道中人，作家（有时也是医生）阿图尔·施尼茨勒（Arthur Schnitzler）则享受偶尔在巴德伊舍的逗留，在那里，他会像古斯塔夫·马勒一样骑着自行车到处跑——也乐于在林间与女骑手享受激情澎湃的幽会。然而施尼茨勒对当地自行车俱乐部的种族主义信条深感愤慨，这种信条认为只有"纯正德意志血统"的人才能骑自行车。他也开始讨厌起那些"脑残"疗养客同伴"空洞无物的保健呓语"（这种咒骂在今天的主要温泉地依然颇为流行）。至于卡尔斯巴德，施尼茨勒觉得这处大温泉过于矫揉造作，他更喜欢宾至如归的马里昂巴德，那里的客人"不会像卡尔斯巴德的客人那样自命不凡"。

另一位维也纳犹太人（也是现代犹太复国主义的创始人）西奥多·赫茨尔（Theodor Herzl），他的温泉体验可能是所有人中最糟糕的。长期患有心脏病的赫茨尔于1904年5月前往费兰兹贝德，希望能好好休整一下，彻底摆脱紧张的政治工作，让自己一切恢复如常。由于他在温泉季到来之前便抵达了温泉地，他确实得到了足够的安静，而且起初，什么都不做似乎也成了一种恢复方法。"我如同别人吸收快乐般吸收着无聊。"他生动地写道。但很快，这种"无聊"就变得，嗯，无聊了，赫茨尔又猛地一头扎入他的工作，医生的嘱咐遭到他唾弃，而一同遭到唾弃的还有他的心脏，因此，赫茨尔的健康状况实际上在温泉地还恶化了，这使他在两周半后就提前结束了计划的6周疗养行程。回到维也纳后不久，赫茨尔便因感染肺炎去世。费兰兹贝德或许没有害死赫茨尔，但也没给他带去什么好处。

让我以斯蒂芬·茨威格结束这场小小的愤愤不平者的巡礼吧。茨威格小时候经常和家人在马里昂巴德避暑。斯蒂芬的父亲是维也纳一个富有的纺织商人，去马里昂巴德主要是为了迁就他妻子埃达（Ida），她患有各种疾病（无论是真实的还是想象的）。虽然上了年纪的茨威格夫妇很享受他们每年的温泉疗养，并长时间待在豪华的居特酒店（Hotel Gütt）里，但年幼的斯蒂芬就没那么热情，因为他没法儿和父母一起吃饭（酒店餐厅与大温泉浴场一样，不准儿童入内）。斯蒂芬在马里昂巴德度过的不太愉快的夏天为其之后最著名的小说《火烧火燎的秘密》（*Brennendes Geheimnis*）提供了素材。小说里，一个年轻小伙子在一处无名温泉度假，却发现与他成了朋友的绅士只是为了借此机会接近他美丽的母亲，这个假朋友打算诱奸她。那段灼热的经历虽然没有令茨威格放弃温泉——他最终成了维也纳巴登、巴德伊舍和巴德加施泰因的常客——却可能是他在成年之后明显无法享受"正常"性生活的一个原因。尽管他在小说里坦率地谈及性事，可茨威格对于与女性身体接触十分克制。他的朋友、剧作家卡尔·楚克迈耶（Carl Zuckmayer）回忆说："［茨威格］爱女人，崇拜女人，也喜欢谈论女人，但他本人的肉身［……］却倾向于避开她们。"茨威格在之后前往大温泉时，似乎彻底规避了女性，这或许是因为他认定这些地方是性背叛的原发地。

从尼采到茨威格，重量级知识分子们对疗养地的抱怨颇具启发意义，但由于我们缺乏足够的有关他们的到访的一手档案资料，因而就忠实记录温泉生活而言，其价值便不如另外两位现代著名疗养客——卡尔·马克思与塞缪尔·克莱门斯（Samuel Clemens）（又名马克·吐温）。跟随马克（思）/吐温游历中欧温泉地是种极好的方式(且比大多数方式都更为有趣),使我们得以一窥在疗养地历史的巅峰时刻具有高度观察力的保健朝圣者有着怎样的"疗养"体验。

卡尔·马克思在1874年、1875年和1876年连续三次前往卡尔斯巴德;1877年他把经常造访的疗养地转移到了莱茵兰的小温泉巴特诺因阿尔(Bad Neuenahr)[1]。身为欧洲统治阶级最出名的敌人之一,人们或许会认为马克思不大可能前往像卡尔斯巴德这样的大温泉。的确,在他成年后的大部分时间里,马克思都发誓远离这些他所认为的资产阶级上层与贵族的堕落游乐场:这些地方是上流社会的鸦片。最晚到1869年,他对前往卡尔斯巴德疗养的提议仍是一口拒绝,他生气地说,那里的温泉"既无聊又昂贵"(这是他尚无真实体验时下的判断)。

虽说马克思猛烈抨击铺张挥霍,虽说他终其一生都崇高地牺牲了物质上的成功,选择薪水微薄的文字工作(他母亲曾哀叹道:"要是我的卡尔能够赚点儿钱,而不是写一本有关钱的书就好了!"[2]),但他还是暗自怀揣着对奢华之物,特别是豪华酒店的喜爱(在我看来,这是完全可以原谅的)。比如,马克思尤其喜欢他富有的朋友兼恩人弗里德里希·恩格斯的陪伴,并且多亏恩格斯慷慨解囊,马克思也得以偶尔满足一下自己的奢侈生活喜好(正是恩格斯资助了他去卡尔斯巴德的旅费)。

不过马克思还有另一个性格特质,使他的卡尔斯巴德之行显得不像乍看上去那么不协调:伴随其一生的"疑病症"以及由此而来的一种深信不疑的观点,即只有最好的治疗才治得好他的病。此外,因为他每天都在辛苦工作并积攒着坏习惯,不久以后,除开臆想的毛病,马克思还患上了一些非常实际的健康问题。到19世纪70年代早期,他得了痛风和肝病,伴随眩晕、频繁头疼、失眠,屁股上

---

[1] 巴特诺因阿尔,全称巴特诺因阿尔-阿尔韦勒,位于德国莱茵兰-普法尔茨州的城市,是德国西部著名的葡萄酒产区和温泉疗养地。

[2] 此处语带双关,钱(capital)与马克思的《资本论》(Capital)书名为同一词。

还长了疼痛的痈肿。

尽管如此,要促使马克思在生命中做出像到卡尔斯巴德去这样偏离惯常人生轨道的重大改变,尚需要额外的诱因:重病中的女儿。卡尔心爱的19岁女儿,一直以来身子骨就很弱的艾琳娜(Eleanor)("图西")开始拒绝进食,还吐血。一段时间以来,卡尔自己的医生一直劝他到卡尔斯巴德长期疗养一番,而此时图西似乎也迫切需要疗愈泉水。于是,除了向波西米亚山中进发,也别无良策了。

1874年夏,马克思与女儿自伦敦搭火车前往卡尔斯巴德,在他激昂人生的这一阶段,马克思已然成了一名激进的记者和政治活动家;多年来,他经历了无数次与法律的冲撞,被迫流亡法国、比利时,而近期又流亡伦敦,对于全欧洲的警察来说,他无疑是个名声在外的人物。实际上,就在去卡尔斯巴德的途中,他向妻子燕妮抱怨说,他的名字"刚刚又在圣彼得堡和维也纳[对激进分子]的审判中出现了",而人们"[不仅]"把"意大利一些荒谬绝伦的骚乱和'国际'联系了起来[……]还把矛头直接对准了我"。

这就解释了马克思波西米亚温泉之行中一个更为稀奇——也更为有趣——的方面,他决定以"伦敦乡绅查尔斯·马克思及女儿"的名义入住下榻的酒店日耳曼尼亚疗养大楼(Kurhaus Germania),以这种方式登记意味着马克思要在住宿上花更多的钱,因为"绅士"总是要付些额外费用的,但马克思还是愿意为此多做一步,以免警察找他麻烦。但若"乡绅查尔斯"以为他可以用这种可笑的化名来愚弄别人,那么他就大错特错了。

当地警察从一开始便盯上了马克思,迫切地想找个理由把他遣返回伦敦。但马克思十分小心,不给他们留任何把柄。不知是出于害怕被当局骚扰,还是——更可能的情况——真心希望他与图西的健康问题可以通过完全专注在治疗方案上得到缓解,马克思与(和他持有一样的激进观点的)艾琳娜心无旁骛地疗养,不在政治上分心。在他们刚安顿下来时,马克思在给恩格斯的信里写道:"亲爱的弗雷德,我们两个都严格按照规则作息。每天早上6点我们会前往各自的温泉,在那儿我要饮用7杯矿泉,每两杯之间必须有15分钟的间隔,好让人来回走动走动。喝完最后一杯后,要走上一个钟头,最后再喝点咖啡。晚上睡觉前还要再饮用一杯凉矿泉。"对马克思而言,卡尔斯巴德是个治疗痛肿而非搞阶级斗争的地方。

有意思的是,马克思在日耳曼尼亚还有个同住的房客——屠格涅夫。这两位著名人物一定相互都知道对方也在那里,但两人在各自的信件中都没有提到对方的存在。(马克思可能是想避开屠格涅夫,因为这位俄国作家与他所鄙视的无政府主义者米哈伊尔·巴枯宁[Michael Bakunin]关系密切。)然而马克思在卡尔斯巴德也不是等闲之辈,他和女儿经常与其他受教育阶层的疗养客——主要是一群波兰和德国的教授学者——进行社交。他写信给恩格斯说"当地医学院一半的同人"都聚集在他和他女儿周围,"就我目前的打算而言,不得不少思考,多开怀大笑,他们都是再令人满意不过的人了"。马克思甚至还交了个新朋友——波兰贵族普拉特伯爵。作为其"绅士"伪装的一部分,"乡绅查尔斯"把自己打扮得如此考究,以至于当另一位客人被要求辨别马克思和普拉特究竟哪个才是伯爵时,那位客人猜测是前者。负责监视马克思在卡尔斯巴德行踪的驻地警员却不得不略感失望地汇报说,他的猎物表现得就像个模范疗养客,没参与任何政治活动。

作为病人,马克思的责任心似乎获得了回报。他坚信卡尔斯巴德的疗养对他大有好处,他向恩格斯报告说,自己的体重减轻了一些,而且感觉肝脏也有了改善。"我相信我终于实现了来卡尔斯巴德的目标,至少在这一年里。"

这便是温泉的奇妙之处:假使疗养不起作用,你就得回来再试上一次,而假使它真起作用了,你就会想再回来,在新的一年继续得到改善。马克思在卡尔斯巴德的第二和第三回疗养之旅延续了其第一次逗留时的模式,不过1875年那次他是独自前往温泉的,没有图西陪同。

马克思在这处波西米亚大温泉的三度长时间逗留，总体上他得出了怎样的感受和认知呢？有趣的是，马克思在卡尔斯巴德的经历揭示了其性格与思想中一个长期被大量有关他著作的文章所忽视或淡化的面相：对于工业化对自然环境——尤其是森林与河流——的影响的关注。马克思本质上是个自然主义者；他小时候很喜欢在山间漫步，俯瞰出生地特里尔（Trier）边的摩泽尔河（Mosel River）。而流亡伦敦后，他又在枝繁叶茂的汉普特斯西斯（Hampstead Heath）公园[1]找到了逃离烟熏火燎的苏活区（Soho）[2]的庇护之地。他对摩登生活的各方面都怀有浓厚兴趣，对于在美国和欧洲初露萌芽的环保运动，他毋庸置疑是熟稔的——早期环保运动包括19世纪60年代末约翰·缪尔（John Muir）穿越内华达山脉的跋涉壮举，1872年黄石国家公园的建立，以及19世纪70年代初，德国和奥地利为一大批"自然保护区"（Naturschütz）打下的基础。第一次停留卡尔斯巴德期间，马克思向恩格斯热情谈论这里"非常漂亮的环境"以及他在树木茂密的花岗岩山脉间的奇妙漫步。不过他忍不住补充说，这儿"没有鸟"，猜想它们是被温泉里的含硫水汽给驱走了。

马克思在第三次造访这一地区后开始痛苦地意识到卡尔斯巴德周边的环境问题可能远不止散发臭味的泉水和缺乏鸟类。在英国时被他称为"文明的毒气"的东西如今似乎正蚕食相对偏远的波西米亚。他忧心地注意到，在邻近的厄尔士山脉（Erzgebirge）进行的大量伐木与采矿活动导致温泉周边山上的森林遭到滥伐，当地的河流被污染。正如他1876年写给恩格斯的信中所言："特普尔［河］看上去就像完全干涸了似的。滥伐森林使它沦入悲惨的境地；当大雨来临（譬如1872年），泛滥的河水淹没一切，到了炎热的年头，

---

[1] 汉普特斯西斯公园，位于伦敦北部，是伦敦面积最大的公共绿地。

[2] 苏活区，位于伦敦西部西敏市内，曾是红灯区，现为伦敦重要的娱乐区，酒吧、商店、高档酒店云集。

它则完全消失。"虽说卡尔斯巴德的空气要比（实在算不上高标准的）伦敦好得多，可燃煤炉和采矿作业还是将当地的大气变成了"棕黄色"。当1877年，囊中羞涩的马克思不得不将已经成为每年惯例的温泉之旅目的地从卡尔斯巴德改换至巴特诺因阿尔时，他倍感安慰地表示："［莱茵兰温泉地的］空气总是值得赞赏的。"

除却环境问题，逗留卡尔斯巴德期间，马克思也自然对该地的社会政治状况投以批判的眼光。他自是无法精准预测40年后哈布斯堡帝国在政治上覆亡的时刻，但他对其最终命运留下了颇具先见之明的预言。在亲身体会了卡尔斯巴德的奥匈帝国官僚无能而腐败的现实之后，他写信告诉恩格斯："一个人对奥地利的情况了解得越多，便愈加坚信这个国家已行将就木。"

乍看之下，马克·吐温似乎与卡尔·马克思没有什么共同之处——这位美国作家显然不是个共产主义者，也对宏大的社会经济理论没什么耐心——但吐温也和马克思一样，用他自己的方式当着叛逆者。在其漫长的生涯中，他以一己之力反抗语言陈规和长久确立起来的美国文艺家要在欧洲文化的圣坛前顶礼膜拜的命令。用他的一位传记作者的话来说，马克·吐温是个"美利坚破坏者"（American Vandal）的先驱，浑身洋溢着进取的自信，在欧洲大陆昂首阔步，非常乐于给任何一个"敢在历史方面宣称自身具有优越性的"纨绔子弟一顿暴打。在《傻子出国记》（Innocents Abroad）中，马克·吐温描写了他1867年与美国的一群宗教朝圣者前往欧洲圣地，频频引人发噱的旅程。越是深入欧洲大陆，马克·吐温便越瞧不起欧洲事物。在巴黎，圣安托万郊区（Faubourg St. Antoine）的肮脏令他感到震惊，到处都是脏兮兮的孩子，"油腻邋遢的女人"，出售三手服装的"脏乱窝点"，以及"蜿蜒曲折的街道，他们会为了7美元在那种地方把人杀了，然后将尸体扔进塞纳河里"。（10年后，吐温再访法国，对这地方更加厌恶，他用一句令人难忘的话总结了他对这个国家男人的看法："一个法国人的家就是另一个男人的老婆所在的地方。")在《傻子出国记》里,他告诉我们,意大利的烟草是没法吸的;意大利城镇里到处都是肥胖的神父,他们"看起来犹如完美的饥荒制造者";米兰的浴室里没有肥皂;意大利女人不仅长小胡子还长络腮胡子;科莫湖水"与无比清澈的太浩湖(Lake Tahoe)[1]相比显得单调乏味";而意大利的乡村,甚至比城镇更受神职人员支配,成了"祭司权术的家园——一种快乐、欢愉、心安理得的无知、迷信、蜕化、贫穷、懒惰以及永恒而沉闷的无用"。(吐温对中东地区的评价就更为轻蔑了:"基督降临到这儿一次,他永世不会再来。")

此外,马克·吐温对德国的最初印象却出人意料地积极——他是在19世纪70年代末的欧洲之行中首次见识德国的,对法国男性带有偏见的讽刺正发于那趟旅行之中(或许这也并不那么出人意料:许多美国人在刚造访完法国后都对德国的印象更为深刻)。"这真是个天堂般的地方啊!"他在写给朋友威廉·迪恩·豪威尔斯的信中热情赞颂道。他评价当地人"繁荣、富足、衣着整洁、面容漂亮"。他甚至很喜欢柏林,称它是"德国的芝加哥",这对他来说算是种恭维了。可是,这番对德国事物的赞美并没有在他对这个国家有了广泛了解后幸存下来。没过多久,吐温开始抱怨无处不在的布谷鸟钟("世上最可恶的东西");"永恒的酒店时尚——吵闹的宠物";约德尔唱法(yodeling)("该死的约德尔唱法!");铿锵响亮的教堂钟声("我祝愿那座教堂被烧掉!");瓦格纳歌剧("《罗恩格林》使我头疼");以及最重要的,"令人生厌的德语",充斥着超长字词,其词语之长,甚至有某种"透视效果"——从前往后注视它们有如俯视"渐行渐远的铁轨"。(吐温说得一点儿没错:"Donaudampfschiffahrtsgesellschaftskapitänsmützenabzeichen"这个词,在词首你几乎看不着它的词尾,它是德语中最长的单词,意思是"多瑙河蒸汽航运公司船长的帽徽"。)

---

[1] 太浩湖,位于美国加利福尼亚州与内华达州之间的高山湖泊,是北美最大的高山湖泊。

而令吐温对德国敬而远之的正是巴登－巴登之行。作家去德国并不是为了去巴登泡澡，而是要躲去一个偏僻的地方，认真写点东西。"我想找个德国村子，那里没人知道我的名字，也没人会讲英语，把自己关在离酒店两英里远的密室里，每天不受打搅地工作[……]"他在写给母亲的信里说道。可就在抵达德国后不久，与他一同旅行的妻子莉维（Livy）生病了，希望能在著名的巴登－巴登停下来疗养。为了迁就她，也因为他自己的关节也患有轻微风湿病，于是吐温决定带着她一起去泡澡。到最后，作家下定决心不再在温泉地迁延时日，他只待了一周多一点的时间便离开了，留下莉维继续自己疗养。尽管如此，他邂逅巴登－巴登的时间已足够长，足以使其得出某些最终判断。他立刻将这些写了下来，稍加提炼后收入了他出版的另一本游记《海外浪游记》（*A Tramp Abroad*，1879 年）。

《海外浪游记》中有关巴登－巴登的部分是一连串抱怨——其中一些也许是为了幽默效果而刻意插入的，但绝大多数无疑是发自内心的。他承认，小镇足够迷人，也很漂亮，可那儿的疗养客都无精打采，他们在漫步道上走来走去，竭力掩饰自己的无聊，却归于徒劳。"［漫步道散步］这种行为好像目的不太明确，是一种愚蠢的锻炼。"[1] 自然，他也承认这些人中的许多人来巴登确实是有"实际目标"的：他们"为风湿病所苦"，在巴登是为了"泡热水澡治病"。一些疗养客还饮用热的药用泉水，里面溶有少许卡尔斯巴德的盐——"这样一剂药是轻易忘不掉的"。令吐温感到焦虑的不光是温泉水的硫黄味，还有那个邋里邋遢的给他端水的矿泉女侍者，她用了很久的时间才给他汲好水，而当他问起价钱时，她又拒绝给他一个明确的答复——一个美国式的答复。她反复说"Nach Belieben"（随你的便），指望他的无知和慷慨会让他付上更多钱。终于，马克·吐温被激怒了，给了她一枚两角五分的银币，而不是通常的一便士或

---

[1] 译文参见马克·吐温：《海外浪游记》，荒芜译，百花洲文艺出版社，1992 年版。译文有所改动，下同。

两便士，还不无挖苦地补上一句："不够的话，劳您大驾说一声。"可这女人却并没有因羞愧而瑟缩，反而不无炫耀地咬了一下他的银币，看看它是不是真的，然后懒洋洋大摇大摆地回到了原来的位置上。"你瞧，到底是她赢了。"

一方面，马克·吐温发觉矿泉女侍者的态度和把戏在巴登的一般商贩中十分典型。"那地方的店主得着机会就敲竹杠，敲成敲不成都要气一气你。"浴场的看管人也一样。在威严的弗里德里希浴场卖票的"邋遢女人"不但"一天两次［对吐温］无礼"，而且"一丝不苟，不负所托"，频繁讹他钱。"巴登－巴登豪爽的赌徒们早已作古，如今只剩下些无足挂齿的无赖还活着。"他总结道。另一方面，吐温表示，那儿的浴场确实帮助他清除了风湿病。"我确信我的风湿病是留给巴登－巴登了［……］我本想留下些讨人喜欢的东西，可无奈心有余而力不足。"但是他却有能力对这座小镇施以报复，给前往欧洲的美国"驴友"们奉上一条毁灭性的建议："千万要看一眼那不勒斯再死——但一定尽力在你见到巴登－巴登前死掉！"

当吐温声称把风湿病留在了巴登－巴登时，他沉浸在一种诗意的语言中。事实证明，他不但没能把痛苦留在镇子上，也未曾割舍这个地方。更糟的是，在接下来的十年里，由于持续不断的辛勤工作以及各种积习作祟，他的身体似乎已经衰弱到了需要真正严肃治疗的地步了。一直顽强地满足丈夫一切需要的莉维也已精疲力竭，她患有严重的心脏损伤。1890年，她的医生建议她和丈夫前往欧洲的热温泉进行长时间的疗养居住。

自然，如果他们只是需要温泉的话，吐温和他妻子完全可以徘徊在通往萨拉托加斯普林斯（Saratoga Springs）的道路上，那里是"镀金时代"美国对欧洲大温泉的最佳回应。然而作为保健目的地，欧洲对于这对夫妇来说要比任何当地温泉都更具吸引力，个中原因或许会让如今的美国人感到震惊：去欧洲比在美国便宜得多！这方面的考虑对吐温来说至关重要，因为最近他投资失策，损失了大笔财富，包括一家出版社（除了畅销的格兰特回忆录，该社出版的大部分书都是些赔钱的大部头）；一种没法儿用的排字机；还有一种名叫派乐盟（Plasmon），只能给生产商的钱包添设"健康"的"神奇"保健食品。（尽管吐温不相信有什么天堂奇迹，但他却对世俗小贩兜售的"神奇"产品着迷不已。）因而，为了身体和财务的"健康"，马克与莉维决定，除了"溜之大吉"（他的绝妙好词），到欧洲长待一段时间，也别无他法。

在这场持续了整整 9 年的欧洲之行临近出发之际，吐温与妻子在艾克斯莱班停留了 5 周，做了次全面体检。尽管得到了周到的招待，但艾克斯的水并不能治疗莉维的心脏疾病，对吐温患风湿的右手也无甚帮助（不幸的是，他写作用的正是右手）。不过，在艾克斯的逗留至少为一篇诙谐地讽刺法国温泉的文字提供了素材，题为《艾克斯——风湿病的天堂》。

从艾克斯出发，他们前往了另外一处远为不同的朝圣之地——德国的拜罗伊特，全世界瓦格纳乐迷的圣地。拜罗伊特是莉维的选择，似乎是为了惩罚她讨厌瓦格纳的丈夫把她从艾克斯莱班带了出来，她拽着他听了 19 场大师作品的演出。这段（对于吐温来说）令屁股和大脑双双麻痹的经历，又为另一篇讽刺和谩骂的文章提供了素材——《在圣瓦格纳的神殿》。

由于莉维依然在病中，也因为吐温觉得在瓦格纳的折磨之后他理应得到一段舒缓心情的安宁时日，他们从拜罗伊特直接去了马里昂巴德。和他之前的几站一样，吐温造访马里昂巴德催生出一篇幽默速写：《马里昂巴德——健康工厂》。不过，相比于他大多数发自欧洲的信件，特别是发自德国的信件，这篇文章的幽默显得十分温和了。毋庸置疑，如同许多美国人（和英国人），这位"美利坚破坏者"同样喜欢奥地利胜于德国。

从巴伐利亚的拜罗伊特到波西米亚的马里昂巴德，这趟短途旅程有如从一个世界到了另一个世界，吐温表示："从异常古旧到光

中欧大温泉

鲜整洁,从完全没有造型或装饰的建筑到融汇了二者吸引力的建筑,从普遍的阴郁色彩到整体明亮鲜丽的一抹底色,从一处似乎是由监狱组成的城镇到一个由舒适优雅、适合纯真无邪之人安居其中的豪宅组成的城镇。"这类没来由又生硬笨拙的比较只不过愈加凸显了吐温对德国的失望(除了柏林,他始终很欣赏那里)。而巴伐利亚与波西米亚之间的其他差异——尤为显著且并非偏见的产物——很快引起了吐温的注意:在波西米亚,军装是"极为罕见的"(罕见到"我们会以为这可能是一个共和国"),当地也有更多的波兰哈西德派犹太人[1]。对于后者的存在,吐温颇表尊重,虽然他感觉这种在该地区广为人所接受的尊重无疑太过慷慨了,至少对当地的德意志人和捷克人来说是这样:"波兰犹太人几乎是唯一引人注目的人物,他是个常客,个子很高,表情严肃,身着一件长及脚踝的外套,两只耳朵前头都留着一两撮小卷发。他看上去很有钱,与任何人一样受到尊敬。"

吐温在对马里昂巴德进行速写时,声称自己来这座著名温泉并不是为了泡澡,而只是想四下走走看看——这暗示此次短暂停留主要还是为了莉维。然而,就像托马斯·曼《魔山》里的汉斯·卡斯托普一般,这位游客一抵达温泉,周边的老专家们便开始"暗示"他可能有点儿痛风和肝病的迹象,"没多久,我开始担心起自己来"。

于是——又如同《魔山》中的汉斯·卡斯托普——吐温忠实执行起一位身在马里昂巴德、痛风缠身的疗养客每日的作息安排:腰上别一只饮水杯,绕着各处泉眼转圈子,"把可怕的泉水混着其他玩意儿咽进肚里";"不定期地在山上走上一个钟头左右";只能吃到"[他]不想吃的食物";在晚上只能喝上"一杯[他]心怀

---

[1] 哈西德派,犹太教中的虔修派和神秘主义教派,18世纪兴起于波兰犹太人中,他们反对严格的律法主义和塔木德(律法)学术,而赞成以一种较欢乐的崇拜方式让普通人得到精神慰藉。哈西德派的着装十分奇特,他们拒绝穿着明亮颜色,保持东欧的传统装束,男性一般穿黑衣、戴黑帽,女性则穿长裙、戴头巾,绝不露出肢体,已婚女性甚至会剃光头,并且终生不再露出头发。进入19世纪后,哈西德主义逐渐成为一种极端保守的运动,他们反对犹太复国主义,与犹太教正统派格格不入。

偏见的酒"。这种乏味的生活日复一日、周而复始,没有任何缓冲。"恕我看不出来这比痛风强在哪儿。"他悲伤地总结道。

很难相信,在现实中吐温会像他在(常常需要制造喜剧效果的)随笔里所声称的那样是个尽职尽责的疗养客。他更可能是那些"独立自主"、病情也不算太严重的病人中的一员,温泉医生不停地抱怨这些人。可即便他不是其所谓的"模范病人",显然也已经历了足够多使人麻木的疗养流程,以至于彻底对它表示反感——实际上,深深地憎恶它。他对于水疗仪程背后对思想意识的过度控制的强烈控诉应当是发自内心的——而且,我或许该补充一句,也是标准美国式的:

> 他们使你放弃一切生活的乐趣。他们的想法就是彻底颠覆你存在的整个系统,然后来一场重生的革命[……]他们不放过任何东西、任何人[……]他们说他们能治好任何病,似乎他们也确实治得好;可病人为什么非要大老远跑到这里来呢?为什么他就不能在家里做这些事,把钱省下来呢?能够如此治病的人怕是任何疾病都不会沾染上的。

吐温在《马里昂巴德》一文中称,他本人在温泉接受疗养之后,身体情况稍有好转。"人们说我的身体一切安然无恙,也没有病了,可这并不使我感到惊讶。我在这两周之内所经历的一切都使得一个人全身上下凡是没牢牢扎根的东西都消失殆尽了。假使我不想说感觉好极了,那么可以说比起死掉感觉还是好一些。"

可悲的事实是,马里昂巴德的"疗养"并没有对马克·吐温的身体产生什么显著影响,他的健康持续恶化。不过,这确实令他对这处特别的波西米亚"保健工厂"失去了兴趣。虽然在生命余下的近20年中,他偶尔还会造访其他的温泉,但再也没有回过马里昂巴德。

假使我不把马克·吐温对马里昂巴德的波兰哈西德派犹太人得

到一种普遍"尊重"的印象与几年之后他对维也纳犹太人地位的观察进行一番对比,而任由他按照注定的命运最终归返美国,那可就有些失职了。极具启示意义的是,当这位作家于1898年造访维也纳时,遭到当地右翼媒体的猛烈抨击,他们认为任何名字里带"塞缪尔"的人都一定是犹太人。吐温通过对自己参观奥地利议会的一番幽默但却颇为冷嘲热讽的描写报了"一箭之仇"。奥地利议会当时正就一项社会党提出的动议举行辩论,这项动议要求允许将捷克语列为奥匈帝国许可的官方语言之一(当时只有德语和匈牙利语是官方语言),但所有参与这场语言学辩论的人都明白,这一问题的症结在于帝国对少数族群的容忍度,包括处境最为艰困的民族——犹太人。于是,德意志民族主义者们用一连串反犹的污言秽语攻击拟议中的语言改革。议会大厦内爆发了打斗,斗殴随即蔓延到大厦外的街道上,令优雅的环城大道陷入一场流血骚乱。在他那篇有关议会骚乱的力作里,吐温提到辩论者们都是"诚挚而认真之人"——而他们中大多数都"憎恨犹太人"。关于街头斗殴,他在晚些时候的一封信里说道:"在某些情况下,德意志人[是]暴民,在另一些情况下,捷克人是暴民——而在所有情况下,犹太人都必须被严惩,无论他站在哪一边。"

显而易见,在这个节骨眼上,德国与奥地利的大温泉或许还能依旧保持相对的宽容与宁静,但在中欧大城市就全然不是如此了。马克·吐温不可能知晓,他在1898年的维也纳目睹的只不过是一场小范围的预演,随后到来的是可怕的暴力与大规模屠杀,它们会席卷那个即将来临的血腥世纪。

第七章

伊甸园的困境

顶峰的问题在于，从此以后就要开始走下坡路了，虽说未必是直线下坠。在第一次世界大战前的半个世纪，中欧大温泉的影响力和吸引力达至巅峰，但随后便急速衰落——这一衰落之势之后再也没能完全回转。温泉的衰落绝非整齐划一而普遍的：会有很多活力复苏的迹象，尤其是在文化层面，间或也在经济层面。（这不仅发生于中欧大温泉，比利时的斯帕在1932年也迎来了短暂复苏，当时它主办了国际选美比赛，也就是众所周知的世界小姐大赛。）此外，主要的温泉小镇对于多数居民与游客而言依然是"伊甸园的切片"（用一位疗养客的话说）。但是在第一次世界大战到第三帝国崛起的这段时间里，伊甸园确乎麻烦不断，经济不振、褊狭、排外与种族主义的加剧预示着纳粹统治下更为严重的问题。

战争中的大温泉

大温泉同时为第一次世界大战的开端与结束提供了舞台：巴德伊舍因对巴尔干发起敌对行动而"收获"战争策源地这一不光彩荣誉，而维也纳巴登和比利时斯帕则将在大战结束时"得享殊荣"。在现代人类最可怕的悲剧之一里扮演如此重要的角色，这并不是温泉需要负的责任。一如既往，温泉是可以偶尔干干坏事的好地方——恰如萨默塞特·毛姆的摩纳哥："阴暗人物的阳光之地。"假使世界领袖们能对温泉城镇的国际主义与和平共存的精神——把利益摆在国家与民族的对抗之前——抱以足够重视,那么战争或许根本就不会发生。

1914年6月28日上午,往常这个时候,奥地利皇储弗朗茨·斐迪南按说已经出门打猎去了,而非在他自己的狩猎小屋里,靠近萨尔茨堡的布吕恩巴赫堡（Schloss Blühnbach）便是皇帝在巴德伊舍的别墅,同其叔父弗朗茨·约瑟夫一样,他也喜欢大批消灭巴德伊舍当地的猎物。[1] 可这一天,他却坐在一辆敞篷的格雷夫-施蒂夫特（Graef and Stift）轿车的后座上,包括这辆大车在内的一个由6辆汽车组成的车队正威严雄壮地驶上萨拉热窝的阿佩尔码头（Appel Quay）。坐于斐迪南身旁的是他怀孕的妻子索菲——因为这位出生于捷克的女人的社会身份相对低下,所以她与皇储婚后诞下的子嗣被要求不得享有皇位继承权。

皇储是被他的叔父派去波斯尼亚首府主持军事演习的,此举是为了向相邻的塞尔维亚人——他们认为波斯尼亚是其老祖宗传下来土地的一部分——表明,维也纳依旧牢牢控制着这块帝国大约6年之前吞并的地区。大公选择的大摇大摆穿过萨拉热窝的日期则成了塞尔维亚人新的"眼中钉":1914年6月28日是科索沃"黑鸟之地"战役（Field of Blackbirds Battle）525周年纪念日,奥斯曼土耳其人在此役中击溃了塞尔维亚人,终结了他们的巴尔干帝国。在塞尔维亚人眼中,这些黑鸟如今还在为从屈辱中得到救赎而鸣叫。

6名隶属"黑手社"（Black Hand）[2]——一个行动隐秘、极端民族主义的暗杀组织——的成员此时自贝尔格莱德奔至萨拉热窝,埋伏于城中主干道阿佩尔码头,静候弗朗茨·斐迪南的到来。每名

---

[1] 弗朗茨·斐迪南与他的叔父一样热衷打猎,据说他一生共击杀了274 889只野生动物,一些大型动物是他在环球旅行中猎捕到的。他最大的遗憾,除了自己被套入袋中,便是1882年在美国西部旅行时错失了击倒一只灰熊的机会,更有甚者,牛仔们还为此取笑他。——原注

[2] 黑手社,1911年3月由塞尔维亚极端民族主义者德拉古廷·迪米特里维奇（绰号"阿匹斯"）建立的秘密组织,该组织反对奥匈帝国吞并波斯尼亚和黑塞哥维那,谋求在南斯拉夫地区建立以塞族为中心的大塞尔维亚。为实现该目标,黑手社成员多次潜入波黑实施自杀式袭击和恐怖活动,刺杀斐迪南大公的行动即由该组织策划。

恐怖分子都携带了小型炸弹，要掷向大公，同时还准备了可吞咽的毒药，以防行动失败。有4名恐怖分子可能已经提前咽下了毒药：他们因恐惧和犹豫不决而全身瘫软，甚至都没能丢出他们的炸弹。

唯一掷出炸弹的同谋者却未能击中大公的车，而是打中了另一辆，车上的两名士兵受了伤。这个家伙在羞愧之中吞下毒药，并从桥上纵身跳下，可毒药的效力却没能结果他性命，而他想象中的死亡一跃也只是令他安然落在了一片软绵绵的泥滩上。如今，"硕果仅存"的潜在杀手是一个名叫加夫里洛·普林西普（Gavrilo Princip）的年轻人，他离开了在阿佩尔码头的埋伏位置，对于是否还有机会成就命中注定的荣耀之日，他感到绝望。不过，普林西普没有彻底放弃刺杀计划，他在弗朗茨·约瑟夫大街找到一个新位置，这条路是大公计划的离开城市的路线之一。

若不是奥地利方面的愚蠢都超过了黑手社恐怖分子，弗朗茨·斐迪南本可以在他命中注定的灾难之日逃出生天。按计划到访市政厅后，皇储决定去医院探望袭击中受伤的士兵，按此方案，大公会自阿佩尔码头直接原路折返，从而跳过弗朗茨·约瑟夫大街。可弗朗茨·斐迪南的司机却没有被告知计划有变，他依照原有指示把车开上了弗朗茨·约瑟夫大街。当司机得知自己开错了，他把车停了下来，由于没有倒车挡，他不得不把车推回码头。而普林西普，手握一把左轮手枪，正站在离停车地点几米开外的地方。他所需做的只是走上几步，拔出枪，近距离平射皇室活靶子。索菲中枪后很快就因失血过多而死，弗朗茨·斐迪南则颈部中弹，在送医途中咽了气。他最后一句话是："索菲，索菲，不要死！要为我们的孩子活下去！"

如果那天弗朗茨·斐迪南能保全性命，那么第一次世界大战中阵亡的约850万人或许也都能活下来。至于普林西普，他试图开枪自尽，但一群人涌向他，打落了他的枪；他又吞下一些氰化物，但还没等毒药起作用，他便吐了出来。他被关入位于特莱西恩施塔特

（Theresienstadt）[1]的奥地利军事要塞，那个地方后来被纳粹改造成了一个装饰得像温泉的集中营"样板"。1918年，普林西普在该地死于肺结核。

哈布斯堡的行动传至巴德伊舍，皇帝弗朗茨·约瑟夫正在那里的别墅扎根落户，安享夏日温泉季。听闻侄子被刺杀的消息，皇帝悲痛万分，他沉思片刻，说道："太可怕了！全能上帝的旨意是不能被挑战的，一种更高的力量恢复了我无力维持的秩序。"在弗朗茨·约瑟夫看来，上帝显然不赞成弗朗茨·斐迪南与一个血统不尽如人意的女人结婚。毫无疑问，上帝也不喜欢大公自我标榜的中欧首席信使的身份，以及他常挂在嘴边的关于执掌权力后要在二元君主制下给予斯拉夫人更多权力的设想。（从百年后的后见之明看，这一合理的政治规划似乎成了20世纪错失的最惨痛的机遇之一，因为它可能，仅仅是可能，帮助哈布斯堡帝国免于卷入战争旋涡。）唉，弗朗茨·斐迪南遇刺其实只是加速了这一跌落的进程，因为在弗朗茨·约瑟夫看来，这种公然侵犯哈布斯堡权威的行为必须受到惩罚，事实上，皇帝和他的谋臣们都清楚，黑手社的行径给予奥地利一个欣然笑纳的机会，对长久以来一直是哈布斯堡的主要侧翼威胁的贝尔格莱德实施果断打击。

接下来的3周里，巴德伊舍繁忙得不可开交，帝国官员们纷纷造访这处小小的温泉镇，密谋维也纳对贝尔格莱德的报复。最后，他们决定向塞尔维亚人发出最后通牒——一个极为严厉且极具羞辱性的最后通牒。与其向对手提出一个黑手党式的"无法拒绝的提议"，奥地利人更愿意给出一个他们无法接受的提议。在数项不可谈判的条件中，最重要的是，最后通牒要求贝尔格莱德需允许维也纳方面参与对弗朗茨·斐迪南命案的调查，这明显是对塞尔维亚主权的挑战。

---

[1] 特莱西恩施塔特（捷克语名特雷津），捷克城市，第二次世界大战期间纳粹德国在此地设立"隔都"，用于集中管理波西米亚和摩拉维亚保护国内的犹太人口，隔都内环境恶劣，与集中营相差无几。至战争后期，纳粹开始分批次将隔都内的犹太人运往东部的特雷布林卡和奥斯维辛灭绝营。

贝尔格莱德预料之中的拒绝将给奥地利宣战以正当借口。

随着弗朗茨·斐迪南遇刺,巴德伊舍的皇帝别墅迎来的喧嚣繁忙并没有显著影响温泉镇的日常生活——尽管一些客人会专程向来来往往的哈布斯堡官员加油助威,但温泉季还是一如往日。同样,在维也纳巴登,有关萨拉热窝刺杀的消息引发了一阵短暂的兴奋,但并未引起太大的恐慌,更不用提什么末日预言了。斯蒂芬·茨威格当时正坐在巴登的疗养公园读一本关于托尔斯泰和陀思妥耶夫斯基的书,音乐台上传来了关于命案的消息:

> 当演奏当中音乐戛然而止时,我也就不由自主地停住了阅读[……]人群原本差不多如一个流动的浅色块在树间徜徉,现在似乎也有所改变。他们也都突然之间停在自己的动作上。一定是发生了什么事[……]我站起身来,看见乐师们正在离开演出场地音乐台[……]我走近一些才注意到,人们在音乐台前面东一伙儿、西一伙儿地聚在一起,个个神色紧张,挤着看一条刚刚贴出来的告示[……]知道这一刺杀消息的人越来越多,人们一个接一个地在传递这意想不到的消息。但是,请允许我诚实地说出真实情形:从人们的脸上看不到特别的震惊或者痛苦,因为皇储一点儿也不招人待见[……]两个小时以后,在人们身上已经看不到深重悲哀的迹象了。人们又开始有说有笑,到晚上咖啡馆里又开始演奏音乐了。[1]

类似场景也出现在奥地利的其他温泉地,甚至遍及整个哈布斯堡帝国,当一些外国报纸担忧萨拉热窝悲剧可能会引发针对塞尔维亚的破坏稳定的制裁时,维也纳《新自由报》(*Neue Freie Presse*)令人心安地评论道:"这起事件的政治后果被严重夸大了。"

---

[1] 译文参见斯蒂芬·茨威格,《昨日的世界:一个欧洲人的回忆》,吴秀杰译,北京:民主与建设出版社,2017年版。译文有所改动,下同。

实际上，在巴德伊舍与维也纳的幕后，弗朗茨·斐迪南并非全然不受欢迎的死亡已显露出不祥的意味，德皇威廉二世政府在柏林也极其关注这起事件，因为皇帝弗朗茨·约瑟夫和他的总参谋长弗兰茨·康拉德·冯·赫岑多夫（Franz Conrad von Hötzendorf）希望在对塞尔维亚发动任何可能引爆战争的行动之前，能够确保得到德国的支持。毕竟，贝尔格莱德得到了法国和（最重要的）俄国的支持，维也纳需要德国向圣彼得堡施加压力，迫使其远离冲突，以及/或是在俄国加入战局时向奥地利施以援手。奥国外交大臣利奥波德·冯·贝希托尔德伯爵（Count Leopold von Berchtold）因而致信德国外长，请求支持"消除"塞尔维亚这一"功率因子"，威廉毫不迟疑地答复他的朋友、他的老疗养伙伴弗朗茨·约瑟夫，一旦到了紧要关头，柏林会全力支持奥地利。

这份来自德国的保证会以"空头支票"被载入史册，但事实上，它还远不止于此：它成了某种来自柏林的要求对塞尔维亚人迅速采取行动的行军指令。奥地利驻柏林大使馆在发回维也纳的电报中说："［德皇陛下］非常理解［……］如果我们真的认为对塞尔维亚采取军事措施有必要性，他会为我们没能利用现在这一对我方极为有利的时机而感到遗憾。"

伊舍的温泉疗养客和其他中欧普通民众若在弗朗茨·斐迪南遇刺后的头几天还能表现得若无其事，或许是情有可原的；毕竟，德奥的众多高级官员依然在按他们的惯常风格行事，开始外出度假或前往他们钟爱的温泉疗养，当皇帝弗朗茨·约瑟夫执意留在巴德伊舍时，他的参谋长康拉德去了位于多洛米蒂（Dolomites）的高山空气疗养温泉。德皇威廉二世启程赶赴挪威，按计划开始海上巡游，德国外交部长戈特利布·冯·贾高（Gottlieb von Jagow）准备前往琉森湖度蜜月，帝国战争部长埃里希·冯·法金汉（Erich von Falkenhayn）到北海的于斯特岛（Juist）待了两周，德军总参谋长赫尔穆特·冯·毛奇则坚持在卡尔斯巴德泡澡，就像他每年的这个时候都会做的那样。(这位毛奇是普法战争中同名的伟大元帅的侄子,其身体与精神都出奇脆弱。)就在毛奇开始他卡尔斯巴德疗养的头一天,弗朗茨·斐迪南的生命不合时宜地终结了,据说罗马皇帝尼禄(这是杜撰的)曾在"罗马大火时也不误弹琴",就毛奇而言,可以说他确实是在战争的导火索被引燃时泡澡。

这根导火索着实太短了。7月21日,弗朗茨·约瑟夫在巴德伊舍批准了奥地利交付塞尔维亚的最后通牒,第二天,柏林(以冯·贾高的名义)做了同样的事;又一天后的下午6时整,维也纳给贝尔格莱德48小时的时间接受奥地利提出的条件,否则后果自负。军事打击并没有被明确列为后果之一,但所有人均对此心知肚明。足以说明问题的一点是,俄国外交大臣谢尔盖·萨佐诺夫(Sergei Sazonov)看到最后通牒的内容时惊呼:"这意味着战争!"德皇威廉的评论一样发人深省:"太棒了[……]现在[有必要]对准乌合之众的脚狠狠踩下去。"

现在我们知道,如果不是俄国人在最后时刻承诺,一旦塞尔维亚与奥匈帝国开战,俄国将给予支持,那么贝尔格莱德事实上本打算全盘接受奥地利的最后通牒,即便它十分严厉。有了这一关键保证(与普遍认为的"贝尔格莱德的最终反应和屈膝投降差不多"的观点相反),塞尔维亚颇为巧妙地回复了奥地利的最后通牒,其间混杂着含糊其辞、模棱两可、否认与不彻底的同意,归结起来就是要维也纳证明有关塞尔维亚是黑手社袭击同谋的指控。当塞尔维亚外交大臣将这份回函交予奥地利驻贝尔格莱德的代表沃迪米尔·吉斯尔·冯·吉斯林根男爵(Baron Wladimir Giesl von Gieslingen)时,这个奥地利人只花了一会儿工夫便明白其上级是不会接受这样的回复的。吉斯尔意识到塞尔维亚和奥匈帝国间的战争已迫在眉睫,迅速离开了贝尔格莱德,他的行李早就打包好了。

如果贝尔格莱德选择让步,那么战争依然是可以避免的,但这一可能性已极小,而且奥地利不打算给塞尔维亚太多重新考虑的时间。7月28日上午,就在弗朗茨·斐迪南遇刺整整一个月后,弗朗茨·约瑟夫签署了奥地利对塞尔维亚的宣战书。

弗朗茨·约瑟夫是在他位于巴德伊舍的凯撒别墅的书房里做出这一决定性行动的,皇帝用一根鸵鸟毛做成的羽毛笔签署了该命令——这对他来说可谓既不符合潮流又充满讽刺意味,因为他授意开启的这场战争将动用最新式的杀人技术。弗朗茨·约瑟夫坐在他的大办公桌前,在已故妻子茜茜的纯白半身像下,将他的名字写在了宣战书上。除了宣战书,弗朗茨·约瑟夫还签署了一份"对人民的呼吁",要求多语言、多种族、多信仰的哈布斯堡帝国在这一考验面前上下一心、团结一致。

奥地利在战争中的糟糕无能甚至在打响第一枪前便暴露无遗。由于维也纳方面于弗朗茨·斐迪南遇刺后戏剧性地关闭了其在贝尔格莱德的使领馆,外交大臣贝希托尔德在当地都找不到一个能亲手递交弗朗茨·约瑟夫的宣战书的特使(依照惯例,类似的文件需要以某种固定的程式递交)。德国拒绝代为转达这一讯息,因为德国想假装表现出对维也纳的意图一无所悉的样子。最后,贝希托尔德不得不通过电报向塞尔维亚宣战,这种方式既廉价又荒谬,连塞尔维亚总理尼古拉·帕希奇(Nikola Pašić)都觉得像个笑话。唉,也许雅罗斯拉夫·哈谢克(Jaroslav Hašek)在其战争讽刺小说《好兵帅克》(*The Good Soldier Svejk*)里早就为这出悲喜剧的开头写好了剧本:"如此愚蠢的君主国根本就不应当存在。"士兵帅克谈到这个他假装为之战斗的古老帝国时如此说道。

奥地利匆忙宣战后的巴德伊舍的景象也预示着一些并不那么可笑的战时现实。小镇上遍贴告示,宣布平民乘坐火车出行将受到限制,伊舍与维也纳间的非官方电话通话则将被压减。尽管大多数小镇居民与帝国内的其他民众一样,对向塞尔维亚宣战公开表示欢迎,可许多外国温泉客还是火速奔向火车站,趁最后的机会订好离程车票。在接下来的两天里,为数不多的几列提供平民座位的火车挤满了弃浴场而去的疗养客，当地疗养总监只能寄希望奥地利将军们可以信守"冲突会迅速胜利结束"的许诺。

然而冲突并没有像奥地利领导人们所希望的那样迅速结束，也未能停留在局部层面。随着相互捆绑的列强联盟的卷入，奥、塞间的冲突演变成一场范围更广的战争，必须指出的是，这类捆绑本可以轻松解除——意大利在1915年就毫不犹豫地抛弃了对德、奥的条约义务——相比较小规模的巴尔干冲突，一场范围更广的战争并不显得更有必要或无可避免。实际上，从奥地利进攻塞尔维亚到这场漫长"狩猎季"开幕的一周内，诸多好战的鲁莽之人——甚至包括德皇威廉二世——都曾数度临阵退缩。然而很不幸，有悖于克劳塞维茨明智的格言"战争实在太过重要，不能交给将军们来决定"，欧洲的政府领导人却放任其军方高层发号施令，后者的主要关切只有入侵的时间表和快速打击的必要性。按理这些领导人物本应该退至某些大温泉——比如巴德加施泰因或巴登-巴登——在那儿，他们可以在放松的按摩与舒缓的热水浴中以一种比较文明的方式来解决他们的分歧。这里我们无疑又遇上了另一个在我们以温泉为中心的近代世界编年史里的饶富趣味的"如果……将会怎样？"时刻（"what if?" moment）。

作为一场包罗万象的工业化冲突，第一次世界大战同时在战场与后方上演。德奥同盟国由于缺乏自然资源，严重依赖进口，若在多个战场展开消耗战，将处于下风。因而当其军队于8月初开赴战场时，鲜有领导人预料要打长期战争。德皇曾告诉他的小伙子们一句著名的话，他们会在"树叶落下之前"回家。中欧大温泉构成了这一重要的大后方图景里一个小而有趣的片段，追踪温泉在漫长的战时残杀中经历的命运，也成了考察1914—1918年同盟国走向溃败的全过程的一种方式。

正如巴德伊舍（以及其他奥匈疗养地）的居民对1914年7月下旬奥匈帝国对塞尔维亚的首波攻势齐声喝彩一样，当德国陷入对法国、俄国及英国的全面战争时，德国温泉地也在大肆欢庆。8月1—4日，在教堂钟声的映衬下，疗养地管弦乐团应狂热爱国分子的要求，一遍又一遍地演奏国歌。年轻女子们冲至位于欧斯的火车站，把热饮和鲜花送到刚入伍的士兵手上，这些士兵正搭乘首趟军用列车穿过镇子。同样，在巴特洪堡，疗养地管弦乐团与志愿消防队员的乐队一起演奏诸如《普鲁士荣耀进行曲》(Preussens Gloria)、《托尔高阅兵进行曲》(Torgauer)及《弗里德里希皇颂》(Fridericus Rex)等激动人心的进行曲。"伴随着歌声与音乐，洪堡的士兵们在狂喜之中开赴战场。"当地的一位回忆录作者记述道。

在巴特洪堡和其他德国温泉小镇，如此之多的年轻人突然离去，虽说这似乎像个节日，但也为疗养行业带去了劳动力短缺的问题。浴场服务生、医务护理员，甚至温泉医生都纷纷赶往前线了。如果这种劳力短缺没有与同样程度的客人流失一起发生，那么这一问题会显得更加严重。以巴特洪堡为例，来自敌对国家的疗养客都自动离开了；而在巴特埃姆斯，英国、法国和俄国公民被立即驱逐出境。

有趣的是，在巴登-巴登，一些来自协约国的疗养客人觉得他们可以在放弃宝贵的浴场之前再多待上一会儿，结果发现自己和聚集于其他地方的敌国侨民一起被扣押在了巴登-巴登，这座以世界主义闻名的小镇似乎一夜之间便成了仇外情绪的温床。此类本土主义的转变还表现在一系列仓促的名称更动上：凡是过去以法语或英语命名的酒店、餐馆、商店和公共建筑，如今都代以地道的德语名称——例如，"交际厅"(Conversation House)变为"疗养大楼"(Kurhaus)。这一时期的另一个标志则是带有国际主义和外国色彩的音乐或戏剧活动均被突然取消。在过去，伊弗茨海姆每年8月举办的纯种马"赛马周"曾是一项重要的国际赛事，但在1914年也被取消了。毕竟，如今一场别样的赛事——德军横穿比利时——正如火如荼地上演。托洛茨基曾说过："也许你对战争毫无兴趣，但战争却对你兴味盎然。"他是对的。1914—1918年的战争对身强体壮的年轻人如此"兴味盎然",以至于一日三餐都要以他们为食,一年的整整525 600分钟,无时或已。在第一次世界大战这场长达4年的战争中,平均每一分钟便有5名士兵死亡,仅是德国在战争的头6个月就伤亡了80万人。德国大温泉已习惯于经常性的死亡事件,但并不是以这样的规模,也并不包括德国自己的年轻人。第一位巴特埃姆斯的阵亡士兵于8月20日死在了比利时,至战争结束时,他与另外184名当地小伙子一同进了坟墓,有埃姆斯3倍大的巴登-巴登,一共在前线失去了510人;首位阵亡的巴登-巴登人(死于1914年8月9日)名叫马克斯·克里格(Max Krieg),真是贴切极了。[1]

战争像吞噬年轻的男性肉体一样饥渴地吞噬原材料与金钱,没过太久,贪婪的战争机器加上盟军严密的海上封锁带来的紧缩影响导致从金银到啤酒各种物资严重短缺(这后一种东西的匮乏对于巴伐利亚人来说可谓分外侮辱)。与其他城镇都市相同,德国疗养胜地也备受物资短缺困扰,或者说,那些地方感受到的压力更大,因为那里早已习惯为娇生惯养的疗养客提供大量进口商品。而在战争期间,不仅英国果酱、俄国鱼子酱和法国红酒难觅踪影,到了1915年中期,就连煤炭和基本食物的供应都处在危险的低水平,政府被迫实施严格的定量配给。到1916年秋天,巴登-巴登成年居民的食物配额被限定在每周1 400克谷物、125克干果和200克糖(所有这些大约只及人的正常消耗量的1/3)。所有学校的班级都被派至黑森林采集浆果和蘑菇,巴登-巴登的足球场则成了菜园子。

现金供应也出现了短缺,德国政府出于士气考虑不愿开征所得税来维持开销,柏林因而诉诸战时公债来为这场战争买单。另一个筹款策略则包括在国会大厦附近树立一个巨大的陆军元帅保罗·冯·兴登堡的木制雕像,爱国者可以捐献一马克在雕像的侧面敲入一枚钉子。每座城市通常都有自己的筹款策略,巴登-巴登选择了一座巴登州图腾兽——狮鹫,一种有如镇上一些治疗方法一样

---

[1] "Max Krieg"字面意思为"大战"。

"真实可信"的生物——的塑像作为筹款项目。矗立在城市商业区入口的这座巴登-巴登狮鹫雕塑在战时一共吸纳了2.4万马克的钱款。

就像其他地方的居民一样,并不是所有德国温泉镇居民在战时都承受相同的痛苦。富人自然更有条件支付黑市商人和投机农民的漫天要价,而住在较好酒店的客人也有渠道从老到的酒店物资保管员储备充裕的食品仓库里搞到吃的。战时温泉地奢侈生活的一个特别恶劣的例子是德皇威廉二世,他居住在巴特洪堡时一点儿都没感觉到贫困,皇帝经常待在那儿,因为从1917年3月—1918年初,这处皇室温泉小镇就成了他的个人总部。德皇住在洪堡时,每天早晨,面包师都会把新鲜的餐包送至城市宫(Stadtschloss)的厨房,城堡炉子所需的高质量无烟煤也会定期运达,不过这些煤通常是在夜幕降临后运来的,以免引发没暖气可用的一般居民的嫉恨。但这种"迷魂阵"并不管用,"人民开始质疑,"当地一位评论家写道,"皇室成员是否意识到,包括洪堡居民在内的普通民众在艰难的战时环境下究竟遭遇了多少苦难。"当洪堡的老百姓在一本柏林杂志的封面照片"战场上的皇帝"中认出了作为背景的当地城堡公园(Schlosspark)时,他们也并不觉得可乐。意识到德皇的摆阔炫耀在一般的小镇群众中引发了"巨大反感",皇帝的侍从武官之一,海军上将格奥尔格·冯·穆勒(Georg von Müller)微妙地暗示皇帝陛下,是否想在其日常生活中展现一些战略性的"斯巴达主义"。根据冯·穆勒的说法,威廉心领神会,他对当地人的情感"表现出体谅",意志坚定地限制自己只在每片吐司上抹一小块黄油。另外,1917年4月3日"奥地利日"的排场却丝毫没有减省,当时威廉邀请新任奥皇卡尔以及陆军元帅兴登堡、埃里希·鲁登道夫将军、宰相特奥巴尔德·冯·贝特曼-霍尔维格(Theobald von Bethmann-Hollweg)到洪堡,进行一些毫无结果的战略规划。大约一年后,威廉及其家人离开了洪堡——这成了一场永别。德皇将他的总部移至比利时斯帕。我们可以笃定地推想,普通洪堡人一定十分乐见"皇帝陛下的屁股"

消失于道路的尽头。

早在德皇从洪堡溜之大吉前,中欧温泉地自疗养客离开后,各种诊所、疗养院和酒店里空空如也的床位就被另一类型的客户填满了:接受治疗的伤兵以及享受温泉度假补贴的军人家属。巴登-巴登早在1914年8月22日即开始接收在比利时战斗中受伤的士兵,他们被安置在兰德斯浴场,那里被匆匆改造为一所军医院,尽管巴登-巴登在战时并未被官方正式宣布为"军医院城"(Lazarettstadt),但自1915年起,巴登-巴登几乎所有的疗养院及诊所都在为军队提供各式各样的服务。被普鲁士陆军部接管的巴特埃姆斯成了医疗站,完全进入军事模式,夜间实施灯火管制,一切桥梁和铁路道口都安排了特别警卫队看守。巴特洪堡也接收了伤兵,不过依照检伤分类,被送到这处温泉的伤兵伤势往往都不太严重。为轻伤士兵准备的"后备野战医院"(Reserve Lazaretts)设立在洪堡的鲍姆施塔克医生疗养院以及当地其他一些酒店。当地一家酒店的老板成立了一个特别基金会,为士官、现役军人以及他们的家属提供在奥古斯塔酒店休假一周的开销,许多来奥古斯塔酒店休假的人都是工人阶级出身,他们在洪堡的补贴之旅相当于是大温泉的"人生初体验"。尽管以洪堡的标准,这些战时的欢娱既短暂又简朴,但它们却将洪堡以及其他富丽堂皇的古老温泉引向一个大不相同的未来。

这并不意味着,对于打定主意继续前往他们钟爱的疗养地的疗养客和度假者,德国温泉那令人熟悉的面相已经消失殆尽。费利克斯·吉尔伯特(Felix Gilbert)[1]是个巴登-巴登人,童年时搬至柏林(他后来成了美国一位杰出的历史学家),在战争爆发的头3年里,他每年夏天都会与母亲一起到巴登-巴登短期休假。他在一本载满记忆的回忆录中提到,柏林许多中上阶层的家庭也会做和他们一样

---

[1] 费利克斯·吉尔伯特(1905—1991),毕业于柏林大学,其研究生涯起步于西方史学史,在著名历史学家弗里德里希·迈内克的指导下完成了关于德罗伊森的博士论文。后受聘于美国普林斯顿大学,毕生从事西方史学史、外交史、文艺复兴时期的政治史与政治思想史方面的研究。著有《历史学:政治还是文化》《欧洲时代的终结》等。

的事，的确，吉尔伯特和他的母亲无法不注意到一些大酒店已经倒闭了，另一些则被改成了医院。他们在里奇滕塔勒大道上还看见了几个流浪汉，更为不祥的是，他们听到了远处的枪声，头顶上偶尔还会有法军飞机掠过。"但是，"吉尔伯特总结道，"对于大多数［游客］而言，在巴登－巴登的度假与和平时期并没有太大不同。"

威斯巴登的战时经历与巴登－巴登和规模较小的那些德国温泉略有差异，因为其疗养产业已被嵌入了一个异常庞大的都市景观之中。同样，在1914年，这处温泉的外国顾客的占比也非常高。尽管威斯巴登接受柏林方面的官方立场，即这场战争是对俄国侵略的正当防卫，但该市的发言人还是小心翼翼地坚称，他们的城镇不敌视外国人——即便是法国人、英国人和俄国人。正如一份报纸评论所言："这座城市的居民完全懂得，并不是所有英国和法国公民都支持本国政府的激进政策。［此外］他们对俄国人极为熟稔，明白这个国家的精华绝不会与沙皇专制统治沉瀣一气。毫无疑问，庞大的俄罗斯帝国中成千上万的民众都会在心里祈望，俄国不会在一场由疯狂的独裁专制强加给欧洲的战争中取胜。"

与德国温泉世界的"同伴们"并不相似的是，威斯巴登在敌对状态开始后没有驱逐或扣押任何敌国疗养客，它庇护着滞留在高级酒店内的数百名英国人、法国人和俄国人。另外，虽然战争的爆发确实削减了外国访客的数量——单纯的旅行困难就使游客流失变得无法避免——但一些来自中立国的游客仍会继续前往温泉。毫不奇怪，当地的酒店老板和浴场业主希望能尽可能保持外国客流（毕竟，招待外国游客总比接纳伤兵或吝啬小气的军人家属要划算太多了）。可照管敌国的侨民，甚而至于吸引新客人，都因威斯巴登开始遭受全国各地如出一辙的那种食品与燃煤短缺而变得日益艰难。为满足外国大队人马的需要，当地疗养行业领袖向普鲁士政府请愿，要求放松食品配给限制，以便能额外输入口粮。

通常情况下，威斯巴登市政当局对疗养行业都是有求必应，可看似无休无止的战争给壮大的劳工阶层带来了太多焦虑和痛苦,他们不愿看到富有的外国人坐享特权。1917年4月,为平息民粹主义者的怒火,警察局长禁止报纸再刊登牡蛎、鱼子酱和其他美味佳肴的广告。之后不久,威斯巴登市长致信普鲁士政府,呼吁关注疗养行业的特殊需求,该行业的存续依赖数百个工作岗位,他同时还呼吁关注城内穷人的绝望处境,他们中的大多数与温泉世界毫不沾边,这些穷人对疗养业主及其客人的敌意正在将整座城市置于四分五裂的险境之中。市长认为情况正一日坏于一日,他建议普鲁士政府要么给威斯巴登的疗养界发放额外配给,要么干脆就禁止商务旅客外的一切外国人进入城市。显然,威斯巴登市长明白第一项选择是行不通的,他实际转向了彻底地反对当地疗养业,这可谓非比寻常之事了。

相比威斯巴登市长以及与他对立的辖区选民遭受的苦难——尽管这些苦难折射出一种席卷全国的、更加广泛的不满气氛——柏林有更紧迫的问题需要关心。在黑森州立档案馆,我们找不到任何证据表明柏林对威斯巴登市长的提议作出过答复,而且无论怎么说,威斯巴登也很快遇到了其他的问题,在战争的最后两个月,它遭到法国飞机的轰炸,成了德国的主要疗养地中唯一受此侮辱的地方。

比之德国西部的主要疗养地,奥匈帝国的大温泉受第一次世界大战(至少在战争初期)影响的程度还要小得多。战斗都发生在遥远的地方——没有枪炮声或飞过头顶的敌机——布拉格和维也纳的市民们继续在加施泰因、伊舍、卡尔斯巴德和马里昂巴德享受他们惯常的夏季疗养。

那个时候,在布拉格勤奋工作的保险推销员弗朗茨·卡夫卡打算休个假,治疗一下他持续的头痛和虚弱的肺(他将于1917年被诊断出肺结核)的时候,他想到了马里昂巴德。卡夫卡曾在战前去那里出差,他再一次被这座小镇令人神往的魅力折服了。除了这层恰到好处的诱惑,卡夫卡还将马里昂巴德视为与分分合合的费莉丝·鲍尔（Felice Bauer）重燃旧情的绝佳地点。费莉丝·鲍尔是他1913年通过朋友马克斯·布罗德（Max Brod）认识的一位年轻犹太女孩。在与费莉丝见面后不久，他写信给她说，他"不介意［在马里昂巴德］独自待上几个月，估量一下自己的处境"。不过到了1916年，他希望能与未婚妻一同分享这个迷人的地方。他选择马里昂巴德而非卡尔斯巴德作为爱巢的原因，一如他在当年5月写给费莉丝的信中所言："卡尔斯巴德令人愉悦，可马里昂巴德美得让人难以置信。""很久之前，"他在谈到马里昂巴德作为一处减肥中心的名声时进一步吐露道，"我就应当遵循我的直觉，那便是最胖的人最聪明［卡夫卡自己呢，作为一名健康饮食专家霍勒斯·B. 弗莱彻（Horace B. Fletcher）[1]"每分钟咀嚼100下"原则的忠实信徒，可谓相当之瘦］。毕竟，人们大可以在任何地方节食，也无须向矿泉顶礼膜拜，可只有在这里，一个人才能在这样的树林间徜徉。"

唉，到了弗朗茨和费莉丝终于决定在1916年7月于马里昂巴德约会10天时，当地美景却无法完全抵消长久的亲近带来的挑战。由于不习惯每次在一起共处超过一两天，这对情侣不停地争吵。当他们试图躲开巴尔莫勒尔堡酒店（Hotel Schloss Balmoral）那个令人深感幽闭恐惧的房间而去到林中散步的时候，天空又下起瓢泼大雨。弗朗茨试图在《圣经》中求得安慰，但也无济于事。他7月5日的日记读来充满沮丧："一起生活的劳累。我们为陌生、同情、肉欲、胆怯、空虚所迫，而只有在深深的底处，大约是一条细细的小溪，才值得被叫作爱，探索到它极不容易，如在一瞬间的瞬间里闪现一下而已。"[2] 马里昂巴德也没能治好他的头痛，更别提他的肺病了：

---

[1] 霍勒斯·弗莱彻（1849—1919），美国营养学的革新者，主张吞咽食物前需彻底咀嚼（至少32下）直至液化，以便完美吸收食物营养，避免肥胖。这一理论曾在20世纪初至20世纪30年代风行一时，弗莱彻由此获得"伟大咀嚼者"的雅号。卡夫卡是弗莱彻咀嚼理论的坚定信奉者，据他留下的书信，他在1920年去意大利梅拉诺入住一家疗养旅馆时，要求老板娘为他单独安排餐桌，以便自己不受干扰地进行"弗莱彻咀嚼"。

[2] 译文参见弗朗茨·卡夫卡，《卡夫卡全集（第6卷）：日记》，叶廷芳主编，孙龙生译，石家庄：河北教育出版社，1996年版。译文有所改动，下同。

中欧大温泉

"我很痛苦，"他在 7 月 4 日的日记里承认，"有两块小木板对着我的太阳穴旋转。"

卡夫卡是犹太人的事实让我得以继续探讨第一次世界大战对中欧犹太人的处境意味着什么，或更确切地说，对中欧大温泉的犹太疗养客意味着什么。总体来说，德国与奥匈帝国的犹太公民和他们的非犹太同胞一样迅速地拥抱了战争——实际上，他们的热情甚至更高，因为他们把参与战争视为显示其爱国主义和认同感的机会。德意志犹太信仰公民中央协会（Centralverein deutscher Staatsbürger jüdischen Glaubens）号召德国犹太人要"以远超过去的责任标准"报效祖国。犹太妇女协会（Israelitische Frauenverein）巴登－巴登分会敦促其成员各尽其能，譬如当志愿护士，在危难时刻保卫国家。在奥地利，西格蒙德·弗洛伊德于战争打响时经历了一场始料未及的爱国主义情绪大爆发。"也许这是 30 年来的第一次，"他在给弟弟亚伯拉罕的信中写道，"我感到自己是个奥地利人，并觉得应该给这个前途无望的帝国一次机会。"弗洛伊德很欣慰能在卡尔斯巴德的奥地利犹太同胞那里碰到类似的情绪，在战争开始时，他正在那里疗养。奥地利－以色列联合会（Austro-Israelite Union）1914 年 7/8 月的通讯沉痛地宣告："在这一危险的时刻，我们［犹太人］将自己视为具备完全资格的国家公民［……］我们要用我们孩子的血和我们的财产感激皇帝陛下让我们获得自由；我们要向这个国家证明，我们是它真正的公民，与其他任何人一样好［……］这场战争之后，不会再有反犹主义，我们会获得彻底的平等。"

很难想象一个比这更加充满幻想的预言了。长期战争非但没能缓和反犹情绪，还加剧了它。德奥犹太人，正如他们的游说团体所宣称的那样，为战争尽了全力，大量犹太人死在了前线，可即便如此也未能使他们免于懒汉和奸商的斥责。就德国来说，战时反犹主义不光彩的极点出现在 1916 年夏天，由普鲁士陆军部组织的所谓的"犹太人普查"（Judenzählung）。这一项目本是为了记录犹太人在前线"代表性不足"的问题，而当普查员发现实际情况恰好相反时，他们便把结果封存了起来。

令人遗憾的是，德国的犹太媒体报道称，反犹的政策与行动都未有减少。中央协会不得不在战时持续开列种族主义温泉的"警示名单"。之前被列入黑名单的反犹度假胜地没有一处在表现种族主义敌意上有所收敛；相反，这些地方积极参与对犹太人的大肆毁谤，说他们是逃兵和发战争财的投机商。尽管豪华疗养地依然避而不谈战时大肆传播、来势汹汹的反犹仇恨，可在中央协会看来，旷日持久的危机使人们没有理由相信，这点相对的宽容会在流血杀戮后存活下来。

相对而言，哈布斯堡帝国的大温泉也未受维也纳和布达佩斯等大城市的反犹主义影响，这些城市的街道里挤满了被俄军驱逐的加利西亚犹太难民。战争爆发后，犹太银行家维克托·伊弗鲁西（Viktor Ephrussi）将妻儿送至巴德伊舍避难，战时的巴德加施泰因则庇护了一些巴伐利亚犹太人，他们是为了躲避国内日益高涨的反犹敌意而逃至那里的。但人们不禁想知道，如果这个历史上一直试图保护其多样化的少数族群的哈布斯堡帝国在战争当中失败了，那么奥地利还会为犹太人保留任何安全避难所吗？

随着战争的持续，这个帝国的存续已变得愈发不确定，坦白地说，拥有近750年历史的哈布斯堡君主国正像一件廉价西装一样四分五裂，大部分信仰帝国事业的人在战争的头几年就死掉了，从1916年开始，哈布斯堡君主国便因罢工、兵变以及其统治下的各民族的分离主义骚动而陷入瘫痪。1916年11月继承弗朗茨·约瑟夫之位的卡尔皇帝[1]无力应对此种局面，这需要极强的能力，而不是卡尔这个

---

[1] 卡尔一世（1887—1922），1916—1918年在位，奥匈帝国末代皇帝。1914年斐迪南大公遇刺身亡后，被立为皇位继承人，1916年11月继伯祖父弗朗茨·约瑟夫一世之位加冕奥匈帝国皇帝，即位后试图通过谈判，和平结束第一次世界大战，但未能成功。第一次世界大战末期，奥匈帝国迅速走向解体，1919年4月，奥地利议会正式推翻哈布斯堡王朝，将卡尔终身驱逐出奥地利。

人所表现出的那种装模作样的平庸。1918 年 10 月下旬的维托里奥 – 维内托战役，奥匈帝国耻辱地败给了意大利人，这成了压垮帝国的众多稻草中的最后一根。

不过，对我写作本书的目标而言颇为幸运的是（假如说对奥地利方面的作战努力而言并非如此的话），奥匈帝国的统帅部在战争最后阶段转移至了哈布斯堡的一处大温泉——维也纳巴登，与它的众多同侪一样，这处温泉很早便成了一座"军医院城"，照管着 1.5 万余名伤病员。刚成为皇帝不久的卡尔在位于广场的"皇宫"（Kaiserhaus）设立了他的个人总部，军事指挥高层则接管了一所教区学校。1918 年初，穿着德国将军制服、周身妥帖的皇帝卡尔在维也纳巴登市政厅接待了身着奥地利军服的德皇威廉二世。尽管双方乏味老套地交换了意见并互示尊重，但奥地利人很快便开始秘密筹划提前退出战争。至于维也纳巴登呢，它在 1917 年和 1918 年初遭遇了小麦和煤炭的严重短缺，不过，皇帝与帝国统帅部的到来大大改善了食品方面的问题；毕竟，这些头面人物得保持好体力以迎接投降。

正当维也纳巴登送别哈布斯堡家族之时，1918 年 11 月，比利时斯帕为霍亨索伦家族失去对德国的统治预备好了豪华活板门。这一年 3 月，德皇将其个人总部从巴特洪堡移至斯帕，当时德国最高统帅部（OHL）已在地堡内就位。最高统帅部一到斯帕，便接管了当地最好的宅子——布里坦尼克酒店（Hôtel Britannique），它是欧洲的顶级酒店之一（舒适程度都赛过了其名称的负面含义）。撇开舒适不谈，这座比利时温泉小镇几乎没给德国的军事指挥官们带来期望中的快乐。鲁登道夫将军最后的夏季攻势一败涂地，在不久前抵达的数千美军的关键协助下，协约国部队于 8 月和 9 月发起了强劲反攻。有趣的是，鲁登道夫在一定程度上把他最后进攻的失败归咎于另一个新来的家伙——"西班牙"流感，它着实大大加深了每个西线人物的悲惨命运。（与此同时，一些美国人则声称是德国人制造了这种传染病,并用潜艇把疾病运到了美国!)

到 1918 年秋,鲁登道夫崩溃了。他在斯帕接受当地医生和最高统帅部的主任医师阿尔伯特·霍克海默医生(Dr. Albert Hochheimer)针对重度抑郁症的治疗。霍克海默要求他定期洗热水澡、长时间散步并保证充足的休息。尽管鲁登道夫的状况持续恶化,但他还是颇为精明地劝说德皇威廉在国内实施政治改革,大力强化国会权力。鲁登道夫推动了此一行动步骤,因而,是民间的国会议员而非军方首领出面签署了那份军人们都知道即将到来的《停战协定》。于是,恰恰是在历史悠久的疗养小镇斯帕,埋下了战后"刀刺在背"传说(Dolchstosslegende)[1]的种子——这一致命寓言将德国在第一次世界大战中的耻辱战败归咎于国内民众"叛徒"而非事实上的军人祸首。

对德皇威廉来说,斯帕也不是个更令人愉快的地方,除了自己轻微感染了西班牙流感,他不得不面对一个悲惨的现实:他为德国缔造"繁荣昌盛"的长久帝国的期望,要在比利时阴雨连绵的昏暗之中破灭了。更糟的是,德国国内忍无可忍的民众与华盛顿的威尔逊总统均明确表示,无论是威廉还是他们霍亨索伦家族的任何继承人都别指望在德意志帝国继续掌权。由于担心若是回到柏林,他可能会被吊死在灯柱上,11 月 10 日,就在社会党领袖菲利普·谢德曼(Philipp Scheidemann)于国会大厦的阳台宣布新的德意志共和国成立的一天之后,威廉告别了斯帕,跨过荷兰边境开始流亡生涯。

德国温泉小镇与魏玛共和国

在第一次世界大战即将结束的几天里爆发的革命席卷了德意志

---

[1] 刀刺在背,指第一次世界大战结束后,德国民族主义者和右翼分子编造的流言,认为德国的战败并不是输在战场上,而是由于国内的邪恶势力出卖所致,邪恶势力的代表则是犹太人。"刀刺在背"的论调迎合了第一次世界大战后德国民众的民族挫败感、政府上层人物推卸战争责任的心理以及社会上普遍弥漫的反犹情绪,成为此后纳粹党上台的重要思想背景。

"第二帝国",连这个国家的大温泉也感受到了革命的存在,尽管其感受不如柏林、汉堡和慕尼黑这些大城市那般血腥。然而,与那些大城市一样,一个工兵委员会在战争结束后控制了巴特埃姆斯数周时间。1918 年 12 月 1 日,市长尤金·舒伯特(Eugen Schubert)在疗养宫向这个好斗的组织发表演说,投机地表达了对革命的支持,但也以最符合疗养地的风格,呼吁政治上的冷静与社会稳定。同样,威斯巴登也一度受到革命委员会的控制。在巴登-巴登,相较而言,地方上的激进分子(只有少数几人)并不活跃,权力主要由早已建立的市议会(Stadtrat)来行使。出于对往昔革命动乱挥之不去的历史记忆,巴登-巴登市民匆忙建立起"自卫"(Selbstschutz)组织,其主要目的是防范类似柏林、慕尼黑和德国中部部分地区的共产党暴动。

在第二次世界大战后巴登-巴登会遭遇法国严酷的军事占领,这将成为它的悲惨命运;而第一次世界大战后则是巴特埃姆斯和威斯巴登的市民逢此运数。这些城镇属于被法国占领的德国西部大片地区——莱茵河左岸以及莱茵河右岸的美因茨、科布伦茨和科隆周边的桥头堡,这些地方是赔款担保以及潜在的德军进犯的缓冲区。就巴特埃姆斯而言,法国人一定将他们的占领视为对 1870 年从这一小镇发出的电报的令人心满意足的报复,巴黎还向占领军中配备黑人及阿拉伯人的殖民地军队,用这种方式在德国人的伤口上撒盐。担忧其"种族纯洁性"的德国居民斥责这一策略为"莱茵河上的黑色之耻"。巴特埃姆斯的占领持续了 10 年,约 4 000 名士兵征用学校、医院、大型酒店和众多私人别墅作为部队住所。这些新居民并不怎么善待他们的住处,很快,许多别墅看起来更像是破旧的营房和学生租屋,而非曾经富丽堂皇的私人宅邸。失去重要的酒店空间,对于巴特埃姆斯的疗养行业可谓是毁灭性的,更不用提四处抢掠的士兵的存在了。洗浴客流几乎降至了零。威斯巴登的境况也如出一辙,法国人对当地的占领持续至 1925 年,之后又将其移交给英国人。

与埃姆斯一样，四五千人的强大法国占领军征用了威斯巴登所有上好的酒店，以及大量医院、学校以及私人住宅——后者总计约有 800 处。为确保部队能获得足够的食物和煤炭，威斯巴登的法国当局大幅削减当地居民的煤炭供应，并强行实施食物配给制，相形之下，过去的战时配给都显得慷慨。他们也限制本土居民自由进出，且严禁任何资金转移。最后，为了提醒当地人谁才是老大，法国占领当局要求威斯巴登和埃姆斯的所有市民无论何时何地见到法国军官都要向他们敬礼。偶尔，会有法国度假者来到镇上，沉醉于这一奇观，并靠着他们本国货币的巨大购买力占尽便宜（实属不容错过的罕见事件），可除此以外，前往闻名的威斯巴登浴场的平民游客可谓寥寥无几。

战时发生于前线的暴力，在和平时期的德国经由左翼与右翼的暗杀和暴乱寻找到了一条新的宣泄途径。尽管所有这些暴乱都失败了，然而它们，连同一系列右翼杀手团伙组织的针对那些与令人痛恨的新"魏玛"共和国相关人物的残忍袭击，使这一政治实体的稳定在其脆弱的早期阶段便遭到了危险破坏。

德国疗养胜地并未直接卷入这场乱局，但值得注意的是，战后最臭名昭著的一次政治暗杀便发生在巴德格里斯巴赫（Bad Griesbach），一个离巴登－巴登不远的黑森林小镇。1921 年 8 月 26 日，1918 年停战协定的签署人之一马提亚·埃茨贝格尔（Matthias Erzberger）在晨间散步时被两名民族主义狂热分子枪杀。杀手逃往慕尼黑避难，在 1919 年春短命的"苏维埃共和国"[1]被摧毁后，慕尼黑便成为包括阿道夫·希特勒在内的共和国右翼敌人最青睐的落脚点。连续的政治谋杀绝难成为旅游业、医疗相关行业或其他行业的吸引要素，这些袭击彻底突破了德国疗养行业的底线。

---

[1] 巴伐利亚苏维埃共和国，德国十一月革命期间，由共产党人和独立社会民主党人左翼建立的红色革命政权，成立于 1919 年 4 月，后遭魏玛政府方面的残酷镇压，于同年 5 月 2 日失败。苏维埃共和国被镇压后，巴伐利亚逐渐成为魏玛共和国时期德国民族主义、保守主义的阵地和纳粹党的"温床"。

就经济层面而言,暴乱和暗杀也进一步削弱了已因不计后果的战时借贷而严重贬值的国家货币,1918年末—1923年末,曾无比坚挺的德国马克彻底崩溃了,其恶性通胀达到了现代世界前所未闻的水平(值得庆幸的是,这种程度的通胀此后再未出现过,虽然有些国家还在为此努力)。此处无须再赘述价值百万马克的啤酒和妓女丢下大面值钞票而宁可要一根香烟的故事,当然,就像魏玛早期的各种可怕经历,灾难性的通货膨胀令温泉地雪上加霜,由于缺乏可用的货币来维持生意,疗养地也和许多德国城镇一样,开始印制自己的"紧急货币"(Notgeld)。此类应急货币只能在当地使用,由城镇能控制的一切资产作担保。例如,巴登-巴登即以其大浴场作为主要抵押品,于1923年10月发行了总价值14 650亿马克的应急货币。巴登-巴登以这种"水担保"货币支付市政雇员的工资,并在1919年法国重新兼并阿尔萨斯后,为数以千计的被驱离的德裔人口提供福利补贴。巴特埃姆斯和威斯巴登则有受法国支持的分离主义运动印制的应急货币,该运动的目标是建立一个紧紧受法国束缚的"独立莱茵兰"。这些相互竞争的货币使得马克愈发孱弱。1923年11月20日,巴特埃姆斯居民不得不为一磅品质极差的人造黄油支付150万马克,为一小蒲式耳土豆付300万马克。巴黎对马克的崩溃毫不在意,因为德国赔款必须用黄金和实物商品支付,法国游客也同样对货币崩溃满不在乎,因为这意味着他们可以在德国——包括德国温泉地在内——尽享超低价购物狂欢。不过,愿意前往德国"扶贫"的法国游客或疗养客相对稀少,尤其是当民族主义狂热分子们高声呼喊反法口号之时——这一大声疾呼随着1923年初法国军队为报复德国拖欠赔款,占领了德国工业心脏地带鲁尔河谷而更加响彻云霄。

与此同时,德国公民也无法填补外国温泉游客的不足,早在1919年1月,马克尚未真正卷入死亡旋涡之前,一位经过威斯巴登的英国记者就注意到,主食的价格已经使那些不得不用马克支付的人预算吃紧。他提到，一磅黄油的价格高达 30 马克——尽管这一价格实际上并无太大意义，因为黄油只能通过烟草等同样紧俏的商品以货易货取得。无论怎么看，当这些德国的准疗养客连黄油都几乎买不起的时候，他们是不大可能花钱泡热水澡的。

通过引入一种新式货币——地产抵押马克（Rentenmark）——德国恶性通胀的悲惨年代在 1923 年末迎来可喜的终结。这种新货币由政府抵押的土地和工业资产作担保，尤为重要的是，饱受惊吓的民众愿意信任它。不过，由于德国国内的政治暴力活动已开始减少，而与此同时，旧的货币还尚未回收干净，因而有那么一段短暂时期，外国游客可以在德国超现实的经济窘境中大占便宜，且不会遇到被殴打或枪击的危险。英国人慢慢回来了——尽管几乎都是英国中产阶级，拥有土地的绅士贵族正忙着在国内拯救他们的乡间地产，使其免于沉重的遗产税、节节攀升的维护费用以及其他的现代恐慌。就连法国游客也冒险去了莱茵兰的疗养地，不过与英国人一样，这些游客和往昔挥金如土的贵族大相径庭，他们大多数都只会停留几天。尽管如此，外国顾客的缓慢涌入意味着大温泉在经济上逐渐复苏，而且比德国的其他地方都要早一些。

一旦新货币越来越受欢迎，且恢复了一定的战前坚挺度，在德国疗养胜地，英、法温泉游客尽管现在人数更多，却不得不让位于美国人，居于次席。1926 年，巴登-巴登豪华的布伦纳公园酒店（Brenner's Park Hotel）超过半数的客人是美国人，布伦纳的一些美国客人甚至从美国国内带上了自己的私家车——那还是一个美国富人爱开美国车并乐于炫耀它们的时代。

美国温泉客成为一场更大范围的侵入的组成部分，1922 年末—1929 年，用 F. 司各特·菲茨杰拉德（F. Scott Fitzgerald）贴切的话来讲，大批美国人"一船接一船"地涌入欧洲，包括德国在内。美国人在欧洲观光旅游业中鹤立鸡群乃意料之中，毕竟在那些日子里，美元才是王道。英、法都欠了美国一屁股债，新近苏维埃化的俄国流出大量难民，其中一些人足够富有，能从潦倒的德国主人手里抄底买入疗养地别墅，但俄国已然不再是"保健朝圣"的可靠客流来源了。到最后，或许再合适不过的是，德国疗养胜地——作为这一国度的最高缩影——理应被同一群人拉回相对繁荣的境地，而这群人的银行正通过发放德国急需的贷款拯救着整个德国经济。当然，这种经济上的依赖也有其缺陷：假如金主大人美国自己破产了又当如何呢？

在"黄金二十年代"（Golden Twenties）中期的德国温泉，没有人有太多意愿思索未来灾难的可能性：目下面临的挑战已经层出不穷，包括当所有艺术活动似乎都转移至柏林时，如何维持文化活力的问题。随着首都吸纳了全国各地（包括蠢笨、偏右的慕尼黑）的人才，水疗度假胜地极可能最终沦为除了水一无所有之处——或可谓"一潭死水"。

上述情况并未发生——至少没有完全化为现实——因为机巧的疗养总监和酒店业主拒绝让它发生。事实证明，令人兴奋的魏玛文化不仅体现于颓靡的首都柏林，也表现在大温泉镇。在扰攘的1919年，巴登-巴登的疗养大楼剧院上演了瓦格纳的《特里斯坦与伊索尔德》和《飞翔的荷兰人》（*Der fliegende Holländer*），以及英格伯特·洪佩尔丁克（Engelbert Humperdinck）的《汉泽尔与格蕾太尔》（*Hänsel und Gretel*）。在随后的几年中，曼海姆国家剧院歌剧团造访巴登-巴登，布鲁诺·瓦尔特（Bruno Walter）领衔的柏林国家歌剧院和埃里希·克莱伯（Erich Kleiber）的纽约大都会歌剧院也接踵而至。1925年，意大利的皮埃特罗·马斯卡尼（Pietro Mascagni）带着他的《乡村骑士》（*Cavalleria Rusticana*）来到这里。最重要的是，1926—1929年，保罗·欣德米特（Paul Hindemith）指导的德国室内音乐节（German Chamber Music Festival）每年夏季都将这处温泉作为主场，这使得巴登-巴登一跃成为魏玛先锋艺术的活跃前哨。

1927年，室内音乐节首次公演了众多革新性作品，包括达律斯·米约（Darius Milhaud）的《欧罗巴的梦魇》（*Rape of Europa*）

和欣德米特自己的《往返》(Hin und Zurück),以及魏玛时代两位偶像人物贝托尔特·布莱希特(Berthold Brecht)与库尔特·魏尔(Kurt Weill)的首度合作,即《马哈哥尼之歌》(Songspiel Mahagonny),这部有争议的作品后来被称为《马哈哥尼》(Das Kleine Mahagonny)以区别于两人的多幕歌剧《马哈哥尼城的兴衰》(Aufstieg und Fall der Stadt Mahagonny)。很难想象"坏小子"布莱希特会抽着难闻的雪茄、身着破烂皮夹克试图在恬静的巴登-巴登以一个工人阶级的形象亮相,更别说在那里表演了;而他与魏尔的作品的确显得与这座小镇格格不入。基本上这部作品就是有关"马哈哥尼"生活的一堆刺耳歌曲的大杂烩,在"马哈哥尼"这一虚构的狂野西部的愚人天堂(混合了《灼热的马鞍》[Blazing Saddles]与杰克·伦敦笔下的克朗代克河),淘金客们昼夜不停地厮杀、嫖妓、赌博、大口痛饮威士忌。但考虑到该作品的"美国"背景,乃至20世纪20年代巴登-巴登对美国金钱的依赖,或许这座小镇还是一个适宜的演出地点。

不管怎样,巴登-巴登当局对布莱希特的怀疑是无可否认的,当他们听闻布莱希特打算让两个女主演——其中一个还是魏尔的妻子罗蒂·兰雅(Lotte Lenya)——裸体登上舞台时,更是完全被吓到了。他们迅速否决了这一设想。可即便没有裸体主义,《马哈哥尼》最终还是震惊了许多观众。令观众们倍感惊愕的是,舞台上有一个拳击台,名唤吉姆、杰克、比尔和乔的各路硬汉爬到台上,高声喊出他们的编号,然后互相猛击。拳击台的背后是一个表现主义风格的屏风,上面描绘着暴力与贪婪的场景。紧随这些硬汉的步伐,一些同样健壮的女孩儿在标志性的"阿拉巴马之歌"中找寻"去下一家威士忌酒吧的路"(吉姆·莫里森[Jim Morrison]和大门乐队[the Doors]之后也会循着这条路前进)。还没等罗蒂·兰雅"用嘶哑、带着放荡音调的嗓音"结束她的独唱,观众们就站起身来,有的欢呼,有的喝倒彩,有的吹口哨。"全武行"上演了,生活模仿起艺术。

歌手们则挥舞着拳头，从口袋里掏出哨笛，吹笛以示报复。甚至连布莱希特也爬上拳击台，吹起口哨。自从1845年萝拉·蒙特斯掀起裙子，在交际厅露出屁股以后，巴登-巴登还没有发生过这样的事。

在被法国和英国相继占领的20世纪20年代，威斯巴登的文化领域并没有产生有如《马哈哥尼》般令人兴奋的作品，但这座小镇却以环绕在出生俄国的画家阿列克谢·冯·雅夫伦斯基（Alexej von Jawlensky）周围的生气勃勃的前卫视觉艺术圈子为傲。雅夫伦斯基曾于世纪之交在慕尼黑与著名的"青骑士"（Blaue Reiter）[1]画家共事过，1914年他作为敌国侨民被德国驱逐出境，直至1921年才回到威斯巴登定居。威斯巴登成为雅夫伦斯基的落脚点是理所当然的，因为第一次世界大战后，这座温泉小镇成了那些逃离布尔什维克革命和内战的俄国人的一处主要避难所。雅夫伦斯基也为小镇的温泉所吸引，因其已饱受关节炎折磨，这种病痛很快将严重损害他的身体，以至于他几乎无法再拿起画笔。不过，恰似魏玛共和国，雅夫伦斯基在20世纪20年代中叶度过了颇为高产的数个年头，创作出若干杰作——尤其是"建构主义者头像"系列——甚至成立了一个抽象艺术家同人小团体，称为"蓝四"（Blaue Vier），以向"青骑士"致敬。"蓝四"努力把战前慕尼黑那几分进步精神植入威斯巴登，而当时这种精神在慕尼黑当地已几近绝迹。

尽管身体日渐虚弱——或许也正因如此——雅夫伦斯基在纳粹上台后依然留在了威斯巴登，1937年声名狼藉的"堕落艺术展"（Exhibition of Degenerate Art）还展出了他的一些作品。1941年3月，就在德国国防军向其祖国发起进攻的3个月前，穷困潦倒、持续遭受迫害威胁的雅夫伦斯基在他的第二故乡去世。

热闹的艺术现场一如既往地吸引游客造访疗养胜地，但在20世

---

[1] 青骑士，又译蓝骑士。前身是瓦西里·康定斯基在1909年参与创立的慕尼黑新艺术家协会，此后因康定斯基和弗兰茨·马尔克趋于抽象的绘画与协会其他画家发生理念分歧，两人离开协会并创建"青骑士"。1911—1913年，他们在慕尼黑以"青骑士"为名组织了两次展览，阐释他们对艺术理论的理解。

第七章
伊甸园的困境

纪20年代，假使温泉还想维持商业利润，它们必须超越旧有的经营模式——旧模式基本上是一种提供更多文化生活的疗养休假。一个有前途的方向是正在发展中的"会议市场"。一些温泉小镇开始把自己包装成国际会议的理想地点，在这一领域一马当先的是巴特洪堡，如今，它标榜自己是"德国会议之都"，而在20世纪20年代，巴特洪堡还无法宣称自身有何与众不同——当时更多专业协会都在柏林集会，但1924年—20世纪30年代初，小镇每年都能招引到一至两场大型会议。例如，1925年，国际精神分析协会（International Psychoanalytic Association）便到小镇集会，据说精神病医师们十分认真地对待他们的年会，但也抽时间放松娱乐。西格蒙德·弗洛伊德因口腔癌——为此他戴上一个令人痛苦且难看的假体——遗憾缺席洪堡年会，他让女儿安娜代替他参会。

虽说举办大会为主要的温泉小镇注入了新的商业吸引力，但疗养（以及由此而来的承诺）依旧是其核心业务——尽管常规医疗不断取得的进步令越来越多人将前往当地医院、诊所，或问诊全科医生视为更管用的选择。不过，悲哀的现实是，在20世纪20年代，一些后来可以用药物轻松治疗的疾患或伤病依旧是杀手或致残者，哪怕是在常规医疗取得了最重大进展的美国，情况亦概莫能外。1924年，网坛名将比尔·蒂尔登（Bill Tilden）就几乎因中指的小感染而死亡，而两年后，总统卡尔文·柯立芝（Calvin Coolidge）之子则的确死于一场类似的感染。

1924年，旅居瑞士的德国作家赫尔曼·黑塞患上了令人痛苦不堪的坐骨神经痛，他没有选择去当地诊所，而是前往了瑞士最著名的温泉——巴登——减轻病痛。他在一本令人愉悦的回忆录里描述了他的温泉经历，提到他绝不是那儿唯一的坐骨神经痛患者：

> 我看到三四个从同一列火车上下来的同行者，他们都是坐骨神经痛患者，从他们紧张绷牢的臀部，不稳的步伐，还有伴

随他们小心翼翼的动作的无助又泪流满面的神情都清楚无误地表明了这一点［……］我打一开始便立即发现了所有温泉最大的秘密与魔咒之一，而我也用真正的愉悦来咀嚼这一发现，"存在即合理"（socios habere malorum）。

在他有关逗留巴登期间的回忆中，黑塞对当地的政治和社会冲突未留片语——毕竟这儿是瑞士——不久，深重的倦怠感便如期而至。这位作家如果是去德国治疗，或许就不会那么无聊了。特别是曾经于德皇威廉时代——尤其是在第一次世界大战期间——污染了诸多德国温泉的反犹主义在20世纪20年代又继续蔓延开来。和以往一样，德国犹太人在计划温泉之行时可以咨询中央协会有关特定度假地是否反犹的信息，但到了20世纪20年代末，不宜前往的度假地和酒店的名单长度已非同一般，以至于该机构着手识别哪些地方愿意接纳"犹太人"而非相反。不出所料，德国境内"亲犹"温泉最少的地区之一便是纳粹党的诞生地——巴伐利亚。

在中央协会还在识别反犹温泉的年月里，那些最终被列入该机构"不宜前往"名单的度假地似乎并不介意放弃有着丰厚潜在利润的犹太业务。相反，当图林根森林（Thuringian Forest）的一处小型温泉镇——马瑟尔贝格（Masserberg）——未被列入1926年的警示名单时，该温泉还抱怨道："我们深表不满地发现，在贵方5月7日的第19号黑名单中没有提到我们度假地。［事实上］我们温泉也是相比于和犹太人打照面更乐意他们滚蛋的一类。此外，我们这儿的气候也不适宜来自南方的部落。"一如巴伐利亚，德国北部地区的东普鲁士以及北海东弗里西亚群岛（East Frisian islands）[1]的一些度假岛屿也以其反犹氛围而知名。人们可以想象那儿的酒店和餐馆在一种纳粹版的"米其林指南"上印着小小的纳粹党徽标

---

［1］东弗里西亚群岛，德国北海海边的浅滩岛群，属下萨克森州。岛上零散分布着农场和村庄，居民主要从事渔业，旅游业较为兴盛。

记,而非星星。在拒绝了一位朋友去东弗里西亚群岛的朗格奥格岛(Langeoog)疗养的邀请后,斯蒂芬·茨威格怒斥道:

> 我受不了待在这些大德意志主义的笨蛋边上![……]这些人就是地球上最堕落者![……]所以我不会去朗[格奥格],我不想替自己辩解,去求得"容忍",特别是在我付了一大笔钱之后。我宁愿去一处和70万加利西亚犹太人待在一起的温泉。如果在这儿找不到合适的地方,我宁可到马里昂巴德或意大利去。假使我和这些人呼吸同样的空气,他们会把整个大自然弄得臭不可闻——我对此感受良多,而我一般并不想让自己感受到这些——彻头彻尾的仇恨。

即使在疗养总监与酒店业主都极力吸引犹太顾客的温泉,有时也很难阻止反犹职工或当地的种族主义者搅乱气氛。酒店的犹太客人会发现他们的餐巾上印有纳粹党徽标记;在镇上闲逛时,犹太旅客可能会见到浴场入口的"犹太人不得入内!"标语、商店橱窗里的纳粹旗帜,还有公园长椅上的反犹涂鸦。

逐渐地,受到种族仇恨波及的不仅是那些规模较小的疗养地,到20世纪20年代末期威斯巴登也"纳粹化"了,这令当地的疗养管理部门和主要的酒店业主都大感沮丧。1929年1月,希特勒亲临该镇发表演说,吸引了大批听众。在他访问前的5天里,镇上的商店橱窗贴满了纳粹海报。震惊之下的中央协会要求其成员警告威斯巴登官员,鉴于当地的"褐色"洪流,他们正冒着犹太人抵制其城镇的风险,但市政当局能做,或者说会做的,除了禁止穿制服的纳粹分子公开游行示威外也别无他法了。而很快,甚至连这些事他们也都不愿或无法再做了。

20世纪20年代中期魏玛共和国经历的经济复苏被证明是既短暂又不稳定的——许多中产之家在早期的货币崩溃中失去了一切,再没能恢复过来。随着1929年大崩盘而来的美国经济内爆则给德国带去了新灾难：破产激增、失业率飙涨、救济厨房和棚户区在全国各地四处涌现，德国温泉地也未能逃脱这一狂潮；实际上，这些完全依赖国内稳定和美国人生意的大温泉镇将自己置于了接踵而来的经济混乱的第一线。

事有凑巧，就在华尔街的高墙应声倒地的那一刻，一群国际银行家正在巴登-巴登的斯蒂芬妮酒店开会，致力于修改德国的赔偿义务——几周后回过头来看，这项工作的有效性（众所周知）就像在下沉的"泰坦尼克"号甲板上重新布置躺椅一般。这些银行家刚离开斯蒂芬妮酒店的套房，酒店一侧的配楼便因缺乏游客不得不关门了。更糟的是，1930年，巴登-巴登最大的酒店欧罗巴舍霍夫因资不抵债被整体拍卖了。一位名叫阿尔伯特·施泰恩贝格（Albert Steigenberger）的慕尼黑开发商以极低价买下了它，将其打造成其旗下一众豪华酒店的第一家。而在同一年，巴登-巴登成了德国所有城市中人均负债率最高的地方——这或许是唯一的当地拥趸无法吹嘘的"殊荣"。

总之，所有其他的德国疗养地也都有类似的悲惨经历，以巴特埃姆斯为例，那儿的温泉浴场随着其富有疗养客客源流失大抵已经干涸殆尽了。小镇的另一处生计来源是附近的一座铅银矿，它在1930年倒闭，180名工人因此沦落至领取失业救济金的地步。到1932—1933年的冬天，将近1/4的巴特埃姆斯居民都依靠救济生活。

对魏玛德国而言，经济萧条的政治后果是直接而具有灾难性的。在前一轮危机后，如此之快再度陷入物质上的不稳定，这给了那些对危机提供简单解释——乃至简单药方——的激进分子以可乘之机。以牺牲政治中间派为代价，极左的共产党与极右的纳粹党均人气爆涨，最终，后者被证明是最擅长加剧和利用社会经济危机的党派。在相对平静的20世纪20年代中期，纳粹在国家层面还不构成重大威胁，在主要的疗养地其威胁性甚至更小，因为他们的排外论调被正确地理解为有损生意之言。可在 1930—1933 年，即使是温泉地也在极端主义面前尽显虚弱，尤其——但不仅仅——是右翼分子这样的极端分子。在 1930 年 9 月的国会大选中，惊慌失措的巴登－巴登选民将 20.5% 的选票投给了纳粹党；而在 1932 年 7 月的全国大选中，这一数字更飙升至 30%，几乎与长期占据统治地位的天主教中央党（Catholic Center Party）齐平。至于巴特埃姆斯，在经济危机前最后一次有统计数据的 1928 年国会大选中，共产党与纳粹党总共才获得了不到 5% 的选票，但到了 1932 年 7 月，两个政党获得了超过 50% 的选票，其中纳粹党的得票率还领先共产党 5%。紧随其后的魏玛民主的全面崩溃并非无可挽回，但要想这艘船不触礁，掌舵者必须足够坚定。不幸的是，唯一具备上述能力的政治舵手——外交部长（前总理）古斯塔夫·施特雷泽曼（Gustav Stresemann）却在这艘国家巨轮开始下沉时于 1929 年 10 月去世。施特雷泽曼的英年早逝——死时年仅 51 岁——是由高血压引起的，这种病在今天很容易用药物治疗，可在当时全非如此。1929 年 8 月，施特雷泽曼在巴登－巴登待了两周，一边泡着澡，一边接受各种针对其疾病的温泉治疗。巴登－巴登辜负了他，而在辜负他的同时，可以（略带些夸张地）说也辜负了德国。

施特雷泽曼过世两年后，魏玛民主在温泉小镇巴特哈尔茨堡（Bad Harzburg）见识了自己的死亡暗示。这处位于下萨克森州的小疗养地早在 20 世纪 20 年代就因反犹种族主义而恶名昭彰，镇上几乎没有一张长凳不刻着纳粹纳粹党徽标记或反犹口号，市立游泳池里也到处是对犹太人的污言秽语。正是在这处深受（反民主的种族主义者）欢迎的温泉，一个自称"哈尔茨堡阵线"（Harzburg Front）[1]的知名民族主义者联盟于 1931 年 10 月 11 日举行集会，谴责当时由总理海因里希·布吕宁（Heinrich Brüning）领导的保守派政府（它本身

---

[1] 哈尔茨堡阵线，1931 年 10 月由纳粹党、德国民族人民党、钢盔团、容克地主和垄断资本家代表集会结成的政治联盟，主张推翻魏玛政权，建立"强大的民族国家"。

也不是什么民主典范）。在这一仓促组建的阵线——其成员包括出版业巨头阿尔弗雷德·胡根贝格（Alfred Hugenberg）、银行家亚尔玛·沙赫特（Hjalmar Schacht）以及纳粹领导人阿道夫·希特勒等要人——眼中，布吕宁政府对协约国太过迁就，对德国东山再起的左派又不够强硬。"哈尔茨堡阵线"绝非什么团结的联盟——希特勒与胡根贝格互相鄙视——但1931年10月这次大肆宣传的集会却预示着反民主势力间的一场决定性的合作，它将于15个月后把希特勒推上权力宝座。一待元首掌权，巴特哈尔茨堡的官员们便在1931年的会议地点放置了一块铭牌，恰当地标记了他们的小镇在魏玛共和国灭亡与第三帝国诞生中起到的"历史性"作用。

残存的奥地利

在许多观察者看来，如果说德国的魏玛共和国自诞生之日起就注定拥有短暂而不幸的命运，那么奥地利的"第一共和国"似乎更不可能存活下来。这个根据条约新成立的共和国只保留了不复存在的二元君主国原奥地利部分（Cisleithanian）23%的领土和26%的人口，而该国有300万人居住在维也纳。换句话说，残余的奥地利是个有着"水肿"首都的"侏儒"国家——严重残疾，人们或许会说，就像近亲繁殖的哈布斯堡家族那样，他们统治这个地方如此之久，而今已一去不复返了。与德国如出一辙，奥地利共和国也因巨额的债务、愈发不值一钱的货币和居高不下的失业率而陷入瘫痪。这个新国家也与德国一样——实际上还有过之而无不及——在国内遭遇了合法性危机：相当一部分奥国国民认为，这个国家要么无法存在，要么不配存在。如果有机会，大多数奥地利人倾向选择并入德国，但协约国在战后条约体系中禁绝此等机会。奥地利最西端的福拉尔贝格州（Vorarlberg）[1]的居民曾试图加入瑞士，但瑞士人并未同意。还与德国一致的是，共和国奥地利于20世纪20年代中期成功实现了某种程度的经济复苏，但即便是在这段（短暂的）好转时期，也还是有相当一部分的公民希望归属于别的地方。

考虑到奥地利共和国的现状，人们或许会设想该国的大温泉镇恐怕同样风雨飘摇，尤其因为这些地方过去主要依赖的客群——拥有头衔的贵族、欧洲的富豪和上层资产阶级——已在战时和战后的通货膨胀中备受打击，与此同时，酷爱温泉的哈布斯堡文职官僚系统则彻底消失了。而一开始，温泉的境况确实很差，有种普遍的担忧认为这些豪华飞地可能会最终崩溃，沦为废墟，如同帝国衰落后的罗马大浴场那样。尽管如此，经过极短的时间，兴许比整个国家的复苏进程还要快，奥地利共和国的主要温泉不但恢复了元气，还持续蓬勃兴旺——这一进展在国内那些不太受青睐的行业里引起了相当大的嫉妒和敌意。奥地利主要的疗养复合体——维也纳巴登、巴德伊舍、巴德加施泰因——比以往任何时候都更像远离尘嚣之所，相对稳定、享有特权的岛屿和绿洲。然而，表象或许是具有欺骗性的，到最后，奥地利传说中的温泉小镇与它们周遭并不那么华丽的事物享有的共通点，远比珍视这种"遗世独立"的居民所期望的要多。

维也纳巴登毗邻维也纳这一事实使得疗养地与首都在社会政治上的差异愈发凸显出来。当20世纪20年代的维也纳凭借其庞大且果敢的工人阶级和社会主义者把持的市政府得了"红色维也纳"（Das Rote Wien）的绰号时，巴登却从一开始便选择了保守的基督教社会党（Christian Social Party），该党得到了天主教徒和犹太人团体的双双支持。面对高通胀和来自东方的观光客流锐减，为重振城镇商机，当地企业家开了大量舞厅和夜总会，为到目前为止沉闷无比的酒店和咖啡馆引入了爵士乐队和卡巴莱歌舞表演，以吸引年

---

[1] 福拉尔贝格州，奥地利最西部的州，也是面积最小的联邦州。与德国、列支敦士登和瑞士交界，西面与邻国共享博登湖，其余地区均被群山环绕。当地居民讲阿雷曼语，一种和瑞士德语及施瓦本方言接近的方言，奥地利其他地区的人都很难听懂。

轻观众。巴登这一全新时髦图景的焦点是鲁道夫·斯滕伯格(Rudolf Sternberg)的贝尔维尤城堡酒店(Schlosshotel Bellevue),该酒店于1920年6月29日随着一场慈善爵士音乐会开业。洗浴协会"巴德尼亚"(Badenia)开建了一个新的游乐园,里面有独木舟出租、露天电影、旋转木马和竞技场。为紧跟时代,到20世纪20年代中叶,这个游乐园还增设了迷你赛车跑道、过山车及木偶戏。巴登如今有了自己版本的维也纳著名游乐园普拉特公园(Prater Park);而与众不同的是,巴登的版本可谓"小而精致"(假使游乐园也可以这么形容的话)。

整个20世纪20年代,一如旧帝国时期,赌场博彩在奥地利依然是违法的,但维也纳巴登地方当局考虑到刺激国际旅游的需要,选择对酒店、夜总会和私人别墅中涌现的大量小型赌博活动视而不见,到1930年,随着奥地利陷入经济萧条,赌场博彩的禁令被解除,维也纳巴登旋即开张了共和国内最大的赌场(1934年)。此一新场所有效地利用了某种不顾一切的冒险主义情绪,这是1929年大崩盘的副产品。享乐取代了健康,成为巴登的首要吸引力。

可即便在此之前,就在维也纳巴登努力恢复其相对繁荣的时期,这座小镇便已遍地穷人——他们的数量实在太多,以至于1923年,当地的警察局长警告狗主人一定要把宠物给看紧了,以免饥饿的民众将其偷来当食物吃掉。1920年11月,镇上的储蓄银行(Sparkasse)职员举行罢工,在宁静的巴登,令人震惊的是,一群愤怒的市民借着此次罢工炸毁了城门,并洗劫了当地商店。两年之后,市政服务部门的雇员罢工,导致街上到处都是未收拾的垃圾。这种时局下的一个不祥政治征兆是,1920年10月10日,当地纳粹分子占据疗养大楼的场地举行集会,他们邀请一位"来自慕尼黑的阿道夫·希特勒"做他们的主讲人,但由于声带发炎,希特勒先生(Herr Hitler)只得敬谢不敏。不过,未来元首的现身或许对巴登的褐衫党们亦无甚裨益,因为即使是在那个混乱的通胀岁月,他们的受欢迎程度也远远落后于基督教社会党和社会民主党。不过,居于相对劣势并没有阻碍巴登的纳粹分子表现得好似他们拥有这块地方一样：1924年，他们大声鼓噪，要求所有犹太疗养客立即离开小镇，当地的犹太居民则应当撤到巴勒斯坦去。

1924年初，通过引入新货币——先令（Schilling）——奥地利终于结束了毁灭性的通货膨胀。在维也纳巴登，货币稳定被证明是极具刺激效应的。众多崭新的公共建筑与纪念碑在20世纪20年代中期拔地而起，其风格与体量重塑了建筑环境，影响留存至今。其中最引人注目的创新是一处庞大的新疗养设施——海滨浴场（Strandbad），凭借大水量的玛丽恩泉（Marienquelle），该设施（存在至今）每天能吸引数百名洗浴客，而另外两处洗浴大楼约翰尼斯浴场（Johannesbad）与斐迪南浴场（Ferdinandsbad），以及一座市立艺术博物馆也同时投入使用。最后，一座壮丽崭新的疗养公园于1927年落成，里面有圆顶的贝多芬圣殿和稍小一些的莫扎特圣殿，提醒着游客巴登显赫的音乐遗产。

然而，甚至是在这些充满希望的发展中仍潜伏着未来麻烦的征兆，因巴登毗邻躁动难安的维也纳而显露的征兆。1926年和1927年，维也纳地区的纳粹分子涌入巴登平日宁静祥和的街区，与社会民主党的党派武装"保卫共和联队"（Republikanischer Schutzbund）成员展开巷战。1928年，当地纳粹在新建的贝多芬电影院释放了一枚臭气弹，以抗议影院上映的和平主义电影《两个世界》（Zwei Welten）。同年晚些时候，由民族主义团体组成的联盟在疗养大楼前举行了一次集会，他们的目的在于表达对当地疗养业崇尚的国际主义与社会包容度的强烈敌意。

1929年10月17日，就在华尔街崩盘前夕，巴登市民与游客们有幸目睹了齐柏林飞艇——宏伟的德国新飞船——自头顶威严飘过的激动人心的情景。飞艇看上去宛如一支巨大的银色雪茄，在盘旋了大约一个钟头后，消失于地平线上。在齐柏林掠过天际的这一年，维也纳巴登创纪录地吸引了超过1.5万名外国疗养客。而一如那个大

中欧大温泉

飞艇，这些访客"库存"很快就将消失无踪。

相比维也纳巴登，巴德伊舍——弗朗茨·约瑟夫的避暑居所——更为紧密地与古老的奥地利帝国以及它所代表的一切联系在一起。在一部颇有争议的回忆录《失乐园》（*Verlorenes Paradies*，1924年）中，维也纳新自由出版社（Neue Freie Presse）的记者埃米尔·勒布尔（Emil Löbl）将巴德伊舍看作"旧奥地利的象征，它有着无与伦比的魅力和神经质般的软弱特质，有着极度庄重拘谨的文化和令人恼怒的冒失，有着机敏的风趣和无聊的套路，也有着对生活的美妙体认和对死亡自作多情的崇拜"。在哈布斯堡王朝崩溃后，这种往昔的氛围依旧部分地在伊舍顽强地存在着。但在"黄金二十年代"，这处美丽的阿尔卑斯温泉小镇却与该国的"新贵"们愈加气味相投，尤其是新兴的犹太富人，以及生活奢靡、挥金如土的外国客群。巴德伊舍成了在战后的动荡中寻得发财致富道路的奥地利人——还有那些选择性地浸泡在此番动荡中的外国人，他们尽情享用着疮痍满目的"小奥地利"所能提供的最好的一切——会前往的那个地方。与其大多数邻近城镇形成鲜明对比的是，巴德伊舍在20世纪20年代颇为繁荣：1922年，那里接待游客2.2万人，1928年则接待了2.8万人，创下该温泉的纪录。

伊舍清爽健康的泉水依旧是主要的吸引物，但其文化，尤其是音乐文化也不甘落后。在世纪之交成为维也纳虚有其表的轻歌剧舞台一处主要的前哨站之后，伊舍事实上于20世纪20年代和30年代取代了首都，一跃成为当时的"轻歌剧中心"。取得这一成就——假使算得上成就的话——的首要原因，与轻歌剧之王弗朗茨·莱哈尔（Franz Lehár）留居当地有关，如今莱哈尔大部分时间都待在这座温泉小镇，监督他自己乃至其他作曲家的作品在当地剧院演出。在其位于特劳恩河（River Traun）畔堂皇的新别墅（现已辟为博物馆，也是遍布世界的莱哈尔"爱好者"的一处必到景点）里，莱哈尔写就了他最后的12部轻歌剧。

正如这位作曲家在 1939 年对一位记者所言，他可以在维也纳做些技巧上的工作，但为获取灵感，他需要伊舍："我到目前为止已写了 30 部舞台作品，但必须承认，我总是在伊舍想出最好的点子，这一定是拜那里的空气所赐。"

可在伊舍的群山上，并不只充盈着轻歌剧的乐声，战后的奥地利阿尔卑斯地区是反犹情绪和德意志民族主义的温床，伊舍所在的萨尔茨堡省周边许多较小温泉地都彻底禁绝犹太人出入，整个萨尔茨堡省的犹太人被禁止穿着传统的山地服饰，譬如皮短裤、骨纽洛登毛呢外套，以及带羽饰的阿尔卑斯高山帽。回到伊舍本身，那些 20 世纪 20 年代蜂拥至此的"新贵"游客中很多是犹太人，这一事实令它成了种族歧视的特别目标。在区域内的反犹分子当中，这座小镇被唤为"Bad Ischeles"（"eles"是典型的意第绪语用法）。1920 年，上奥地利教师协会（Upper Austrian Teachers' Association）谴责巴德伊舍的犹太客人们是"黑市贩子和掠夺人民的盗贼"。即使是上文提到的埃米尔·勒布尔，一个相对见多识广的维也纳人，也一头扎进了种族主义诽谤和本土主义呓语的有毒思想大杂烩中，他把"新的"伊舍描述成一个聚集了"拥有黑鬼般嘴唇和独眼巨人般双手的大富翁、像铁屑被磁铁吸引那样被金钱勾引的轻薄妇人、坑蒙拐骗者［所有］的漂亮汽车，以及那些来自通货坚挺的外国土地上的花花绿绿的讨厌鬼——他们用手里的财富嘲弄着我们"的繁忙所在。不出所料，1929 年大萧条引发的冲击使得伊舍的反犹调门迅速升级。纳粹运动在当地获得了足够多的新拥护者，以至于他们在 1930 年推出了自己的党报——《伊舍观察家报》（*Ischler Beobachter*），其迅疾呼吁禁止犹太游客前来温泉。

一如巴德伊舍，甚至有过之而无不及，第一次世界大战后的巴德加施泰因依然经营着它的保健温泉，并自我标榜为"永葆青春之泉"（die Quelle ewiger Jugend）。长期以来，当地温泉水中的高氡气含量使其声名远扬。不过 20 世纪 20 年代，该城市疗养业委托的一项新研究吹嘘说，该气体能够修复受损的器官和组织，清除动脉阻塞，恢复患有关节炎的关节活动，最神奇的是，它还能抑制癌症扩散。在那个年代，传统的癌症治疗一如既往——基本上就是痛苦的手术，癌症患者持续涌入加施泰因，在含氡的水中沐浴，并在充满氡气的特制"氡舱"中坐上4个钟头。

在这群绝望的疗养客里，有一位便是西格蒙德·弗洛伊德，他是加施泰因的长期爱好者，在20世纪20年代和30年代初，他依旧是那里忠实的顾客。对他而言，萨尔茨堡以南这片美丽的山区度假胜地始终是远离维也纳恶劣环境的一处必要避风港——此种恶劣环境正因红色与黑色阵营（社会民主党与基督教社会党）间持续不断的激烈争吵而愈发恶化。他期待每年夏天居留加施泰因时，那份"宜人的宁静"，那些"自由而美丽"的日子，在"极棒的空气、水、荷兰雪茄和美味食物"的装点下显得生机勃勃，"一切都像人们所能够在这个东欧地狱里享得的极致的田园牧歌生活"。可那些荷兰雪茄却带来了一个问题，而弗洛伊德是明白这一点的：即便在他所处的年代，人们也知道吸烟会引发癌症。当弗洛伊德察觉到早期病变时，他曾有所警觉——然而，他的警觉与其说是在关心这一病变对其健康意味着什么，倒不如说是在意这对他这个一天抽6根雪茄的烟民的未来影响几何。他极度担心，假使把病变的事情告诉私人医生，医生会禁止他再抽雪茄。他在很长一段时间里将自己的痛苦掩藏起来，当他最终不得不为溃烂的病灶就医时，他选择了治标不治本的整形修复，而非其急需的正式干预治疗。尤有进者，弗洛伊德并没有戒烟，关于这一点，他有个极好的理论。在他看来，烟瘾如同所有其他的男性嗜好，都是"手淫的替代品"。既然他（大概）戒了后者，或至少是减少了频次，那他就没理由放弃前者。不管怎样，他希望经常在加施泰因的氡舱里坐一坐能让他很快恢复如常。（最终，弗洛伊德还是戒掉了心爱的雪茄，但为时已晚。）

在加施泰因疗养期间，弗洛伊德从未入住超级昂贵的欧罗巴大酒店，但在"黄金二十年代"，这家豪华旅馆从不缺少星光闪耀的名字，对于酒店足智多谋的所有者维克托·塞德拉切克（Viktor Sedlacek）来说，这才是"金子般"宝贵的东西。保加利亚国王斐迪南一世（化名"穆拉尼伯爵"）曾于1924—1926年先后三度下榻于此。除了懒洋洋地泡在浴缸里，斐迪南在加施泰因最喜欢干的事就是晚上舒服地坐在汽车座椅上，开着他的大宾利进山，从那些被车灯吓得呆住不动的鹿群之中夺路而出。当加施泰因市政当局禁止晚上8点后汽车通行，斐迪南愤怒地拒绝再光顾这座"以如此忘恩负义的方式对待［他］"的小镇。

不过不打紧，还有更多热衷旅行之人——或者更准确地说，来自印度的客人，当时那里是全世界最为富有的一批疗养客的主要客源国。20世纪20年代，从这个传说中的次大陆来了3位挥金如土的"大佬"：巴罗达（Baroda）王公；卡普塔拉（Kapurthala）的阿玛吉特·辛格王子（Prince Amarjit Singh）；以及喀奇（Kutch）王公恒格尔吉三世（Khengarji Ⅲ），他是维多利亚女王在统治末年时的一位私人密友。所有这些有权有势者下榻塞德拉切克的酒店时都会携带大批随行人员，他们占满了酒店的大部分空间，也令客房和后厨的员工达到接待极限。

紧跟着这些亲英王公的步伐，还有一位来自次大陆的客人，他同样声名显赫，但在政治信仰上却大相径庭：印度独立领袖苏巴斯·钱德拉·鲍斯（Subhas Chandra Bose），出身于富裕家庭的鲍斯，其生活水准与他所鄙视的王公们相比，只不过在奢华程度上稍差一点罢了。

最后，一如这些印度疗养客般生活多姿多彩、为人要求苛刻的是伊拉克国王费萨尔一世（Faisal Ⅰ），为治疗痛风，他于1930年夏天在此停留数周（而根据私底下的传言，他是去治疗不知在哪儿染上的梅毒的）。

人们可能无法想象斐迪南、费萨尔和印度王公从白雪覆盖的陡坡上滑雪而下的情景，但自20世纪20年代起，滑雪这项严格的冬季运动便在加施泰因和其他阿尔卑斯高山疗养地成为可供爱好者体验的项目。巴德加施泰因与瑞士的圣莫里茨（St. Moritz）、法国的霞慕尼（Chamonix）一起引领了这股滑雪热潮在阿尔卑斯地区的迅速蔓延。加施泰因与圣莫里茨一样，它们的显著优势在于能为到访的滑雪者（早期大部分是英国人）同时提供冰雪与热泉：由此，滑雪者可以享受到在滑雪场上度过漫长而又寒冷的一天后，浸泡在热矿泉中的头等快乐。加施泰因还拥有世界上最早的滑雪学校之一——那里的教师都说英语。附近的巴特霍夫加施泰因（Bad Hofgastein）拥有奥地利最大的滑雪跳台，1922年1月5日，历史上头一次，有人在那里跳过了40米，并且活着讲述了这段传奇，这一壮举立即让此地声名远扬。随着一条新建的通往该地区且冬夏两季皆可通行的汽车公路的通车，这座小镇作为滑雪胜地得到了极大发展。在夏天，加施泰因还从颇受欢迎的萨尔茨堡音乐节吸引"溢出"的游客——类似马克·吐温这样的客人，或许会很想在看完歌剧后去疗养一番。

  无论冬夏，到访加施泰因的外国游客很可能对当地的政治氛围不太在意，然而这一温泉小镇也绝不可能置身于奥地利第一共和国于20世纪20年代初乃至1929年大萧条后的紧张局势之外。1921年，蒂罗尔与萨尔茨堡（加施泰因与伊舍都在萨尔茨堡辖下）两省投票支持并入德国的比例达90%，某种程度上，这是对"红色维也纳"的抗议。无论投票背后的动机是什么，该动议被协约国否决，这又进一步激起了阿尔卑斯奥地利人对西方胜利者的敌意，包括那些挤在滑雪场上的高傲英国人。对条约体系的愤怒，加上对阿道夫·希特勒（希特勒自己当然也是个奥地利人）宣扬的某些理念的认同，推动了20世纪20年代纳粹小团体在该地区的建立。

  但必须指出的是，在这10年中，尽管德奥合并的呼声持续高涨，奥地利的纳粹分子对这一新国家的政治形态几乎没有产生任何影响。奥地利的社会民主党自是不喜欢这群"褐衫军"，而1922年后主导国政的保守派基督教社会党则认为纳粹的激进主义是对经济复苏和天主教会的一大威胁。至于加施泰因,在20世纪20年代,那里小小的纳粹组织并不比极左势力更受关注,镇上最有影响力的商人、酒店老板维克托·塞德拉切克,虽对旧皇室仍抱有挥之不去的好感,但依然作为忠实的共和拥护者站在台前。1927年7月,他在自己的大酒店免费收留了10名在首都反政府暴动中受伤的维也纳警察,以此表明其政治立场。塞德拉切克于1937年12月去世,免于目睹几个月后自己的国家被他所鄙视的希特勒彻底吞并。

到头来,残存的奥地利与德国的魏玛政权一样极度依赖持续的经济复苏,而实际上,奥地利更显脆弱,因为它不仅依靠美国的贷款,还依靠法国的贷款。1931年,为惩罚奥地利与德国讨论建立关税联盟的可能性,法国自奥地利最大的银行安斯塔特信用社(Credit Anstalt)提走了巨额存款,导致该银行倒闭。由于无法获取信贷,全国各地的公司企业纷纷关张大吉,等待领救济食物的队伍和流动厨房数量激增。

巴德加施泰因未曾出现流动厨房,但在1930—1938年,大量酒店房间空置,餐馆几近空无一人,浴场也没有浴客。从塞德拉切克欧罗巴大酒店的收益变化中可以看到突然陷入困境的确凿证据:1930年酒店的总收入为1 235 330先令,到1932年,这一数字已下滑至711 535先令。而之后的事态变得愈发糟糕——不光是塞德拉切克的酒店,还有加施泰因的其他地方,甚至整个奥地利的疗养/旅游业均同陷困境。

就像他们在德国所做的那样,奥地利的纳粹分子立即借着不断扩大的经济苦难获利,在1930年的议会选举中,奥地利纳粹党赢得11万张选票——对于一个两年前在全国只有4 800名党员的政党来说,这已相当不错了。在1932年4月维也纳、下奥地利、萨尔茨堡、施蒂利亚和卡林西亚举行的地区选举中,纳粹则夺得了更引人瞩目的胜利,大批年轻的初次投票选民选择了希特勒的党的奥地利分支。

中欧大温泉

大约 7 个月后，奥地利土生土长的希特勒在德国掌权，奥地利的纳粹分子认为他们的时日到了：他们要求其政府靠边站，由希特勒接管，葬送战后的条约体系。

而彼时，希特勒本人还尚未做好响应这一号召的准备，但他并不反对煽动倾向德奥合并的情绪，并尽其所能地进一步破坏奥地利共和国的稳定。1933 年 5 月，他派纳粹同党、司法部长汉斯·弗兰克（Hans Frank）[1]前往奥地利进行宣传访问，作为回应，维也纳将弗兰克驱逐出境。奥地利政府还明令禁止在所有度假区域穿着"政治"制服（即纳粹制服）。德奥之间长达 5 年的仇怨就此开始，有许多因素令这番相互敌对的姿态显得饶富趣味——尤其是考虑到它对奥地利旅游业以及巴德加施泰因这样的大温泉镇所造成的影响。

为了给驱逐弗兰克的维也纳一个教训，1933 年 6 月 1 日，希特勒政府决定对所有前往奥地利度假或疗养的德国公民征收 1 000 马克的税款。这一所谓"千马克封锁"（Tausend-Mark-Sperre）几乎终结了德国人前往奥地利阿尔卑斯山区——一个很受欢迎的目的地——度假疗养的旅程。考虑到奥地利当时从德国吸引了比其他国家都更多的疗养与度假客，希特勒的策略着实是个残酷打击——这也极好地说明了此人对其祖国怀有的刻骨仇恨。

巴德加施泰因，尽管它深具国际特色——在印度王公、英国滑雪者乃至美国健康朝圣者中广受欢迎——也与奥地利旅游业的其他部分一同遭到了德国客源严重短缺的打击。在柏林征收惩罚性旅游税的第二天，奥地利酒店协会（Austrian Hotel Association）的代表便在巴德加施泰因集会，讨论他们所担忧的"一场规模空前的经济灾难"。他们的担忧被证明是完全有道理的，就连欧罗巴大酒店都无法幸免。1933 年 6 月 17 日，塞德拉切克向市政府抱怨，由于德国征税，他的酒店如今只有 40 名客人，而上一年同期有 109 人。他被迫取消

---

[1] 汉斯·弗兰克（1900—1946），纳粹德国领导人。早年曾担任希特勒的私人法律顾问和纳粹党的代表律师，纳粹党执政后任巴伐利亚司法部长，第二次世界大战中出任波兰总督，对犹太人实施种族屠杀，1946 年纽伦堡审判后被判处绞刑。

酒店的夜间舞会，因为根本看不到哪怕一对跳舞的舞伴，传统的五点钟下午茶也同样乏人问津。第二年夏天，纳粹报纸《阿尔卑斯卫报》（Alpenwacht）幸灾乐祸地报道："[这一季]整个巴德加施泰因只有200名客人，而不是往常的6 000人。在小镇的旗舰酒店欧罗巴大酒店，大约95名员工服侍着一名客人——比利时国王——以及另外两名付费来宾和一对登记为客人的侦探。在当地其他酒店，我们也看到了类似的员工满员而客人极少的情况。顾客人数正全面下滑。"

消极面对柏林：20世纪20—30年代的卡尔斯巴德与马里昂巴德

虽然在第一次世界大战后背负着各种债务，但奥地利第一共和国在种族、语言和文化上具有的相对同质性是公认的优势，而对于新成立的捷克斯洛伐克来说，情况便大不一样了。一如南斯拉夫（从长远看，它也将与捷克斯洛伐克一同面临分崩离析的命运），捷克斯洛伐克是西方协约国的人为产物，是由迥乎不同的种族、宗教和语言群体拼凑而成的，这些群体之间也没有互相关爱的深厚传统。捷克斯洛伐克的开国者们试图在美国费城的自由钟（Liberty Bell）[1]前宣告他们新共和国的成立，以此克服这一缺陷，仿佛那里所谓的"民主的兄弟之爱"的精神能够带来些许影响，而不幸的是，费城的真正精神——阶级与种族的纷争——反而似乎已在这个中欧"烹煮锅"中立稳了脚跟：几年来，在捷克人、斯洛伐克人、德意志人、波兰人、俄罗斯人、匈牙利人和犹太人间并没有生出太多"兄弟之爱"。

在该国最西端的苏台德区——那里是旧日波西米亚主要温泉小镇的所在地——占据支配地位的德国族裔，对于成为新的捷克国民的一员可谓毫不乐意。依据伍德罗·威尔逊"十四点和平原则"中所包含的"民族自决权"，苏台德区的德语居民试图与他们的

---

[1] 独立钟，又名自由钟，放置于美国费城独立厅的大钟，美国独立的象征。

奥地利兄弟商议联合。由于这番努力被协约国所挫败，而苏台德德意志人又认定自己在"种族"和文化上均优于在布拉格掌握着新中央政府的斯拉夫人，他们对布拉格方面试图强加管控的做法倍感愤怒。德意志人聚居的大温泉镇卡尔斯巴德与马里昂巴德，虽然乐于将自己视为连最微不足道的族群纷争都不存在的尘世飞地，但也彻底陷入了这些敌对局面之中。尽管带着某种矛盾心理，但大温泉地亦开始拥抱反犹偏见，此类偏见往往与中欧节节升高的民族认同相伴而生。

布拉格与苏台德温泉间的裂痕早在一场围绕命名的冲突中便已显露出来，捷克斯洛伐克的中央政府坚持卡尔斯巴德与马里昂巴德需改采官方的捷克语名称：卡罗维发利（Karlovy Vary）和玛丽安斯凯－拉兹涅（Mariánské Lázně）。下定决心要尽可能多地留住往日奥匈帝国的印记，讲德语的城镇领导人们对此表示强烈抗议。最后他们选择以充耳不闻的态度应对这场改名难题，顽固地继续使用旧名与外界打交道。（必须承认，他们还是有一定道理的：《去年在玛丽安斯凯－拉兹涅》根本无法激起什么共鸣。[1]）

无论他们怎样称呼自己，苏台德的德意志温泉小镇在第一次世界大战后遭受的经济损失比中欧其他同类型城镇都更加严重持久。这并不奇怪，波西米亚疗养地曾高度依赖俄、奥两帝国的上层与中上阶层作为其固定客源——如今这两只下金蛋的鹅已非死即伤。自身已穷困潦倒的德国资产阶级无法再经常去波西米亚进行健康调理，更不用说长达一个月的疗养了，而英国和法国的游客数量也未出现明显增长，尽管豪华的东方列车如今在夏日温泉季会停靠卡尔斯巴德。1913年，卡尔斯巴德登记在册的疗养客人约为6.5万人，马里昂巴德约为4.5万人；20世纪20年代和30年代，卡尔斯巴德平均每年的游客数仅为4万，马里昂巴德则为3.5万。

---

[1] 作者此处暗示电影《去年在马里昂巴德》如果更名为《去年在玛丽安斯凯－拉兹涅》就会变得索然无味。

第七章
伊甸园的困境

虽然这些数字令人不安,但苏台德的大温泉至少还活跃着,还能营业。众所周知,是阿拉伯人在中世纪保了古希腊罗马遗产的重要部分,令其免遭灭亡,而在第一次世界大战后充满挑战的年月里,在众多族裔中,偏偏是犹太人为波西米亚大温泉履行了保护职能。在过去的一段时间里,犹太人无论是作为顾客还是居民,其存在于卡尔斯巴德与马里昂巴德均相当扎眼,但到了20世纪20年代和30年代,他们对于温泉的存续变得至关重要。正当其他群体纷纷缺席时,德国与东欧的犹太人仍忠实地选择苏台德的温泉水。(顺带提一句,这里的所谓"其他群体"也包括美国人——他们对这一时期德国和奥地利疗养地的维持十分关键,却在捷克斯洛伐克的场景中基本销声匿迹了,一如他们在今天的作为)。于是乎,类似卡尔斯巴德和马里昂巴德这样的大温泉在1918—1938年的20年间变得比任何时候都更为"犹太化"。

颇具讽刺意味的是,苏台德区的温泉——甚至是崇高的卡尔斯巴德与马里昂巴德——在变得愈发仰赖犹太人惠顾的同时,也变得愈加堂而皇之地反犹。那么,当地的反犹分子是如何做到在其偏见的锡拉(Scylla)与经济需求的卡律布狄斯(Charybdis)[1]之间的麻烦水域游刃有余的呢?通常而言,他们会在夏日温泉季将反犹仇恨隐藏于迎人的笑脸之下,但这只是为了能在淡季以更大热情将(往往针对本地犹太居民的)反犹仇恨发泄出来。对这种他们必须表现出的即便是短期与战略层面的包容的挫败感,或许是诸如德意志民族党(Germna-National Party)、民族社会主义德国工人党(German National Socialist Workers' Party)(苏台德纳粹),以及康拉德·亨莱因(Konrad Henlein)[2]的苏台德德意志祖国阵线(1935年更名

---

[1] 锡拉和卡律布狄斯,在荷马史诗《奥德赛》中,奥德修斯的船只在墨西拿海峡夹处于女海妖锡拉和旋涡怪卡律布狄斯之间,历经艰险。"在锡拉和卡律布狄斯之间"后引申为进退两难之意。

[2] 康拉德·亨莱因(1898—1945),苏台德地区的民族主义领导人,1933年创立"苏台德德意志祖国阵线",主张捷克斯洛伐克境内的德意志少数民族应实现完全自治地位。纳粹德国吞并苏台德和捷克斯洛伐克后,成为党卫军领袖,深度参与了苏台德的反犹运动。

为"苏台德德意志党")等反犹政治团体崛起的因素之一。亨莱因的党在20世纪20年代和30年代卡尔斯巴德与马里昂巴德的选举中大获成功。

温泉小镇对犹太人生意的依赖与对喂养他们的手的潜在厌恶结合在一起,也令一些犹太人组织陷入了两难,譬如德国的中央协会,该协会依旧在监察波西米亚度假胜地与疗养地的反犹动向,引导犹太人避开某些地方。可若中央协会试图强调苏台德温泉存在反犹情绪,便很可能打断犹太顾客去往这些地方的关键流动——这无疑会使当地犹太居民的生活变得更加艰难,他们中的一部分人本来就是酒店业老板。经历了一番内心的痛苦挣扎后,中央协会决定暂不把卡尔斯巴德和马里昂巴德列入"不宜前往"的名单。

尽管反犹潜流在不断滋长,但这些温泉地仍保持了"亲犹"的声誉,这也在一定程度上解释了为何世界犹太复国主义组织(World Zionist Organization)的执行委员会决定将卡尔斯巴德作为1921年该组织第十二次代表大会的举办地,这是第一次世界大战后的首届犹太复国主义者代表大会,也是1917年英国承诺支持在巴勒斯坦建立"犹太人的民族家园"的《贝尔福宣言》(*Balfour Declaration*)[1]发表后的首届大会。这一决定背后还有其他原因,首先,犹太复国主义者的先驱西奥多·赫茨尔曾于该小镇疗养,因此,其追随者们在此地集会显得在政治上更为合规(犹如另一位"锡安主义"元老杨百翰[Brigham Young][2]让他的伙伴接受了盐湖城一样)。此外,捷克斯洛伐克新政府也积极支持犹太复国主义。卡尔斯巴德本身的诱惑力也不容或缺——作为全世界最宏伟的温泉之一,一个以奢华

---

[1]《贝尔福宣言》,1917年11月2日,时任英国外交大臣亚瑟·贝尔福致犹太复国主义联盟副主席莱昂内尔·沃尔特·罗斯柴尔德勋爵的信函,贝尔福赞同犹太人在巴勒斯坦建立国家。这份文件是英国政府支持世界犹太复国主义的最早的政策性文件,宣言内容得到了包括美国在内的协约国主要国家的赞成。

[2]杨百翰(1801—1877),摩门教会会长,首任犹他领地总督。在耶稣基督后期圣徒教会(摩门教)创始人小约瑟夫·史密斯遇害后,继任会长一职。1847年,他率领摩门教众长途跋涉到盐湖城定居下来。今日位于犹他州普若佛的杨百翰大学即以他的名字命名。

而闻名四海的地方，如今却因本国货币疲软与需求减弱而出奇便宜。卡尔斯巴德的住宿不仅价格低廉且供应充足：超过3万间酒店房间，且几乎所有这些房间都能在大会即将召开的9月前两周的非高峰时段使用。更为有利的是，市政当局提供公共交通折扣，还免除了向访客收取的"疗养税"。最后，卡尔斯巴德传说中的水成了在那里聚集的上好理由：犹太人不也有身体上的疼痛吗？他们不也需要舒适地泡澡吗？而在大会即将开幕前夕，一位与会者提出了一种并不那么直接却更加浮夸的说法，将这一重要的犹太人集会与作为人类痛苦的知名疗愈者的卡尔斯巴德的功效联系在了一起："如今的卡尔斯巴德正处在两个季节的交替点上：那些前来治愈自己身体的人的时辰已经濒临终结，他们正缓缓离开小镇；而来此治愈国家灵魂的大会代表们则住满了酒店和包间。"

9月1—15日，来自42个国家的540名犹太复国主义者群聚卡尔斯巴德，正如与会者们习惯的那样，他们分配好了会务与娱乐的时间。在会务方面，除了对付数不清的内部争吵，他们还提出了一个棘手的问题，即未来那个他们在巴勒斯坦的"民族家园"已经被占据，而且是被那些并不情愿与成群的新来者共享空间的人占据着。尽管可以预见，大会谴责了近期巴勒斯坦阿拉伯人针对犹太定居者的暴力行径，但犹太复国主义运动领导人哈伊姆·魏茨曼（Chaim Weizmann）还是强调了"犹太人与阿拉伯人为了这片土地及全体人民的繁荣与福祉实行和平合作"的必要性。会议正式通过了一项决议，宣布将"阿拉伯人与犹太人间的和谐及相互尊重"作为新国家的目标之一。

事实上，与会的犹太复国主义者同卡尔斯巴德的非犹太居民的相处要比巴勒斯坦的犹太人与阿拉伯人和平得多，尽管我们必须承认这儿的门槛实在算不上高。没在舒岑豪斯大酒店（Grand Hotel Schützenhaus）（旧日奥匈帝国的一处射击俱乐部的所在地）参与会议的时候，与会代表们便尽情享受游览的乐趣：他们参加了一场特别为代表们举办的犹太艺术展；他们会在林间漫步，沐浴在热温泉中，大口啜饮咸咸的碳酸矿泉水，也会围坐在犹太咖啡馆中，边吃糕点边解决世界上的问题。他们遇到的反犹的浴场服务员或侍者似乎也很注意自己的举止，咬着舌头，露出假笑。实际上，犹太复国主义者是如此喜爱卡尔斯巴德，以至于 1923 年他们又回到那儿召开第十三次代表大会，全然不顾一个（被当地政府极为坚决地否认的）令人不安的谣言：该镇在其市政盾徽上添加了一个纳粹党徽标记。

不过，撇开据传的纳粹党徽标记不提，并非所有犹太复国主义者都认为卡尔斯巴德是合适的运动集会地点。毕竟，像卡尔斯巴德这样的欧洲大温泉象征着过去——一个颓废且忧心忡忡的过去。大会的参会者之一，德国记者亚瑟·霍利切尔（Arthur Holitscher）认为，犹太复国主义者们，这些双眼紧盯着未来的意志坚定的犹太人，聚集在一个痛风老人扎堆一边为自己的健康发愁，一边缅怀过去的地方，这是"绝无法忍受的"。

犹太复国主义者没有再回到卡尔斯巴德，但在 20 世纪 20 年代余下的时间和 30 年代大部分时间中，犹太人持续涌入这座温泉小镇，以及其姊妹温泉马里昂巴德，还有其他几处苏台德度假胜地。希特勒夺取邻国德国的权力，一个接一个的德国疗养地彻底禁止犹太人入内，这一人员流入因此变得更加庞大。如今，有如此之多的德国犹太人跨越捷克斯洛伐克边境前来疗养，这使得马里昂巴德的经济在经历了 1929 年大萧条引发的 3 年严重困难时期后得到了短暂复苏。（1929 年，马里昂巴德接待了 41 226 名疗养客；至 1933 年，这一数字下跌近一半，只有 21 503 人。不过在 1936 年，这处温泉主办了国际精神分析协会的年会，该协会成员绝大多数是犹太人。）

然而，如果说德国马克的流入在苏台德温泉地受到欢迎，那么花这些钱的德国犹太人却在亲纳粹的苏台德德意志人中激起了更大的恶感，他们对自己的地方被当成祖国德意志不愿接纳之人的避难所而感到愤怒，为什么他们就不能够像希特勒那样对待犹太人呢？

好吧，事实证明他们是可以的——尽管其第一次尝试对象仅限于一名十足招摇的受害者。

我们提到的受害者名叫西奥多·莱辛（Theodor Lessing），一位出生于柏林的博学家（哲学家、诗人、医生和心理学家），1933年3月，就在希特勒上台后不久，他逃亡至捷克斯洛伐克。在布拉格短暂停留一段时间后，他来到马里昂巴德——他曾经听说过许多有关该地的奇妙之事。莱辛很高兴能落脚在他所说的"欧洲最美丽和最健康的地方之一"，一个集"世界级的温泉与乡村生活的优点"于一身的天堂。可当莱辛于1933年6月的一天于当地一家报纸上读到德国政府正悬赏8万马克要其项上人头时，他大感震惊。几天后，同一家报纸承认这篇文章只是个"玩笑"，但莱辛并不觉得好笑（事实上，德国政府确实想取他性命，因为他在波西米亚的避难所依然持续参与反纳粹笔战）。尽管莱辛完全可以合理地担心，当地某些纳粹莽夫或许会将这篇报纸文章视为响应为德国效力的邀约，但他还是拒绝了所有让他迁移至别处避难的建议。他甚至拒绝搬到比他当时住的雪绒花别墅（Villa Edelweiß）内的房间更加安全的住处，这幢别墅位于马里昂巴德郊区，靠近一眼名叫瓦尔德泉（Waldquelle）的偏远泉水。"如果哪个狂热分子想要杀掉我，我只祈求他手脚快些。"他说道。

莱辛甚至连这点卑微的愿望都无从实现。1933年8月30日夜，正当他坐在舒适的书房中写作时，当地两个暴徒从楼上窗口——他们偷了一架梯子——朝他脑袋开了一枪；莱辛在医院度过了痛苦的3个半小时后去世。杀手逃至巴伐利亚，在那儿他们被奉为英雄，约瑟夫·戈培尔因其对德国的贡献向他们发放了一小笔奖金。马里昂巴德的纳粹分子对这起谋杀颇为满意，称赞它是对"正发生在移民潮中的事情"的合理回应。

莱辛遇害震惊了捷克斯洛伐克，不同于德国，政治暗杀在这里绝非家常便饭，捷克斯洛伐克政府因《马里昂巴德报》（*Marienbader*

Zeitung）刊登针对莱辛的"玩笑"文章，惩罚其停报半年，9月3日，这位诗人兼哲学家在强大警力的护卫下葬入当地犹太公墓。（他的坟墓如今依然可供人瞻仰，不过需要走很长一段路，穿过树林，才能抵达他偏远的墓地。）这起谋杀对马里昂巴德小镇也产生了影响，马里昂巴德向来自视是包括犹太人在内的所有人的安全避风港，而此时不光是犹太人，还有数以百计的惊恐不已的疗养客立即逃离了这座城市，许多预先登记的客人也都取消了预订。

对于担忧小镇经济困局的马里昂巴德人来说，莱辛被害远非唯一的忧虑来源，德国犹太人或许还会在马里昂巴德四处花些马克，但拜布拉格政府的"反德"政策所赐，极少有其他德国人光顾捷克斯洛伐克温泉。为回应柏林支持的亨莱因"苏台德德意志祖国阵线"成员的分离主义鼓噪，布拉格禁止第三帝国旗帜及纳粹党的出版物流入捷克斯洛伐克领土，布拉格亦取缔了纳粹运动的捷克斯洛伐克分支。这些措施反过来又引发了忠于希特勒的德国人对捷克斯洛伐克的抵制。卡尔斯巴德市长抗议说，仅在1934年，卡尔斯巴德便损失了5 000名德国疗养客，这对当地经济造成了毁灭性的打击。温泉小镇呼吁布拉格方面放宽对希特勒分子的限制，但是这一呼吁石沉大海——正如当地支持者所言，这是政府"对苏台德疗养业的困境漠不关心"的一大标志。

而有关这种无视的另一标志，据苏台德疗养业代表的说法，则是政府拒绝在温泉地开放赌场博彩，而当时德国与奥地利都正在放松对这一高利润行业的限制。难怪苏台德温泉备受伤害！

到20世纪30年代中期，布拉格与柏林的关系有所改善，苏台德温泉热切地期望能从1936年柏林奥运会中分得一些溢出的客流（就这一点而言，德国与奥地利的主要温泉也是一样）。或许连富裕的美国人也会回到迷人的苏台德温泉身边！可遗憾的是，尽管奥运火炬传递经过了特普利采（当地纳粹分子以行纳粹礼的方式迎接火炬），却并没有多少游客将苏台德温泉纳入他们的奥运日程。在1936年7—

8月，卡尔斯巴德的游客量与前一年同期相比还有所下降。至于马里昂巴德，它不得不勉力举办奥运会赛前捷克斯洛伐克与南斯拉夫奥运代表队间的一场游泳比赛。为争得这一荣誉，马里昂巴德方面必须支付一笔7 000克郎的保证金，并为参赛者免费提供当地民宿。

因持续不景气，马里昂巴德与卡尔斯巴德都激烈地争抢集会和大型会议的业务。1934年9月，马里昂巴德颇为高兴地主办了第二届国际整合医学与医疗世界观促进大会（Internationale Kongress für Förderung medizinischer Synthese und ärztlicher Weltanschauung）——一个结合了整合医学与优生学的项目。对于这些聚集一处的医疗从业者来说，一位来自柯尼斯堡（Königsberg）的教授传达了此次大会的关键信息，他敦促其同行尽己所能地解决智力低下者与聪明人群之间在人口增长率上的致命失衡——后者生得太少，而前者生得太多。他警告说："任何一个有健全种族意识的国家都无法接受缺乏才能者不断滋长。"优生学的大夫们发觉马里昂巴德挺合他们的心意，于是决定1936年再一次在那里开会。

不过，即便是马里昂巴德对种族主义者们的吸引力——说到这个，还有莱辛被害案的记忆——都无法彻底削弱温泉对犹太人的吸引力。消息已在中欧的犹太社群间遍传，说马里昂巴德的犹太商人们正急需访客。1936年8月，正统派犹太人世界协会（World Association of Orthodox Jews）执行委员会于马里昂巴德的民族酒店（National Hotel）集会，讨论德国犹太人的悲惨处境，并为即将到来的1937年世界大会制订计划，他们决定在这一处境艰困的温泉小镇举办此次大会。散会前，正统派犹太领袖们宣示了他们抵抗纳粹"浇熄犹太人之火"的图谋的决心。他们承诺，这团火不但将在德国继续燃烧，还会在巴勒斯坦燃烧。"巴勒斯坦是犹太人的，不是阿拉伯人的，犹太人将永远生活在那里。"一位发言人如是说。

第二年夏天，当第三届世界正统派犹太人大会（World Congress of Orthodox Jewry）于马里昂巴德如期召集时，犹太人之火确实在熊熊燃烧。有好几个星期，小镇上到处都是穿长斗篷、戴黑毡帽的人，小镇看上去就像个波兰的犹太小村。然而这种利沃夫（Lvov）式的城市样貌并不为相当一部分当地人所接受，亨莱因政党的一名代表便谴责身为犹太人的马里昂巴德副市长为苏台德人民招来了黑衣灾祸。他强烈要求再不容许此类事情破坏小镇。

实际上，在随后的几年甚至是几十年里，无论是马里昂巴德还是卡尔斯巴德都再未召开过任何犹太人大会。下一个在苏台德温泉地举办的重要会议，其性质便完全不同了：1938年4月23—24日，亨莱因的苏台德德意志党于卡尔斯巴德举行了一场集会。4月24日，亨莱因发布了他的"卡尔斯巴德计划"（Karlsbad Program），要求苏台德区实现完全自治——这将成为苏台德区脱离捷克斯洛伐克加入德国的垫脚石。该宣言还要求"给予［苏台德德意志人］充分自由以表现他们的德意志种族认同和对德国［即纳粹］意识形态的亲近感"。亨莱因显然受到了德国最近吞并奥地利的启发；如果奥地利可以"回归德意志"，那么为什么苏台德区就不能呢？事实上，希特勒在3月28日柏林的一次会议上亲口告诉了亨莱因该怎么做，他指示这位苏台德领导人在国内挑起事端，以便为德国的军事干预提供合理借口，而几乎与此同时，希特勒与他的将军们已在讨论代号为"绿色方案"（Plan Green）的入侵捷克斯洛伐克的计划了。

在希特勒的支持下，亨莱因的势力掀起了一场暴乱，旨在挑起苏台德区的全面危机。这场暴乱主要发生在大温泉镇，因为那里有相当数量的犹太人口与财产。纳粹暴徒跑过卡尔斯巴德与马里昂巴德的街道，打碎商店橱窗，大肆殴打犹太人。马里昂巴德的纳粹分子将10余名犹太居民囚禁在埃格兰咖啡馆（Café Egerland）（今天的蒙蒂酒店）的地下室。不出所料，犹太人开始成群结队地逃离这两座城镇，其中大部分前往了布拉格。随着暴力活动的目标扩展到捷克人，甚至是反对纳粹的德意志人，布拉格宣布在当地实施戒严，并于9月底发起全面的军事动员。由于西方各国早前曾承诺保护捷克斯洛伐克的主权,整个世界已为战争做好了准备。

臭名昭著的《慕尼黑协定》(Munich Agreement)[1]在最后关头避免了战争。根据协议,英、法通过将苏台德区割让给德国(这份礼物本非他们所能够给予)换取了和平。为了给这份协议辩解,英国的内维尔·张伯伦(Neville Chamberlain)曾说过一句名言,不能指望西方国家会为了"一个遥远国度中一群我们一无所知的人之间的争吵"而开战。张伯伦著名的"我们一个时代的和平"(peace for our time)最终只维持了11个月,在《慕尼黑协定》的签订到1939年9月1日德国入侵波兰的这段时间里,希特勒攫取了捷克斯洛伐克的剩余国土。

未曾参与《慕尼黑协定》的捷克斯洛伐克人自然对失掉苏台德区感到愤怒,虽然也有些人从捷克斯洛伐克的剩余国土能够摆脱德国影响这件事上找到了些许希望。"我们只获得了一个安慰,"一位布拉格的爱国者断言,"我们[再也]不用在布拉格保留一所德国大学,也不用在布尔诺(Brno)保留一所技术学院了。我们要清理捷克斯洛伐克空气中的所有德国病毒。"

与此同时,苏台德区的大多数德裔却为《慕尼黑协定》感到欣喜若狂,《马里昂巴德报》9月30日的社论写道:"《凡尔赛条约》的不公已被抛在一边,阿道夫·希特勒给予了他的人民一个统一的国家,如同英、法人民几个世纪以来已经享有,乃至意大利人民数十年来所享有的那样。"

但千万要注意你为何而欢呼,尤其当你的身份是苏台德区温泉小镇的居民时。甚至在德军开入这一地区取走希特勒的全新战利品之前,卡尔斯巴德与马里昂巴德便已显露出极端惨困的征兆。由于几乎所有的外国客人都逃离了浴场,这两个小镇的经济状况比以往任何时候都更加糟糕。城里的街道和广场已全然失去了它们那声名

---

[1]《慕尼黑协定》,全称《关于捷克斯洛伐克割让苏台德领土给德国的协定》,是1938年9月29—30日英国、法国、纳粹德国、意大利4国首脑在慕尼黑会议上签订的条约。英、法两国为避免战争爆发,牺牲捷克斯洛伐克利益,将苏台德区割让给纳粹德国。

在外的国际品位,即便是卡尔斯巴德最豪华的酒店——著名的普普大酒店(Grand Hotel Pupp)——也显得冷落而荒凉。

为了亲眼见证卡尔斯巴德漫长历史中的最低点,我会在这里给你们留下莫里斯·辛杜斯(Maurice Hindus)的几行文字。这位如今已被世人遗忘的美国记者曾于1938年9月16日到访这座温泉小镇,彼时他正替多家美国报纸报道捷克斯洛伐克危机:

> 我们到了卡尔斯巴德。从火车车窗望出去,车站显得空旷而阴沉。只来了两个搬运工接乘客,于是我们大多数人都自己扛行李[……]没有一个[酒店搬运工]会想起什么时候酒店的大堂,即便是在旅游季接近尾声的时候,会显得像这般冷清和凄凉[……]当我关掉房间的灯时已过午夜,睡意全无,我看向窗外。卡尔斯巴德!我记得沙皇亚历山大三世和屠格涅夫曾来过这里,国王、作家、艺术家、银行家、王子与江湖骗子都曾来过这里,有时是为了健康,有时是为了启动或完成国内或国际间的阴谋。毁灭之城抑或希望之城,可如今它又是哪一个呢?街道寂静而阴郁;星星在薄雾之中闪烁着微弱的光芒,光芒里的黑暗多过光明,凶险大过希望。

第八章

褐色之泉：第三帝国时期的大温泉

希特勒许诺的"千年帝国"仅仅延续了12年（诚然，12年也显得太久了），但对于中欧的大温泉来说，这12年却是其整个历史中最重要且最具破坏性的时期。的确，疗养地在第一次世界大战及其后的大萧条中已遭遇重创，然而第三帝国却带来了痛苦的扭曲和原则性的堕落，而温泉在很大程度上成了其同谋。当纳粹挑起的第二次世界大战把希特勒德国曾施加给欧洲邻国的相同惨状也带到第三帝国的家门口时，大温泉在本质上构成了德国战争机器的一个分支，它们的泉水仿佛被纳粹的意识形态玷污成褐色，又被其主要客人——国防军伤兵们——的光临染成血红。

纳粹与温泉

国家社会主义对德国温泉的看法并非没有模棱两可之处，这与希特勒政府对其他受人尊敬的机构，例如军队、教会和大学的态度别无二致。确实，大温泉疗养地，至少是典型的疗养地，同纳粹主义的民粹主义、种族主义和仇外的意识形态是并不相融的。最初，纳粹理论家们抨击奢华的水疗度假村是精英主义、堕落且非德意志的——它们是富裕的势利小人们的特权区，这些人当中很多是外国人或犹太人，把大把时间浪费在玩愚蠢的游戏、赌马和从事非法性活动上。（女性在温泉生活中占据重要地位的事实也并没有被厌女的纳粹分子们所遗忘：就在希特勒上台前不久，一群冲锋队在巴登-

巴登对上流女性实施骚扰，只因她们在公共场所吸烟。）至少在原则层面，纳粹党宣称要打破阶级差别，驱逐犹太人，消除"过度的外来影响"，并清除德国文化和社会中的"不健康"行为，人们会以为，纳粹党本应一有机会便向疗养地穷追猛打。然而，他们在对待德国温泉地上却显得自相矛盾，这是由于纳粹的领导人对于温泉生活本就缺乏统一的认识和体验；甚而至于，大疗养地本身，至少巴登－巴登，更利用了纳粹在意识形态和实用主义之间的缝隙，这一缝隙贯穿了整个第三帝国史。

与俾斯麦和"第二帝国"的3位皇帝不同，希特勒并不是温泉的狂热爱好者，然而天晓得他本可以利用大疗养地"库存"的各种生理和心理疗法，享受不错的疗养。当他在44岁掌权的时候，希特勒已患有严重的胃痉挛和神经焦虑症。胃痉挛让他坚信自己得了癌症（实在遗憾，这并未成真）而且命不久矣——因而他急切要把那些写入《我的奋斗》（Mein Kampf）里的计划付诸实施。为了维持健康，他没有理智地用减压水疗——也许外加一点脑休克电击疗法——来应对自身的疼痛和焦虑，而是靠服用大量药物，成为素食者和近乎滴酒不沾的人，这些迹象本身便令人不安。确实，为了活跃气氛，他有时也会抿上一小口啤酒，但他的茶歇饮品首选却是古老的温泉地特产——气泡矿泉水，尤其是法金格碳酸矿泉水（Fachinger Sprudel），无论去哪儿他都会带上好几箱。希特勒对法金格矿泉水是如此偏爱，以至于在波兰战役期间，当他的多年侍从威廉·克劳斯（Wilhelm Krause）向其提供了另外一个品牌的矿泉水时，希特勒当场解雇了他。元首还极度洁癖：他每天都要洗澡，有时还不止洗一次，由于害怕接触细菌，他尽量避免和人握手，至于意大利／斯拉夫式的拥抱或亲吻脸颊就更不用提了。他还恐惧被人看到裸体，所以拒绝在体检时脱光衣服（或许在性方面也是如此，尽管我们无从知晓这是否属实）。

考虑到这些恐惧症，人们恐怕难以想象希特勒会脱得赤条条或近乎一丝不挂地和其他几十个人一起坐在温泉池子里，无论他们是否是"雅利安人"。他甚至也无法享受懒洋洋地独自一人洗温泉浴，如前所说，浴池无法避免地带有之前的入浴者留下的"污秽"。到头来，需要放松的时候，希特勒更喜欢去位于贝希特斯加登（Berchtesgaden）[1]附近上萨尔茨堡山（Obersalzberg）的伯格霍夫别墅（Berghof）[2]——不过他在伯格霍夫逗留期间也并不能彻底放松，他习惯在那里制定关键的方针政策，以及连续几个小时对着来宾喋喋不休。（希特勒现身贝希特斯加登，使得附近一处叫作巴特赖兴哈尔［Bad Reichenhall］的温泉受到纳粹高层以及各种想要巴结元首的谄媚者的欢迎。犹太社群的专栏作家贝拉·弗洛姆［Bella Fromm］经常去赖兴哈尔疗养，她在日记里抱怨由于希特勒靠得太近，"山里的空气都被搞糟了"，他还引来像阿尔弗雷德·克虏伯这样惹人心烦、装腔作势的家伙，在等候上山觐见元首时，他会把池水拍得水花飞溅。）

毫不意外，我们没有希特勒出于身体原因去温泉疗养的任何记录。他在成为德国总理后，偶尔也会造访疗养地，包括大温泉疗养地，但纯粹出于政治原因。譬如，1934年6月30日"长刀之夜"（Night of the Long Knives）[3]那一天，他和戈培尔匆忙赶往巴特维塞（Bad Wiessee），一处位于慕尼黑南部特格尔恩湖（Tegernsee）畔的小型温泉，去终结他所宣称的（完全是子虚乌有的）由他的老朋友——冲锋队指挥官恩斯特·罗姆（Ernst Röhm）——发起的叛乱。希特

---

[1] 贝希特斯加登，位于德国巴伐利亚州东南部的城镇，地处阿尔卑斯山脚，景色优美秀丽，因其得天独厚的自然条件，在第二次世界大战时期成为纳粹德国的核心腹地，其辖区内的上萨尔茨堡山自1923年起即成为希特勒的度假住所，1933年改建成为希特勒和纳粹高官们的官邸区，1937年纳粹在上萨尔茨堡山脚设立了纳粹德国政府驻地，希特勒每年都会来此逗留数月。

[2] 伯格霍夫别墅，希特勒位于贝希特斯加登上萨尔茨堡山的度假别墅，是其最为喜爱的避暑地和行官。

[3] 长刀之夜，又称罗姆事件，1934年6月30日—7月2日发生的纳粹党内清洗行动。希特勒利用党卫军和盖世太保清除了冲锋队及其领导人恩斯特·罗姆的势力，此次行动加强和巩固了国防军对希特勒的支持。

勒亲自冲入罗姆在韩塞巴瓦酒店（Pension Hanslbauer）的房间并将其逮捕。元首之后愤怒地表示，他发现罗姆正和一个赤身裸体的男童躺在床上，不过这并不是真的，而且无论如何，希特勒多年来早已知晓他朋友的同性恋身份。至于罗姆，他的"疗养"戛然而止，他被关进了慕尼黑的监狱。他拒绝在监狱里开枪自尽，最后，被其党卫军看守射杀。（一个提醒："长刀之夜"的爱好者们若是打算前往巴特维塞旅行，并期待订到罗姆当时在韩塞巴瓦酒店的房间，大可以打消这类幻想了，这处酒店早已不复存在，不过在易趣网［eBay］上可以找到关于它的"历史明信片"。）1938年10月，德国吞并苏台德地区后，希特勒访问了费兰兹贝德和卡尔斯巴德，在前一处温泉，他与海因里希·希姆莱饮用了直接从费兰兹泉（Franzen Quelle）取出的泉水（为了取悦当地人，背叛一下法金格矿泉水还是有必要的）。在卡尔斯巴德，希特勒领着一支仪仗队穿过大街，并在歌剧院阳台上向欢呼的人群发表讲话。大约一年之后的1939年，元首出现在巴特埃姆斯，与党卫军"阿道夫·希特勒亲卫队"（SS Leibstandarte Adolf Hitler）共庆圣诞，在德国准备入侵低地国家与法国的当口，这支部队就驻扎在埃姆斯温泉。鉴于巴特埃姆斯历史上曾与羞辱法国联系在一起，几乎所有纳粹高层都曾经去过那里，要么是去泡澡，要么只是沐浴一下当地已广为人知的神圣光辉。

海因里希·希姆莱有时会在希特勒于温泉地露面时陪同在元首身边，但这位党卫军领导人也会出于政治和疗养的双重目的独自造访疗养地。希姆莱与希特勒一样患有忧郁症，他年轻时曾在巴伐利亚施塔费尔湖（Staffelsee）的一处温泉度过许多个夏季，在那里，他尽心尽力地沐浴，希望能改善自身不稳定的健康状况，强健虚弱的躯体。后来，他满腔热情地拥抱了水疗，乃至其他形式的"自然疗法"（Naturheilkunde），把它们视为对种族意识最强烈的德国人而言在意识形态上最可接受的"医疗"求助手段。这样做的并不只有他一个人。"自然疗法"在第三帝国时期比德国历史上任何时候都更受欢迎——我们所处的这个容易轻信的时代或许是个例外。尽管希姆莱并不像希特勒那般嗜酒,但希姆莱还是模仿他的主子,把喜爱喝矿泉水胜过喝啤酒这件事搞成了大新闻——而他可是个如假包换的巴伐利亚人!身为党卫军首脑,希姆莱确保了这个富于进取心又无所不在的"国中之国"掌控了德国75%的矿泉水生产。

相比之下,赫尔曼·戈林显然不是个喜爱喝水胜于啤酒的人,在纳粹高层中,属他对奢华温泉地的高档生活最感兴趣。在中欧就没有他未曾去过的疗养胜地,而所有疗养胜地当中,他最喜爱的地方是巴登-巴登,他喜欢一手拿着雪茄,一手拿着香槟,懒洋洋地躺在那儿的奥古斯塔浴场;还有巴德加施泰因,他至少3次光顾那里。至于谈到对温泉的鉴赏力以及奢侈逸乐的圆胖身躯,戈林应当被视为纳粹分子里最接近英王爱德华七世的角色,虽说这样看他反而忽略了其投机取巧的非人道与暴虐残忍的一面(这和爱德华国王本性上的正派恰形成鲜明对比)。

戈林的死对头约瑟夫·戈培尔不仅憎恶这位肥胖的元帅,还鄙夷他在豪华温泉中的懒散。在1943年战争期间,戈培尔在他的日记中抱怨戈林除了把时间花在度假和在大水疗胜地闲逛,简直可谓无所事事。随着1943年2月德国在斯大林格勒惨败,戈培尔甚至要求关闭所有豪华疗养地。可是,这位身材矮小、风流成性的宣传部长自己却也没怎么躲避豪华温泉,一如戈林,他偏爱巴登-巴登与巴德加施泰因,他喜欢在那些地方与一众情人嬉闹。(据传,戈培尔在33岁之前从未有过任何性行为,直到他后来利用其纳粹德国电影制作主管的位子,与不少于36名女演员上床以弥补其姗姗来迟的性生活。)或许是因为他的畸形足和短小的身材,戈培尔会主动避开温泉地的热水池和公共浴场。此外,作为一个忠实的莱茵兰人,他偏爱雷司令白葡萄酒而非矿泉水。

尽管中欧的豪华温泉因其多金的国际客户可能会(也曾经)被一些纳粹分子攻击为"非德意志的",但德国大量规模较小、价格也较低廉的疗养地在第三帝国的社会与文化基础设施中占据了一席之地。原则上，纳粹政权致力用无阶级的"民族共同体"（Volksgemeinschaft）取代以世袭财富和收入为基础的等级社会。

为了实现这一目标，纳粹德国还建立了"力量来自欢乐"组织（Kraft durch Freude，KdF），一个遍及德国全境的旅游休闲机构，其目标是终结地域、宗教与阶级冲突。该组织由希特勒的老部下、劳务部门的头子罗伯特·莱伊（Robert Ley）负责，他把大部分空闲时间用在酗酒，然后去豪华温泉解酒上。"力量来自欢乐"向工人和中下层阶级提供过去只向富裕阶层开放的各类活动：骑马、航海、滑雪、海边度假，甚至是海上巡游。

"力量来自欢乐"组织的另一个计划是"国民汽车"，即"大众汽车"（Volkswagen）。该车的灵感来自亨利·福特的量产T型车，由费迪南德·保时捷（Ferdinand Porsche）设计，大众还享受了希特勒个人的支持。1938年秋，"力量来自欢乐"派出3台大众甲壳虫原型车在德国展开宣传之旅，车队在巴特埃姆斯短暂停留，吸引了许多当地人交纳大笔定金购买这辆精妙绝伦的小汽车（车子要到1941年方能交付）。总计约有34万德国人预付了2.75亿马克购买大众甲壳虫，可最终"力量来自欢乐"组织只生产出640辆，而其中大部分都配给了党内要角。1940年，汽车生产线被转用于生产军用车辆，纳粹政府则保留了所有定金，将其视作对战争的"贡献"。

温泉游在"力量来自欢乐"组织所提供的服务中也占据着重要位置。1933—1939年，大约67%的"力量来自欢乐"假日旅行是前往疗养地或类似的休闲/风景区。正如人们所料想的那样，被列入"力量来自欢乐"组织名单上的大多数温泉都并非有名气的那一类——不过当然，它们都是"无犹"温泉。北德的博尔库姆（Borkum）是"力量来自欢乐"颇为青睐的一处海滨温泉，而陶努斯山中的埃普施泰恩（Eppstein）则是一处宝贵的空气疗养（Luftkur）目的地，在暑期月份的每个周末总能吸引300名"力量来自欢乐"的度假者。最终，就连高傲的巴登－巴登也屈尊加入了几次"力量来自欢乐"之行，尽管参与者都被降级驱赶至城镇东头的低端市场去了。

对于富有的纳粹分子来说，外国疗养地的首选是瑞士达沃斯——昔日的托马斯·曼《魔山》的灵感来源，但在第三帝国时期，那里一般被称作"希特勒巴德"（Das Hitlerbad）（虽说希特勒本人并非那儿的常客）。如今，比尔·克林顿、比尔·盖茨、托尼·布莱尔以及四处游走的博诺（Bono）[1]在一年一度的世界经济论坛（Global Economic Forum）上处理国际问题，而在20世纪30年代，达沃斯最知名的来访者便是有着无可挑剔的纳粹背景的德国上流人士。附近的结核病疗养院"德意志之屋"（Deutsches Haus）仅为种族上过关的纳粹德国病人提供服务。1932—1937年，约有189名达沃斯居民加入了纳粹党在当地的分支。也就是在这里，1936年2月4日，瑞士纳粹党对外协会主席威赫姆·古斯特洛夫（Wilhelm Gustloff）死于一个名叫大卫·弗兰克福特（David Frankfurter）的年轻克罗地亚犹太人之手。（希特勒德国针对犹太人的攻击激怒了弗兰克福特，他去古斯特洛夫家，朝这个纳粹领导人的头、颈和胸部连开5枪，之后他报警并认了罪。）希特勒亲自下令在古斯特洛夫的家乡为他举行国葬，也让达沃斯这座美丽的阿尔卑斯村庄在纳粹的"殉道史"地图上占据了一席之地。

回到"力量来自欢乐"的普通民众。第二次世界大战期间，德国人一征服俄国的克里米亚半岛，罗伯特·莱伊便提出了一个计划：将整个克里米亚地区变成德国群众的"一个大疗养地"。希特勒同意了这一计划。元首表示，"必须清除克里米亚的所有外国人"，那里只供德国人居住与休闲之需。但在战争的非常时期，彻底的种族清洗不得不先行暂停。接管了再安置工作的希姆莱允准克里米亚鞑靼人——其中的许多人已经被斯大林驱逐了——免于被驱离至更

---

[1] 博诺（1960— ），即保罗·大卫·休森，爱尔兰男歌手、音乐家、诗人和社会活动家，爱尔兰摇滚乐队U2的主唱兼旋律吉他手。曾为推动减免非洲第三世界国家的债务和艾滋病问题游说西方各国以及梵蒂冈教廷，并以教皇特使的身份参加八国财长会议。

远的地方，因其曾与国防军协手打击红军。

幸运的是，由于在战争中最终落败，莱伊、希特勒和希姆莱从未实现过他们将克里米亚变为巨型德国疗养地的梦想。如果说目前弗拉基米尔·普京盘算着将这一地区改造成俄罗斯度假者的大型"俄式澡堂"（他有时会暗示这样的想法），那么他的工作可谓相当之艰巨：半岛的基础设施状况堪忧，浴场已然被毁坏了，酒店则严重不达标。

"德国的名片"

当希特勒的政府真要着手为温泉——尤其是豪华温泉——制定某些全国性的政策时，它不仅要应付高层领导人间迥异的观点，还需要面对基本的生计需求与神圣的形而上辞藻间未必协调一致的事实。实用主义与意识形态间的冲突对温泉造成的影响，早在德国斟酌是否主办1936年奥运会时便已显露出来了。在20世纪20年代，包括希特勒在内的纳粹理论家们曾因奥运会的国际主义、爱好和平的精神，以及它对诸如黑人和犹太人等"劣等民族"的包容而对其大张挞伐。国际奥委会于1931年将1936年夏季奥运会的主办权交予柏林，但在希特勒于1933年当权后，很多观察者都认为他会拒绝举办奥运会，并迫使国际奥委会将这一盛会挪至别处。不过，接近希特勒的人，尤其是戈培尔，说服他举办奥运会（包括在加尔米施-帕滕基辛[Garmisch-Partenkirchen]举办的冬奥会）能够收获大量帝国急需的外汇，还能让纳粹党人向世界展示一个友好、国际化且成熟的第三帝国。实用主义战胜了意识形态，德国奥运会开始按计划执行。同样的实用主义思路——至少在一段时间里——也加之于德国的顶级疗养地巴登-巴登。

作为曾经的贵族温泉小镇，巴登-巴登在观望了两天之后，举行了一场"自发的"火炬游行庆贺希特勒上台。这座小镇足足延后了两个月方才于市政厅升起纳粹党旗。这种拖延并非出于对希特勒的严肃反对；反之，巴登－巴登不过是想在拥抱新秩序时表现出一点优雅的矜持——毕竟，人们也并不清楚这一新秩序能否维持下去。

对于第三帝国初期的巴登－巴登来说，至关紧要的是，控制这一地区的地方领袖（Kreisleiter）库尔特·布克勒（Kurt Bürkle）是个与希特勒的核心圈子关系密切的"老战士"（指1923年前入党的纳粹党员）。布克勒本可以利用这一影响力在这座城市推行强硬的纳粹路线，但他却转而采取了别样的立场，他认为实现巴登－巴登经济复苏的最佳方式是重振其作为国际一流疗养目的地的地位。更具体地说，得到市议会支持的布克勒提议，将城镇中心正式指定为"禁止集会区"（Bannmeile），禁止政治示威、恐吓外国人，甚至反犹镇压。在1933年4月7日的一次集会上，布克勒宣称："新的巴登－巴登行政当局将全力确保在疗养地的禁止集会区内实现彻底的民间休战［……］［地方政府］将始终以巴登－巴登作为疗养中心与住宅区为施政前提，在这里，所有游客——特别是外国游客，不论宗教和种族——都将受到欢迎。"布克勒承诺，来到巴登－巴登，游客们将见到一个友好、宽容、安全和繁荣的德国。总之，外界将会把巴登－巴登视为"［纳粹］德国的名片"。

布克勒与其同伙对这块"特殊地盘"的核心设想是让赌场赌博重回温泉小镇。失掉这个曾经最大的收入来源之一，巴登－巴登对此未曾甘心。整个20世纪20年代，城镇的支持者与他们的德国大温泉同侪们一直在努力争取复活这棵昔日摇钱树。虽然魏玛德国几乎在所有领域都比德意志帝国更加自由，却仍旧保留了这个已经灭亡的帝国对赌场的禁令。纳粹党会继续贯彻这一禁令吗？从意识形态的角度看，似乎他们是会的。毕竟，赌场博彩有着一副精英主义的面孔，和挺着啤酒肚的冲锋队员相比，它与譬如香槟一类的事物才显得更加般配。然而，赫尔曼·戈林是出了名的香槟爱好者，也许他——或者更重要的是，希特勒——会被引诱着玩上一两盘轮盘赌。

1933年5月，一个由库尔特·布克勒带队的巴登－巴登代表团在柏林与希特勒直接会面，为恢复赌场赌博据理力争。他们将小镇当前的经济状况描绘成一幅暗淡的图景，并断言在温泉重开轮盘赌将是该地区整体复苏的关键。会晤结束时，希特勒答应会考虑这个问题。

元首并没有花上很长时间来考虑这一问题。1933年7月，德国内政部宣布，德国境内将允许赌场博彩，但该许可仅适用于1924—1930年年登记旅客数不少于7万人，且其中至少有15%为外国游客的城市。此外，上述城市必须毗邻准许赌博的外国边境。柏林方面在如此设定赌场条件时，显然已经考虑到了巴登－巴登，因为这处古老的黑森林温泉明显是德国疗养地中唯一满足上述条件的地方。

1933年8月18日，德国内政部正式批准巴登－巴登开设赌场，巴登－巴登由此获得了一个特殊地位。心存感激的市政官员们立即授予阿道夫·希特勒小镇荣誉市民的称号，他们还以元首的名字重新命名了主广场，并在里奇滕塔勒大道上种植了一棵"希特勒橡树"。

小镇的领导人们计划尽早于1933年10月开张巴登的新赌场，但要做到这一点，他们需要找到一位真正能管理这类设施的人——这在一个已禁赌60多年的国家里并不是一件容易办到的事。由于找不到任何一个合格的德国经营者，巴登－巴登只好转而去法国寻找赌场人才。小镇过去就曾这么干过，这可以追溯到19世纪30年代，可自那之后，法德大桥（Franco-German Bridge）下流过了太多"污泥浊水"，且令事态变得更加棘手的是，赢得巴登合同的法国特许经营方还带有"种族污点"。该集团的经理乔治·沃姆瑟（Georges Wormser）及其首席助理卡罗尔·纳赫曼（Carol Nachmann）都是犹太人，该集团的主要资金提供方也是犹太人；只有公司的头面人物，一个名叫保罗·萨莱（Paul Salles）的实业家是非犹太人。在得知这一情况后，德国内政部立即重新仔细考量了是否向巴登－巴登发放赌场许可证的问题。只有在所有与业务相关的犹太人都隐于幕后的条件下，才能说服内政部接受巴登选择的赌博特许经营方，此外，

中欧大温泉

为避免与"有污点"的特许经营方有任何直接往来，内政部会通过巴登市政当局成立的一个"研究小组"与新的博彩运营方保持联络。最后，疗养地新上马的赌场项目还需要通过为期一年的试用期，它必须在这段时间里证明自身价值，否则就得把"旋转球"拱手让给别家了（威斯巴登名列首位）。

结果，巴登－巴登顺利通过了试用期。赌桌上的利润大大超出预期，到 1934 年，该镇的赌场许可证又延长了 10 年。然而，萨莱集团在自己的合同于 1935 年期满时却未再续签；有关这家公司与犹太人有牵连的消息经由法国报纸一篇题为《希特勒的同伙》（Les associes juifs d'hitler）的令人尴尬的文章走漏了风声。不出意料，这一消息引发了纳粹狂热分子的强烈批评。巴登－巴登疗养管理局自行接手了所有赌场的运营，这同时也为培养一批本土人才提供了可能。

不仅是巴登－巴登的新赌场财源滚滚，1933 年底—1936 年底的短暂时间里，到访这座温泉小镇的游客数量猛增，1936 年达 12.5 万人。新的顾客中有很大一部分来自国外——这是个颇受欢迎的动向，因为希特勒上台曾引发了一场国际范围内的抵制德货运动，其中也包括德国温泉（乃至 1936 年的柏林奥运会）。巴登的酒店业主和餐馆老板们很高兴又能发大财了，他们附和市政官员，纷纷向荣誉市民阿道夫·希特勒表示感谢，因为他赐予了救巴登性命的赌场。

拥有纳粹德国唯一的赌场的优势虽说确实为巴登－巴登那非同凡响的复兴做出了贡献，但博彩业并非这一转机的唯一原因。宽泛地说，支撑这一古老疗养地在第三帝国早期实现商业复苏的是它在政治与文化上所处的"中立区"地位——这种独一无二的特权使得这座城市既能迎接各式各样来自国外的人群，又能在很大程度上规避市级层面的种族歧视。

我想要强调的是，巴登－巴登并非没有纳粹活跃分子，在希特勒上台后不久，当地冲锋队便骚扰了一位名叫路德维希·利普斯基

（Ludwig Lipsky）的犹太百货商场老板，迫使他临时关了店门。此外，依据1933年4月7日于德国全境实施的一项带有奥威尔式名称的《恢复公职人员法》（Law for the Restoration of the Professional Civil Service），镇议会的两名犹太议员旋即遭到解职。在1933年4月1日全国范围的抵制犹太企业与服务的运动中，冲锋队的暴徒们（如今他们身着日后的德国定制时装之王雨果·博斯［Hugo Boss］设计的华丽褐衫套装，博斯还为党卫军提供了更加华丽的服装）站在犹太人开的商店外警告顾客离开。

然而事实证明，4月份的抵制行动在巴登-巴登比在德国其他任何地方都受到了更加严重的挫败。最重要的是，在纳粹掌权初期，巴登-巴登并未发生针对犹太人的人身攻击，也并不禁止他们享受市政服务，包括疗养及浴场设施。即便对于德国的主要疗养地来说，这也是非比寻常的。巴伐利亚的巴特基辛根于1934年7月即颁布了针对犹太人的当地禁令，巴特埃姆斯于当年12月如法炮制，巴特洪堡则在1935年6月紧随其后。

在第三帝国成立之初，这种较为"温和"地对待巴登-巴登犹太人的行为不仅对于小镇的经济，还对其社会构成产生了显著影响。1933—1937年，德国犹太人将巴登-巴登当作避难所，在那里躲避在德国其他地区遭受的频繁迫害。在此期间，约有320名德国犹太人移至这一温泉小镇定居。有趣的是，这些新移民中有40%的人已年过50：他们无疑觉得搬到巴登-巴登的压力和风险比移民至外国要小得多。（我们必须记得这一点，那时大多数外国不是对犹太人彻底紧闭大门，便是令犹太人在其国土上定居变得困难重重）。同样有趣的是，5%的犹太移民于巴登-巴登购置了房产，这证明他们对在该镇长期避难是有信心的。

德国犹太定居者的涌入（顺带一提，其中还夹杂着大量外国的犹太疗养客）并未逃过德国各地纳粹狂热分子的法眼。1936年，一份纳粹煽动刊物《元首》（*Der Führer*）控诉巴登-巴登的"亲犹"

政策令这座温泉小镇有沦为"巴勒斯坦前哨站"的危险。但同时，1936年奥运会即将于德国举行，希特勒政府决心要向世界展现一个更加友好和善的第三帝国——"极简纳粹主义"，有人或许会这么说。换句话讲，纳粹领导人想在"奥运年"达成的目标便是把整个国家呈现为一个巨大的巴登-巴登、一张展现德国人可亲可爱的明信片。

巴登-巴登自己当然也明白这一点。实际上，这座城市——对于其对外国人的吸引力高度自觉——期望众多前往加尔米施与柏林观看比赛的外国人能绕道来趟黑森林，以便调理身体以及/或是参观一下小镇当年布置的一些特别的文化与运动景点。在这些别出心裁的节目中，最引人瞩目的要属柏林奥运会闭幕后不久在小镇郁郁葱葱的高尔夫球场举行的国际高尔夫锦标赛。巴登提议的高尔夫锦标赛得到了希特勒本人的支持，因为柏林奥运会上并未设置高尔夫比赛项目，而元首又急于向外界展示德国是一流的高尔夫强国（尽管只有少数德国人能在传统的18洞比赛中突破80杆）。希特勒对德国取胜充满信心，他捐出一个铜制托盘，上面镌刻着"国家最高高尔夫球奖，元首及帝国总理阿道夫·希特勒赠"。他的设想是驱车前往巴登-巴登，亲手将这一珍贵的纪念品颁给喜悦的获胜者。

令人感到惊讶的是，在巴登-巴登举办的为时两日的有7国选手参赛的标准杆68杆、36洞比赛中，两名德国选手在头一日比赛结束时竟领先5杆，在现场观赛的外交官约阿希姆·冯·里宾特洛甫（Joachim von Ribbentrop）兴高采烈地给希特勒发电报，说德国有望取得一场光荣的胜利。于是希特勒叫来他的梅赛德斯奔驰，开赴巴登-巴登，在此之前，他都不曾去过那里。

可惜得很，到了锦标赛的最后一天，英国选手似乎终于记起来，是他们而非德国人发明了高尔夫球（强大的美国佬也没发明高尔夫球，不过他们选择不玩）。英国人非但反超了德国人，还领先于实力惊人的法国两人组。英国队最终以5杆的优势战胜了法国队，并以12杆的优势领先于第三名的德国队，德国队在决赛阶段可谓完败。

里宾特洛甫明白元首绝不会为此感到高兴，于是他在希特勒的车抵达巴登－巴登之前，急忙开车去中止其行程。希特勒随即调头折返柏林。最后，向英国选手颁发可能是史上最不为人所知（也最不值钱）的国际高尔夫奖杯——"希特勒杯"——的颁奖人是里宾特洛甫而非希特勒。

在柏林奥运会期间，希特勒政府不仅在柏林与加尔米施，还在整个德国都大力压制公开展示的反犹行径。毕竟，一些奥运游客可能会前往德国其他地方旅行。然而一等到赛事结束，反犹的行动和举措便开始迅猛回潮，而在这第二段且远为酷烈的迫害时期，巴登－巴登彻底陷入了恐怖之中。这个优雅的温泉小镇作为相对宽容的天堂和"德国的名片"的日子一去不复返了。

对巴登－巴登的犹太人来说，新的艰难时期的到来是以本地和地区领导层的变动为前奏的：库尔特·布克勒辞去地方领袖的职务，由纳粹狂热分子威廉·阿尔滕施泰因（Wilhelm Altenstein）继任；而另一位强硬派，汉斯·施韦德海尔姆（Hans Schwedhelm）则接任市长一职。这两人都完全赞同柏林的做法：不断加码，令德国犹太人在国内的生活愈来愈悲惨，从而迫使他们移居国外。1937年1月20日，巴登州长（Reichsstatthalter）罗伯特·瓦格纳（Robert Wagner）宣布了即将在该州推行的新反犹措施。他似乎有意针对巴登－巴登，因为规定中包含了禁止犹太人购置房产，将德国的犹太公民排除在所有温泉池和疗养设施之外，还规定应在洗浴大楼的售票口摆放"不欢迎犹太人"的标志（这是为了防范外国犹太人）。

毫不奇怪，巴登－巴登的疗养业经营者、奢侈品店老板、餐馆老板和酒店业主都对这些严厉的歧视政策感到震惊——事实上，他们感到如此之震惊，以至于采取了非同寻常的措施直接向瓦格纳发出尖锐的抗议。在一封落款日期为1937年2月9日的信中，一群巴登－巴登商人愤怒地表示："我们整座城市和居民都对这些涉及犹太人的措施感到极度痛苦，这些措施意在禁止［这群人］进入我们的疗养设施［……］所有因巴登－巴登赌场［重开］而取得的优势都将被上述限制消灭殆尽［……］那些［受该法令影响的］人及其朋友如今将会把他们的光顾地转移至瑞士和法国的浴场，而巴登－巴登会成为最大的输家。"没过多久，巴登－巴登的酒店业主也发出了他们的抗议之声："那些影响犹太人的规定也会影响我们的酒店，这意味着我们美丽的洗浴之都的毁灭！！！［推行措施的］消息犹如一道闪电击中了我们的镇子。"

州长瓦格纳与巴登－巴登的纳粹领导人们对这些惊呼始终无动于衷。事实上，市长施韦德海尔姆表示，这座城市可以不再享有"德国犹太人的绿洲"的名声令他大松一口气。此外，他与同僚们确信，把犹太人排除在德国顶级温泉小镇之外不会对其经济有丝毫损害。他们相信非犹太的外国人会继续光顾温泉，而随着犹太人不再"污染"这里的泉水，小镇将迎来更多"优良的德国人"的涌入。

说得委婉些，此种信心不合时宜。1937年初—1940年初的短暂时间里，温泉的游客数量——不论是外国游客数量还是游客总量——都逐步下滑。外国客人在1936年的年中达到3.5万人的最高点，随即在1937年底回落至2万人，1939年则降至1万人。游客总量的下滑也同样无情，从1936年的12.5万人跌至1940年的约4.5万人。

随着在巴登－巴登的外国游客越来越少，人们或许以为德国犹太居民也会选择尽快地离开那里。然而，也许是因为他们早前曾享有过相对的安全，巴登－巴登的犹太人显得比德国其他地方的犹太人更不愿意移居海外。他们中的大多数在其公民身份因1935年臭名昭著的《纽伦堡法令》（Nuremberg Laws）[1]被剥夺，之后又被迫在纳粹"雅利安化"的计划下将名下企业与其他资产"出售"——这无异于国家批准的盗窃行为——时依旧坐持观望。路德维希·利普斯基，之前提到的那位巴登－巴登最大百货商店的所有者，便在

---

[1]《纽伦堡法令》，1935年9月15日德国议会在纽伦堡通过的种族法令，该法令成为德国反犹种族主义政策的法律基础，也为纳粹党实施的反犹暴乱和逮捕行动提供了合理借口。

1938年8月不情不愿地将其生意转交给了雅利安人。自同年夏天开始，包括巴登人在内的所有德国犹太人，都必须在其姓名上加上"萨拉"（Sara）或"以色列"（Israel）并携带标有字母"J."的身份证。同样是在1938年，巴登-巴登的犹太人被禁止在疗养公园散步。小镇的大型酒店之一——荷兰霍夫酒店——在其餐厅门口贴上了"犹太人和狗不得入内"的牌子。冲锋队暴徒如今在仅存的几家犹太人开的商店外巡逻，记录下所有敢光顾那里的人的名字。

可更糟的事情还在后头。1938年11月9日—10日，希特勒政府精心策划了全德范围的迫害行动，一场历史上被称为"水晶之夜"（Reichskristallnacht）[1]的活动。假使哪个巴登-巴登的犹太人还抱有一丝幻想，认为他们的小镇在某种程度上能"凌驾于"纳粹最恶劣的暴行之上，那么这一天一夜的恐怖则粉碎了该信念。11月10日清晨，巴登-巴登警员与党卫军围捕了所有年龄在18岁以上的犹太男子，将他们反拧着押送至索芬大街（Sophienstrasse）的警察总部。据一位名叫亚瑟·弗莱辛格（Arthur Flehinger）、职业是高中老师的受害人说，在围捕期间，巴登-巴登大多数非犹太人都选择待在室内，或许是羞于直视他们犹太邻居的眼睛。等到在警察总部集中完毕，犹太人便在看押之下前往当地的犹太教堂，一群暴徒在那儿"护送"他们登上台阶，进入建筑物内。一名党卫军士兵强迫弗莱辛格唱纳粹党歌《霍斯特·威塞尔之歌》（*Horst Wessel Lied*）[2]。当弗莱辛格唱得不够大声时，就要被迫重复这种折磨。再之后，他被下令大声朗读《我的奋斗》中的段落，一旦其表现再次被判定为声音不够响亮，他的脖子就会挨上几拳，让他放大声音。犹太人被囚禁在他们的庙宇里长达数小时。那些想上厕所的人，被要求就地解决，

---

[1] 水晶之夜指1938年11月9日—10日凌晨，希特勒青年团、盖世太保和党卫军袭击德国和奥地利犹太人的事件，该事件标志着纳粹党对犹太人有组织屠杀的开始。

[2]《霍斯特·威塞尔之歌》，1930—1945年的纳粹党党歌，1933—1945年为现行德国国歌《德意志之歌》外另一首等同德国国歌的歌曲。1945年纳粹德国战败后，《霍斯特·威塞尔之歌》遭到取缔，其歌词和旋律至今在德国和奥地利仍属非法。

就在他们站立的地方。最终，警卫们清除了这一建筑，但在此之前，他们盗走了里面珍贵的宗教艺术品，然后将整栋建筑付之一炬。与德国其他地方一样，巴登的犹太人之后收到了与"水晶之夜"相关的损坏与清理费用的账单。

正当他们的庙宇还在燃烧时，巴登－巴登60岁以下的犹太人又被迫再次行军至欧斯火车站，他们在那里被塞入开往达豪的列车；达豪是第三帝国的试点集中营，位于慕尼黑以北。大多数人在集中营待了一个多月才获准回家——一个他们现在知晓已不再属于他们的"家"，他们最好是赶紧逃离，以免被彻底剥夺离开的机会。

1937年1月1日—1939年底，约218名巴登－巴登犹太人（1937年当地的犹太总人口数为385人）逃离纳粹德国前往国外。留在城中的主要是年老之人，对他们而言，移民的艰苦实在难以承受。1940年10月20日晨，大部分坚守者（总共120人）被驱逐至居尔（Gur）——位于法国比利牛斯山的一处阴森的拘留营。两年之后，在居尔的恐怖中幸存下来的囚犯又被塞入封闭车厢，被运往东部的灭绝集中营。同样的命运也降临到仍在小镇苟延残喘的少数犹太人身上，他们认为自己是"神圣不可侵犯的"，因为他们与雅利安人结了婚。可事实证明，其豁免权实在短暂。1942年夏天，巴登－巴登，这处曾经的犹太人天堂，实现了"无犹"。

与此同时，在最后两年的和平时期里，巴登－巴登的犹太人口大幅削减，而外国客户也急剧减少，它曾经自夸的国际品位被改换成了彻底的德国格调——或者更准确地说，纳粹德国格调。所有公共建筑和绝大多数酒店都挂满了纳粹党旗，这些酒店的大多数客人是德国人或德国"轴心国"盟友的国民。

在巴登－巴登，没有任何一家酒店能比之前提及的布伦纳公园酒店更清楚地昭示出这一时代的政治变迁。布伦纳公园是当地的地标，自20世纪初起便成为该镇傲视群雄的酒店。在20世纪20年代和30年代，酒店由其原主人阿尔弗雷德·布伦纳（Alfred

Brenner)——1872年,他买下著名的斯蒂芬妮酒店,并为它增建了一对同样宏伟的副楼——的两个孙子经营。这座俯瞰欧斯河的宏伟石宫在20世纪20年代成了为环游世界的富豪们提供床位的地方。布伦纳对来自美国的暴发户游客特别具有吸引力,他们可以将自家豪车停放于大楼的地下车库,这在欧洲还尚属首次。(这些汽车会得到车库管理员条顿式的关爱照料,一如它们的主人在楼上所享受到的那样。)然而,由于酒店严重依赖美国顾客,在1929年大萧条之后,其入住率就像纽约证交所的指数一样跳水了。尽管也曾认真考虑过就此关张,但仰赖德国本土富豪及时尚娱乐圈持续的忠实关照,酒店还是坚持了下来。到1930年夏,它的客人名单包括弗朗兹·莱哈尔、犹太伤感歌手理查德·陶贝尔(Richard Tauber)及柏林爱乐乐团指挥威廉·富特文格勒(Wilhelm Furtwängler)。3年后,巴登-巴登赌场的重新开张使布伦纳再度复苏,它成为挥金如土的玩家们最喜爱的下榻酒店。到第三帝国初期,富有的外国人再度成为生意支柱,"外国人"占1936年布伦纳客户群体的63%,这是外国客人的全盛期。

显而易见,1937年后到访巴登-巴登的外国游客锐减,这同样打击了布伦纳的利润。但至少在战争爆发前,酒店以国内客人的流入弥补了外来者匮乏造成的缺口:布伦纳成了诸如戈林、戈培尔和希姆莱等纳粹要角喜爱的落脚点。党卫军首领经常现身此地,是因为他这个"兴趣广泛"的组织与总部位于比勒费尔德(Bielefeld)的家族企业有着密切联系,后者持有布伦纳公园酒店的大量股份(并将于1938年夺取控股权)。此处谈及的这家公司名叫欧特克(Oetker and Sons),它从一家布丁制造商起步,后来开始生产各式各样的食品。第二次世界大战期间,这家公司成了德国国防军的主要供应商之一,为部队官兵提供用回收食品垃圾制作的合成香肠等"美味佳肴"。公司创始人鲁道夫·欧特克(Rudolf Oetker)夸称自己是名为"党卫军领袖之友"(Der Freundeskreis Reichsführer SS)的商业游说团体的成员，在1935—1944年，该组织每年直接向其党卫军"朋友"捐赠巨款达100万马克。（欧特克公司如今依然掌控着布伦纳，在我耗费若干天和大笔欧元在这处黑森林的"仙那度"为撰写本书做调研时［调研一切科学的内容］我发现这儿的员工都不愿多谈论其机构在第三帝国时期扮演的角色，即便他们真的对此十分好奇。）

事实表明，此时的巴登－巴登不仅是纳粹德国唯一的赌场小镇（版图扩大后的德国不久也将把维也纳巴登的赌场收入囊中），也是它唯一的一张"名片"。似乎是因为对给予了这座著名疗养地一定程度的宽容——哪怕只是暂时的宽容——而感到有负罪感，纳粹当局在对待其他大温泉镇时便不再表现出类似的克制。同样，除了巴登－巴登，其他疗养地的代表们也未曾努力阻挡纳粹意识形态的步步紧逼。

我们先简要地看一下巴特埃姆斯，它是一个有说服力的例子。即使是在希特勒上台前，这座温泉小镇的纳粹势力便已十分强大，在1932年11月的国会大选中，纳粹党赢得了35%的选票，是该城得票率最高的党。希特勒掌权后不久，小镇的领导人便为其举办了一场盛大的派对，并于1933年3月31日授予其荣誉市民的称号——这一称号直至1989年才被废除！就连巴特埃姆斯的疗养管理局也很快加入了纳粹的行列。在指挥了庆祝希特勒就任德国总理的火炬游行后，当地温泉管理者们在巴特埃姆斯标志性的疗养区中心——疗养大楼——的穹顶上立起了一人多高的纳粹党徽，而在近旁德皇威廉一世的巨大雕像前，巴特埃姆斯组织了纳粹德国规模最大的焚书行动之一。1933年5月10日，学童们将数以千计从公共场所和私人收藏中清理出的书籍和小册子丢入巨大的篝火中，有马克思、海涅、卡夫卡、图霍尔斯基（Tucholsky）、海伦·凯勒、托马斯·曼等人著作作为柴火，火苗越烧越旺。（托马斯·曼本人在不久前已逃离了德国，以免因发表过反纳粹言论而被捕，他在这场焚书运动中被指为"德国的敌人"——尽管在其流亡之初，他曾一度噤声，不再抨击希特勒政权，痴心妄想着他的书还能继续留在德国，他的财产也可以不受侵犯。）

随着非德意志的作品都稳稳当当地化为了灰烬，巴特埃姆斯的领导人们又将注意力转向了那些不受欢迎的人。埃姆斯警方逮捕了40名被视为对新秩序怀抱敌意的各类组织成员，在把他们押往监狱的途中于镇上游街示众（之后他们被递解至集中营）。这些人手持一块巨大的标识牌，上面写着"我们是巴特埃姆斯的渣滓！"一路上忍受着来自街道两旁老乡们的谩骂、唾沫，甚至拳打脚踢。

埃姆斯的犹太人在纳粹掌权之后也遭到了迫害，对他们来说，不会有类似巴登-巴登那里的暂时缓和。纳粹分子早期的一个重点骚扰目标是埃米尔·柯尼斯贝格（Emil Königsberger），一位富有的商人，也是市议会唯一的犹太议员。尽管柯尼斯贝格是一位极端保守的德国民族主义政治人物，但他还是遭到了当地纳粹分子的公开辱骂，这类辱骂实在太过刺耳以至于1933年3月他因心脏病突发离世。更令人心酸的是，人们发现他死在了那些本以为是朋友的人边上，就在格的尼斯法斯酒馆（Goldenes Fass）他固定常坐的位置上。柯尼斯贝格的议会席位旋即被转给了一个纳粹党徒。在柯尼斯贝格去世一周之后，他的埃姆斯同胞们满腔热忱地加入了4月1日全德范围的抵制犹太商店行动，至少在这里，当地的纳粹分子可以合理地吹嘘抵制取得了胜利。

值得注意的是，抵制行动还波及埃姆斯历史悠久的疗养区的医疗业务。在那个恶意满满的4月愚人节当天，埃姆斯新任的纳粹市长赫尔曼·梅塞施密特（Hermann Messerschmidt）颁布了一项特别法令，该法令也立即得到了当地酒店和餐饮业主的认可，法令规定犹太人"不得在疗养区内运营的任何设施享受服务"。到1933年春，犹太温泉医生也遭到了攻击。如今，赫尔曼·戈林领导下的普鲁士内政部派了一位名叫沃尔夫冈·克劳（Wolfgang Klaue）的浴场医生"打手"前往巴特埃姆斯，命令其清理疗养地所有的犹太执业医师。

克劳对自己接到的工作是如此热情，以至于数月之内小镇的温泉业务便实现了"无犹"。（我要补充一句，戈林如此关注埃姆斯，并非因为那里有引以为傲的温泉水，而是因为宝贵的铅矿紧挨着那里的泉眼，并持续给后者造成了污染。戈林并未像大多数埃姆斯人理所当然期望的那样出手保护该水域，而是已然考虑到了武器生产的需求，下令扩大采矿业务。他气呼呼地说："我对哮喘病不感兴趣，我只关心矿石。我们德国的水够充足了，但我们没有足够的铅。"）

埃姆斯反犹运动中最悲哀的一面是很多普通小镇民众对此皆欣然相从。几乎每周都有警觉的居民向当局告发邻人的违法举动，类似向犹太人脱帽致意，和犹太人交往，或照顾犹太人的生意。例如，一些狂热分子向朱利叶斯·施特赖歇尔（Julius Streicher）的反犹小报《冲锋报》（Der Stürmer）透露，巴特埃姆斯的罗马人浴场酒店（Hotel Römerbad）正秘密接收一位名叫所罗门的当地肉贩送来的肉品。另一个居民则告发声誉素著的埃姆斯温泉医生齐格弗里德·科恩博士（Dr. Siegfried Cohn）是个敲诈犯。科恩不可避免地成了埃姆斯版"水晶之夜"的头号目标之一。1938年11月10日晚，一群冲锋队暴徒闯入科恩家里，把家具掷出窗外，并将科恩一家赶到后院花园里，一家人在园艺工具房中恐惧地蜷缩了数小时。科恩博士或许并不知道，地方的纳粹头目已决定对城镇实施特别严厉的打击，因为埃姆斯容纳了下拉恩河流域最大的犹太社区。纳粹表示，是时候让这个"历史上的"德国疗养地实现"无犹"了。于是，他们捣毁了镇上几乎所有残存的犹太店家，破坏了包括科恩家在内的数十间私人住宅。当地暴徒甚至还洗劫了一家高档酒店，因酒店的非犹太老板被认为"亲犹"。尽管这场破坏行动的指令来自柏林，但埃姆斯暴行的参与者却主要是当地人，包括手工艺人、学校老师与小镇名流——也算一桩颇具"民主精神"之事。当冲锋队的劫掠者们在街上肆虐时，一些看热闹的人为他们欢呼，甚至还加入他们的行列。虽说大多数普通百姓没有参与洗劫和抢掠，但很明显，也没有一个埃姆斯人对正在上演的事情表示异议。

"一个民族，一个德国，一个领袖"

谈到意识形态教条的僵化，帝国的边境地区往往会比中心地带更加严重，仿佛比教皇更信奉天主教。第三帝国同样如此，第三帝国后来夺取并短暂占领的奥地利和苏台德区的大温泉镇亦是如此。那些曾经标榜自己与周围心胸狭隘的地方相隔绝的所在，如今都成了循规蹈矩的大德意志堡垒。

希特勒在掌权柏林后，仅仅用了5年时间，便使其母国"回归德意志"。可对于那些他的奥地利狂热追随者们来说，这5年近乎于永恒。1934年7月，他们在维也纳发动了一场政变，旨在促成"德奥合并"立即实现，可除了杀害保守的基督教社会党总理恩格尔伯特·陶尔斐斯（Engelbert Dollfuss）（这个自负而又身材矮小之人以"小梅特涅"著称），政变一无所成。陶尔斐斯的继任者库尔特·冯·许士尼格（Kurt von Schuschnigg）试图继续维持"小梅特涅"的奥地利独立的政策，他重新宣布纳粹党非法，并负责审判和处决谋害陶尔斐斯的凶手，另一方面，其所在政党"祖国阵线"（Fatherland Front）则开始对奥地利实施独裁统治。然而许士尼格，这个乏味、毫无灵感且意志薄弱之人，压根儿不是希特勒的对手，1938年2月，希特勒逼迫许士尼格解除了反纳粹措施，并提名奥地利重要的纳粹党徒阿图尔·赛斯-因夸特（Arthur Seyss-Inquart）进入内阁。这之后，似乎是因为对自己的屈膝投降感到羞耻，许士尼格宣布发起一场奥地利独立的全民公投，试图挽回局面，恼羞成怒的希特勒要求许士尼格立即取消投票。尽管这位奥地利领导人慌忙地表示服从，并且下了台，但德军仍以"恢复秩序"为由，于1938年3月12日潮水般地涌入奥地利边境。德国对奥地利的占领虽在严格意义上说是场侵略，但却更像是朝一扇敞开的大门踱步而过。

1938年3月11日，赛斯-因夸特的家乡维也纳巴登还花花绿绿地挂着"祖国阵线"的红白红旗帜,为许士尼格的全民公投做准备,结果当天晚上总理的辞职演说迅速改变了政治色彩:黑红白相间的纳粹德国旗帜出现了,还伴随着"一个民族,一个德国,一个领袖"(Ein Reich, Ein Volk, Ein Führer)的阵阵呼喊。在欢呼雀跃的人群当中,一名男子从市政厅的屋顶上扯下奥地利国旗,升起纳粹党旗。一个名叫弗朗茨·施密特(Franz Schmid)、第二天即将荣升巴登新市长的纳粹狂热分子,爬上疗养公园的斐迪南温泉,宣告小镇光荣回归德意志意味着由西方列强所强加的20年的虚弱与屈辱的终结。

维也纳巴登刚改变了其政治站位,便从奥地利犹太人青睐的疗养地变身为新秩序下的模范温泉小镇,备受奥地利纳粹高层的推崇。(该镇拥有赌场这一事实在这里绝非减分项。)赛斯-因夸特,如今的"东部马克"(Ostmark)(奥地利在大德意志中的称谓)州长,对这一转变献技良多。为荣耀乡里,1938年3月20日,他对家乡做了一次私人访问,该温泉因此在其他纳粹高层中也流行起来。赫尔曼·戈林于4月9日来到这里,视察正为德国国防军第25高炮团建造的新营房,这支部队的存在标志着巴登已成为纳粹的驻军城(Garnisonstadt)。自然,这位奢侈的元帅也借机尝试了当地的泉水,发觉它很合自己的口味(尽管如此,直至战争年间他才回访了该温泉)。正当戈林为这座小镇增光添彩之时,维也纳巴登已精心安排了一些必要的地名更换:老城广场(Hauptplatz)变为"阿道夫·希特勒广场"(Adolf-Hitler-Platz);老的布赫街(Pfarrgasse)1935年曾更名为"陶尔斐斯街"(Dollfussgasse),如今它的名字却成了被处决的刺杀总理的刺客之一"奥托·普拉内塔街"(Otto-Planetta-Strasse)。就在戈林造访后的第二天,1938年4月10日,巴登居民举行公投,确认奥地利合并入德国。维也纳巴登计有15 877张"赞成"票和35张"反对"票,与全国99.75%支持"德奥合并"的结果基本一致。

在"褐色"日光的短暂照耀下,维也纳巴登充分利用了其与贝多芬之间的关系（纳粹把贝多芬当自己人，正如他们接纳理查德·瓦格纳一样）。在第三帝国，看待贝多芬唯一政治正确的方式便是将他——用一个纳粹权威人士的话说——"视为德意志人民的代表，其种族的最高体现"。与拜罗伊特纳粹化的瓦格纳音乐节遥相呼应，维也纳巴登于1938年和1939年举办了备受瞩目的贝多芬音乐节（Beethovenfestspiele），把这位伟大的作曲家和他昔日的避暑胜地牢牢拴在了国家社会主义的文化轨道上。一如拜罗伊特，音乐节的音乐演出质量极高（希特勒亲自点名最好的乐手与指挥家），可只有真正的信徒才会喜欢音乐节附带的展览和专题研讨会，它们意在揭示贝多芬是位彻底的"民族艺术家"——一个蓄势待发的纳粹党徒。这座曾经派警察把德国最伟大的作曲家当成"傻大个"逮捕的小镇，在节庆期间却被淹没于一片贝多芬像和纳粹党旗的海洋中。除了必不可少的贝多芬啤酒杯，纪念品商店还供应一种特制的"音乐节"茶巾，上面并排印着贝多芬和希特勒的肖像——两位"德国伟人"齐集一块抹布。

当贝多芬尚在世并于维也纳巴登作曲之时，他曾从镇上为数众多的犹太人那里获得了相当多的支持和赞誉，可当希特勒与贝多芬出现在纪念品茶巾上的时候，这个犹太社区已在政府的强力迫害下分崩离析。1938年7月2日，纳粹化的县政府禁止奥地利犹太人定居巴登，并命令新近抵达的犹太人立即离开小镇。在当地根基深厚且人数不少的犹太人也同样面临着旨在迫使其离开的严酷政策。1938年秋，当地学校将犹太学生驱逐至单独的教室；至1939年，犹太儿童被彻底禁止接受公共教育。与德国的情况一样，犹太企业主被迫以马克（该货币于1938年4月取代了先令）贱价出售他们的资产。犹太人的别墅——曾经是加利亚、耶利内克、伊弗鲁西等家族的避暑港湾——成了纳粹头目们的度假胜地或当地纳粹机关的总部。与此同时，在水疗领域，市长施密特的政府于1938年4月为犹太人留出了一个单独的热温泉浴场，但在一年后就撤销了这一决定，犹

中欧大温泉

太人就此被禁止使用镇上所有洗浴与疗养设施。

维也纳巴登的大多数犹太人都明白领会了纳粹所传递的信息，并以一切可能的方式逃离了镇子（和东部马克）。到1940年，在仅仅两年纳粹的统治下，这座温泉小镇一度生机勃勃的犹太社区便基本消失了。少数那些不能或不愿离开的犹太人也很快消失了——确切地说，"被"消失了。

就在元首让他的前祖国"回归德意志"的大约4年前，希特勒的奥地利追随者们便曾试图在巴德伊舍与萨尔茨卡默古特强行制造"德奥合并"。1934年7月25日，正当维也纳地区的纳粹党徒冲入位于巴尔豪斯广场（Ballhausplatz）的总理办公室，并将"小梅特涅"枪杀时，一群阿尔卑斯冲锋队队员试图接管伊舍，结果被当地警察和军队击退了。其中的两名造反者——弗朗茨·索雷斯（Franz Saureis）和弗朗茨·翁特贝格尔（Franz Unterberger）碰巧就来自巴德伊舍，与他们的维也纳同党别无二致，两位弗朗茨为他们的莽撞付出了被送至军事行刑队面前的代价。1938年3月，随着奥地利安然重返德国怀抱，巴德伊舍将一条主干道重新命名为"索雷斯-翁特贝格尔大街"（Saureis-Unterbergerstrasse）以纪念小镇的纳粹"烈士"。不过最为重要的名称改动还是留给了当代真正的英雄：小镇中心广场"十字广场"（Kreuzplatz）的路标被"阿道夫·希特勒广场"取代了。

更名预示着阿尔卑斯高山疗养地在社会政治领域的更大变化。此前一向欢迎犹太人，或至少犹太富人的疗养管理局如今却卖力地展示着全新的褐色资格证。在1938年的夏季疗养季，管理局颁布了一项法令，规定犹太访客必须单独住在条件最不理想的酒店和旅馆里，在温泉乐团举行音乐会时，犹太客人也不被允许进入中心疗养区。一年之后，伊舍就彻底禁止了犹太疗养客——这在很大程度上是个象征性的举动，因为犹太人已经不再来这个十足不好客的疗养地了。

至于当地的犹太居民，他们与奥地利各地的犹太人一样，面临越来越大的背井离乡的压力。奥匈帝国时期当地最奢华的酒店之一，弗朗茨·卡尔酒店（Hotel Franz Karl）的犹太人老板选择金盆洗手并离开这个国家。犹太艺术家，例如奥斯卡·施特劳斯（Oscar Straus）及伊姆雷·卡尔曼（Emmerich Kálmán）——均是杰出的轻歌剧作曲家，曾助力伊舍登上奥地利的音乐版图——也移居海外（施特劳斯在百老汇开创了成功的事业）。即使是弗朗兹·莱哈尔，风靡中欧的轻歌剧之王，也因为有一个犹太妻子而遭到盖世太保的仔细审查。不过莱哈尔最终还是得到允许留了下来：毕竟要赶走希特勒一直以来最喜欢的轻歌剧《风流寡妇》（Die lustige Witwe）的作曲家几乎是不可能的。

尽管有伟大的弗朗兹·莱哈尔的存在，纳粹时代的巴德伊舍还是成了一潭死水，因为它已经无法吸引东部马克的新精英了。但一旁的巴德加施泰因的光景却截然不同。一待德国吞并奥地利，德国境内的民众便源源不断地回流向他们最喜爱的阿尔卑斯高山疗养地，其人数之多足以弥补外国游客流失的缺口。加施泰因尤其受纳粹要员、德国财阀及国有文化产业的明星们青睐，成了（用一位评论家的话说）"雅利安条顿人首选的矿泉浴场"。

巴德加施泰因的常住居民，或者说他们中的大多数人，都以满腔热情迎接"德奥合并"。一位10岁的目击者见证了1938年3月12日夜间喧闹的庆祝活动，他回忆说自己被一声巨响吵醒，他跑到窗前，看见长长的火炬游行队伍蜿蜒地穿过小镇，游行者们声嘶力竭地高呼（还能高呼些什么呢？）："一个民族，一个德国，一个领袖！万岁！万岁！"这个年轻人回忆到，第二天许多加施泰因人都因为嗓子嘶哑说不出话了。1938年4月5日，希特勒本人现身小镇之时，镇上的民众又得着一次为新秩序欢呼喝彩的机会。实际上，希特勒只出现了短短几秒钟，仅仅是在从驶过小镇的专列上隔着车窗挥了挥手。（希特勒那时正在奥地利四处奔走，以激发民众对4月10日德奥合并公投的热情。）尽管希特勒的"访问"为时短促，但依然阻挡不了数百名加施泰因民众涌向火车站,在元首的列车飞驰而过时高呼"万岁"。

为了准备即将到来的公投,加施泰因新近纳粹化的市政领导层要求所有住户在住宅上张贴纳粹党旗,房子越大,旗帜就必须越大、越多。不出所料,加施泰因人以压倒性的票数支持"德奥合并"——2 385 张"赞成"票,仅一张"反对"票,但那唯一的反对票大概令人尴尬,因为萨尔茨堡省整整 50 个市根本没有一个投反对票的人。不过,加施泰因的领导们并没有像人们所预想的那样,径直抛弃那张唯一的"反对"票,而是打算用它来找点儿纳粹的乐子。他们从当地农场赶来一头驴,在驴身上贴了块牌子,上面写着"我投了反对票",之后在铜管乐队的伴奏下,牵着驴子在镇上游街示众。加施泰因人觉得这一场面极具娱乐性——或许也很有教育意义。

在唱反调的驴子现身后不久,一个完全不同的生物——真正的纳粹"大人物"——短暂经停加施泰因。这个人不是别人,正是宣传部长约瑟夫·戈培尔,他光临镇上并于欧罗巴大酒店短暂停留——同时和他的新情妇,出生于捷克的女演员莉妲·巴洛瓦(Lída Baarová)短暂幽会。(希特勒后来要求戈培尔"为了德国的利益"与巴洛瓦一刀两断,因为这位好色部长的妻子玛格塔向元首抱怨"斯拉夫婊子"正在破坏她的模范德国婚姻——这场婚姻尽职尽责地养育了 6 个金发孩童,他们中的每一位都将会在苏俄士兵进逼希特勒地堡的避难所时,被玛格塔用含有氰化物的睡前点心毒死。)一如他们看驴子表演时一般,加施泰因人站在街道两旁,为戈培尔欢呼。随同这位德国人进行这场历史性的访问的是埃德蒙德·戈莱泽 – 霍尔斯特瑙(Edmund Glaise-Horstenau),他是奥地利军队将领,也是赛斯 – 因夸特的助手。戈莱泽(错误地)认为,拥抱纳粹主义能让他这样的保守天主教民族主义者在大德意志范围内为奥地利保留一定的自主权和影响力。但东部马克的"特殊主义"对第三帝国毫无用处,相反,他们更喜欢大多数奥地利人表现出的超乎寻常的纳粹狂热。在短时间内，戈莱泽与其同僚——就如同他痛苦地抱怨的那样——"被推至了幕后"。不过，毫不意外，在戈培尔到访加施泰因期间，这个气恼的奥地利人把他的不满藏在心底，欣然参与了部长穿过小镇的凯旋游行。在他的第二次世界大战后的回忆录中，戈莱泽才吐露了他对不得不中断每年一度的加施泰因疗养，去讨好这个油滑的德国矮子[1]的"真实"感受："有次戈培尔在加施泰因，我被迫加入了他沿着主街一路行驶的凯旋车队，［小镇居民］对他的热情简直令人作呕。"

几周之后，加施泰因人又沉浸在另一场纳粹热情的爆发中，这次与遍及奥地利各地的象征性改名有关，一条重要的干道在1934年7月由"帝国大街"（Reichstrasse）更名为"陶尔斐斯博士街"（Dr. Dollfussstrasse）后，又再度于1938年4月21日改名为"冲锋队大街"（Strasse der SA）。这对当地的冲锋队员来说可谓高光时刻，他们为此进行了长达一个小时的游行。（纳粹消亡后，"冲锋队大街"这一名称无疑令当地领导人觉得"不合时宜"——与新时代不符。如今，这条街被命名为"凯撒弗朗茨·约瑟夫大街"——这一更名行为是影响了整个地区的、以对奥匈帝国的怀旧为策略的改造的一部分。）

若如我所言，第三帝国时期的加施泰因成了顶层条顿人的矿泉浴场，那么除了戈培尔，其他显赫的来访者又有谁呢？这张纳粹重要主顾的名单包括戈培尔最憎恨的竞争对手赫尔曼·戈林，他于1940年9月第一次与女儿埃达还有妻子埃米——前女演员——入住温泉。埃米太太似乎患有各种各样的疾病，包括慢性鼻窦炎，她希望能在加施泰因治疗该疾病。戈林一家为他们为期3周的行程租下了高档的凯撒霍夫酒店的一整层，有17间房。由于对酒店的设施不满意，埃米叫人把她的大铜床和最喜爱的地毯都从柏林运到了加施泰因，戈林于1941年又陪着他病恹恹的妻子以及女儿三度回访加施

---

[1] 即便在当时，一些戈培尔的抨击者便认为这个小个子宣传家恰似托马斯·霍布斯对生命的定义的具象体现："肮脏、野蛮、矮小。"——原注

中欧大温泉

泰因,同样,他们不是选择住在凯撒霍夫酒店,便是住在里贾纳酒店(Hotel Regina)——欧罗巴大酒店当然不在其列,戈培尔留下的难以消散的污染令那里成了他们的禁区。

1940年8月,就在戈林第一次到访之前,自视理论家、曾领导过纳粹党对外事务处的阿尔弗雷德·罗森堡(Alfred Rosenberg)在凯撒霍夫疗养了3周。一位更频繁到访的常客是国会议员瓦尔特·布赫(Walter Buch)(纳粹党的最高法官),1938—1942年,他三度与妻子来这里疗养。纳粹时代的另一位重量级人物是弗朗茨·里特·冯·埃普(Franz Ritter von Epp),希特勒的巴伐利亚州总督。埃普很喜欢加施泰因,因为此地让他置身于一个不在巴伐利亚的巴伐利亚,而在巴伐利亚,他得每天和那些引人厌恶、层次极低的希特勒狗仔打交道。似乎是嫌戈培尔、戈林、罗森堡和埃普投下的金褐色光环还不够,加施泰因在1938—1943年还引来了一大批相比之下稍稍没那么显赫的希特勒政府权要:教育部长伯纳德·鲁斯特(Bernard Rust)、农业部长沃尔特·达尔(Walter Darré)、劳工部长弗朗茨·泽尔特(Franz Seldte)、交通部长朱利叶斯·多普米勒(Julius Dorpmüller)以及邮政部长威廉·奥内佐格(Wilhelm Ohnesorge)。随同这群人物而来的是一大帮地方官员,放荡的党卫军上级集团领袖以及国防军的重要人物,如U形潜艇司令卡尔·邓尼茨(Karl Dönitz)、陆军将领阿尔弗雷德·约德尔(Alfred Jodl)、陆军元帅保罗·冯·克莱斯特(Paul von Kleist)、海军少将汉斯·布托夫(Hans Bütow),以及其他许多人。

加施泰因长久以来一直是环球金融家与工业巨子钟爱的水上度假胜地,到纳粹时期,温泉仍然吸引着这类人物(尽管如今已清一色只有德国人)。仿佛是为了填补这处更小的饲料池,几乎所有与希特勒政权有利益关系的德国著名实业家都现身阿尔卑斯高山温泉。1938—1940年,小镇的访客名单包括(特别是)弗里茨·蒂森(Fritz Thyssen)、卡尔·博施(Carl Bosch)、费迪南德·保时捷、彼得·科吕克纳（Peter Klückner）（采矿与金属巨头）、古斯塔夫·克虏伯、威廉·冯·欧培尔（Wilhelm von Opel）、威廉·梅塞施密特（Willy Messerschmitt）及恩斯特·亨克尔（Ernst Heinkel）。（仔细翻看加施泰因的访客名单，人们会想，要是英国人在这处小温泉上方及时地投下几颗炸弹，就可能已经摧毁了德国军事工业机器的很大一部分。）

对加施泰因当地人来说——甚至，毫无疑问，对于那些来访的将军与实业家来说——第三帝国娱乐业的明星们在温泉的亮相成了最强烈的兴奋点。诚然，纳粹德国的表演文化缺乏魏玛时代的那种神韵与精巧，但能看到女演员丽尔·达戈沃（Lil Dagover）和奥尔加·契诃娃（Olga Tschechova）在浴场嬉戏，还是很有意思的。男主角们也现身了：威利·比格尔（Willi Bürgel）、汉斯·蒂米希（Hans Thimig）和沃尔夫·阿尔巴赫－雷蒂（Wolf Albach-Retty），在此我仅列举这3位已被遗忘许久的纳粹时代的"妇女偶像"。在加施泰因，这些电影明星不仅可以与德国政府的内阁首长们交际（一个或许并不那么令人兴奋的选项），也可以与拥有纯正褐色贵族血统的人交往：约阿希姆·阿尔布雷希特·冯·普鲁士亲王（Prince Joachim Albrecht von Preussen）、菲利普·冯·黑森亲王（Prince Philipp von Hessen）及奥伊伦贝格伯爵夫人（Countess zu Eulenberg）。一切都非常非常时髦——或至少说是希特勒的帝国灰飞烟灭前人们认为的那种时髦。

若是对纳粹时代的加施泰因留下一幅那里完全缺乏显要的外国客人的印象，兴许也有失公允。可问题是，这类外国客源不得不基本限于柏林的主要盟友——意大利与日本。最终，事实证明，作为自费疗养客的供应方，意大利对加施泰因一如它作为军事盟友对纳粹德国一样"有用"。实际上，几乎没有意大利显贵会去北边疗养，因为即便是他们当中有权有势的人物都会感觉在纳粹奥地利被看不起。罗马一直处在持续的恐惧之中，生怕希特勒哪天会让意大利的

中欧大温泉

上阿迪杰（Alto Adige）（南蒂罗尔）和它的奥地利前主人一起"回归德意志"。此外，虽说墨索里尼与希特勒结成了机会主义的联盟，可意大利人与奥地利人、德国人之间还有很多旧账要算；大多数意大利人都不想与傲慢的"泰代斯基"（Tedeschi）[1]有任何瓜葛。（就连墨索里尼也会在钦羡德国军事实力的同时，对他们的文化报以蔑视，他很早就注意到，当罗马已经在教化地中海世界的时候，德国人的祖先还在"对着月亮叫唤"。）

还剩下日本，一个自身拥有优越水疗文化的国家，日本也从未对距离遥远且（在日本人眼中）不大卫生的中欧热温泉留下表达喜爱的记载。尽管如此，或许是出于责任感，数位日本外交官还是于20世纪40年代初到访了加施泰因。第一位似乎是为试水而来的，名叫吕宜文，这位华人外交官是日本扶植的傀儡"伪满洲国"驻柏林的大使。紧随其后的是日本驻意大利大使，再之后便是至高无上的荣耀——东京驻柏林大使大岛浩（Hiroshi Oshima）[2]，他是带妻子一同前往的。在大岛浩的支持下，一个日本旅行团也在温泉出现了，旅行团的男男女女都优雅地身着欧洲最新时装。日本外交官入住的欧罗巴大酒店如今由维克托·塞德拉切克的儿子阿尔弗雷德经营，而阿尔弗雷德"纯粹出于商业上的原因"于1938年5月加入了纳粹党。（可以想象，刚过世的纳粹对头维克托·塞德拉切克在坟墓里不得安宁。）

除了日本人，只有零星的几名其他国家的外交官现身加施泰因——此类外国客源的匮乏，本身便是大德意志在更大范围内受到孤立且地位下滑的显著征兆。安卡拉驻柏林大使曾于1942年到加施泰因疗养，并下榻欧罗巴大酒店。（第二次世界大战期间，土耳

---

[1] 泰代斯基，意大利语中对日耳曼人、德国人的指代。
[2] 大岛浩（1886—1975），日本陆军中将、外交官，第二次世界大战期间长期担任日本驻德大使，是德、意、日三国轴心的重要推动者之一，被远东国际军事法庭裁定为甲级战犯，1955年假释。大岛浩精通德语，与希特勒本人及希姆莱、里宾特洛甫等纳粹高层人物均私交甚笃，对于纳粹德国大政方针和军事计划的了解比一般外国人要深入许多，被称为"比纳粹党人还要地道的纳粹分子"。

第八章
褐色之泉：第三帝国时期的大温泉

其始终保持中立，直至战争临近尾声时才加入盟国一方。不过在此之前，它一直与德国维持紧密联系，并向德方提供铬矿等重要原材料。）紧跟着土耳其人前来的是斯洛伐克总理沃伊捷赫·图卡（Vojtech Tuka）[1]。斯洛伐克，这个纳粹德国下的一个平平无奇的法西斯附庸国，是从捷克斯洛伐克共和国的"尸体"上切割出来的（如同苏台德区）。图卡于1943年、1944年两度造访加施泰因，他同样也下榻欧罗巴大酒店，那里显然成了到访使者的固定下榻场所。但图卡的入住成了阿尔弗雷德·塞德拉切克豪华旅馆的最后狂欢；不久之后，它就成了受伤和垂死的士兵的医院。

早在第二次世界大战对加施泰因及其他中欧温泉小镇构成破坏以前，纳粹对奥地利的占领便已给加施泰因地区的犹太人带去越来越深重的折磨，就如同他们对整个东部马克地区的犹太人所做的那样。在加施泰因的例子中，新近纳粹化的市政当局于"德奥合并"甫一告成便决定，对所有国外的犹太游客关闭大门，这成了对当地犹太居民发起攻击的先声。他们为此一针对外国犹太人的禁令给出的理由是，该疗养地"遗憾地缺乏"足够设施为犹太人和非犹太人提供"各自独立的洗浴场所"，因而不符合大德意志的法律规定。在这一声明发布后不久，市政领导人又宣布，依据1938年7月27日由德国内政部颁布的法令，加施泰因有必要清除所有"犹太"地名，由于在这一领域不存在什么明显的问题，这座温泉小镇在把一条林间小径的名字从"梅耶贝尔径"（Meyerbeer-Weg）改为"弗朗兹·霍尔茨韦伯径"（Holzweber-Weg）后也就心满意足了（弗朗兹·霍尔茨韦伯是杀死陶尔斐斯的另一名刺客，刺客们在被许士尼格政权处决后，立即于当地纳粹分子间取得了"烈士"地位）。

在尽职尽责地将一位逝世多年的犹太音乐家（同时也是加施泰

---

[1] 沃伊捷赫·图卡（1880—1946），斯洛伐克政治人物。1918年捷克斯洛伐克独立后，图卡是支持斯洛伐克自治的斯洛伐克人民党成员，纳粹德国吞并捷克斯洛伐克后，于1939—1944年出任捷克斯洛伐克总理和外交部长，任内将捷克斯洛伐克境内的犹太人运往波兰总督府集中营。

因的疗养常客)的鬼魂从当地树林中祛除干净后,市政官员们开始着手处理一项更加艰巨的工作,通过使犹太人的生存环境变得不再宜居,将社区中现存的犹太居民都赶走。一开始,他们会强迫犹太企业主在其场所张贴写有"犹太人的店"字样的大招牌。紧接着,到1938年6月,一项当地法规禁止犹太人租用或购买房产,无论是商业用途或居住性质的房产。一名来自萨尔茨堡的犹太珠宝商多年来一直在夏日温泉季于市中心租用一块小店面,而今却收到来信告知:"无论何时,无论在何种情况下,加施泰因都不欢迎犹太人。"接着,纳粹市长约瑟夫·伍尔特(Josef Würther)的行政部门如今又将注意力转向多年从事经营的犹太业主,逼迫他们立即卖掉产业,永远离开这座镇子。截至1938年10月下旬,如果犹太人拒绝清理他们的财产,其资产就会被"强制没收"(zwangsversteigert)——依照政府法令被拍卖。伍尔特还招募了当地银行家——纳粹诈术中永远值得信赖的盟友——来掺和他的肮脏勾当。譬如当布里斯托尔酒店的波兰犹太裔业主拒绝放弃他们的生意时,伍尔特当即诱使一家银行没收了该房产。第二天,盖世太保特工便出现在了布里斯托尔酒店,并下令犹太人在3小时内离开镇子,否则就会入狱。在萨尔茨堡和维也纳遭到短暂拘留后,布里斯托尔的犹太人们最终设法移民去了智利。在他们缺席期间,布里斯托尔酒店被拍卖给盖世太保,后者将其变为了盖世太保的当地总部。相同的命运也降临在受人爱戴的温泉医生——安东·瓦萨(Anton Wassing)——的产业上,尽管他多年来一直致力于为社区服务,却还是被迫以远低于市值的价格将他宽敞的疗养大楼"出售"给一位"雅利安"买家。瓦萨与妻子逃至维也纳,他在即将被运往东方前于当地死于心脏病;他的妻子则于1943年死在特莱西恩施塔特。

当恶名昭彰的"水晶之夜"突然向奥地利犹太人袭来时,加施泰因的反犹迫害显得如此有效,以至于镇上都不剩下什么可供殴打或杀害的犹太人了——这无疑令当地的纳粹猛兽们颇感失望,于是,暴徒们不得不满足于毁坏新近被主人遗弃的犹太房产。似乎未尝意识到瓦萨医生的疗养大楼已换了雅利安新主人，这栋精美的建筑也未能幸免于他们的劫掠狂欢。甚至连市长伍尔特也不得不承认，小伙子们有点儿太过亢奋了。

"水晶之夜"期间在巴德加施泰因发生的事情同震动卡尔斯巴德的肆意暴行相比，可就平淡得多了。卡尔斯巴德，一如马里昂巴德乃至其他诸如苏台德那样以德裔人口为主的社区，将"水晶之夜"视为庆贺当地最近被并入希特勒德国的好机会。在当地警察的消极注视下，党卫军与冲锋队挨家挨户地围捕能找到的每一位犹太人。纳粹沿着主街，将他们的猎物驱赶至一间小旅馆，猎物们被正在那儿待命的卡车运到中央警局，再从警局被分发至数个地区监狱，犹太人在那里经受的多日的肉体、精神折磨，其目的是告诉他们，在"新的"卡尔斯巴德，没有他们的容身之地。实际上，他们在屈辱地游街穿过小镇时一定已经得到这条讯息了，正如那场悲惨游行的一名亲历者回忆的那样："我们步履艰难地走过美丽可爱的家乡，被围观的人群诅咒唾骂。卡尔斯巴德怎么会变成这样啊，这个世界各地的人都曾前来疗养的度假胜地！歌德曾常来这儿，贝多芬也来过，还有其他许多人。可如今一种毫无人性的精神错乱统治着街道。"

马里昂巴德的景象同样如此。与卡尔斯巴德一样，那里的纳粹不但袭击犹太人，还以他们的房产为目标。马里昂巴德宏伟的犹太教堂是苏台德区最大的犹太教堂，它与卡尔斯巴德及该地区其他30多座犹太庙宇同时被焚毁。（今天，那座犹太教堂曾经矗立的地方是一片空地，街对面有一座小小的纪念碑，为教堂的命运乃至马里昂巴德犹太人所遭遇的更大范围的劫难留下了证言。）

1938年11月9日、10日的事件充分表明，苏台德大温泉已无缝扮演起纳粹意识形态与实践"秀场"的新角色。早在1938年11月16日，就在并入德国6周后，《马里昂巴德报》便能够自豪地宣布，这座温泉小镇已经"无犹"了。该报还继续承诺："任何现在会令人回忆起犹太人影响的东西都将被迅速清除干净。"

为了实现这一不受犹太人影响的马里昂巴德的"承诺",许多纳粹机构都在镇上设立了办公点。当地冲锋队占领了赌场大酒店,而党卫军和盖世太保则搬进了市政厅。由于加入纳粹党的马里昂巴德人实在太多,以至于该党在小镇设了两个支部,一个在镇西,另一个在镇东。而在这两块纳粹地盘之间是马里昂巴德的主街——如今已重新命名了名(当然!):阿道夫·希特勒大街。

随着纳粹的"震撼之年"(annus mirabilis)——1938年——落下帷幕,卡尔斯巴德与马里昂巴德的德裔居民开始憧憬国家社会主义的光明未来。《马里昂巴德报》刊登了一篇对苏台德区的柏林领袖的新年问候:"我们的元首!马里昂巴德疗养地在历史性的1938年即将结束时隆重纪念您的解放行动,并再次向您宣誓我们无条件的忠诚,祝您在1939年事业昌隆!"马里昂巴德"已解放的"疗养管理局迅速将小镇的温泉业务整合进新秩序当中。自19世纪初商业开发以来,马里昂巴德的主泉眼一直归泰普尔修道院(Tepl Monastery)所有,1939年1月,马里昂巴德的纳粹市长在纳粹县领导(Kreisleitung)的支持下,"请求"泰普尔的院长将泉眼的控制权移交给总部设于埃格尔(Eger)的地方政府。不出所料,院长拒绝了这一要求——而同样可以预见的是,纳粹政府立即以"公众利益"的名义没收了泉眼。同一时间,在魏玛饭店,新任疗养总监从爱德华七世昔日的套房中取下弗朗茨·约瑟夫的照片,取而代之的是一张苏台德纳粹头子康拉德·亨莱因的画像。

1939年1月,在苏台德疗养业官员于马里昂巴德举办的会议上,该地区的新头目们简要勾勒了他们对国家社会主义下的水疗业务的愿景。人们可以从中看到海因里希·希姆莱的影响,他是自然疗法的狂热信徒,在当月早些时候,他到访马里昂巴德,讨论温泉浴的原则,与他心中的西哥特人交流对话,并做了一场题为"警察:你的朋友,你的帮手"的公开讲座。一名从北德到访此地的温泉医生以"疗养浴的作用与任务"为题,呼吁人们应当更加强调温泉水的"天然"疗愈特性,以抗衡现今"对科学的痴迷"。这位专家表示,在对所有水疗法的功效评估中,"本质及天生的自然性必须始终被视为至关重要的东西[……]热浴疗法则是最纯粹、有着最佳形式的自然疗法"。他的结论是,它能激发"生命力的重生,总能给人带来惊喜"。

唉,至少对平民百姓来说,通过在苏台德区——如同在德国和奥地利一样——的温泉接受"热浴疗法"以重焕生命力的机会即将所剩无几了。

终曲:1939 年的巴登海姆

第二次世界大战前夕的中欧温泉图景成了以色列小说家阿哈隆·阿佩菲尔德(Aaron Appelfeld)最知名的作品《1939 年的巴登海姆》(*Badenheim 1939*)的主题。作为一个在布科维纳(罗马尼亚东北部)长大的孩子,阿佩菲尔德曾跟随父母去过中欧各处的温泉疗养地,他回忆起那些地方时并没有什么好感。虽然与他十几岁时被纳粹送进去的劳改营相比,或者与他躲藏其中整整 3 年,直至被红军救出的阴冷森林相比,温泉一定是天堂一般的存在了。大约 50 年后,在与美国作家菲利普·罗斯(Philip Roth)谈论自己新近出版的小说时,阿佩菲尔德对罗斯所谓的《1939 年的巴登海姆》中的"非历史"性作了辩护,他指出,这部作品源于"保存在我身体里面的孩童视角"。严格说来,这部小说是"非历史的",因为它描写了 1939 年夏天的一个挤满了犹太疗养客的马里昂巴德般的温泉小镇,而在当时中欧温泉的图景里,几乎已经没有犹太人了。可假使我们把时间线往回推一年左右,《1939 年的巴登海姆》确实准确描绘了恰恰就在此般景象即将永久消逝的时刻,犹太人在主要温泉疗养地的生活。

小说中,来自欧洲中部各地的中产阶级犹太人纷纷涌入巴登海姆,在他们租住的房舍中安顿下来,大快朵颐,享用他们的粉色冰激凌与浓郁的糕点,期盼着即将上演的娱乐活动("今年的节庆节目充满了惊喜!"),并突然陷进微妙的谈情说爱和痴情之中,他们从头到尾都对"温泉公共卫生部"的运作浑然不觉,该部门正悄悄区隔犹太人和非犹太人,并在城门口竖起栅栏。很快,犹太人就被安置在了隔离区里,服用镇静药物,每天接受检查。有传言说,去往波兰的免费转运即将启动,"没什么可担心的,"医生兼经理帕彭海姆博士(Dr. Pappenheim)保证说,"波兰有很多犹太人,归根到底,一个人还是要回归他的起源之地的。"确实如此——尘归尘,土归土。很明显,或者对于许多被收容者来说并不那么明显的是,"温泉"本身正在变成某种集中营,某种类似特莱西恩施塔特的存在:通往东方的田园门户。

盲目的轻浮与任性的自我欺骗背后暗藏着末日将至的阴暗气氛,《1939年的巴登海姆》无疑是一个有关中欧犹太人处于湮灭边缘的寓言。不过,从更广泛的意义上说,实际上它也是对即将再度坠入自我毁灭狂欢的欧洲社会的剖析——与托马斯·曼笔下的《魔山》中的第一次世界大战前夜狂热、疾患丛生的社会秩序可谓遥相呼应。但对于温泉历史学家来说,《1939年的巴登海姆》还有另一层含义:虽然作者并非有意为之,但这部小说可以被解读为某种对传说中的中欧温泉本身的"反告别"(antivaledictory)。如同这些地方曾经接待过的犹太人,充盈着虚幻的希望和空洞的承诺的温泉疗养胜地正无可挽回地滑向灾难。

战争时期

对西欧来说,第二次世界大战的第一阶段被称为"虚假战争或静坐战"[1]。因为与第一次世界大战相反,德国此次将夺取目标

---

[1] 静坐战,又称"虚假战争""奇怪的战争",指第二次世界大战初期,从1939年9月德军进攻波兰到1940年5月进攻法国的时间里,西线几乎没有发生任何战事。尽管英、法两国在德国入侵波兰的第一时间对德宣战,但并未在西线采取任何实质性的军事行动。

放在了东部,而西线则一派寂静,可对于中欧的大温泉镇,尤其是那些聚集在法国边境上的小镇来说,战争开始的头几个月则是不安有甚于滑稽。早在德国进攻波兰之前,国防军部队便开入巴登-巴登附近的一处新掩体,该处掩体被用作西线军事行动的指挥部。与1914年8月不同的是,1939年9月1日战争的爆发并未在巴登-巴登引起任何公开的庆祝活动——实际上也没什么值得庆祝的。如今国防军霸占了整个小镇,强取酒店、养老金和私人别墅。这一回已没有需要被赶走的外国游客来给军队开路了:英国和法国的疗养客在很久之前便销声匿迹;甚至来自友好邦国和中立国家的民众在嗅到战争的气息后,也不再造访温泉了。当地的赌场,不久之前其开业还被誉为来自元首的礼物,如今却关张大吉——又是个来自元首的礼物。富丽堂皇的奥古斯塔浴场也关了,同时关掉的还有市立剧院。更加令人不安的则是为可能遭遇的空袭做的准备工作:市民们被下令在夜间将房屋光线调暗,并将地下室准备成防空洞,登格勒医生疗养院(Sanatorium Dr. Dengler)被指定为公共避难所,而高射炮已在小镇周围的山上各就各位。

巴特埃姆斯,由于其地处邻近科布伦茨"德意志之角"(Das Deutsche Eck)的关键位置,一夕之间便成了一座"军医院城"——这将是所有主要疗养地在战争的整个过程中都要承担的职能。从空中望去,埃姆斯就如同一座巨型医院,大大的红十字被涂在显眼的建筑物屋顶上。国防军部队也同样蜂拥而入,他们中有些人会被转往希特勒的"西墙/齐格菲防线"(Westwall)[1],另一些人则住进了征用来的公共建筑和酒店里。埃姆斯匆忙实施的灯火管制规定还涉及当地墓园使用的小型墓灯,以免这些为死人准备的小亮光成

---

[1] 齐格菲防线,纳粹德国在第二次世界大战前为对抗法国的马奇诺防线,作为预想中德军向西进攻的屯兵场和支援进攻的重炮阵地,于德法边境构筑的筑垒体系。防线由德国著名的建筑工程组织托特机构负责,自1936年德国占领莱茵兰后开始建造,至1939年基本建成。防线从德国靠近荷兰边境的克莱沃起沿比利时、卢森堡、法国接壤的边境一直延伸至瑞士巴塞尔,全长630千米。

了敌人轰炸机的指路明灯而平添更多坟墓。可怕的是，9月11日夜里，空袭警报声把巴特埃姆斯人从床上惊醒，尽管事后证明头顶的飞机是自家的（然而这不一定就意味着没有危险，战争中落在弗莱堡的第一枚炸弹便来自纳粹空军的一伙机组人员，他们以为自己正在打击法国的科尔马）。不只有巴特埃姆斯的死人在这灯火管制规定中备受煎熬：小狗们也无法享受它们的夜间散步了，因为过路人很可能会被牵狗绳绊倒，或尤有进者，摔入人行道上成堆的看不见的狗粪之中。用买醉来浇灭恐惧和忧愁的行为转瞬间变得更加昂贵，因为自9月4日开始，在酒吧或商店购买的每升酒都要加收一芬尼的附加费。通过在战场上战死的方式摆脱这一附加税的"埃姆斯第一人"并不是人们想象当中的某个地位低下的二等兵，而是个名叫勒蒂格的将军，他是埃姆斯警校的前负责人。

一方面，虽然巴特埃姆斯人不可能没注意到这些烦人的战时规定，但他们基本不会察觉到，1939年秋—1940年冬，大举进攻低地国和法国的准备工作正在附近戒备森严的树林和山谷中秘密成形。另一方面，到12月下旬，有重大事件即将发生的形势已变得明朗起来，因有消息传出，元首本人计划在圣诞节视察党卫军中他"自己"的部队——驻扎于巴特埃姆斯的党卫军"阿道夫·希特勒卫队"。还有消息表示，希特勒将带上党卫军领导人海因里希·希姆莱、党卫军安全部门首长莱因哈特·海德里希（Reinhard Heydrich）、纳粹党全国领袖（NSDAP-Reichsleiter）马丁·鲍曼（Martin Bormann）以及空军元帅艾尔哈德·米尔希（Erhard Milch）一道前来。

希特勒过去也曾和"阿道夫·希特勒卫队"共庆圣诞节，但今年尤其特别，因为就在巴特埃姆斯人还被蒙在鼓里的情况下，他打算在这支部队参与德国的西线攻势（计划于1940年1月发动，但最终推迟至开春）之前，亲自为他们祈福。小镇居民只知晓元首正给予他们的镇子以显赫的荣耀，12月23日，居民们在寒风中站了好几个钟头，等待他们主人的梅赛德斯G4豪华轿车的到来。一个风趣的家伙喊道:"亲爱的元首,求求您快来吧,我们可怜的脚都快冻僵了。"最终,一辆巨大的黑色梅赛德斯飞驰驶入拉恩大街(Lahnstrasse),呼啸着在疗养大楼——阿道夫·希特勒卫队聚会的地点——前停了下来。不过,没有人下车:这辆车只是个诱饵,它是1939年11月希特勒在慕尼黑一家啤酒馆遭遇一场未遂的暗杀后采取的严密安保措施的一部分。第二辆豪华轿车载着的是海因里希·希姆莱,这又是个令人失望的消息。希特勒本人呢,身为政治"摇滚明星"的他要再等上一个小时才会露面,而且他是从后门进场的。

聚集在疗养大楼里的党卫军比外头的人群舒适些:他们的脚不会挨冻。不过肚子却暖和不起来,因为在希特勒抵达之前,士兵们是不允许进食的。在简短的致辞中,希特勒告诉"阿道夫·希特勒卫队",他们正站立于"西墙"之上,准备为德国拿下被英国剥夺的"生存空间"(Lebensraum)。"我的仪仗队的士兵们!你们,是命运选中的少数,是德国胜利的保证!"

"阿道夫·希特勒卫队"在等待着"西墙"另一头的命运时刻时,已经与巴特埃姆斯当地人建立起了一段总体说来不错的关系。老百姓们会与士兵联合举行文艺晚会和体育活动,包括一场党卫军和市民间的拳击比赛。虽然党卫军内部盛行严格的性行为准则——除了国家批准的可以与之繁育后代的伴侣,未婚男子必须始终保守节操——小伙子们还是与当地女孩们一同享受了多次"疗养浴",女孩们开始厚颜无耻地称呼这些元首手下最优秀的人为"下半身服务"。然而,并非一切小镇与"褐色"(或"黑色")间的事情都是和谐融洽的:士兵们依照其"悠久的"风尚毁坏入住的酒店和别墅,甚至为了取暖把古董家具丢进壁炉。房主们抱怨墙壁被开了洞、窗帘被撕破、地毯被搞脏、饰品被偷窃。市浴场的负责人都怀疑他的房子是否还能够再用了,因为那些浴缸之中的"戏水鸳鸯"造成了严重破坏。

之后,在5月一个晴朗的清晨,"阿道夫·希特勒卫队"忽然

中欧大温泉

消失不见了,他们与数月来一直于附近集结的其他部队一起猛地跨过"西墙",希特勒延宕多时的"西方战役"(Drang nach Westen)终于打响了。

与25年前德国向西线的推进形成鲜明对比的是,此次行动可谓一马平川。在几天之内横扫卢森堡、荷兰和比利时之后,德军开始进攻他们的首要目标——法国。原本以为法国人是个难缠的对手,但他们却成了根出名的软骨头。6月14日,巴黎沦陷,6月22日,这个"伟大的民族"(Grande Nation)被彻底征服。英国人在从敦刻尔克的"孔洞"撤离欧陆时曾抱怨到,德国人穿越法国"就像鹅拉屎一样快"。

国防军对法的惊人胜利在大德意志——包括大德意志温泉地——引发万众欢腾。"希特勒的战争"忽然间显得不是个坏主意了,元首本人看上去就像个军事天才。(假使英国如今能像许多德国人所希望的那样清醒过来,接受德国"体面的"和平条件,放弃其对欧洲大陆的控制,希特勒会显得更加天才。)正如我们所知,首相温斯顿·丘吉尔拒绝瞧见英德亲善的曙光,立下誓言继续战斗。正当德国准备与英国进行最终决战时,包括巴登-巴登人在内的很多德国民众都对最终结果表示乐观。"我们的胜利之师很快就会成为伦敦的主人。"一家巴登-巴登的当地报纸预测道。小镇的疗养总监向他的员工保证,德国对英国即将夺取的胜利意味着巴登-巴登"在大德意志内的新荣耀"。与此同时,德国顶级温泉小镇的居民们也稍微得到休息,充分享受西线战事胜利的果实。特别是对巴登-巴登来说,恰恰是法国陷落后那一年左右的时光,而非开战的头几个月才是名副其实的"虚假"战争——真正的"静坐战"。随着镇上寄居的国防军全数搬走,豪华酒店重新恢复到了供民众住宿的状态,赌场也重新开张了,一同恢复营业的还有剧院、戏院和大洗浴宫。平民游客回流至镇上,打算在条件还允许时抓紧"疗养"一番。的的确确,此时的客人几乎都来自大德意志,但这也是个体量很大的客源供给区。事实上，巴登-巴登在 1942 年迎来了史上最多的注册疗养客（仅 7 月单月即达 27 849 人）。当地人几乎产生一种战争根本从未发生的感觉。

可即使是在这个洋溢着漂亮数据和狂乱轻浮的短暂时期，也有足够多的迹象表明并非一切都安然无恙。即便是在像布伦纳公园这样的豪华酒店里，平民疗养客也不得不与重伤士兵分享空间，这定然会让付费客人们觉得有些不太愉快。（受伤和垂死之人很快就将占满布伦纳的所有空间，一如当地的其他 11 家旅店一般。）燃料和一些食品在 1942 年便已施行定量配给了，并且每个月的限制都变得愈趋严格——希特勒本想避免这种事态，以免像第一次世界大战时那样打击士气。1941 年底，又一个令人不安的时代征象是镇上突然出现满身虱子、感染了斑疹伤寒的俄军战俘。犯人们被关在城市东南郊一个简陋的营地里，他们经常会在前往各处用工地点的路上途经小镇。这些可怜人中有约 235 人在被俘期间死亡，对他们而言，巴登-巴登不存在什么"疗养"。

在巴登-巴登以北约 200 千米的黑森温泉镇巴特瑙海姆，美国——莫斯科对抗纳粹德国的新盟友——大使馆的官员们也正遭到拘留，虽说其状况远不及俄国战俘所处的那般严酷。

希特勒在轴心国同伙日本袭击珍珠港后对美宣战，他下令将华盛顿驻柏林的全部大使馆人员拘留在德国境内，而非如他们所期望的那样将其遣返回国。德国官员选择巴特瑙海姆作为关押地点，很大程度上是因为这个温泉小镇有处可供住宿的场所——耶施克大饭店（Jeschke's Grand Hotel），那里地方大到足够容纳 115 名俘房（包括外交官、武官、间谍、记者、几位妻子、一些孩子、5 条狗、一只猫和 3 只金丝雀）。这座拥有 400 间客房的大饭店开业于 1912 年，鼎盛时期曾接待过像查尔斯·施瓦布（Charles Schwab）和威廉·伦道夫·赫斯特（William Randolph Hearst）之类的名流，但酒店却在 20 世纪 30 年代陷入困境，并于 1939 年战争爆发后倒闭。至于巴特瑙海姆,它也同样有过辉煌的岁月。这座温泉在 20 世纪初便因其可供治疗心脏及神经疾病的独特盐泉而蜚声国际。老詹姆斯·罗斯福(James Roosevelt)在 1900 年初即多次造访巴特瑙海姆,徒劳地试图治疗他每况愈下的心脏;也正是在那儿,他年幼的儿子富兰克林学会了讲德语——也学会了憎恨德国人。

美国俘虏们在战时的巴特瑙海姆的生活景况诚然不是和平时期的疗养客能想见的。没有热温泉浴或舒缓的按摩,并且由于燃料实施严格配给,匆忙开张的大饭店房间到冬天极度寒冷。食物也是定量供应的,常规菜肴基本就是一份煮成了一团浆糊的素炖菜,美国人抱怨说,都尝不出任何味道。但这些牢骚满腹的美国佬不知道的是,实际上他们的食物配给量是德国平民的 150%(后来增长到了200%)。除此之外,美国人还可以从饭店储备充足的酒窖里弄到葡萄酒和烈酒。虽说这些俘虏们基本被限制在饭店及其庭院内,但德国看守给予了他们相当大的自由,想怎样消遣娱乐皆由自便。(考虑到他们自己的外交官也在西弗吉尼亚州的一处水疗胜地——白硫黄泉镇——经历过类似的关押,德国官员希望避免和美国人发生互相伤害的温泉之战。)在他们的居留负责人,杰出外交家和俄国问题专家乔治·凯南(George Kennan)的指导下,美国俘虏们建立了一个他们称作"巴德海姆大学"(Badheim University)的非正式高等学校,该校的校训是"以无知者教育无知者"。实际上,凯南本人可一点儿都不"无知",他教授了长达数月的俄国历史课,在该门课程中,他认为现代的苏联领导人与昔日的沙皇一样有着"东方"专制暴君的天性,也同样不信任外部世界。在他看来,这就产生了一个问题,一旦与德国实现和平之后,"俄国要成为西欧大陆的搅局者还是救星"?在更轻松些的层面,为了自娱自乐,俘虏们会玩室内足球比赛,他们用蒙上猪皮的陶瓷痰盂替代足球,而在室外棒球赛中,他们则会把袜子卷在香槟瓶塞上,把它当作球。

毫无疑问,这些消遣并不会让坐立难安的美国人的愉悦维持太长时间，但幸运的是，不同于俄国战俘，他们只在德国温泉待了5个月时间，当华盛顿与柏林达成一项互惠协议，他们便得以回家。（对美国人而言，巴特瑙海姆之后将重新引起他们的兴趣，因为它在1945年成了乔治·巴顿将军的司令部，到1959年，该地又成了"猫王"普雷斯利的"美军驻地"，他自己的热门专辑《很多的爱》的封面用了小镇的"巴特瑙海姆城门"。）

当美国俘虏们能够回到一个慷慨的国度之时，德国却滑入了更加深重的贫困与混乱，随着冲突持续，德国的敌手们逐渐扭转了战场初期的逆境，开始用炸弹连续轰炸德国城市，以至于如今回想起"静坐战"时的贫困都近乎特权。的确，巴登－巴登起初躲过了空袭导致的严重破坏，直到1944年12月，突如其来的美军轰炸摧毁了200栋房屋，并造成36名平民死亡。然而自1943年开始，小镇便不得不容纳数百名来自卡尔斯鲁厄和鲁尔区的难民，他们已经因为英国人的轰炸而无家可归。另一处遭受伤亡的温泉小镇是威斯巴登，它在英美的轰炸中失去了1 700名居民和1/4的建筑。（英国人将德国的民用设施——包括温泉小镇——作为轰炸目标，他们认为这是对德国空军发起的"闪击"伦敦以及针对诸如埃克塞特、坎特伯雷、约克——还有巴斯——等英格兰风景名胜的臭名昭著的"贝迪克尔空袭"的正当报复。）随着德国征服苏联的战役失败（事实证明，这场战役的代价远远超过了德国在西线的战斗），巴登人愈发需要去直面他们在各处战场上的损失。至战争结束时，约有1 000名巴登－巴登人战死或受重伤，而其中的绝大多数是在东线。

1943年初，德国在斯大林格勒惨败后，戈培尔要求停止温泉浴、歌舞表演和赌博等"放松娱乐"。巧合的是，巴登－巴登浴场从未彻底关闭过——伤兵能够使用它们，更别提那些压力巨大的纳粹官员了——但小镇备受喜爱的赌场却前景黯淡。赌场管理者给柏林写了封求情信，列出了种种理由，说明虽然戈培尔三令五申，可赌盘还是必须在温泉地转动。他指出，巴登和德国都急需从赌博中获取收入,并且行业里也并未雇佣任何能对战争起到重要作用的人员(赌场管理员都是意大利人,对前线几乎毫无用处)。柏林再度展现了一回实用主义对意识形态的胜利,它又将赌场执照延长了一年,在此期间,镀金大厅里弥漫着一种超现实的气氛。一名赌客回忆道:"我仍能见到穿着考究的女士们,非常尊贵的宾客围坐在桌旁[……][演员]丽尔·达戈沃、卡尔-路德维希·迪尔(Karl-Ludwig Diehl)和其他电影大师、穿着便服的军官、戴姆勒-奔驰的董事和他纤瘦妖媚的情妇,她正优雅地叼着一根银烟盒里的香烟抽着。"

由于没有赌场,巴特埃姆斯的光景并不像巴登-巴登的赌场里那般超现实,但这座小镇也同样经历了一回从傲慢的浮华到得过且过再到彻头彻尾的灾难的战时过山车。可以预见,法国的投降促使成群的镇上居民聚集在拉恩河畔的"埃姆斯电报"纪念碑前,这实在是一个庆祝日耳曼人再一次击败高卢"天敌"的绝妙地点。屋主们用印有纳粹党徽标记的条幅覆盖他们的住宅,教堂钟声则连续7天鸣响。然而早在1942年5月,这些教堂的钟便从钟楼里消失了,因为它们都被熔铸成了弹药。环绕墓地周边的小铁栅栏也遭逢相同的命运。因为一早就被官方指定为"军医院城",巴特埃姆斯接收了海量伤员(超过13 000人),到1942年底,它的13处医疗站都已人满为患。

在埃姆斯被征用的酒店和疗养院接受"照料"的不只有伤兵,根据柏林的命令,患有严重精神障碍的当地居民会在那里被强制绝育,以防他们再为德国增添"不值得活的生命"(lebensunwertes Leben)。对于一些有重度残障的民众来说,所谓"治疗"还不仅仅是绝育。数目不详的埃姆斯居民在哈达马尔(Hadamar)的"治疗中心"被夺取性命或充当医学实验对象。

虽说战时的埃姆斯对许多人而言确乎是个恐怖之地,但它同样,至少在很短的一段时间里仍是少数特权人士放松、享受无忧无虑疗养的地方。一如巴登-巴登,巴特埃姆斯也吸引了大量锦鸡

（Goldfasane）（意即身着光彩夺目制服的纳粹高官），巴特埃姆斯的鲁汶酒店（Hotel Löwen）——归属当地的冲锋队头目——接待过接任恩斯特·罗姆成为冲锋队首领的维克多·卢策（Victor Lutze）之类的人，卢策每天都会在漫步道上散步，耳旁尽是谄媚的"万岁"声和冲锋队小喽啰们的签名请求。一位更加显赫的访客是普鲁士的奥古斯特·威廉亲王（Prince August Wilhelm），一名真正的贵族纳粹党徒，他继承了霍亨索伦家族在埃姆斯疗养的传统。不过就明星效用而言，无论是"锦鸡"还是贵族纳粹都无法与希特勒德国最为知名的女演员奥尔加·契诃娃相提并论（她曾主演《加油站那仨》[*Die Drei von der Tankstelle*]及《风暴中的人们》[*Menschen im Sturm*]等大热影片）。奥尔加于1940年11月到访埃姆斯，她迫切地想找到一个能让她"在所有紧张的工作后"找到"真正平静"的地方。

随着盟军对德国全境进行大规模轰炸，埃姆斯相对平静的时期，能接待锦鸡和"褐色"影星的时期就宣告终结了。与巴登-巴登一样，埃姆斯在1944年12月以前只遭到了轻微破坏，但也如同它的那位大号同伴，小镇不得不从附近遭到更严重轰炸的地区收容数百名难民。但与巴登-巴登不同的是，巴特埃姆斯自1943年开始也庇佑了从遭到破坏的鲁尔区转移至那里的重要工业与军事研究机构，其中最出名的是总部位于多特蒙德的威廉皇帝学会生理学研究所（Kaiser Wilhelm Institute for Labor Physiology），其主要研究部门搬迁至了一个名为"塔楼之家"（Das Haus der Türme）的前疗养院。他们研究人员的主要任务是调查人类在不利条件（譬如在最低的营养状况之下）持续劳动的能力。德国需要搞清楚它能提供多少食物，或更确切地讲能够压缩到何种程度，来养活数百万奴工，以免他们像苍蝇一样死掉。另一个研究所感兴趣的问题则是，在最低的营养状况下哪个民族能工作得最久、最卖力。为了解答这些问题，研究所的科学家们在一个名叫海因里希·克劳特（Dr. Heinrich Kraut）（！）[1]的纳

---

[1] 此处指"Kraut"一词原意为"酸泡菜"，亦指"德国佬"。

粹党员的领导下，对数千名波兰奴工和俄国战俘进行了实验，让他们在每日仅摄入1 000—1 500卡路里食物的条件下，在铅矿中费力工作数天。克劳特博士的助手会定期记录工人们的体重、肌肉系统、健康状况及身体的排泄情况。工人的高死亡率并不令克劳特感到担心，因为发掘人类耐力的绝对极限正是他研究的全部目的——而且，再怎么说，"实验动物"（Versuchstiere）[1]不虞匮乏。

作为大德意志不可或缺的一部分，奥地利的主要大温泉也同其德国姊妹们一样，共同经历了战时德国的胜利与苦难。维也纳巴登在相当长的一段时间里都大体沉浸在欢庆的局面之中，它拥有（作为扩张后的德国的一部分的）奥地利境内唯一的赌场，因而对东部马克的政治领袖与富裕阶层而言，那里宛如一块磁吸石。1939年和1940年在当地过夜的人数居高不下：分别达378 935与394 832人。然而，为数众多的来小镇的"客人"无法赌博，也不能享受居留当地的乐趣。维也纳巴登从1940年开始接收伤兵，并于1941年6月德国入侵苏联后正式成为"军医院城"。至1944年，大批伤员从绞肉机般的东线涌来，当地除了主要的酒店，所有学校、体育馆和大大小小的公共建筑都被征用为医院。至1944年底，连当地的高中生也不再需要教室了，因为他们都被征召加入"人民冲锋队"（Volksturm），这是纳粹在家门口的最后一道防线，全由老幼妇孺组成。维也纳巴登的"人民冲锋队"在饮泉宫前起誓会为保卫德国血战到底，饮泉宫如今已不为疗养客供应碳酸矿泉，而是向伤兵分发药物。

当局势渐趋明朗，无论是否有强大的"人民冲锋队"，维也纳巴登都将落入迫近的俄国人之手时，当地的纳粹头目们立即计划往西逃，任由这座城镇自生自灭。（这类怯懦之举绝非罕见：在希特勒

---

[1] 克劳特博士发现，俄国人能够在最恶劣的条件下完成最多的工作；"东方工人"每天平均所需热量可比普通德国人少100卡路里，而没人能在每日热量摄入少于1 100卡路里的状态下有效工作。克劳特这一发现的重要性不但令他的纳粹上司钦佩有加，也让美国占领者印象深刻。美国人在战后利用新的研究项目，维持了克劳特在巴特埃姆斯的机构的运营。克劳特本人也成了盟军配给与食品供应委员会的一员。——原注

帝国的崩溃过程中,整个东部地区的纳粹领导人到处都在干同样的事情。)为了掩盖这次投机式的撤离,巴登的纳粹市长先宣布了疏散城市的主要医院;之后他便和同伙加入医院与病人的西撤大军了。真是些幸运儿。此后不久,维也纳巴登遭遇了战时的首次大规模空袭,1945年4月初的两轮空袭造成72名平民死亡、31人重伤,全镇184栋建筑被毁,包括除一座之外的全部浴场,没有电和自来水,维也纳巴登看起来不再像个度假胜地(resort),甚而都难称得上权宜之地(last resort)。

在巴德加施泰因,从对初期战果的欣喜若狂到对战时牺牲的怨声载道,其转变可谓非常之快。早在1939年8月德意志国家铁路(Reichsbahn)宣布将中止对平民的火车服务时,浴场经营者便眼见着他们的民众客源消失殆尽了。战事爆发两天后的9月3日,市政当局通知疗养客,他们有48小时时间离开加施泰因回家,无论他们想回哪儿去。与此同时,整个地区所有酒店和招待所都接奉命令,做好接收难民的准备。随着德国在波兰和西欧取得胜利,加施泰因的疗养业与酒店业都得以重新开张——虽说已不完全同过去一样了:酒店必须给伤兵腾出空间,因为这座小镇如今也同样被正式指定为"军医院城"。在被征用的场所中便有古老的施特劳宾格酒店(俾斯麦曾在这里与势均力敌的奥地利人下外交棋局)。1942—1943年冬,该镇预备的2 030张客人床位,有735张——约占35%——是供军人使用的。到1944年底,这一比例将接近100%,每家大型酒店都得招待国防军"客人",那时城里的街道已挤满伤兵。战争结束前不久,疗养总监齐姆伯格(Zimburg)的妻子对应征入伍后的丈夫描述当时的场景说:"你都要认不出现在的加施泰因了。在街上几乎只能看到伤员〔……〕有些两条腿都没了。"

被要求为伤兵提供住宿并不是加施泰因的酒店业主在战时承担的唯一重负:随着战争持续进行,和当地餐馆老板们一样,他们也面临劳动力严重短缺的问题。加施泰因的餐馆老板们曾争抢一小批用来当厨子和服务员的法国战俘,至于洗碗和其他简单的工作他们会利用现成的波兰人和乌克兰人。据疗养总监齐姆伯格说,假使没有这些输入的奴工,加施泰因不可能在战争期间一直"开门营业"。与此同时,和城市道路、桥梁、下水道系统有关的繁重工作被交给了大约30名俄国战俘,其位于小镇边缘戒备森严的房舍犹如集中营。另外一批由40名俄国人组成的群体则在附近的金矿埋头苦干,这些人靠着一如巴特埃姆斯的克劳特医生规划的那种食不果腹的日常饮食计划生存(和死去)。为防范斑疹伤寒,犯人们每周洗一次澡——总是在一个隔离开来的场地,他们在那边绝无机会接触到德国人或其他"北欧人"(Nordics)。

随着战事推进(或恶化),加施泰因当地人也经历了卡路里摄入量的缩减,虽说与强加给斯拉夫"劣等人"的那种缩减完全无法相提并论。1942年4月,人均每周的肉类配给量减少了50克,面包配给量减少了250克。至此,加施泰因人每周就靠2 000克面包、206克油和300克肉维生。疗养总监齐姆伯格指称,在这样的饮食下,加施泰因人的平均体重减少了10—20千克(在和平年代,大批体重超标的温泉顾客曾为达到相同效果花下重金)。至1940年底,由于燃油短缺,加施泰因人走路的次数也比开车多了,只有市长、主治医师和房屋检查员才允许使用私家车,而对很多加施泰因人来说,最痛苦的损失始于1941年冬:再也不能在附近的山上滑雪了!

巴德伊舍也不能滑雪了。不过,和沿路而下的埃本塞(Ebensee)集中营里的居留者们遭受的折磨相比,巴德伊舍当地人遭受的这点儿战时损失便相形见绌了。作为毛特豪森(Mauthausen)[1]集中营系统的下属营地,埃本塞囚禁了大批犹太人和奴工,他们在一个巨大的地下隧道里工作,该隧道旨在为武器和军火工厂——包括佩内明德V-2火箭装置(不过它被设置于北方)——提供掩蔽。由于生

---

[1] 毛特豪森集中营,位于奥地利林茨附近的集中营,建立于1938年8月,是纳粹德国在奥地利迫害犹太人、反法西斯人士及无辜平民的主要集中营。

存和工作环境极度恶劣,埃本塞被认为是毛特豪森系统中"最差的"集中营之一,而该系统里"差"的门槛是相当高的。在1943—1945年的两年时间里,约有2万名囚犯死在了这个地狱。

与奥地利和昔日德国的疗养地不同,苏台德大温泉在战时未尝得享甚至短暂的景气,对它们而言,这场战争自始至终都是货真价实的。战争一开始,卡尔斯巴德的纳粹统治者便拆除了铁和玻璃建造的"新艺术风格"亭子,它们连同马里昂巴德的歌德铜像一起成了制造军火的原料。1940—1945年,无论是卡尔斯巴德还是马里昂巴德都没有多少平民访客。几乎所有"客人"都是军人,其中绝大多数是在东线战斗中受伤的士兵。1940年,德国当局向国际红十字会注册这两座温泉小镇为"医院城",并恰当地在公共建筑上涂抹了可从空中看到的必要标记。并非每一栋涂有标记的建筑都实际收容了伤员,但所有大型酒店均无一例外收容了伤员,其中就包括马克思和爱德华七世曾下榻过的那些酒店。在卡尔斯巴德,甚至中央火车站都成了军医院。

有趣的是,在马里昂巴德接受治疗的德国伤员中有位年轻的党卫军士兵,名叫君特·格拉斯(Günther Grass)(这位未来的诺贝尔文学奖得主始终对自己曾在党卫军中服役的经历守口如瓶,直至2006年,他才在出版的回忆录《剥洋葱》[*Beim Häuten der Zwiebel*]中将其揭开。他于书中祖露自己在十几岁时便被征入党卫军坦克师。由于作家后来以其左翼观点而知名,德国保守阵营对此一迟来的供认揪住不放,坚称其削弱了格拉斯"自以为是"的道德权威。)

依照格拉斯在《剥洋葱》中讲述的负伤和接受治疗的故事,1944年4月20日——希特勒生日当天——他正在排队领食物,希望能拿到一点巧克力或白兰地庆祝一下,结果却从发起攻击的俄国坦克部队那里得到了一份留下深重伤害的"礼物"——他的右腿和左肩都被弹片击中了。格拉斯与其他伤员一起被塞进了一辆牛车,他躺在满是尿的稻草上,踏上从地狱到麦森(Meissen)的一夜旅程。他在麦森下了车,接到命令,让他无论如何都必须前往马里昂巴德的医疗站,而马里昂巴德尚在隔着厄尔士山脉的千里之外。

格拉斯尽职地奔赴这处传说中的波西米亚疗养地,身为一名有文化的德国人,他知道那里是"一处富人与名人的温泉,在文学作品里广受赞誉",在那里"老年歌德爱上了年轻女郎,却被拒绝,他用一首'马里昂巴德悲歌'升华悲伤"。格拉斯努力翻过了山脉,他有时乘火车,但大部分时间是坐马车,一点儿也没背离其行军指令。他的长途跋涉之旅在另一处著名的波西米亚温泉——卡尔斯巴德——短暂中止了一阵,他忽然在街上跪地不起,身体因发烧而颤抖。一名宪兵把他搀起来,在看到他的命令后,便把这个不省人事的士兵丢到摩托车后座上,驾车将他送到了马里昂巴德。对格拉斯而言,马里昂巴德意味着救赎,一种真正的疗愈。在战争的最后日子里,他"在一张新铺好的床"上养伤,正是在他美妙的温泉之床上,他得知"元首已不复存在了",而他将落入美国人而非俄国人手里,这又是一大喜讯。

毋庸置疑,战时抵达卡尔斯巴德或马里昂巴德的数千名伤兵中,有许多人的境遇都不及格拉斯那般好,甚至两座小镇中的平民也蒙受了巨大损失,随着冲突持续,自1940年开始实施的食物配给变得愈发严格,食品的严重削减导致营养不良的情况处处可见。虽说已没有了精壮男子,小镇的人口还是比以往任何时候都多,因为有大批难民为了躲避推进中的红军而涌入这里。不过,即使是这些难民也比住在镇外简陋营地里的法国、荷兰、波兰、乌克兰和俄国奴工们的景况要好。1943年底,马里昂巴德也成了柏林庞大的罗伯特·郭霍医院的临时驻地,医院全部的工作人员和病人都搬到了这处据说可免于轰炸的避难所。

在战争的大部分时间里,马里昂巴德和卡尔斯巴德都设法躲避了恐怖的空袭。可到1945年春,美国空军开始猛烈轰炸苏台德区,以便加快乔治·巴顿将军第三集团军的推进速度，该集团军的目标是抢在负隅顽抗的纳粹战士之前，夺取可能会变成德军"阿尔卑斯高山堡垒"的整个巴伐利亚与波西米亚山地地带。（这个所谓"阿尔卑斯高山堡垒"的设想很大程度上纯属纳粹幻想与盟军噩梦的产物，但考虑到盟军对希特勒仆从们的了解，再恐怖的场面似乎都是合情合理的。）在马里昂巴德的空袭中，炸弹主要集中在火车站及附近的机场等交通枢纽，因此小镇大部分地区都未遭殃。反观卡尔斯巴德，那里却在1944年9月12日，以及1944年4月17日、19日遭到美国空军的沉重打击。空袭严重破坏了城市的北半部，不幸炸毁了兼作医院的火车站，造成逾100名病人死亡。（假使君特·格拉斯当时留在了卡尔斯巴德，没有依照命令前往马里昂巴德，那么战后德国文坛可能就不会那么生气勃勃了，也不再会有侏儒奥斯卡敲他的《铁皮鼓》。）但对未来的疗养客来说幸运的是，卡尔斯巴德雅致的疗养区在战争中几乎完好无损。

虽说卡尔斯巴德和马里昂巴德都有着大量纳粹狂热分子，他们利用战时高涨的所谓的"种族意识"迫害并最终赶走了当地剩余的斯拉夫人口，但两座城镇都没能对推进中的敌军做出什么英雄式的殊死抵抗。马里昂巴德于5月6日向巴顿将军的一个师和平投降了，距来势汹汹的苏联人更近一些的卡尔斯巴德则急于赶在恐怖的"伊凡"到达之前，和美国佬达成协议。于是，一名市政府的代表驱车前往美军位于埃格尔的总部，恳请美国人继续前进，且不再对卡尔斯巴德实施轰炸。毕竟这座小镇是个医疗站，除此之外，它还是建筑瑰宝！美军军官很高兴地答应了；原来他自己也曾在卡尔斯巴德度假，不想看到"美丽的古老温泉"被毁。因而美军于5月8日未遭抵抗便开入城中。如同马里昂巴德人，卡尔斯巴德人如今也热切期盼着自己能被美国人的泡泡糖、好时巧克力棒和骆驼牌香烟占领。然而事实却并非如此，依照华盛顿与莫斯科之间已达成的协议，卡尔斯巴德被安排给苏联占领。1945年5月11日，红军接替美国人成

中欧大温泉

了这片领地的新主人。

事实证明，俄国人不会在卡尔斯巴德久留，美国人也不会在马里昂巴德久留。当战胜国于1945年全数离开苏台德区时，这些波西米亚大温泉镇——由德国族裔支配的骄傲堡垒——的居民，几乎无法想象，他们即将迎接一连串新的变化，与以往曾经历过的那些同样"令人不安"（unsettling）（这个词也可以全照字面意义理解）[1]。

---

[1] "unsettling"字面意义为搬迁，使人陷入动荡不安的境况，此处指苏台德区的德裔人口将在战后被全数驱离捷克斯洛伐克国土。

第九章

新的开始

你可以把1900—1990年这90年的时间看成一场世界政治的足球比赛,虽说如此,但它的精彩程度比各类体育比赛要强多了,也有实际的分数进账,包括许多乌龙球。人们会觉得这场残酷较量的上半场——两次世界大战和四大主要帝国的毁灭——已经为一场比赛提供了足够丰富的戏剧性,但事实将证明,其下半场同样扣人心弦。譬如,那个时代的人目睹了一场旷日持久的冷战——且在不止一个时刻有变为热战的危险——的出现;第二次世界大战的两个主要输家德国和日本都实现了令人叹为观止的复兴;两大新兴的世界超级大国美国和苏联出现,后者将第一颗人造卫星、第一只狗和第一位宇航员送入太空,意图以此使前者难堪——而美国则用更加惊人的登月行动回敬苏联;同样惊人的是,20世纪80年代末东欧剧变,苏联解体,随之而来的是经济全球化之浪潮。

在上述划时代进展的映衬下,1945—1990年在中欧大温泉发生的事情似乎就显得有几分无足轻重了——让咱们面对现实吧,它们的确是无足轻重的。不过我们的大水疗度假胜地在这45年间上演的戏码还是相当有趣的,同时也极具启迪,我们可以将其视作正在世界舞台上演的更大戏剧的一个小剧场版本。

战后

第二次世界大战结束时,人们不禁怀疑,古老的中欧大温泉是否还能作为疗养胜地幸存下来,更不用提恢复其昔日的魅力和荣景了。回归"正常",无论这"正常"意味着什么,似乎都是毫不可能了。历史学家伊恩·布鲁玛(Ian Buruma)在《零年:1945 现代世界诞生的时刻》(Year Zero—A History of 1945)中对整个欧洲的描述肯定也适用于温泉小镇:"世界已无法与往昔相同,发生了太多的事,改变了太多的事,许多人甚至整个社会都已被连根拔起了。"

1945 年,当中欧遍布得到解放的犹太人、流离失所的难民和复员的士兵时,该地区的主要温泉镇均处于盟军的占领之下,有些占领时间极短,有些则较长,但不论占领持续时间长短,温泉小镇的环境都十分恶劣。

如同第一次世界大战之后那样,法国人接管了巴登-巴登,不过这一次,他们将这块基本完好的黑森林珍宝当作其在德国军事占领区的首府。(随便你怎么评价法国人吧:他们有绝佳的品位,也懂得如何照顾好自己。)在巴登-巴登,为了照顾好自己,法国人征用了他们目之所及的每一处产业,同时还确保了大多数可获取的食物,尤其是那些更上乘的食物,都进入他们的肚子,而非进入那些被征服的德国人的肚子。甚至在 1947—1948 年,巴登-巴登的德国居民每月仅能领到 200 克肉,而法国人每天就能得到 225 克。同样身为温泉的爱好者,法国人决心将巴登-巴登"打造成小维希",在那里塞满输入的法国食品和妓女。(后来人们发现,法国占领当局中的一些行政官员在战时实际上曾为通敌的维希政权服务,当这件事在共产党的媒体上曝光之后,上述人员被匆匆免职了。)法国占领者们不顾他们以往的经历,充分利用了巴登的便利设施。"有 800 名上校,"当时的一份报告称,"在 1945 年的巴登享受着赌场生活。"

法国还接管了巴特埃姆斯,在此之前,占领当地的美军曾短暂控制过那里。有鉴于埃姆斯在法德关系中所扮演的角色,取得该城的统治权定然会令法国人感到心满意足,他们除了征用当地所有的主要旅馆，还将2 000余名当地人与德国难民驱离了该地区。留在城中的德国人被禁止在街上说他们的母语，违者同样以驱逐论处。

巴特洪堡与威斯巴登作为规模更大的美国占领区的一部分，则受美军管辖。相较法国人，美国人对当地人更加宽容——虽说在早期并不那么明显。根据美国的占领政策，德国将被视为"战败国"，而非"被解放的国家"，与当地人——包括与女性之间——的"亲昵友善"都是不被允准的。（不过，足智多谋的美国大兵设法避开了这一限制，辩称"没有谈话的交合"便不算亲昵友善。）在德国不战而降的巴特洪堡，美军将总部设于霍亨索伦家族曾经的夏宫——城市宫，高阶军官则住进了里特酒店（Hotel Ritter）（如今的施泰恩贝格酒店［Steigenberger］），在战时，此地曾是德国国防军休憩娱乐的场所。

和法国人一样，美国人并不介意用当地人的痛苦来惹恼他们。在优美的疗养公园里，美国人搭起军用帐篷，大兵们尽情地大快朵颐，还将许多剩菜丢进火坑。这一切都上演于饥肠辘辘的洪堡人含泪的双眼之前。类似的情景也出现在威斯巴登，掌管那里的美军将领对平民施行严格的宵禁（除了早晨7—9点及下午3—6点）。美国人接收了市中心的大部分房屋，包括拿骚霍夫酒店和更时新的罗斯酒店（Hotel Rose），并用带刺的铁丝把整个地方都围了起来。1945年9月，美国空军进驻威斯巴登，在接下来的30年中，这里成了它的欧洲总部所在地。

幸运的是，对于威斯巴登和洪堡人，乃至美国军事区内的其他所有居民来说，华盛顿采取的强硬、严苛的军事占领方针并未持续太久。美国的政策制定者们很快意识到，打压德国人而不让其独立自主行动的代价将极为高昂，相当于管理一座巨型监狱。此外，随着美国与战时盟友苏联的关系急剧恶化，并走向冷战，美国人意识到，在与苏联及其控制下的德国人的潜在冲突中，可能需要"他们的"德国人，于是华盛顿开始对去纳粹化的热情降温，推动建立德国政治管制机构，协助德国实施经济复兴（最终形成"马歇尔计划"，这是史上最大的一揽子国外援助），甚至推动了联邦德国的重新武装。（但令他们沮丧的是，美国官员们很快发现，大多数德国人根本无意于实现再武装，他们已然受够了军事的东西；当联邦德国人最终开始计划组建一支新军时，他们坚持其必须是彻底民主的！当时在场的美国官员之一艾尔弗雷德·格伦瑟将军（General Alfred Gruenther）担心"新的联邦德国军队的士兵素质恐怕不及第三帝国的军队"。当人们需要那些纳粹分子的时候，他们都到哪儿去了？）

美占区内的大温泉疗养地从美国占领政策的转换与物质的慷慨赠予中获益良多。早在1946年，巴特洪堡与威斯巴登便得到了修缮沐浴及其他疗养设施的拨款，作为美国空军的欧洲总部，在西柏林于1948—1949年遭到苏联封锁时，威斯巴登也成为著名的"空中桥梁"（Luftbrücke）[1]——用空军向西柏林运送食物与补给品——的一处主要出发点。

附近有如此之多的美国空军，他们手里有钱，又需要能安顿他们的地方，关张许久的威斯巴登赌场发出了迷人召唤。1946年4月，美国当局为赌场博彩开了绿灯，尽管如此，由于黑森州政府对赌博"在道德上持保留态度"，轮盘赌球直至1948年11月才得以重新开始转动。威斯巴登的赌博许可证也延伸至洪堡，后者在威斯巴登赌场的赞助下开设了一家较小的赌场。于是，承蒙美国人的好意，一个被装正经的普鲁士人终止的古老疗养地传统再度成为（联邦）德国大温泉生活中至关重要且利润丰厚的一部分。

如同德国，战后的奥地利也被盟国四强占领——美国控制了萨尔茨卡默古特及其主要大温泉，巴德加施泰因和巴德伊舍。从一开始，

---

[1] 第一次柏林危机期间，苏联于1948年6月24日全面切断西占区与柏林的水陆交通及货运，同年6月29日，美国实行空运，派出大批飞机向柏林250万居民大规模空运粮食及各种日用品，在一年内飞行次数达277 728次，空运货物211万吨，同时美方对苏占区所缺乏的钢、焦煤及电力等实行反封锁。由于无法通过封锁阻止联邦德国建国进程，苏联于1949年5月12日撤销封锁，第一次柏林危机结束。

中欧大温泉

美国占领人员对待奥地利人便较对待德国人更加友善，根据1943年美国与盟国伙伴达成的协议，奥地利被判定为"希特勒的首个受害者"。虽说奥地利在第三帝国中的实际角色令人生疑，但考虑到它在中欧的战略位置，以及盟国意图将其从德国分离出去的希望，这种安排看上去还是慎重的。无疑，这一受害者的标签令奥地利人非常高兴，他们将其作为战后奥地利形象的一大组成部分——在展示给世界的形象中，这个阿尔卑斯国度成了某种洋溢着反纳粹精神的特拉普一家的放大版。（1964—1965年，我住在维也纳时，《音乐之声》一直在我住处附近的电影院放映，当地人对其可谓爱不释手。）

和不久前它热烈欢迎国防军一样，巴德加施泰因也热烈欢迎了美军，将盟军视作"普鲁士压迫的解放者"。而对美国大兵而言，在经历了纵跨德国的长途跋涉之后，他们也很乐意置身于如此豪华的地方，对于那些有幸住进被征用的欧罗巴大酒店的士兵来说尤其如此。101空降师的一名士兵写到，这家酒店"就像天堂一样。又能够在床上入睡真是太好了[……]还能在餐厅里吃上准备好的饭菜"。另一名士兵则对"热水澡与美好的城市氛围"赞不绝口。

在巴德加施泰因，令美国人感到惊奇的发现不光有富丽堂皇的大酒店。他们一抵达便了解到日本大使馆的全体人员都住在当地，他们是在战争的最后几周被转移安置到这处阿尔卑斯高山温泉地来的。而更让人感到震惊的消息是，一列满载着从匈牙利犹太人那里抢夺来的金银细软的火车就停在附近的陶恩隧道（Tauern Tunnel）里，这列火车是与逃离红军的纳粹人员们一起自布达佩斯驶往加施泰因的。美国人很快封存了装满战利品的车厢，并将它们转运至萨尔茨堡保管。在其停放的萨尔茨堡仓库，有很多美国官员不失时机地从这列"黄金列车"上"征调"了贵重物品。

接下来的数年中，加施泰因与伊舍周边的地区便成了寻宝者们的天堂，他们探寻着被认为藏在矿井底部和幽暗的山间湖泊中的纳粹战利品。美国占领者对寻宝的关注度似乎变得至少和对当地人实施去纳粹化一样多了,反正美国佬也从来没有费劲推行过什么去纳粹化的计划(因此导致战后奥地利成为逃亡纳粹分子的一大避难所)。然而,美国当局却惩办了曾在战时为埃米·戈林治病的加施泰因温泉医生:他为此被吊销了行医执照,而这名医生从来就不是纳粹党成员,凭着自己的专业技术和看护手法深受社区爱戴。由于被剥夺了谋生权利,这个人最后自杀了。

与美国人一样,苏联人也在1943年同意将奥地利人当成纳粹主义的"受害者",可最终苏联占领者对其所控制奥地利的管理与他们在民主德国实施的管理并没有太大不同。

此外,当苏联人抵达其辖区内的主要奥地利疗养地维也纳巴登时,他们表现得比在其他地方更为谨慎。战争结束前,他们就决定将这个毗邻维也纳、一度有着田园牧歌般景致的温泉小镇作为他们地区总部的所在地,因此他们努力使该地变得尽可能地适宜居住。由于小镇在1945年春天的状况着实糟糕,因此要让它显得宜居诚非易事。一如其战时的西方伙伴,苏联人立即征用了那些完好无损的房屋中最好的宅子,并在大院周围竖起木栅栏。在很短的时间内,苏联军官便把他们的妻子、情人和家人都带来了,于是乎到1946年,住在镇上的苏联人几乎与奥地利人一样多。苏联大院里有俄语学校、商店和电影院。占领者在疗养公园为列宁和斯大林立起宏伟的纪念碑,并将"凯撒弗朗茨环路"(Kaiser-Franz-Ring)更名为"斯大林环路"(Stalin-Ring)。

疗养设施方面并没有太多可以苏联化的东西,因为只有一处浴场在战争中完好保存下来了。直至1948年,维也纳巴登才再次见到苏联人之外的疗养客,当时部分得到修复的海滨浴场与约翰尼斯浴场重新开门营业。一年后,巴登的教区教堂装了一套新钟以代替被纳粹熔掉造军火的那套。彼时,当地人正与占领者寻求一种妥协共存的方式,但这并没有打消他们做"伊凡"有一天会卷铺盖走人的梦。

对于主要的波西米亚疗养地卡尔斯巴德和马里昂巴德来说,苏联人和美国人的军事占领时间都太短了，并未产生什么太大影响。而真正震撼这些温泉小镇的是德裔在战后被全数驱逐出苏台德区。

资深的政治领袖爱德华·贝奈斯（Edvard Beneš）曾是捷克斯洛伐克共和国战时伦敦流亡政府的领导人，在1945年返回布拉格前，他讲过一句颇为不祥的话："德国人要倒霉，倒霉，三倍倒霉，我们要清算你。"贝奈斯没有完全实现这一承诺，但他尽了最大努力。在斯大林的支持下，这位非共产党但亲苏的捷克斯洛伐克领导人主导了一场从布拉格到苏台德区的清理德国人的狂潮。年轻的捷克斯洛伐克狂热分子跑过卡罗维发利和玛丽安斯凯-拉兹涅（这两处温泉如今的最终名称）的街道，殴打德国人，砸烂他们的商店，禁止德国人进入包括浴场在内的公共场所；他们让德国人戴上印有字母N（代表německé——德国）的臂章；禁止德国人购买新鲜蔬菜、水果和肉；将其丢进拘留营里。

从最初的迫害和流血中幸存下来的德国族裔成了捷克斯洛伐克政府精心策划的将其野蛮驱离家园计划的受害者。200多万苏台德区的德国人仅带了少量随身物品，被迫越过捷德边境。他们有的步行，有的坐牛车，加入自波兰及东欧其他地方而来的千千万万被驱逐者的行列。可以说，就像一位英国记者写的那样，这些德国人是"自食其果"，但他们的困境依旧令人同情，特别是大多数难民发现他们在贫困的德国新"家园"并不比在被迫离开的波西米亚更受人欢迎。幸运的是，被从马里昂巴德驱逐的数百人最终抵达了相对富裕的巴特洪堡。1953年，巴特洪堡将玛丽安斯凯-拉兹涅列为"伙伴城市"。不过在战后不久的捷克斯洛伐克温泉地，德捷合作是丝毫见不到的。

如果有足够的时间，捷克斯洛伐克温泉或许能从它们狭小的洞穴中缓缓爬出——毕竟捷克斯洛伐克是东欧少数几个没有被红军占领的国家之一。但卡罗维发利和玛丽安斯凯-拉兹涅已没有时间来摆脱它们的隔绝处境了，1948年2月，捷克斯洛伐克共产党掌握政权，归于苏联社会主义阵营。随后，捷克斯洛伐克政府将卡罗维发利和玛丽安斯凯－拉兹涅的所有浴场和大型酒店都国有化了。

复苏

如同遭遇重创的欧洲本身,中欧大温泉的"回归"勉强而言也是从 20 世纪 50 年代和 60 年代开始的。尽管如此,东西两侧的疗养地在复苏程度上存在巨大差异。风格与气氛上的差异总是存在的,譬如巴登－巴登与马里昂巴德就不同,但 20 世纪 50 年代初—20 世纪 80 年代末,这些地方宛如两个截然不同的世界。

在联邦德国,大温泉的复兴与其所在国的经济复兴——著名的"经济奇迹"(Wirtschaftswunder)——齐头并进。这一令人惊讶的复兴有着多重因素——政治上的稳定、极其明智的政府政策、货币改革、马歇尔计划的援助、训练有素的劳动力的充足供给以及朝鲜战争带来的景气——但一切的关键在于德国人民从废墟中走出,在新的地基上重建生活的坚定决心。美国战斗机飞行员(后来成为小说家的)詹姆斯·索特(James Salter)在 1950 年短暂造访威斯巴登时留意到,这座遭到轰炸的温泉小镇中的每个人都"十分勤勉苦干"。事实也的确如此。

这场复兴最典型的标志是大众甲壳虫汽车,它如今真成了"人民汽车"(尽管一开始它主要是白领用车而非蓝领用车),另一个时代变好的标志则是熙熙攘攘的温泉景区,而且这些地方本身也"爬"满了闪闪发亮的簇新"甲壳虫"(Käfer)。

这一德国温泉历史的全新转折源于一项国家医疗保险计划,该计划可追溯至俾斯麦开创的社会保障体系,但相比后者要慷慨得多、涵盖范围也大得多。全国性的医疗保险系统——由国家拨款及雇员、雇主强制缴费资助的半自治性保险机构——能让联邦德国公民仅凭友善的家庭医生的允准,便可享受在官方认证的温泉入住 3—4 周的补贴。此外,保险还提供为期一周的"后续疗养"补贴,这样一来,疗养客们便无须在未经一段时间的调整和居家沉思的情况下,就被唐突、粗鲁地捜回工作。针对譬如风湿病、血液循环不畅、偏头痛、腰痛或其他任何令病人抱怨的病症时，极少有医生拒绝开具让病人接受温泉"治疗"的处方。并不是每个患者最终都会去巴特埃姆斯或巴特洪堡这样的高档温泉，因为选择疗养地的通常是"医疗保险"而非患者。但如果某位医学专家坚持认为只有巴登－巴登才对某种特定疾病有"疗效"，那巴登－巴登也会被选中的。

自然，联邦德国的温泉产业对这种安排非常满意，联邦德国人同样如此。我们知道，德国人一向是温泉狂热爱好者，可在过去，只有民众中较为富裕的人才能光顾这些地方——或至少其中豪华的温泉。而如今，一个管道工人，在合适的医生的支持下，也许就能在巴特洪堡与企业律师共享同一个温泉池。

20世纪50年代中期—20世纪80年代早期，整个联邦德国温泉景区的访客数量稳步增长，至1961年达到了600万人。20世纪60年代中期起，外国客流也开始回升，因为当时大温泉地纷纷翻新了设施，也能够从西方工业化国家日益增长的健康与健身热潮中获利。许多外国游客（又）来自美国。美国自己的温泉景观，一如其客运铁路系统，因政策制定者缺乏德国式的公共精神而蒙受了巨大损失。

唉，联邦德国的温泉补贴制度着实太好了，好得都难以为继。波恩那些小心眼又精打细算之人被其高昂成本吓得脸色煞白。温泉补贴十分昂贵，在很大程度上导致绝大多数"医疗保险"至20世纪70年代末出现巨额赤字。在保险机构和财政部官员的压力下，时任总理赫尔穆特·施密特（仍旧是社会民主党人）的政府于1982年大幅削减医保福利，其中就包括温泉补贴。新规非常残酷地将补贴疗养的次数限定为每3年一次（除了的确生病的人），并且要求患者自掏腰包支付每天10马克的医疗费；医生被要求减少开温泉治疗处方的次数，否则将失去"医疗保险"的特权。

这些措施的后果便是营收额急剧下滑，特别是那些完全依赖补贴的低成本温泉。根据位于波恩的德国温泉协会的一位发言人的说法，总体而言，1980—1983年，联邦德国人在温泉水疗上的支出下滑25%，一些较新且不太出名的温泉都倒闭了。与此同时，拥有赌场、社会声誉和举世闻名的泉水的古老豪华大疗养地则成功挺过了这场危机，继续迎难而上。

以巴特洪堡为例。1984年，也就是温泉产业进入新时代的第二个年头，有1万名疗养者前来泡澡（相比之下，19世纪晚期的年平均访客数为2万人，而1980年的数字是1.5万人，这是洪堡在第二次世界大战后的复苏时期最好的一年）。尽管政府削减了温泉开支，可依然有95%的洪堡疗养客是遵医嘱前来接受治疗的。并非所有客人都非富即贵。洪堡的温泉总监恩里希·冈克尔（Erich Gunkel）说："如今上至企业高管下至餐馆服务员都在我们这儿接受疗养。"洪堡和其他大型疗养地的德国客人乐意花更多的钱来泡温泉，很大程度上是因为他们愈发相信，温泉水不但可以起到疗愈作用，还能够预防严重疾病。似乎他们坚定地赞同那句古老（但常常被忽视）的格言："预防胜于治疗。"1985年，洪堡的温泉总监坚信，对预防性养生保健的日益重视将维持品质更好的德国疗养地继续运营。"今天我们谈复兴还为时尚早，赤字仍在继续，"总监冈克尔说，"但我们看到情况正有所改善，因为更多人来温泉只是为了保持身体健康。"

对于规模较小、名气也稍逊的巴特埃姆斯来说，20世纪70年代，其经营状况一度很好，还扩充了疗养设施，但要在政府削减开支后生存下去却成了桩严峻的事情，无论是预防性的保健抑或疗养，巴特埃姆斯从当地温泉水中获得的收入都比附属的娱乐设施要少。"巴特埃姆斯在破产边缘。"1983年《拉恩报》（*Lahnzeitung*）惊呼。幸运的是，埃姆斯的赌场终于于1987年重新开放，这吸引来一波新游客，他们有时会在赌桌上输得精光的时候下水泡一泡。这座小镇历史悠久的疗养建筑群虽然已难再现昔日的繁华景象，但终究没有归于湮灭。

在复兴的路途中，联邦德国的大温泉也恢复了一些往昔最佳时期具备的功能，比如作为高层外交和政治决策的漫步场所，或全球权贵和富豪们的酒吧。比如威斯巴登，作为新设立的黑森州首府，成了战后联邦德国政治的重要参与者。这座城市还成为两个新设的联邦机构的总部所在地：联邦刑事警察署（Federal Criminal Office）和联邦统计局（Federal Office for Statistics）。随着 1957 年莱茵－美茵会展中心（Rhein-Main-Hallen）的落成，威斯巴登又加入法兰克福的行列，成为联邦德国主要的外贸城市之一。

巴登－巴登——很大程度上由于同小镇的"荣誉市民"、联邦德国总理康拉德·阿登纳（Konrad Adenauer）关系密切——赢得了在战后的外交舞台上为这个羽翼未丰的联邦共和国举办"登场派对"的资格。1953 年 8 月，"欧洲煤钢共同体"（European Coal and Steel Community）（共同市场与欧盟的前身）的外长们在这处黑森林疗养胜地会晤，讨论共同的经济与政治战略。

1955 年，巴登－巴登因伊朗独裁统治者沙阿·穆罕默德·礼萨·巴列维（Shah Mohammad Reza Pahlavi）——一位真正高品质生活行家——的到访，而增光添彩（也可说遭受摧残，若你想用这个说法的话）。这位伊朗国王是 60 年来首位在巴登－巴登温泉疗养的在位君主，无论是他还是东道主都为这段经历陶醉。（大约 12 年后，1967 年 6 月，伊朗国王访问西柏林却引发了一场暴力示威，不幸导致一名叫作本诺·奥内佐格的学生抗议者死亡。）

1962 年，康拉德·阿登纳与法国总统夏尔·戴高乐在布伦纳公园酒店会面，为《德法友好条约》的缔结奠定基础——这次取得惊人成功的修复关系行动在更广泛的层面巩固了战后至关重要的法德和解。18 年后，布伦纳重现了这场历史性的密会，酒店承办了法国总统瓦莱里·吉斯卡尔·德斯坦（Valery Giscard d'Estaing）与德国总理赫尔穆特·施密特的会晤，很遗憾，这两位都没能像他们 19 世纪的前辈们会做的那样在温泉泡泡澡。（施密特是个老烟鬼，显然对什么预防医学并不热衷。)

最终,巴登-巴登通过在 1981 年为第十一届国际奥委会大会提供场地,奠定了它作为世界有影响力的人物的首选集会地的地位。代表们在距离现代奥林匹克运动创始人皮埃尔·德·顾拜旦男爵半身像不远的疗养大楼集会,这座顾拜旦半身像是 1938 年纳粹党为纪念 1936 年德国主办的第一场奥运会而铸立的。1981 年,当时在西班牙前佛朗哥分子胡安·安东尼奥·萨马兰奇(Juan Antonio Samaranch)领导下的国际奥委会还是个由富裕商人和低阶权贵组成的典型"老男孩俱乐部"。代表们在 9 月花了两周时间选定了 1988 年冬季和夏季奥运会的举办地(分别是卡尔加里和汉城),并讨论了如何更加有效地"营销"奥运会。疗养大楼外站着一小拨来自日本名古屋的反奥运抗议者(当时名古屋正与卡尔加里争夺 1988 年冬奥会主办权)。抗议者举着标语,上面写着"名古屋没有奥运会"。国际奥委会大会的与会者们忙着一边躲避抗议者,一边为奥运会制定全新的商业策略。据报道称,他们"几乎没有时间在〔巴登〕浴池边闲庭信步"。

到 20 世纪 70 年代,联邦德国主要的温泉小镇完全彰显出这一联邦共和国在物质上的巨大成功:那些地方都洋溢着繁荣与自信。当年老的联邦德国人——无论是否是温泉小镇居民——为国家的经济成就感到自豪时,20 世纪 60 年代出生的年轻世代——或者说他们中的一部分人——却显然没有这种热情。

即便是庄重的巴登-巴登也养育出一些激进的"68 青年"。1968 年 1 月,就在青年运动席卷整个西方的那一年,两名巴登-巴登出生的大学生邀请联邦德国左翼学生运动领袖"红色"鲁迪·杜契克(Rudi Dutschke)在巴登威严的疗养大楼——资本主义野兽的肚皮——发表他的一篇煽动性演讲。巴登-巴登市长身为保守的基督教民主联盟(Christian Democratic Union Party)成员,拒绝将疗养大楼提供给此次活动使用,迫使学生们只得在寒冷的室外举行集会。

不出所料，集会演变成了暴力，示威者们朝警察和疗养大楼投掷冰块。在巴登－巴登为数不多的支持抗议者的老辈中，就有著名指挥家皮埃尔·布列兹（Pierre Boulez），他是这座温泉小镇的非常住居民。

20 世纪 80 年代，巴特洪堡——拜居住在那里的大批法兰克福银行家所赐，该地成为联邦德国人均最富庶的城镇——目睹了联邦德国 20 世纪 60 年代的理想主义抗议运动堕落为血腥恐怖行动。1989 年 11 月，在恐怖主义横行的时代行将告终之际，红军派（RAF）的恐怖分子突袭洪堡，用遥控汽车炸弹杀害了德意志银行行长阿尔弗雷德·赫尔豪森（Alfred Herrhausen）。

红军派也负责攻击威斯巴登地区的美国目标。1981 年 8 月 31 日，红军派行动人士在该温泉小镇的美国军事住宅区烧毁了 7 辆轿车。4 年之后，红军派武装分子又在威斯巴登附近的莱茵－美因空军基地引爆了一枚汽车炸弹，两名美国军人被炸身亡。虽然不能说这个时代的德国温泉地对于美国人或其他人都异常危险，但大温泉还是难以摆脱反物质主义的运动与代际间的对立——这是联邦德国荣景背后的另一面。

奥地利第二共和国同样实现了令人印象深刻的战后复兴，虽说其实现复兴花费的时间要比联邦德国略长一些。1955 年签署的《国家条约》（Staatsvertrag）为奥地利的恢复发展提供了巨大帮助，该条约结束了盟国四强的占领。

1955 年 9 月 19 日，就在苏联撤军的当天，巴登人拆掉了围住苏联人大院的高高木栅栏，开始修缮因战争和占领而损坏的庄严老建筑。毫无疑问，要把维也纳巴登重新打造成拥有最新设施的主要疗养目的地会是一项艰巨的任务，这需要维也纳新近独立的联邦政府投入大笔资金。

维也纳急着吸引游客——尤其是富裕的联邦德国人——到它高贵的疗养地来，为此它确实在巴登的修复工作上砸了大钱。但真正令这座温泉小镇东山再起的英雄是维克托·瓦尔纳（Viktor

Wallner），他于1965—1988年担任维也纳巴登市长。瓦尔纳市长孜孜不倦地致力于修复巴登的大量基础疗养设施，监督全面大修了玛丽恩泉和约瑟夫巴德泉（Josefsbadquelle）。可是瓦尔纳比大多数人都更明白，漂亮的温泉浴场本身并非商业活力的必然保证，因为沉迷于不断扩充的旧有水疗范式的人已经越来越少了。（除此之外，奥地利也未能像联邦德国那样建立由政府资助的温泉补贴项目——这个国家实在太穷了，尽管一些私人保健计划里包含疗养地访问。）

在瓦尔纳的照管下，维也纳巴登通过将其旧有的疗养大楼改造为"会议中心"（Kongresshaus），成功将自己重塑为"会务目的地"。会务人士和其他过夜游客有一系列高档酒店可选择，其中包括不久前出售给私人企业家的曾经的公共建筑。为凸显巴登的田园风貌，镇中心变为步行街区，鹅卵石铺就的小路两旁是时装精品店和专售当地特产的红酒商店，修缮得富丽堂皇的市立剧院（Stadtheater）上演奥地利剧作家的作品和贝多芬的音乐（虽说作曲家在当地居住期间，维也纳巴登待他并不算友好，但巴登依旧将贝多芬吹嘘成自己的一分子）。1980年，这座古老的温泉小镇骄傲地庆祝了建城500周年，当地支持者高呼，这座城市"已经复出了"。

奥地利最著名的疗养地——巴德加施泰因——也经历了相似的复出历程，不过取得这一成绩的秘诀却并非那里被大肆宣传过的疗愈泉水——毫无疑问，那都是炒作出来的。与第一次世界大战后的时代相比，加施泰因在第二次世界大战后的复苏更多得益于其位于阿尔卑斯山区的地貌——那些高耸的山脉，夏天可以远足，冬天可以滑雪。

尤其是后一项运动，高山滑雪推动并塑造了现代加施泰因的重生。（美国一个类似的城市是科罗拉多州的阿斯彭［Aspen］[1]，

---

[1] 阿斯彭，位于美国科罗拉多州皮特金县的城市，西邻洛基山脉，三面环山，自然风貌独特，19世纪曾为采矿城镇，后发展为著名的滑雪旅游度假城市。

那里曾是个矿业小镇,后来急剧衰落,直到对山上的粉状"白金"的及时开发带来了新的娱乐财富——最终,大批电影明星都有了自己专用的白色粉末。)一如在阿斯彭,高山滑雪在第二次世界大战后的加施泰因仍旧是少数人的消遣——许多滑雪爱好者,有的在战争中失去了一条腿,居然都是走上滑雪道,而不是乘坐原始的升降机上去的——但从 1950 年代中期开始,滑雪成了一项真正的大众运动,吸引越来越多的人到滑雪斜坡上。加施泰因与邻近的巴特霍夫加施泰因为满足日益增长的滑雪需求,建造了更多更先进的架空索道和缆车。当大批笨拙之人完成他们的"倒栽葱"和脸着地的表演时,"滑雪大炮"则在一场又一场世界杯比赛里"射落"难度要求更高的坡道。(1958 年,加施泰因举办了世界高山滑雪锦标赛。)在冬夏两拨访客之间,加施泰因山谷的旅游业空前繁荣:1955—1956 年,有 97 598 名游客到访,而到了 1994 年,这一数字攀升至 30.5 万人。

当然,并不是所有造访加施泰因的游客都想去徒步或滑雪,有些客人,特别是上了年纪的人,只想在热温泉里舒缓一下他们的疼痛,一如几个世纪以来的疗养客们所做的那样。在这群老年的健康朝圣者中便有托马斯·曼,1951 年 8 月,76 岁的他在战后 5 次欧洲之行的第四次时于加施泰因停留了两周。(曼在长期流亡美国期间成了美国公民,然而他移入的国家却在冷战初期急剧右转,参议员约瑟夫·麦卡锡的可耻言行,众议院"非美活动调查委员会"发起的猎巫行动,促使曼重新思考对美国的忠诚,并打算在暮年重回欧洲生活。最终他决定移居瑞士,1952 年他在苏黎世附近定居,并在 3 年后于当地去世。)

在 1951 年欧洲的那个夏天,曼希望加施泰因的"青春之泉"能缓解他痛苦的关节炎,但最终温泉的效果超出预期。尽管沐浴的一番流程对他而言费时费力,不过作家感觉自己恢复了活力,能完全投入《大骗子克鲁尔的自白》(*Die Bekentnisse des Hochstaplers Felix*

Krull)的创作中去了,早在1911年他便开始写这部有关年轻人的作品,但之后就把它搁在一旁了。直到1950年,在读了戈尔·维达尔(Gore Vidal)的同性恋小说《城市与中柱》(The City and the Pillar)后,他才又重新断断续续地写起来。事实证明,加施泰因是小说取得良好进展的绝佳环境。更重要的是,温泉浴的刺激——或许再加上沉浸于自己迷人散文中的快乐——让他又能晨勃了,不可思议。曼甚至还成功地再次自慰,他觉得这是一项"荒谬地令人感到满足"的成就。不管令曼的性欲/创造力回春的源头是什么,事实证明,由此而生的这部小说是一部真正的喜剧杰作——而且,我应当补充一句,它充斥着温泉的主题,譬如追求奢侈和时尚、性的冒险、肉体的虚荣、怠惰和欺骗,以及一个用诡计、美丽和永恒的希望铺垫的充满诱人许诺的世界。

曼的到访加施泰因成了后面将会发生的一些事情的先兆,各式各样的名流再度来到这个金光闪闪的阿尔卑斯高山疗养地,不过在疗养总监海因里希·齐姆伯格小心翼翼地维护着的到访名单上,文化名人如今退居次席,让位给了环球权要与政治家。

1962年夏天,举足轻重的大人物沙特阿拉伯国王伊本·沙特(Ibn Saud)带了64名随从驾临加施泰因。他与随行人员入住经过豪华翻新的贝尔维尤公园酒店——如今它已足以和欧罗巴大酒店一较高下。不走运的是,沙特和他的团队只留了一周时间逗留温泉地,这令当地商人颇感失望。1966年,苏联最高苏维埃主席团主席尼古拉·波德戈尔内(Nikolai Podgorny)与奥地利总理约瑟夫·克劳斯(Josef Klaus)在维也纳举行双边会晤期间,到巴德加施泰因享受了令人精神为之一振的休息,不过很明显,两位领导人都没有下水。与他们相反,逍遥派的伊朗国王巴列维(Pahlavi)不仅是个滑雪爱好者,也是温泉行家,1965年2月,他在加施泰因的两周时间都是在滑雪和泡澡中度过的。这位国王选择住在欧罗巴大酒店而非贝尔维尤,因为欧罗巴大酒店是整个镇上唯一能容纳他的 80 名随从的地方,这些随从里满是"萨瓦克"(Savak)[1]秘密警察。

国王的入住对于酒店老板阿尔弗雷德·塞德拉切克来说无异于一剂强心针,由于酒店需要高昂的维护费用,它已经很难与更新且更高效的企业竞争了。1967 年,塞德拉切克接待了卡塔尔的谢赫阿里·本·阿卜杜拉·阿勒萨尼(Sheik Ali Bin Abdullah Al-Thani),谢赫在那里住了一周,这成了这位酒店老板的最后一搏。1967—1968 年,塞德拉切克的亏损高达 175 809 先令,他在 1968 年底关掉了他的传奇酒店。

不过,这并非这家加施泰因最著名酒店的终局。1982 年,自称濒死企业"复活者"的莱因哈特·斯蒂芬·托梅克(Reinhardt Stefan Tomek)投入 1.5 亿先令翻修酒店,令其重新开张。醉心于媒体宣传的托梅克在他的酒店中筹备了一系列奥地利/德国新年庆祝活动的电视转播。1983 年的第一场新年狂欢由美国歌手丽莎·明奈利(Liza Minnelli)站台,托梅克为此支付了她 540 万先令,可谓典型的铺张浪费。(此后大酒店的新年明星还包括雪莉·贝希[Shirley Bassey]和查尔·阿兹纳弗[Charles Aznavour]。)托梅克的酒店还于 1984 年举办了欧洲小姐选美比赛,同时为展现风度,他向演员彼得·乌斯蒂诺夫(Peter Ustinov)颁发了金额为 1 万美元的"年度美食家"奖。托梅克决心将巴德加施泰因打造为"阿尔卑斯山的蒙特卡洛",1985 年,他把小镇的赌场搬至酒店一层华而不实的新场地里。

打从一开始,托梅克的开支就远超其盈利,到 20 世纪 80 年代

---

[1] 萨瓦克,全称为"国家情报与安全部",是巴列维统治时期伊朗的秘密警察、国内安全和情报部门。

中期,由于美元疲软、切尔诺贝利核灾以及瓦尔德海姆事件[1]等多重因素的叠加影响,奥地利旅游业一落千丈,托梅克被迫宣布破产。欧罗巴大酒店于1988年永远地关上了大门——对于像我这样新一代的历史老酒店爱好者来说,这实在是个大打击,我们十分不幸地被剥夺了入住其中的机会。

加施泰因从未真正成为"阿尔卑斯山的蒙特卡洛",但它在经受了20世纪80年代中期的危机后,仍保持着奥地利顶级高山疗养地的名号。在80年代末和90年代,每年夏天都要在加施泰因待上较长一段时间的人物里就有赫尔穆特·科尔(Helmut Kohl),这位具有俾斯麦式特征(无论是体型上还是历史意义上)的人物,与铁血宰相一样需要定期疗养。不过,由于科尔每年进行的这种长达数周的疗养已不再是通行的常规做法,因此加施泰因与其他疗养胜地一样,不得不对"温泉"进行重新定义。

如果说联邦德国与奥地利的疗养地是对国家第二次世界大战后社会经济体制的自豪展示,那么共产党治理下捷克斯洛伐克的大"浴场"(lázně)卡罗维发利和玛丽安斯凯-拉兹涅亦是如此。捷克斯洛伐克新政府本可以彻底关掉这些代表旧秩序之"文化堕落"的残留物,就像他们对待布拉格大多数华丽的咖啡馆和妓院那样,但他们最后决定留下它们,并用它们来达成自己的目的。[2]

一种全新的意识形态,以及新的治理者如今占据了主导地位,这在两处温泉小镇的建筑命名与使用上得到了再明白不过的展现。

---

[1] 1986年,联合国前秘书长库尔特·瓦尔德海姆在竞选奥地利总统时被控在第二次世界大战期间身为德国国防军军官在巴尔干半岛对犹太人及其他人犯下罪行。瓦尔德海姆矢口否认这些指控,并部分利用了国内对其指控者的强烈反弹情绪而赢得大选。但对瓦尔德海姆旧事的揭露以及在他竞选期间反犹主义的重新回潮,引发了一些外国游客,尤其是美国游客,抵制奥地利。——原注

[2] 在此番妓院清理行动的受害者中,就有布拉格雅致的巴黎酒店(Hotel Paris)的吊灯套房。这家声名素著的妓院被在那里工作的女人们唤作"内科",主要是为周边的蔬果贩服务的。在博胡米尔·赫拉巴尔(Bohumil Hrabal)的历史小说《我曾侍候过英国国王》(I Served the King of England,1971年)中就精心再现了该场景。——原注

卡罗维发利希腊复兴式风格的疗养大楼成了"苏捷友谊回廊",被用作政治会议和党务集会的主要场所。到了1975年,卡罗维发利重建的"温泉回廊"(Thermal Colonnade)被重新命名为"尤里·加加林温泉回廊"以纪念这位在1968年试飞米格–15时身亡的苏联航天先驱。(一座巨大的加加林铜像于1975年立在了回廊前,它于1992年被挪到了机场,如今依旧在那儿。)

昔日的太平洋酒店——一处褪了色的"美好年代"佳丽——在1950年有了个鼓舞人心的名字"成功的二月"(Úspěšný Února)——纪念1948年2月布拉格的共产党执政。当年卡尔·马克思在卡罗维发利停留期间曾按部就班和他的温泉医生见面的建筑成了"卡尔·马克思博物馆"。在博物馆,人们可以看到伟大革命家每日定量饮用疗愈矿泉的那只杯子。

玛丽安斯凯–拉兹涅如今以"马克西姆–高尔基回廊"(这位俄国作家曾于20世纪20年代早期在那儿疗养过)和哥特瓦尔德广场为傲,广场以1948年2月—1953年捷克斯洛伐克总统的名字命名。

比这些命名上的变更更重要的是捷克斯洛伐克温泉客群的根本变化。卡罗维发利与玛丽安斯凯–拉兹涅成了国家补贴的休养娱乐中心,供这个国家新近集体化的工厂和农庄里的产业工人和劳动者使用。党的领袖和国营工会的领导们也在这些温泉疗养,当地最好的酒店(例如卡罗维发利的普普大酒店和玛丽安斯凯–拉兹涅的漫步大道)一直保留着专为政治上层人物预留的套房。

尽管存在着这样的党内特权,但社会主义时代的卡罗维发利和玛丽安斯凯–拉兹涅在社会构成上显示出强烈的平等主义,这对它们而言是个全新的发展。这些著名度假胜地的社会水准要比战后联邦德国的同类们高得多,因为捷克斯洛伐克温泉的国家补贴几乎涵盖了从交通到餐饮的一切,连家属的份额也包括在内。

这种新秩序当然并非全无是处。第一次，过去只是作为被雇用的帮工的那个阶层，如今却以客人的面貌出现了，他们泡澡，享受按摩，一如过去的"交际达人"。从方方面面而言，他们很好地把握了这一新的机遇，每个季节，在由中央温泉管理机关指定的时间和地点，一众工友宣示着他们在温泉镇的地位。天晓得他们其实比过去那些富有的疗养客更需要这种体验，因为他们的肺被烟熏坏、肝部糜烂，还有各种与高脂、高淀粉饮食相关的病痛。

尽管这毫无疑问是值得称赞的，可对于一个（不像联邦德国）一点儿都不富裕的国家而言，持续地用古老的捷克斯洛伐克温泉犒劳工人，全额补贴休养和娱乐站点，这实在是一项严峻的财政挑战。因而，不久之后，当局便得出结论，一如当年的纳粹看待巴登－巴登那样，他们在卡罗维发利和玛丽安斯凯－拉兹涅拥有宝贵资源，只要措置得宜，就能通过对外旅游来赚取收入。他们心目中的外国游客都是富有的西方人——而绝非那些已然成群结队抵达、来自东方同一阵营国家的囊中羞涩的游客。

除了在基建设施翻新上的零星投资，布拉格政府还试图通过仿效戛纳和威尼斯电影节的模式，将一个由捷克斯洛伐克电影人于1946年发起的规模并不大的夏季电影节扩展为一场引人瞩目的国际盛会，以使该国一度十分闪耀的水疗度假胜地对外界更具吸引力。捷克斯洛伐克电影节起初在玛丽安斯凯－拉兹涅和卡罗维发利一并举行，自1950年起则将后一处温泉小镇作为唯一举办地。该活动确实引来了一些外国赞助人，但远没有组织方期望的那么多，因为当局对所选电影和受邀者名单进行意识形态管控。与戛纳或威尼斯相比，那里的物质环境也毫无说服力。1953年，参加完卡罗维发利电影节后，美国报纸专栏作家布赫瓦尔德（Buchwald）写到，令东道主感到懊恼的是，大多数宏伟建筑都显得"破败不堪""严重朽蚀"。

在卡罗维发利算得上最不"破败"的建筑是普普大酒店，它在战后被红军占领（不出所料，被毁坏殆尽），但随后在1948—1949年得到了大规模翻修。1948年，这家酒店迎来多年来的头一位贵宾——居然是印度的达马普里王公（Maharaja of Dharampur）。作为20世纪50年代—70年代中期卡罗维发利一年一度电影展会的主要场所，普普大酒店会在每年7月赞助"电影节小姐选美皇后"的加冕式——这是该国文化日程里的重要事项。1951年，这家酒店被强加了新名字"莫斯科普普大酒店"（Grandhotel Moskva-Pupp），成了政治和工会高层官员的私人俱乐部。

　　作为此一具有前瞻性的新秩序的实体标杆，作为一个更加与时俱进的国际电影节舞台，政府决定在历史悠久的疗养区周边建造庞大的浴场/酒店/娱乐设施复合体。1967年启动并在9年后完工的温泉疗养酒店（Cure Hotel Thermal）是一幢15层的现代主义大厦，高耸于整个小镇之上。很难想象还有比这更加与周边格格不入的建筑了，可也正是出于这个原因，温泉酒店象征着——确实比修葺后的普普更为大胆——卡罗维发利在新的领导班子下的坚强与力量。（温泉疗养酒店如今依然是个碍眼的庞然之物，是风景中的一个丑陋污渍；劣质的建材和粗制滥造的工艺导致人们只能对它进行定期翻修，而非拆除。）

　　由于缺少像卡罗维发利国际电影节那样的年度大型活动，相比于它那规模更大的同伴，玛丽安斯凯-拉兹涅陷入了更为痛苦的挣扎。品位高的外国游客没什么理由来这个地方。

　　20世纪60年代初，一个有助于重新唤起国外对玛丽安斯凯-拉兹涅兴趣的新进展倒是与官方吸引西方人的努力全不相干，那便是最为著名的温泉电影，阿伦·雷乃1961年执导的《去年在马里昂巴德》。这部忧郁而伤感的颂歌在美国和西欧（很大程度上）只获得了行业内的认可,影片问世当年摘得了威尼斯金狮奖。但很快这部电影就成了影迷们膜拜的对象,热衷者会把它看上数遍,他们相信只有反复观看才能使它复杂而深刻的意蕴呈现出来(就如同只有反复造访大温泉才能揭示其魔力一样)。果不其然,这部电影吸引了大批影迷去到玛丽安斯凯-拉兹涅——人们决定也要去片子里那座巴洛克式的大厅和修剪整齐的小路走一走;在小路上,一个神秘的身着无尾礼服的男人悄悄跟随着一个美丽的女人,他认为去年他和这个女人在温泉有过一段情缘。

可实际上这部怀旧的西方"堕落"电影压根儿就不是在玛丽安斯凯-拉兹涅拍的,它拍摄于慕尼黑的宁芬堡宫(Schloss Nymphenburg)——"疯王"路德维希二世的出生地(这或许部分解释了影片略显错乱的阴暗格调)。假使官方的想法更有创意一点,它们大可将玛丽安斯凯-拉兹涅一处巴洛克风格的洗浴宫指定为"真正的"电影取景地,然后让身着长袍和无尾礼服的演员们一动不动地站在那儿,在深沉的寂静之中恍然若失,双眼凝望着幽微难测的过去。自然,他们不会这样做——捷克斯洛伐克政府不仅不允许该影片在其国营影院内进行商业播放,还禁止它在全国所有影院上映。

虽然《去年在马里昂巴德》被一些西方影评人(其中最著名的是宝琳·凯尔[Pauline Kael])谴责为装腔作势的胡言乱语,但影片想要传达的核心观点——这处特别的地方,这个令人难忘的典雅的马里昂巴德有着能勾起怀旧之情的强大力量——是不能被轻易无视的。而对20世纪60年代和70年代光临这座小镇的游客们——也是像我这样的游客——来说,他们仅能凭借文学作品或电影"知晓"小镇的旧貌,这个地方,尽管肉眼可见地衰败了,却仍能把人带回那个更加雅致、更有教养的岁月。我无疑可以同另一位文学人物一道沉思,她是 W. G. 塞巴尔德(W. G. Sebald)引人入胜的小说《奥斯特利茨》（*Austerlitz*，2001 年）中的"玛丽"，在 1972 年短暂停留这处温泉时，她想象着它 19 世纪末的面貌：

> 我都能想象得到，玛丽说，一群肥胖的人，无视医生的劝告，沉醉于摆满菜肴的盛宴的乐趣——甚至在当时的温泉也是如此，用日益增长的腰围来抑制总在他们心中躁动的、对于确保其社会地位的焦虑。我也看到其他的病人，其中大多数是女士。他们没有血色，气色发黄，陷入沉思默想之中，穿过弯弯曲曲的小路，从一个有喷泉的小教堂漫步走向下一个，或是怀着忧郁伤感的心情，从阿马林高地或米拉蒙城堡的观景台看缓缓在狭窄山谷上空移动着的浮云。[1]

---

[1] 中译参考温弗里德·塞巴尔德：《奥斯特利茨》，刁承俊译，广西师范大学出版社，2019 年版。译文有所改动。

尾声

今日大温泉

"它们走出阴影，迎向光明：德国的疗养地。在国家医疗改革后，它们挣扎着［维持生存］，如今它们充分利用蓬勃发展的个人康养与健身市场［……］趋于老龄化的人口愈发注意健康问题并准备好自掏腰包投入健康和预防保健。"

2008年一份德国温泉行业的通讯稿如是说——奇怪的是，作为这一类出版品，它却包含了大量事实。正如我在前面指出的，在20世纪80年代初联邦政府大幅削减温泉补贴的情况下，联邦德国大温泉疗养地成功渡过难关。实际上，到了21世纪初叶，德国温泉产业完全可以用比上述说辞更加大胆也更加普遍的主张来申述自己的地位。大多数德国大疗养地所做的不仅是利用已届成年的"婴儿潮世代"对康养和健身的执迷（虽说天晓得它们确实这么干了）。一段时间以来，温泉也敏锐地意识到，它们必须不只提供"疗愈泉水"才能够生存下去，如今它们成功复活了一种"休眠"已久的辅助力量：高雅文化（high culture）。同时，温泉比以往任何时候都更大力地推动一项在20世纪50年代曾经拯救过它们的吸引物——赌场博彩——一如拉斯维加斯和蒙特卡洛那样，完全向全世界的客人开放。而在重现生机的浴场文化之内，现代德国温泉还充分利用一项独特（但算不上新颖）的社会特色：男女裸体混浴。最后，在至关重要的客源方面，苏联的解体令德国温泉得以再度吸引曾经备受重视的客群：东欧，尤其是俄罗斯的疗养客。此外，中国蓬勃发展的经济以及对西方的"开放"（起码对西方世界的精英来说是如此）为温泉——尤其是赌场——带来了一大群大手笔花钱的新客人。

但必须强调，并非今日所有的德国大温泉疗养地都能在新时代——或仅仅是在它们复兴的初起阶段——获得相同收益。（顺带一提，1990年两德统一时原民主德国领土上没有一座温泉小镇能够位列今天德国主要疗养地名单。）就像德国豪华温泉世界一贯的状况，疗养地的温泉水不但显露出不同的特性，也可彰显它们各自的社会与文化环境。

"今天巴登-巴登真正的秘诀在于友善的人民，无分老少，"一位巴登的支持者在2006年夸耀道，"我们在这儿比德国其他任何地方都更爱笑，更享受生活。"在勤奋工作、容易焦虑的现代德国，快乐的门槛或许并不高，但巴登-巴登人确实有充分的理由对自己的境遇感到满意。他们的小镇已充分确证了自身地位，那里不仅是德国首屈一指的疗养地，更是欧洲，甚至可能是全世界最顶级的温泉。

取得这一优势的一大原因非常古老，可以追溯到罗马帝国：巴登-巴登绝对是这个星球上最好的地方，人们能够在公共场所赤身裸体而不被逮捕，也不必用沙子把身上的孔缝填得严严实实。具体来说，你只需要在一周中的某天（周日、周二、周三和周五）前往富丽堂皇的弗里德里希浴场就行了，那时男女裸体混浴不但可能而且是必备的。作为德国温泉，弗里德里希浴场有许多针对洗浴者的规定。假使你违反了这些规定，你可能不会遭到鞭笞，但肯定会收到严重的不满目光，几乎同你穿着泳装出现在泳池时收到的一样。整个洗浴有17道步骤——各式浴池、淋浴、发汗室、蒸汽室、"深层"按摩、皮肤刮擦——每道步骤都有精准的时间控制。若你想在建筑里某一处泉眼品尝一下疗愈矿泉，你会被严格警告，摄入量必须控制在175毫升以内。即便是按照规定男女在温泉池分开洗浴的日子，他们也会一块儿跑去中间的旋涡浴池，不管你是否乐意。

如果我自己在弗里德里希浴场裸体混浴的经历是个可靠指标，

那大多数客人应该还是会对这一方式感到满意。整个过程理应是关乎健康而非性的。但这挡不住人们——像我观察到的一些年轻夫妇那样——玩"调皮小游戏",也挡不住类似我这般的独行侠偷偷地窥探别人玩刺激。一如古罗马时代,裸浴仍将被视为伟大的"平等主义之举"。单就社会阶层而言,这一说法无疑是妥洽的,但就美貌而言,这便大错特错了。如果一个人像我一样被排除在裸浴中嬉戏玩乐的那一面之外,那他可以像我一样,在心中估量浴友们的体貌特征。

在弗里德里希浴场赤身裸体——并变得健康——的价格并不便宜,2012年,3小时不提供任何专门私人服务的最低洗浴收费大约是60美元,而提供水果沙拉的"豪华套装"则接近100美元。有意思的是,如果你想不脱掉内裤在巴登-巴登洗浴,通常价格会更便宜,虽然也并没有便宜很多,譬如在闪耀的新卡拉卡拉温泉浴场,两个小时的游玩费用(还是以2012年的价格)需要30美元。在那里,客人可以选择5种不同类型的桑拿,包括"芳香桑拿"(不太建议)和"冥想桑拿"(更不建议)。卡拉卡拉的重头戏是个可以容纳60人的圆顶桑拿房,名曰"奇观"(Spectaculum)——尽管那里"毛巾遮住私处"(towels-over-privates)原则令其不及弗里德里希浴场内部的"不着衣"空间那么壮观,但相较后者,固然也并不那么引人担忧。

巴登-巴登的现代疗养文化的一个比较显著的变化是饮用疗愈矿泉而非浸泡沐浴的人在急剧减少。现代人的偏好就是如此,如今已很少有人能忍受从泉源中涌出的富含矿物质、像尿一样温热的泉水了。巴登-巴登最令人印象深刻的建筑之一、密布廊柱的19世纪饮泉宫如今接待的游客就比较少了,其中一些人(比如我自己)只是在这个地方逛一逛,张望别人把他们3欧元的纪念品玻璃杯浸到泉眼里。

为了扩大客人群体,使其不再局限于20世纪50年代和60年代来此玩乐的纨绔公子和欧洲败类，巴登－巴登路易十四风格的镀金赌场更新了守则，男性在赌场玩乐时无须穿上衣打领带，女性也不必身着礼服。普通的小镇居民和导游也不再像之前那样被排斥在外。除了轮盘赌和21点，现在的游戏选项还包括以无限制德州扑克为特色的纸牌比赛。对于女士们来说，赌场有时装表演和"魅惑派对"，那儿的餐厅每晚都供应包含三道菜的"饕餮大餐"。

有趣的是，为了缓解人们对赌博阴暗面的疑虑，有自知之明的"问题赌徒"或担心自己可能出问题的人可以提前在赌场登记，给自己规定好一定量的赌注以及有限的赌博时间。如果注册后被"锁定"的客人试图逾越这些限制，赌场管理方会立即出面叫停，即便是陀思妥耶夫斯基般的勃然大怒也无济于事。

了然于自己对碰运气的游戏一无所知，我勉强让导游带我参观了一下巴登－巴登的宏伟赌场，在那儿，我了解到一个一直令我难以置信的事：足足97%的赌博收入都回到了玩家的口袋里，只有仅剩的3%归赌场所有。而不那么难以置信的是（我自己也看得到），如今的巴登－巴登赌场欣欣向荣，一个平常的夏季周末就接待了1500名客人。

赌场之旅我的另一大发现是：在巴登－巴登赌场，只有1.7%的常客是俄罗斯人！这令我特别惊讶，不仅因为众所周知俄国人嗜赌，还因为现在巴登－巴登到处都能见到俄罗斯人。和过去一样，富有的俄罗斯人成群结队来这儿泡澡，在这处他们一直以来最喜欢的欧洲"澡堂"玩耍。此刻显而易见的是，巴登－巴登有大量的俄罗斯常住人口——人数是如此之多，以至于这座温泉小镇不久前被贴上"唯一的俄罗斯之外的俄国城市"的标签，一如它在19世纪中叶那般。（如今这一称号变得更加贴切了。）

当地俄罗斯人"代表团"的社会构成也值得注意：主要是中上阶层和中产阶层。为什么这些俄罗斯中产人士选择住在巴登－巴登而非柏林呢？和我在街上交谈过的人都说，他们不想要大都市的刺

中欧大温泉

激,而想要安全感和宁静,巴登－巴登满足这些条件。"我们在这儿感觉很舒适。"一位家长如是说。

总体上说,我提到的这些"俄罗斯人"是苏联解体后的俄罗斯的一群民众。在巴登－巴登新的俄罗斯人社群中,有个较小的集团是由从俄罗斯本土或苏联加盟共和国移民至德国的犹太人组成的,身为犹太人的他们在今天的德国也同样得到了优待。

无论其种族或宗教信仰如何,俄罗斯人的大批涌入都很难不引起当地人注意,一些比较富裕的斯拉夫新来者一直在当地买进别墅,而且他们大多出没于赌场,这引来了当地被"低俗黑手党"所"接管"的抱怨。2001年,"俄罗斯波"不断增强,当时德国的八卦小报大肆报道在巴登－巴登郊外的豪华山顶酒店——高山皇家酒店(Schloss Bühlerhöhe)——中举行的一场所谓的"黑手党大会"。

不过,随着时间推移,这座小镇似乎已经与俄罗斯出生的居民访客互相妥协了,毕竟这些人尽职尽责纳税,或是在当地工商企业中存放了大笔欧元。一些巴登－巴登的酒店经营者甚至觉得十分"感动",因为愈来愈多有文化修养的俄罗斯游客——随身携带屠格涅夫的《烟》或陀思妥耶夫斯基的《赌徒》——正前来追寻他们杰出的文学先辈们的脚步。

恰如其分的文化、曾经吸引屠格涅夫和他的伙伴们的那些华美的艺术设施再度成为巴登－巴登吸引力的一环。除了历史悠久的"国家美术馆"(Staatliche Kunsthalle)(收藏了路易·维亚尔多[Louis Viardot]私人藏品的市立艺术博物馆),巴登－巴登还拥有全新的由理查德·迈耶(Richard Meir)设计的弗里德·布尔达博物馆(Museum Frieder Burda),该博物馆于2004年由同名的出版巨头出资建成,用来收藏他大量的德国表现主义与美国抽象表现主义画作,同时也为巡回展览提供空间。(当我在2013年夏天到访博物馆时,布尔达正在盛大展陈埃米尔·诺尔德[Emil Nolde]的色彩作品。)

如今的巴登－巴登在古典音乐方面也雄心勃勃,该领域是温泉的传统强项了。自 1998 年以来，这个仅有 5.5 万居民的小城便在其权威的节日剧院（Festspielhaus）——欧洲最大的歌剧院之一——为品位不俗的歌剧迷们献上一流作品。2004 年和 2006 年，在恳请理查德·瓦格纳于当地建造一座私人剧院却未能如愿的 140 年后，温泉小镇赞助圣彼得堡的基洛夫公司录制了瓦格纳恢宏的全套《指环》系列。谈到瓦格纳，现代的巴登-巴登足以与拜罗伊特和慕尼黑匹敌，而且那里还能提供有助恢复元气的"歌剧闭幕后"按摩！（引人瞩目的是，巴登-巴登在 2012 年由欧陆主要温泉小镇共同发起的集体行动中走在前列，这场运动旨在推动世人认可名列联合国教科文组织世界文化遗产的诸多小镇对全球历史文化的贡献。）

作为从神圣的 19 世纪无缝衔接跨入 21 世纪——人们大抵忘记了两者间的黑暗间隔——的持久努力的一部分，现代巴登-巴登也竭尽全力打造活泼热闹的社交场面，包括周游世界的名流与跃动的夜生活。

巴登-巴登在这一方面同样取得了一些成绩，在 2006 年德国主办足球世界杯期间，英格兰队将巴登-巴登作为其训练基地（并非因为那儿有舒缓的泉水或浪漫的景色）。不出所料，英格兰队员把他们位于高山皇家酒店的住所搞得一团糟，但不管怎样酒店也需要重新翻修了。大卫·贝克汉姆和他的伙伴们能够（也的确如此）在诸如麦克斯劲舞俱乐部（Max's Dance Club）以及孟买空间（Bombay Rooms）等当地新开的夜总会里尽情狂欢，这些店都坐落在热闹的凯撒大道（Kaiserallee）上。

"婴儿潮"世代的代表人物比尔·克林顿在总统任期前后都曾到访过巴登-巴登，1991 年他在那儿参加了一年一度的彼尔德伯格会议（Bilderberg Conference），这是一个汇集了政治、金融、媒体和学术领域的杰出人物，旨在"促进北美与欧洲之间对话"的会议。克林顿在卸任之后数度回访巴登-巴登，并觉得这个地方——如他所说——"实在是太棒了，以至于得把它的名字说上两次"（一句陈词滥调）。据报道，克林顿每次都会在布伦纳的酒店酒吧里待上很长时间——虽说显然没有俄罗斯总统鲍里斯·叶利钦在20世纪90年代到访时在那儿待的时间长。

被玛琳·黛德丽（Marlene Dietrich）称为"男人中的梅赛德斯"的法兰克·辛纳屈（Frank Sinatra）也曾于20世纪90年代初为布伦纳的酒吧增色不少，他表示，巴登－巴登的酒吧是他在欧洲的最爱。不过这位年长歌手的称誉有其两面性：尽管巴登－巴登在吸引年轻人方面也取得了一些成功，但它本质上依旧是个上了年纪的男男女女们的避风港。在今天德国其他大温泉疗养地那里，情况更是如此，除了经常能引来年轻人的企业集会和商业会务，如今大温泉的首要客群通常是上了年纪的人，甚至是岁数很大的老人家（这一群人被德国的年轻人无情地嘲讽为"Grufties"，即一只脚踩在了"Gruft"［坟墓］上的人）。一如巴登－巴登，但又远没有它那般成功，巴特洪堡、威斯巴登和巴特埃姆斯也试图通过组织无止尽的特色景点项目来坚守市场份额，特别是在夏日疗养高峰季的时候。

譬如，巴特洪堡每年都会在1910年"帝国飞艇巡行"的原址举办"飞艇巡行"活动，当地也经常举办老爷车比赛和车展。2009年，我在洪堡的中央车库见证了一场盛大的保时捷车展——"从大众之车到梦想之车"（Vom Volkswagen zum Traumwagen）。提到车库，洪堡每年都会在当地汽车修理店举行"女孩节"（Girls' Day）活动："各个年龄层的女孩儿们"学习使用螺丝刀、清洁汽化器，学习更换机油——之后再到温泉池里休养调整下自己。

在巴特洪堡（威斯巴登也一样）为保持其作为充满活力的旅游与疗养目的地的不懈努力中，毗邻法兰克福及德国境内最大的巨型机场成了一大优势。众所周知，长途飞行的空中旅客（我便是其中之一）在从法兰克福的飞机座椅上拔出他们酸疼的屁股后会径直奔向洪堡的浴场。

巴特埃姆斯，因其位置较为偏僻，又更具乡野色彩，在维持其顶级疗养地的地位时尤其困难。1996年政府保健补贴的进一步削减对埃姆斯的打击十分严重，导致其疗养人数从年均1万人锐减至20世纪90年代末的不足6 000人。1997年，当地一家主要私人诊所——德里安德尔诊所（Dryander-Klinik）——不得不关张歇业，1999年，声誉卓著的疗养大楼也停止运营，并将其主体建筑出售给了一家私营酒店。位于主温泉的一座保健中心（Gesundheitszentrum）在20世纪60年代曾进行了扩建，但到20世纪90年代不得不大幅缩小规模以维持生计。如今，埃姆斯的大部分医疗业务都不在历史悠久的疗养区开展了，而是转移到了小镇后头一座山上的更加现代化的诊所里。

巴特埃姆斯的支持者无可非议地吹捧小镇拥有历史悠久的浴场和美好年代（Belle Époque）风格的建筑，认为它们都值得一览。他们在迷人的自然美景中谈论着"传统新论"。埃姆斯组织了夏季音乐节、艺术展览和拉恩河上的泛舟游览。

不过，如果以我的亲身体验来推断，如今前往埃姆斯的游客应当为不太吸引人的参访体验做好准备，那是一种近似于实地走访老人住家的体验。

如同大多数德国温泉酒店，高雅的海格斯疗养酒店（Häckers Kurhotel）——我曾经住过——提供男女裸体混合桑拿浴。在到访期间，我尽职地完成了这一仪式，可由于房间里只有我一个人，我既无法感到兴奋也无法感到厌恶。这同样也有点奇怪，因为我发觉自己几乎是酒店唯一的客人（无可否认，当时是淡季），也是街上少数几个不借助拐杖或助行器便能行走散步的人之一。晨起跑步就算了：我会感到太内疚的。在前往市立历史博物馆的途中，我观看了一部老电影的片段，电影展示了1914年熙熙攘攘的街道场景；与今天的景况相比实在难以想象还有什么更大的反差了。马克·吐温谈到巴登-巴登时曾说，人们应当死后再到那儿去，而对于巴特埃姆斯，我想更加宽容地说，虽然人们可能不大想把这个地方摆在自己的"人

中欧大温泉

生清单"上，但它或许是能令那句谚语"寿终正寝"的佳处。

古罗马剧作家泰伦斯（Terence）（逝世于公元前 159 年）曾写道："衰老本身即是一种疾病。"没有哪座大温泉能比奥地利的巴德加施泰因更用心践行这一格言了，因为它号称"永葆青春之泉"。对于那些希望在充满氡气的温泉浴场或蒸汽室里坐上几个钟头以保持青春永驻的人来说，加施泰因还是备受青睐的。唉，这些追求青春者中有很多（不说绝大多数的话）都不剩多少或已全然没有青春能永驻了，到加施泰因去重燃青春之焰，就如同到维京群岛去重拾天真无邪一样。氡气与肺癌之间的关联已得到证实，但令人惊讶的是，这种关联对游客的影响微乎其微，也没阻碍加施泰因吹嘘其空气中的放射水平"显著高于欧洲平均值"。不过，为了避免游客以为只要嗅一嗅当地的空气便足以使时光倒流，新近出版的一本关于加施泰因疗养的旅行指南劝告游客，空气中的氡水平太低，无法"产生疗效"——即使是在著名的"瀑布桥"，漫步于令人振奋的迷蒙水雾之中"也无法替代一次全面的氡气治疗"。

不幸的是，对于一个赞美"永恒青春"的温泉来说，今天的加施泰因看起来有些老了。诚然，大多数大温泉都会培植一种复古型的外观——就现代的奥地利和捷克温泉来说，它们便是典型的奥匈帝国风格——可加施泰因具有历史意义的核心部分却如幽灵一般遭到遗弃，没有遵循复古主义得到小心谨慎的维护。位于市中心的那三座曾经十分宏伟的建筑——著名的施特劳宾格酒店、奥地利酒店（Hotel Austria）和巴德城堡酒店（Badeschloss）——如今都在铁链栅栏后闲置着，它们的外立面剥落，窗户破碎或用木板钉了起来。在 2013 年的一趟前往当地的旅行中，我从愤怒的导游口中得知，一对"维也纳的房地产投机商"买下了这些产业，承诺会对其进行翻修，令其重新开放，显然，维也纳的投资方缺乏资金，也不愿意将这笔资产再出售给条件更好的买家（他们认为各家的出价都太低），他们便只是干坐在其财产上，任由它们进一步走向破败。

这些摇摇欲坠的老建筑还不是今日加施泰因唯一碍眼之处。附近还有一座年代更近些的废弃建筑：由现代派建筑师格哈德·加斯滕纳（Gerhard Garstenauer）设计的一座由混凝土和玻璃搭建的会展中心，该中心于 1974 年完工（收获了一些赞赏和很多抱怨）。尽管加斯滕纳宣称要创造出与加施泰因现存的 19 世纪美学"完全相反的东西"，但这个野兽派的怪物还是开辟了粗制滥造工艺的新境界，它几乎在刚组装起来的同时便开始散架。等到其再也无法使用时，它也一样落入了维也纳投机商人手里，他们立即用围挡把它拦了起来，以便增强购置产业的吸引力。破败的会展中心与它那些幽灵似的邻居一样，对加施泰因上了年纪的疗养客人而言是一种格外的侮辱，他们更希望周围的环境不像他们如今眼见的这样。

虽然其历史核心区的可悲衰败对于这座城市而言依旧是个巨大的问题，但幸运的是，那些并非现代加施泰因建筑景观的全部。该镇拥有一批新开的精品酒店，其中最著名的是米拉蒙特酒店（Hotel Miramonte），米拉蒙特是 20 世纪 60 年代的一家酒店（它随着过去常客的退出一并步入了衰败）的绝妙新生。米拉蒙特不仅因其可眺望加施泰因山谷的壮丽景色（酒店每个房间都有阳台）而备受赞誉，它还拥有内设的温泉、桑拿和瑜伽房。

米拉蒙特酒店的兴建基于这样一个预想：加施泰因除了能够吸引希望重获青春的老年人，也能够吸引到真正的年轻人。假使人们能够相信 20 世纪 80 年代的各种把加施泰因宣传成适合二三十岁的大城市居民的阿尔卑斯短途度假地的杂志，那么米拉蒙特的上述预想无疑是会取得成功的。

不过最新的报告表明，也根据我在加施泰因山谷的亲身体验，大部分"捞金机会"已经从巴德加施泰因完全流向了毗邻的巴特霍夫加施泰因，那儿有其所在地区最奢华的酒店——大公园酒店（Grand Park），以及最好的餐馆、咖啡店和体育用品商店。

我还得补充一句，如今人们可以在巴特霍夫加施泰因看到这一

中欧大温泉

地区的大部分俄罗斯游客（假使你有任何想要找到他们的打算的话），我在最近一次前往当地的淡季旅行中下榻于大公园酒店时，酒店里所有其他客人几乎清一色都是俄罗斯人——从他们的外表看，他们正是如今许多德国人抱怨不已的俄罗斯人类型。在这儿，他们终于如约而至了，围坐在酒店酒吧中：穿着名牌运动服的光头壮汉，一身珠光宝气；他们的女友也同样像一个模子里刻出来的：高个、金发、有着傲人双峰，脚蹬后跟足以致命的高跟鞋。（俄罗斯人离开酒吧后，我向酒保打听他们的情况。他说他自己也不大喜欢他们，而更钟意像我这样有教养的美国客人。）

俄罗斯人显然也会在冬天前往加施泰因山谷滑雪——或至少参加滑雪后的社交娱乐（après-ski）。高山滑雪在 20 世纪 50 年代和 60 年代曾对巴德加施泰因（以及巴德伊舍）的复兴起到了关键作用，现在它依然吸引着滔滔人流。每年冬天，这座壮丽的阿尔卑斯温泉小镇都能挤满想来享受泡澡和滑雪快乐的人群。不过对于海拔较低的山区度假胜地，例如巴德加施泰因（海拔 1 002 米）、巴德伊舍以及蒂罗尔同样著名的基茨比尔（Kitzbühl）来说，一个危险正在迫近：全球变暖。气温上升还未影响到整个滑雪季，但气候变化往往会迫使滑雪场推迟开放时间，并大范围使用造雪设备。"世界屋脊上的圣诞节"——欧内斯特·海明威当年曾如此描绘积雪充盈的高山滑雪体验——或许很快就将在加施泰因成为历史。

维也纳巴登是不必担心雪的——或更确切地说，是不必担心缺少雪。虽然它首先是个避暑胜地，但因其毗邻兴旺繁荣的维也纳，维也纳巴登一年四季都能吸引到客人。但巴登最主要的客源是奥地利人，他们中许多是从维也纳顺着巴登铁路来的一日游游客。2011 年，我在进行这趟愉悦的短途旅行时，似乎是火车上唯一的外国人。

如今的维也纳巴登不仅少了往昔街上熙来攘往的外国人，更令人遗憾的是，也没有了它曾经数量庞大的犹太人常住人口。纳粹在 20 世纪 30 年代力图使当地实现"无犹"，虽然今天当地（在肉眼可见的地方）已没有了纳粹，但犹太居民也已寥寥无几。

在捷克温泉自东欧剧变后的最初时日，美国和西欧游客常常会表露出略微的失望之情：尽管它们都试图将自己装扮成 19 世纪本我的轮回再生，但两处温泉似乎都难以摆脱第二次世界大战后的破陋与促狭。《纽约时报》的一名记者在 1991 年 11 月到访玛丽安斯凯 - 拉兹涅时发现，这座城镇成了"半个世纪的疏于照料"和一连串社会工程的可悲见证，人们把"豪华的餐厅弄成了食堂"，把"宽敞的住宅公寓分成了可容纳更多人的小隔间"。记者援引当地批评者对低成本的德国游客和一日游游客的抱怨，这些人如今成了小镇的主要外国游客："他们来这儿是因为一马克能买到 3 瓶啤酒，而在他们国内甚至连一瓶都买不到。那些从过去的民主德国来的人，不是很有钱，却很有经济头脑，他们来这儿采买食物，因为东西更便宜。"《纽约时报》的记者不禁感到好奇，一旦 1992 年私有化开始生效，"市场经济"完全建立起来，这处曾经魅力四射的温泉小镇，以及它更加古老的姊妹度假地卡罗维发利又当如何发展呢？

现在我们有了相当不错的答案。在东欧剧变后的 25 年里，捷克温泉实现了一场彻底的机体复原，它的特点并不是建造崭新的疗养设施（这在德国和奥地利是经常出现的情况），而是忠实地将旧机构恢复如初。中欧所有的大温泉都会给游客营造一种时间扭曲的感觉，但它们中没有哪一个能在这方面胜过卡罗维发利和玛丽安斯凯 - 拉兹涅。

然而，活在过去是有其代价的。捷克温泉很难吸引年轻时髦的客源——甚至比它们的奥地利和德国竞争对手还要困难。除了每年夏天卡罗维发利举办的国际电影节会请来斯嘉丽·约翰逊和安东尼奥·班德拉斯（Antonio Banderas）这样的大明星，美国和西欧的富裕年轻人似乎都不会把捷克温泉地纳入他们的狂热旅途中。如今，温泉的大多数游客是来自东欧的中产阶层，甚至中低阶层的度假者

（还有那些无法避免的、一车一车前来的低预算德国客人）。

在这些游客中，唯一有钱的是俄罗斯人。俄罗斯人再一次涌向了卡罗维发利和玛丽安斯凯－拉兹涅，就像他们奔赴巴登－巴登一样。但与巴登的"俄罗斯人"不同的是，如今造访捷克温泉的很多俄罗斯人并非德国族裔或犹太移民，而是来找寻"第二个家"的富有寡头（据说其中还有一些黑帮分子），这样一旦国内环境变得不利，他们就可以在西方世界有个避难所。总体而言，当地居民对这些人并没有什么好感，除了（可能部分原因也正在于）他们大手大脚的消费方式。

卡罗维发利当地人埋怨说，俄罗斯富人对房产的投资使当地房地产价格飙涨了40%，罗宋汤正在取代捷克饺子，出现在镇里餐馆的菜单上。

捷克温泉未能吸引到西方富人的一大原因可能是，尽管它们致力于恢复原样，但它们却无法恢复其鼎盛时期散发出的那种独特的排他性和优越感。它们更无力再造极盛时期所担负的那种重要活动——无论是外交、社会还是文化上的重要活动——中心的地位。英国记者 J. M. 勒贾德（J. M. Ledgard）如此总结玛丽安斯凯－拉兹涅的景象："剧变后的时代是令人沮丧的。大多数茶室都是为精打细算的德国退休人士服务的，苹果馅饼吃起来干干的，茶也聊胜于无。富人别墅中的廉租房破败不堪，在修复后的建筑物中显得尤其扎眼，就像黑色的牙齿。一名导游对我说：'这是个为厌倦了生活的人准备的地方，这里没有年轻人，什么事都不会发生。'"

或者，如另一位英国游客、出版家兼历史学家西蒙·温德尔（Simon Winder）在他 2013 年出版的有关哈布斯堡王朝历史的著作《多瑙河畔》（*Danubia*）中所写的那样：

> 为了再造 1914 年前欧洲疗养胜地的温泉氛围，最后［剧变前的大众温泉计划］被放弃了。古老的凯撒大街上再次出现络

绎不绝的人群。人们有的欣赏街道两旁的酒店，有的购买珠宝和琥珀，还有人驻足品尝蛋糕和冰激凌。与此同时，那些真正垂死之人和纯粹装病之人开始在餐厅里互吐不满，有些人在轮盘赌中输光了大笔钱，保姆和情人在公园中进进出出［……］当然，这里的确让人感到无聊至极。为消耗时日，你只能喝口浑浊的水，大口咀嚼巧克力蛋糕或购买琥珀手镯。用一把消音自动手枪就能轻而易举地在泥浆浴中消灭一个黑帮老大——子弹打在瓷砖上或掉入泥浆里，会发出不同的声音——用不着花上多少时间。[1]

我在卡罗维发利和玛丽安斯凯-拉兹涅的亲身经历使我的观点不至于那么偏颇。我在玛丽安斯凯温泉逗留期间，并没有看到什么俄罗斯暴徒在泥浆浴里躲子弹。实际上，在我到访有名的十字泉（Kreuzquelle）浴池时，几乎就没有碰到什么其他浴客，在泡澡间隙，一位年轻的俄罗斯女人来为我按摩，她说自己侥幸逃脱了为她安排从西伯利亚一个小镇偷渡至捷克斯洛伐克的人贩子的魔爪，她很乐意做按摩而不是去勾搭人。

我确知（包括玛丽安斯凯-拉兹涅和卡罗维发利）一个又一个高档珠宝店的存在，还有这种千篇一律的重复引起的乏味感。我都怀疑有谁会想到这种看起来一模一样的店里逛一逛，更别提买东西了。很显然，答案是没有人，或者最多只有极少数人。在数次造访当地的行程中，我在那些高档精品店里看到的顾客从来不超过个位数。实际上，在商业主干道上来来往往的人大多数看起来都不像是那种有能力（或可能）购买琥珀手镯或百达翡丽手表的类型。

从婴儿车里显露出的服装风格和无意间听到的谈话片段，我判断大多数游客还是东欧人，主要是捷克人，还有一些波兰和俄罗斯

---

[1] 译文参见西蒙·温德尔：《多瑙河畔：哈布斯堡的欧洲》，江霞译，上海社会科学院出版社，2019年版。译文有所改动。

人。许多人都严重肥胖,看起来就像费尔南多·博特罗(Fernando Botero)画作的模特,玛丽安斯凯-拉兹涅的客人尤其如此。当然,老马里昂巴德曾以减肥中心闻名,但从那些度假温泉的人在街边餐馆大吃饺子的模样看来,我猜他们压根儿不是来减肥的。"我战胜了厌食症!"一个胖乎乎的女食客的T恤衫上如是写道。

米兰·昆德拉于1976年出版的小说《告别圆舞曲》(The Farewell Party)背景是20世纪70年代的一处类似马里昂巴德的温泉,他在小说里写,一个没有孩子的女人来到温泉,"希望能重新获得生育能力",就像19世纪许多女人曾做过的那样。我也看到好几个大概能归属于这一类的年轻女士,我想入非非,希望她们能把我当成解决其问题的"潜在人选"——宏伟的建筑总是能令人产生这样的幻想。

在玛丽安斯凯-拉兹涅,我住在可以俯瞰小镇、如同城堡一般的漫步大道酒店,在卡罗维发利,我下榻于更加久负盛名的普普大酒店——一切都还是为了学术。虽然这两处地方都相当舒适贴心,但它们都没有达到五星级豪华酒店的标准,例如巴登-巴登的布伦纳公园酒店及温泉或威斯巴登的拿骚霍夫(一如玛丽安斯凯-拉兹涅附近的滑雪小山也不会对巴德加施泰因构成多大威胁一样)。

这后一点是我的观察,但谈不上是责怪。在我看来,人们不应当到今天的玛丽安斯凯-拉兹涅或卡罗维发利——像许多"世纪末"和"美好年代"的疗养客们肯定会做的那样——去找寻最精致的奢侈品,人们也不应当去那儿找寻流行文化的最新进展:它们只是都不在那里。除此之外,今天的捷克温泉也绝不会像过去那样卷入政治喧嚣。

但对于历史学家而言,趣味与重要性正在于这种中心地位的缺失,它是温泉小镇与外部世界接触和调适的更大故事——一个在"关联性"上时有起落的故事——中不可分割的一部分。如同它们在德国和奥地利的镀金姊妹,波西米亚/捷克水疗度假地无论是在过去还是现在都不是"永恒的"。正如我在这趟漫长的旅程中多次说起的那样,大温泉就像波光粼粼的镜子,映照出千变万化的面容——有笑纹,也有酒窝,有皱纹,也有疣子和伤口,一切都映照其中。

致　谢

我常常是个说得多做得少的人，在真正开始动手前，我已经说了许多年打算写一本有关中欧大温泉镇的书了。因此，我首先要感谢的是那些多年来生活在一本"有关温泉"的书的威胁之下的朋友与同事，他们没有丝毫怨言，至少没有当着我的面抱怨。数十年前，我在史密斯学院的一位同事霍华德·内纳（Howard Nenner）送给我一本名叫《保加利亚的温泉》(The Spas of Bulgaria) 的书——要么促使我开始，要么让我就此打住。在蒙大拿州，我的好朋友艾德丽安·马约尔（Adrienne Mayor）、乔什·奥伯（Josh Ober）、米歇尔·马斯基尔（Michelle Maskiell）和比利·史密斯（Billy Smith）听着我没完没了地讲温泉研究计划，他们有时便会不无哀怨地发问："你为什么不直接行动起来呢?!"

现在我终于做到了，我需要感谢许多帮助这一事业开花结果的人和机构。

Rowman & Littlefield 出版社的编辑苏珊·麦克厄克伦（Susan McEachern）接手了这一项目，她无疑会想，天呐，自己为什么要做一本关于洗澡的书呢？当我跌跌撞撞地辗转在一个又一个温泉的时候，她给了我急需的鼓励和编辑方面的建议。（就像我这次行动的许多促成者和唆使者那样，苏珊慷慨地表示愿意做我实地调研的研究助理，她没有意识到，温泉调查将会变得多么痛苦，需要多少自我牺牲。）

我也要感谢不辞辛劳阅读章节草稿并提出修改意见的同事和朋友。他们包括阿奇·亚历山大（Archie Alexander）、彼得·布鲁姆

（Peter Bloom）、克劳斯·伯尔（Klaus Böll）、霍华德·德·尼克（Howard De Nike）、于尔根·福斯特（Jürgen Förster）、彼得·海耶斯（Peter Hayes）、君特·路易（Guenter Lewy）、戴尔·马丁（Dale Martin）、彼得·兰奇（Peter Range）、乔纳森·施奈尔（Jonathan Schneer）、比利·史密斯、汉斯·瓦吉特（Hans Vaget）和汤姆·韦塞尔（Tom Wessel）。特别感谢艾德丽安·马约尔，一位出色的学者和文体家，她对数章文字进行了严格的编辑审核。于尔根·福斯特是我在德国陆军历史研究部（Militärgeschichtliches Forschungsamt）（当时设在弗莱堡）的老朋友和前同事，他发现了一些令人尴尬的史实错误，还给我寄来了温泉故事中关于军事方面的有用资料。当我无法亲自前往德国时，我的朋友克劳斯·伯尔从德国为我提供了需要的材料，并且在我对法兰克福地区的温泉进行调研访问时提供了款待和指引。另一位非常好的朋友霍华德·德·尼克是一名律师、人类学家和受耶稣会训练的语法学家，他将自己独到的技能运用在了整份书稿中，就像他对我之前有关1972年奥运会的研究项目所做的那样。在这两个项目里，霍华德的帮助都是无价的。

除了朋友和同事，我还"无情"地要求自己的家庭成员也上温泉前线。一如往常，我让身为专业历史学家的儿子乔什（Josh）阅读并评价了部分书稿。他没有让自己的孝心影响敏锐的批评，弟媳克里斯滕（Kristen）和凯特·惠勒（Kate Wheeler）读了初稿，并给予了鼓励。凯特是优秀的小说家和写作老师，她尽了最大的努力改进本书的开头部分，虽说事实证明我是个有点顽固的学生。我的医生妻子玛格丽特不仅是个有天赋的诊疗师，还是医疗史方面的专家，她就温泉传说中有关医疗的部分向我提供了一些建议——我有时真的采纳了这些建议。玛格丽特本身是名作家，她还努力帮我提升陈述的语气（唉，真是个吃力不讨好的任务）。最后，我要感谢我12岁的女儿阿尔玛（Alma），在我写作本书的过程中，面对我频繁的烦躁情绪和对她自身需求的漠视（令人羞愧），她表现出了（主要是）

耐心和良好的幽默感。

在比利·史密斯和米歇尔·马斯基尔的帮助下，我得以于蒙大拿州博兹曼市的蒙大拿州立大学的著名"沙龙"上向学者们展示了我的一些早期成果。

我还要感谢档案馆、图书馆和博物馆的工作人员，我在没有为学术亲身"泡澡"的时候，曾经在这些地方度过了许多成果丰硕的时光。这些机构包括巴登－巴登市立图书馆（Baden-Baden Stadtbibliothek）、维也纳巴登市立图书馆（Baden-bei-Wien Stadtbibliothek）、巴德加施泰因市立博物馆（Bad Gastein Stadtmuseum）、伦敦的大英图书馆、柏林的德国联邦档案馆（Bundesarchiv）、巴德伊舍市立档案馆（Gemeindearchiv, Bad Ischl）、加州大学伯克利分校多伊图书馆（Doe Library）、巴德加施泰因市立档案馆（Gemeindearchiv der Gemeinde Bad Gastein）、斯坦福大学格林图书馆（Greene Library）、威斯巴登的黑森州立档案馆（Hessisches Staatsarchiv）、巴特洪堡的高天之家博物馆（Museum im Gottischen Haus）、玛丽安斯凯－拉兹涅市立博物馆（Městské Museum Mariánské Lázně）、巴德伊舍的教区公共图书馆（Öffentliche Bibliothek der Pfarre, Bad Ischl）、维也纳的奥地利国家图书馆（Österreichische Staatsbibliothek）、蒙大拿州立大学雷恩图书馆（Renne Library）、威斯巴登市立档案馆（Stadtarchiv, Wiesbaden）、巴特埃姆斯市立档案馆（Stadtarchiv, Bad Ems）、巴登－巴登市立档案馆和历史博物馆（Stadtarchiv im Historischen Museum）、卡罗维发利市立档案馆（Státni Okresni Archiv Karlovy Vary）、威斯巴登市立图书馆（Stadtbibliothek, Wiesbaden）、耶鲁大学斯特林图书馆（Sterling Library）以及哈佛大学怀德纳图书馆（Widener Library）。我还要感谢位于巴德伊舍的"伊舍古旧书店"（Ischler Bücherladen Antiquariat）的老板，他为我提供了当地的许多难得一见的书籍和一手资料。他是很多把本地相关的知识灌进我脑袋的当地人——温泉的工作人员、男女按摩师、导游、酒店老板和调酒师——之一。

我非常感谢米歇尔·安吉尔（Michele Angel）帮我整理了本书的温泉地图，再次感谢米歇尔·马斯基尔，她这次还协助制作了本书封面。

最后，衷心地向我的老友、史密斯学院的同事汉斯·瓦吉特致以谢忱。他是研究歌德、瓦格纳和托马斯·曼的世界级权威——也是研究所有德国事物的权威。汉斯煞费苦心地检查了整部书稿，发现了许多错误和愚蠢失误，提出了一些补充和改进，极大完善了最终的书稿。汉斯是个土生土长的马里昂巴德人，他还与我分享了自己的家族在第二次世界大战后被驱逐出苏台德区的经历，我以崇敬之情将本书献给汉斯·鲁道夫·瓦吉特。

图书在版编目（CIP）数据

中欧大温泉：一部政治、艺术与疗愈的历史/（美）大卫·克雷·拉奇著；任逸飞译. -- 上海：上海社会科学院出版社, 2025. -- ISBN 978-7-5520-4570-3

Ⅰ. K510.3

中国国家版本馆CIP数据核字第20241245W6号

上海市版权局著作权合同登记号：09-2024-0231

审图号：GS（2024）4874号

中欧大温泉：一部政治、艺术与疗愈的历史
The Grand Spas of Central Europe: A History of Intrigue, Politics, Art, and Healing

著　　者：［美］大卫·克雷·拉奇（David Clay Large）
译　　者：任逸飞
责任编辑：熊　艳　孙宇昕
封面设计：大摩北京设计事务所
出版发行：上海社会科学院出版社
　　　　　上海顺昌路622号　邮编200025
　　　　　电话总机021-63315947　销售热线021-53063735
　　　　　https://cbs.sass.org.cn　E-mail: sassp@sassp.cn
照　　排：重庆樾诚文化传媒有限公司
印　　刷：上海盛通时代印刷有限公司
开　　本：889毫米×1240毫米　1/32
印　　张：14.625
字　　数：394千
版　　次：2025年1月第1版　2025年1月第1次印刷

ISBN 978-7-5520-4570-3/K·738　　　　　　　　　定价：88.00元

版权所有，盗版必究

The Grand Spas of Central Europe: A History of Intrigue, Politics, Art, and Healing, by David Clay Large, ISBN: 9781442222366

Copyright © 2015 by Rowman & Littlefield. All rights reserved.

Simplified Chinese translation copyright © 2024 by Chongqing Yuanyang Culture & Press Ltd.
All rights reserved.

版贸核渝字（2021）第 295 号